全国基层
文化队伍培训用书

基层图书馆
管理与服务

霍瑞娟　主编

Training Books for
National Grassroots Cultural Teams

北京师范大学出版集团
BEIJING NORMAL UNIVERSITY PUBLISHING GROUP
北京师范大学出版社

"全国基层文化队伍培训用书"编委会

总　序

　　公共文化服务体系建设是满足公民基本文化需求、维护公民基本文化权益的保障，是解决好文化发展不平衡不充分问题的重要方式。近年来，中共中央、国务院高度重视公共文化服务体系建设，随着《中华人民共和国公共文化服务保障法》和《中华人民共和国公共图书馆法》等一系列政策法规的出台、实施，我国公共文化服务体系布局日趋合理，资源建设日渐丰富，服务能力不断提高，人民群众的幸福感日益提升。

　　加快构建现代公共文化服务体系，队伍是基础，人才是关键。为提高基层文化队伍理论素养和业务能力，文化和旅游部自 2010 年启动全国基层文化队伍培训，并组织编写"全国基层文化队伍培训用书"。首批 18 种图书出版后，受到全国文化系统学员的普遍欢迎。为适应新时代公共文化服务发展的新要求，第二批"全国基层文化队伍培训用书"选取当前实践中的热点问题，重点涵盖公共文化服务理论政策、实践案例及工作实务三方面内容，突出科学性和实用性，为相关从业人员提供规范、有用的指导参考。

　　"全国基层文化队伍培训用书"由文化和旅游部公共服务司指导，中央文化和旅游管理干部学院组织编写，来自国家公共文化服务体系建设专家委员会和全国文化馆、图书馆的优秀专家担任主编。在编写过程中，编者查阅了大量资料，付出了宝贵的心血，在此一并致谢。丛书交付出版正值国务院机构改革之际，原文化部与原国家旅游局合并组建为文化和旅游部，因时间仓促，书中所涉部分仍以文化部为称，特此说明。受编者水平所限，书中内容难免有所疏漏，恳请各位读者批评指正。

本书编委会

主编 霍瑞娟

编委(按姓氏笔画排序):

马　骏　王志庚　王余光　刘洪辉　李东来

邱冠华　屈义华　柯　平　胡京波　魏大威

前　言

　　党的十九大报告提出"坚定文化自信，推动社会主义文化繁荣兴盛"，强调文化是一个国家、一个民族的灵魂。文化兴国运兴，文化强民族强。没有高度的文化自信，没有文化的繁荣兴盛，就没有中华民族的伟大复兴。《中华人民共和国公共图书馆法》将坚定文化自信作为立法宗旨之一，公共图书馆事业是文化事业的重要组成部分，公共图书馆事业的繁荣兴盛，不仅关系到文化的繁荣兴盛，也关系到坚定文化自信。党的十九大报告还强调，要坚持中国特色社会主义文化发展道路，激发全民族文化创新创造活力，建设社会主义文化强国。一方面，公共图书馆作为搜集、整理、保存文献信息的公共文化设施，具有重要的文化功能。公共图书馆已经成为传承包括中华优秀文化遗产在内的人类优秀文化遗产的重要阵地，已经成为文化传播的重要平台，已经成为中国文化走出去并推动国际文化交流的重要渠道，在提高公民科学文化素质和社会文明程度、支持国家创新等方面都发挥着不可替代的作用。另一方面，公共图书馆作为社会主义公共文化服务体系的重要组成部分，具有重要的文化使命，在公共图书馆事业的建设与发展中，必须坚持社会主义先进文化的前进方向，坚持以人民为中心，坚持以社会主义核心价值观为引领，传承发展源自于中华民族五千多年文明历史所孕育的中华优秀传统文化，继承和发展熔铸于党领导人民在革命、建设、改革中创造的革命文化和社会主义先进文化，为建设小康社会，实现中国梦做出更大的贡献。

　　本书由中国图书馆学会秘书长霍瑞娟担任主编，主要章节和编写人如下：基层图书馆服务体系建设（柯平编写），基层图书馆建设（屈义华、柯平、刘洪辉编写），基层图书馆管理（屈义华编写），基层图书馆服务（刘洪辉编写），基层图书馆信息化建设（魏大威编写），基层图书馆服务（刘洪辉编写），基层图书馆阅读推广（王余光、邱冠华编写），"互联网＋"环境下的数字阅读（李东来编写），基层图书馆的儿童阅读服务（王志庚编写），基层图书馆的特殊群体服务（王志庚编写）。本书体系较为完整，基本涵盖了基层图书馆管理与服务的内容。书中引用了大量案例，均由各地区图书馆提供。

　　本书主要面向全国县级公共图书馆、乡镇综合文化站和村级文化活动中心的管理者、业务骨干和工作人员。由于编者水平有限，书中难免有不足和不妥之处，还望广大读者批评指正。

霍瑞娟

2018 年 12 月

目　录

导　言

图书馆是搜集、整理、保存、传承人类文化遗产的机构，也是开发文献信息资源以供民众阅览、参考的机构。教育者，无外乎学校教育、家庭教育和社会教育，除学校和家庭之外，图书馆主要承担着社会教育的职能，肩负着为民众终身学习提供服务的责任。

以区（县）级图书馆为主体的基层图书馆，包括乡镇（街道）图书馆、乡镇（街道）综合文化站图书馆等，因其最贴近民众，在传播科学、增进知识、开化思想、开启民智等方面发挥了重要作用。基层图书馆的管理与服务，对于民众教育的意义，尤为重要，对于图书馆事业发展的意义，也尤为重要。

一、基层图书馆的概念范畴

（一）基层图书馆的概念

基层图书馆是由区（县）及以下各级政府主办，或由社会力量捐资兴办的向社会公众开放的图书馆，是具有文献信息资源搜集、整理、存储、传播、研究和服务等功能的公益性公共文化与社会教育设施。在区（县）级图书馆之下，一般还有乡镇（街道）综合文化站图书室和村（社区）综合文化活动中心的图书服务点，开展包括"农家书屋""文化资源共享工程"等惠民文化项目的服务，在农村地区，这一套公共文化服务体系通常也称为"农村图书馆"。

（二）基层图书馆的类型

我国基层图书馆主要包括以下 3 个类型。

1. 县级图书馆

在我国，每个区（县）都应设置独立建制的公共图书馆，负责辖区内文献借阅以及相关公共文化服务。除了开展本馆范围内的公共文化服务以外，还应通过资源共建共享的机制，大力推进书刊的联采联编，并组织开展辖区内的流动服务、从业人员的业务辅导等。

2. 乡镇（街道）综合文化站图书室

乡镇（街道）综合文化站图书室，是一般由同级人民政府主办，或由社会力量捐资兴办，为街道居民提供教育、信息和文化休闲服务的小型图书馆。在城市，主要表现为街道文化站图书室；在农村，主要表现为乡镇综合文化站图书室。

乡镇包括乡和镇，泛指较小的市镇，为我国现行省、市、县、乡四级行政区划的第四级行政区划，是我国最基层的行政机构。按照文化行业标准《乡镇图书馆统计指南》（WH/T 69—2014），乡镇图书室是由乡镇政府主办，单独设立或附设于地方综合性文化机构，向所辖乡镇公众开放的，具有文献信息资源搜集、整理、存储、传播和服务等功能的公益性文献信息服务机构。

社区图书馆一般是由区（县）级政府或街道居民委员会主办，或由社会力量捐资兴办，为社区居民提供教育、信息和文化休闲服务的小型图书馆。在我国，要按照服务人口数量确立社区图书馆的建设规模。按照文化行业标准《社区图书馆服务规范》（WH/T 73—2016），社区图书馆的网点设置应遵循普遍均等原则，按服务半径不大于1.5km，或服务人口不少于5 000人的标准进行统筹规划、合理布局；社区图书馆使用面积按服务人口计算应不低于20m²/千人，阅览座位应不低于4席/千人，有条件的宜设立独立出入口和无障碍设施；社区图书馆基本馆藏文献资源包括图书、期刊、视听资料等，按服务人口计算，基本馆藏量应不低于人均0.5册（并适当考虑少年儿童图书的比例），复本不大于2册，年更新数量不少于总图书量的10%，报刊年订阅数量应不少于50种；社区图书馆宜通过计算机网络共享中心图书馆的数字资源，如电子图书、电子期刊、电子报纸及其他各种数据库资源；社区图书馆藏书宜由中心图书馆统采统编，期刊、报纸可根据社区居民需求自行订购；社区图书馆宜纳入地区一体化服务体系，接受中心图书馆的业务辅导，依托中心图书馆服务网络和业务管理平台，通过协作与共享，联合开展各项服务工作。这里，中心图书馆是指在一定地域范围内，具有资源、技术及管理优势，在社区图书馆管理和服务过程中起核心骨干作用的图书馆。

3. 村（社区）综合文化活动中心

村（社区）综合文化活动中心是公共图书馆服务体系的末梢组织，这一层次的服务点不仅数量庞大，而且直接覆盖面广、人口众多，是保证实现"普遍均等"服务的重要建设指标。

当前，在公共图书馆服务体系建设中，省级图书馆、市级图书馆和县级图书馆都得到了快速发展，但是社区/村级图书馆服务的发展仍相对滞后，从建设主体、硬件规模到管理机制、服务项目等方面都存在较多不确定性，这成为公共图书馆建设中较为薄弱的环节。

（三）基层图书馆的特征

基层图书馆是通过对文献信息及其来源进行搜集、选择、加工，为居民提供就近使用的社区信息交流中心，它是普及文化知识和提高全民素质的直接、有效的途径。基层图书馆主要有以下3个特征。

其一，规模小，作用大。基层图书馆是我国图书馆事业最基础、最重要的部分。虽然藏书、服务人员远不能与省、市级图书馆相比，但其服务覆盖面广，服务形式多样。

其二，便利性强。基层图书馆通常就设在居民区内，或村庄的集中地，离居民最近，不需要交通工具就可以到达，比较方便。对上班族来说，上下班路过，都可以办理图书借还。对于放学的孩子，可以在所住小区的图书馆看书、写作业。对于行动不便的老人，基层图书馆易于实现就近服务。通常情况下，周末和晚上，基层图书馆的利用率很高。

其三，针对性强。基层图书馆是为整个居民区的老百姓服务的，因此在资源选择和馆舍布置等方面要根据居民区的特点，有针对性地进行。农村基层图书馆在书刊种类上一般以农民"读得懂、用得上"为标准来配置，报纸期刊一般以通俗娱乐类、农业信息类为主，图书主要围绕农村政策法律、农村公共管理与社会建设、农村实用科技与技能培训、农村卫生与医疗保健、育儿与幼儿读物、文学精品与人物传记、农民看世界等方面。

(四)基层图书馆的定位

基层图书馆管理人员在制定管理规划前，必须明确自身图书馆所处的社会环境，明确图书馆的发展定位。基层图书馆作为最基本的公共文化服务载体之一，旨在向乡镇、社区及农村居民提供保障性、普及型、基础性的阅读、文化、教育及信息服务，满足基层群众对知识、信息及相关文化活动日益增长的现实需求。

1. 基层群众终身学习的场所

早在19世纪，美国著名图书馆学家麦威尔·杜威即提出"图书馆即教育"的观点，他认为，图书馆应该作为社会教育机构充分发挥图书馆的教育职能，或作为民众终身学习的"平民大学"。中国图书馆学会发布的《图书馆服务宣言》也指出"图书馆为公民终身学习提供保障，促进学习型社会的建设"。图书馆是学校以外，民众的第二教室，尤其是教育资源相对匮乏的农村，基层图书馆可以成为民众终身学习的场所。基层图书馆可利用自身资源优势，通过图书借阅、讲座、展览、学习培训等知识服务对民众进行社会教育，向民众传递不断更新的知识，并培养人们终身学习的欲望和能力，使图书馆成为没有围墙的学校。

2. 基层群众的文化休闲中心

随着社会的不断发展，生活条件的不断改善，大众对精神文化生活也有了更多的需求，学习、休闲、娱乐成为人们生活的组成部分。社会环境和读者需求促使现代图书馆服务功能转变与拓展，图书馆成了公共文化空间，在这个空间里读者不再是单纯地希望能够获取信息和知识，而是更多地追求一种舒适安宁的文化氛围，通过休闲阅读、参加活动或仅仅是小憩以驱逐劳顿、安抚心灵。因此，基层图书馆也有责任为民众提供休闲服务，通过提供休闲类图书、营造休闲服务的环境、组织各种休闲阅读活动等方式，让民众能够在图书馆这个文化空间中放松身心、陶冶情操，从而获得心灵的满足和自我的提升。

3. 基层群众的信息查询中心

一直以来，基层图书馆也以丰富的信息资源以及计算机等设备担任基层群众的信息查询中心的角色。在知识信息爆炸的时代，图书馆的优势不仅在于它是知识信息的集散地，更在于它能够有效地组织和管理这些信息，方便群众查询和获取利用。因而，基层图书馆要根据服务范围内的读者需求特征有的放矢地搜集、组织信息，服务民众的生活、学习和工作。此外，基层图书馆要根据不同群体的个人素质、信息需求、信息能力等方面的差异，分别对少年儿童、老年等群体进行计算机使用、网络信息检索及获取的课程培训，帮助他们掌握基本的现代信息技能，适应信息社会环境。

4. 精神文明的建设和传播高地

基层图书馆既是精神家园也是精神文明的建设和传播高地。作为最贴近群众的图书馆，是社区、农村精神文明传播和建设的重要组成部分，对提高民众素质、促进社区和乡村发展有着十分重要的作用。除了丰富的书刊资源外，图书馆可以通过组织读书会、文化讲座、知识竞赛、书刊展览等活动，对基层群众进行爱国主义教育、传统文化教育、科学知识宣传和法律教育等，从而提高民众思想道德和科学文化素质水平，弘扬良好的社会风气，营造和谐的社区、农村氛围。

二、基层图书馆管理与服务的主要内容

"基层图书馆管理与服务"主要包括以下内容：①基层图书馆服务体系建设；②基层图书馆建设；③基层图书馆管理；④基层图书馆服务；⑤基层图书馆信息化建设；⑥基层图书馆阅读推广；⑦"互联网＋"环境下的数字阅读；⑧基层图书馆的儿童阅读服务；⑨基层图书馆的特殊群体服务；⑩附录。

第一章 基层图书馆服务体系建设

【内容概要】

公共图书馆服务体系是公共文化服务体系中的重要组成部分，其建设与完善不仅关系到图书馆事业的发展，也关系到整个文化事业的发展。本章目的是让学习者全面了解基层图书馆服务体系建设的基本概况，进一步明确基层图书馆服务体系建设的环境、必要性、重要意义及相关理论问题。

第一节 基层图书馆服务体系的基本理论问题

一、基层图书馆服务体系的内容

基层图书馆服务体系由所有实体图书馆、流动图书馆、总分馆系统、各类图书馆服务点、图书馆联盟以及全国性或区域性服务网络等组成，从内容上包括政策法律、服务主体、服务对象、服务组织、服务方式、服务网络等，从形态上包括图书馆系统、图书馆联盟等组织和跨组织的各种服务平台等，从服务空间上包括物理空间与虚拟空间等。

（一）层级

1. 区（县）图书馆

城市基层公共图书馆主要是指街道、社区图书馆，在特大型城市和省会城市，一般包括街道、社区图书馆，职工书屋，城市书吧以及大型图书馆在城市街区设立的流动服务站，而在中小型城市，基层图书馆包括区级图书馆及所辖的镇、街图书馆，形成两级基层公共图书馆服务网络。

城市基层公共图书馆可以作为城市中心图书馆的分馆或延伸，以服务为主要任务。其主要服务内容有：为市民提供阅读服务；为市民提供社会教育与终身学习服务；为市民提供就业指导和技能培训服务；为市民提供政务信息服务；为市民提供社区信息服务；为市民提供文化休闲服务等。

2. 乡镇(街道)综合文化站图书馆和村(社区)综合文化活动中心

乡镇(街道)综合文化站图书馆和村(社区)综合文化活动中心的服务对象主要是农村人口(包括农村集镇人口)。农村，又称为农村社会区域共同体，是指在特定的自然区域内，由各种主要从事农业生产活动的密集人口组成的社会。乡镇(街道)综合文化站图书室和村(社区)综合文化活动中心以县图书馆为中心，形成覆盖广大农村地区的服务网络。

乡镇(街道)综合文化站图书馆和村(社区)综合文化活动中心的服务内容主要有：加强农村图书外借与阅读引导；为农民开展扫盲服务；培养农民信息技术能力；开展"三农"咨询服务；提供托幼与课后辅导服务；搜集和发布农业科技信息；举办农业技术及其他各种培训活动；丰富农民文化生活等。

在发达国家和地区，农村图书馆事业的发展受到广泛重视，形成了各具特色的农村图书馆建设模式。在英国，政府扶持"流动图书馆"的服务模式，将服务延伸至乡村，2011年还设立了2 000万英镑的"农村宽带基金"，支持网络通信技术(ICT)向农村边远地区的接入。在美国，农村图书馆服务尤为重视信息技术的发展，先后开展了"农村可持续发展计划""信息技术维护工程"等项目，并建立起相应的组织保障机制，如美国公共图书馆协会下设了农村图书馆委员会，在美国农业处资助下成立了原住民和部落图书馆委员会、农村及小型图书馆委员会等。在日本，农村图书馆服务实施了标准化，通过立法规定了农村图书馆的建设标准，并且划分了农村图书馆的读者类型等。英、美、日等发达国家的农村图书馆建设的经验对我国农村图书馆的发展有一定参考价值。

(二)形态

1. 实体图书馆

基层图书馆的实体形态是指以图书馆建筑设施为主要表征，包括图书馆独立馆舍、普通建筑中的图书馆阅览室等。

2. 汽车图书馆

基层图书馆通过汽车形式，将流动服务向社区和乡镇延伸，定期为读者提供巡回流动服务，也称为流动图书馆。

3. 手机图书馆

基层图书馆通过手机信息载体为读者提供各类图书馆服务，也是电信网、互联网、广电网三网融合呈现出的公共图书馆服务新技术。手机图书馆具有丰富的功能，手机阅读服务包括：用户可以按兴趣订阅、下载、导入、阅读图书馆的数字资源，并可以定期进行下载更新，对订阅的内容进行分类、排序，并在阅读过程中进行查找、页面跳转以及添加书签、批注、加亮、画线等笔记操作；图书馆可以对用户进行注册管理、用户利用统计、阅读推荐、阅读指导等。此外，离线导航服务指用户将图书馆用户指南或图书馆平面确定位置的导航图下载到手机上，通过浏览查找进行定位。WAP 服务是用户以智能手机替代计算机，利用手机上网功能进入图书馆主页，使用图书馆检索、在线阅读、视频点播、电子资源访问与下载等功能的服务。

随着基层民众手机的普及，在基层发展基于移动互联网的手机阅读成为迫切需要，未来手机图书馆将成为基层图书馆的重要服务载体与服务形态。

4. 自助图书馆

随着无线射频识别（RFID）技术的应用，在图书馆自助借还书系统的基础上，自助图书馆迅速发展。2007 年 12 月，东莞图书馆推出国内首台图书馆自动柜员机（ATM），无人值守的自助图书馆藏书万余册，配有阅览桌椅、空调等设施设备，在主馆闭馆期间提供自助借还和阅览服务。2008 年 4 月，深圳图书馆第一台"城市街区 24 小时自助图书馆系统"通过验收投入试运行，向广大用户开放。经过 3 个多月的试运行后，于2008 年 7 月正式在街区布点开始正常运行，2009 年 4 月首期投入运行的 40 台服务机系统全部开通。其他地市也陆续引进开通这种 24 小时自助图书馆系统，如沈阳市和平区自助图书馆（2008 年 12 月）。自助图书馆较适合人口比较集中的地区。2013 年，贺兰县公共图书馆引进两台 ATM，在全国县级公共图书馆中率先采用高频智能管理系统，实现了 24 小时城市街区自助借还书。

5. 电视图书馆

随着电视网络的发展，基层图书馆可利用电视网络平台开展服务。数字电视是采用数字技术处理电视节目的采集、制作、编辑、播出、传输、接收的全过程，具有比传统电视模拟信号更高的声音和图像质量，信号损失小、接收效果好等特点。利用数字电视开展图书馆信息服务的主要形式有：①有线电视和数字电视模式。比如，辽宁主要通过 3 种方式进行，一是开通专门的模拟频道直接播发文化信息资源共享节目；二是在未实现数字电视整转的城乡，利用 Z9 频道，通过推流（Push VOD）方式和专用机顶盒（带 160GB 硬盘）实现离线式点播；三是利用数字电视技术，在实现整转和具备双向能力的混合光纤同轴网络（HFC）上实现真正的在线免费点播文化共享节目。②交互式网络电视（IPTV）模式。比如，河南、山西等地区图书馆通过"宽带网络＋机顶盒＋电视机或计算机"模式，与党员远程教育网结合，以合作共建方式，将资源提供给党员远程教育网，通过该网络实现乡镇和村文化站的覆盖。③数字电视模式。在有线数字电视中开设相关频道，通过高清机顶盒，以互动方式，选择阅读数字书刊和讲座等视频节目，为公众提供服务。目前，这些形式在我国农村乡镇文化建设和图书馆服务中已发挥了重要作用。

除以上主要形态外，我国基层图书馆还因地制宜地发展了许多具有地方特色的形态。在城市，有迅速发展的城市书吧、地铁图书馆；在农村，有结合当地实际的各种小型图书馆。例如，浙江省嵊泗县图书馆开展"船头图书流通箱"服务二十多年来，极大地满足了基层渔民群众，尤其是一线渔民的精神文化需求。云南省大关县的"背篓图书馆"暨留守儿童流动图书室冲破了山高坡陡和交通不便的障碍，每季度至少开展一次到各点巡回送书、教唱红歌服务，组织留守儿童开展作文竞赛、亲情互动视频电话、游戏、演出等活动，解决贫困偏远山区群众文化活动和科技致富信息缺乏及留守儿童课外书籍缺少、家庭教育缺失等突出问题。

在国际上，基层图书馆形态多样化。例如，在非洲大陆的沙漠地带，肯尼亚的东北省就有为居无定所的沙漠村落中的牧民家庭服务的骆驼图书馆，这种行走在沙漠中的图书馆建立于1996年，有若干头骆驼、牵骆人、图书馆管理员和数千册图书，有借阅制度、固定的停靠点以及每两周一次的定期巡游。2007年，美国女记者汉密尔顿出版了一本以"骆驼图书馆"为原型创作的小说，还与人合作创办了名为"骆驼图书驱动力"的网站。

（三）要素

1. 政策法律

政策法律要素包括直接的政策法律体系和间接的法律体系，前者指国家和地区制定专门的基层公共图书馆政策和法律；后者指与基层图书馆相关的国家和地区文化政策法律体系，主要包括法律法规，具体包括国家法律、行政法规、文化相关部委制定和发布的部门规章以及政府的规范性、指导性文件。国家和地区的文化政策法律确定了整个文化事业的原则和走向，是基层图书馆乃至整个基层文化事业开展日常工作的重要依据之一。

2. 管理机构

基层图书馆管理机构是指负责图书馆建设与管理的政府部门或其他组织。在城市，社区图书馆一般由所在社区、街道居民委员会或相关组织具体负责，也有由上一级行政主管部门或上一级图书馆具体负责的。在农村，县、乡镇图书馆分别由县级人民政府和乡镇人民政府具体负责，村图书馆则由村委会负责。

3. 主体构成

从基层图书馆服务体系构建的角度来看，其服务主体众多，相互联系，形成一个体系。除了各类基层图书馆，还包括农家书屋、职工书屋、城市书吧以及其他提供公共服务的民间图书馆。此外，一些基层文化机构如文化馆、综合文化站、纪念馆等，也会参与到基层图书馆服务中，成为辅助支持的服务主体。

4. 服务对象

基层图书馆服务对象包括所有公众。由于基层图书馆离城市小区居民或农村乡镇居民较近，使用便利，其服务对象更表现出大众化和多样化的特点。基层图书馆发展服务对象，要注重培养少年儿童的阅读习惯，并努力满足残疾人、老年人、进城务工者、农村和偏远地区公众等的特殊需求。在多文化社区和少数民族地区，基层图书馆需要考虑来自不同文化的居民需要和少数民族居民的特殊需要。

5. 服务设施

根据《公共文化体育设施条例》(2003 年)，公共文化体育设施是指由各级人民政府或者社会力量举办的，向公众开放，用于开展文化体育活动的公益性的图书馆、博物馆、纪念馆、美术馆、文化馆(站)、体育场(馆)、青少年宫、工人文化宫等的建筑物、场地和设备。对基层图书馆来说，服务设施是图书馆开展服务的硬件条件和依托的资源与手段，主要有馆舍，阅览室或阅览区，阅览桌椅、书架、报刊架等，计算机及网络设备以及其他相关设施。

6. 服务方式

基层图书馆有多种服务方式，常见的有：阅览、书刊外借、馆际互借、检索、咨询、复印、流动车、培训讲座、展览、阅读推广活动等。

7. 服务网络

公共图书馆服务体系是构建现代公共文化服务体系的重要内容，是一个子体系。构建现代公共文化服务体系的重要内容是基本公共文化服务的标准化、均等化，以保障人民群众看电视、听广播、读书看报、进行公共文化鉴赏、参与公共文化活动等基本文化权益为主要内容，通过明确设施建设、管理服务、评估考核的标准，确保人民群众享有基本公共文化服务的权利均等、机会均等、结果均等。

二、基层图书馆服务体系的类型

(一)基于总分馆的基层图书馆服务体系

总分馆制是国际上公共图书馆服务体系建设的一种标准化模式，已证明具有推广价值。总分馆是某一区域经过整体规划、统一建设与管理的图书馆统一体，其结构严谨、上下一体、服务规范、系统性强。

在我国基层图书馆推广总分馆制要根据当地的条件，因地制宜地实施。既要突破传统的图书馆分散独立体制，将区域内的图书馆紧密联系起来，形成一个整体，又要突破一级政府只管理一级图书馆的局限性，区域内各级政府相互配合，上级政府主持规划，下级政府支持，形成具有层次结构的图书馆。

(二)基于区域性协作网络的基层图书馆服务体系

在基层图书馆，由于条件的制约，许多地区不能实行总分馆制或暂时不具备实行总分馆制的条件，因此，通常采用基于区域性协作网络的基层公共图书馆服务体系。这种形式是在一定区域内，将隶属于不同建设主体和主管部门的图书馆组织起来，形成统一的服务网络。

这种模式有 3 个特点。

1. 主体分立，服务协同

它不同于总分馆制的"总馆—分馆"结构比较严格的模式，也不同于一般的松散型联盟成员馆之间比较民主的模式，而是采取协同制的"中心馆—成员馆"模式。图书馆之间通过一定的组织联结起来，形成一个比较紧密的联合体。这样，既不改变现有各图书馆的主体属性，能够保持各图书馆的独立性，又能够协调组织区域内的资源，通过分工协作提供服务，达到服务网络化、体系化的目的。因此，从组织架构来说，既要有统一领导，又要有相对独立性，充分发挥中心馆和成员馆两个层面的积极性。

2. 行业协调实现文献资源的共建共享是这种形式的核心

以北京市各区（县）馆为例，根据合理配置、分工收藏的原则，应建设各具特色的文献资源体系，并负责调查各基层馆的文献需求，进行统一采购、分编，将图书配送到各基层图书馆，对文献资源进行定期更换，乡镇（街道）图书馆只充当服务终端。

这种类型的文献资源建设模式的优势是成员馆数量众多，类型多样，并且各成员馆都有着较好的文献资源和技术平台基础，有利于形成高覆盖率的文献资源保障体系。另外，文献资源建设经费来源多元化，包括区（县）政府拨款、乡镇（街道）办事处出资、村（社区）和企业支持等。其缺点是成员馆多元化的行政隶属和经费来源，会造成服务体系的结构相对松散。具体表现是，中心馆对成员馆只有业务指导权而没有行政控制权，无法对成员馆的文献资源建设实现有效管理，给文献资源共建共享带来困难。因此，在这类图书馆联盟的文献资源建设过程中，建设者要充分考虑不同成员馆文献资源建设的差异，包括采访权的差异、经费数额的差异、藏书政策的差异、藏书结构的差异等，发挥各成员馆对文献资源共建共享的积极性。

3. 这种形式需要通过一种科学的机制，保证各图书馆协同工作

除了统一领导、分散管理的组织架构外，这一服务体系还需要计算机管理系统和物流系统的支持。比如，北京市各基层图书馆为实现联合检索和馆际互借，所有成员馆统一使用"智慧 2000 图书馆管理系统软件"。

三、基层图书馆服务体系的管理体制

公共图书馆倡导的以总分馆制为核心的公共图书馆服务体系的建设取得了丰硕的成果，各地基层图书馆数量、服务点布局等均取得长足进步。同时，文化信息资源共享工程基层服务点、乡镇综合文化站、农家书屋等承担公共图书馆服务职能的基层文化设施已经逐步实现全面覆盖的目标。因此，如何让这个包含多种形式、多种建设主体的基层图书馆体系发挥效益并持久运行，如何理顺与整合不同类型基层图书馆的关系是建设公共图书馆服务体系必须面对的问题。

（一）明确建设主体的责任

现有公共图书馆服务体系的建设主要采取分级财政基础上的多元建设主体和多层管理体制，一级政府建设管理一个图书馆的格局，将每个图书馆分隔成彼此独立的实体，难以实现有效的资源共享，建立资产流通顺畅的紧密型总分馆制，同时这样的体制导致了村（社区）级图书馆建设主体的悬空，受区域内总分馆体制的建设的影响，城乡、地区间公共图书馆的服务水平不均衡，不同构建主体建设的分馆、流动图书馆、文化站图书室等管理混乱。为解决这一问题，明确公共图书馆服务体系的建设主体，选择联合主体，或者以区域一体化的理念将市级或县级公共图书馆作为基层文化建设的责任主体是必须考虑的基础问题。

（二）明确管理主体的责任

建设主体与管理主体的紧密联系，以及建设主体的多元导致公共图书馆服务体系内部各馆的地位不同、个体利益不同，这就需要明确总馆与分馆、区域图书馆网络内部的权责关系，确定合理的管理体系，明晰管理主体以及总馆、分馆、服务点等的权利和义务。

第二节　基层图书馆服务体系建设的相关政策法规

十余年来，相关的文化政策法规的陆续出台，为公共图书馆事业的发展带来前所未有的机遇。在"文化大繁荣大发展"的背景下，与公共图书馆服务体系相关的政策法规逐渐由宏观走向具体深入，由单一主体制定逐渐发展为国家与地方政府共同制定。

一、国家公共文化政策法规

（一）国家公共文化政策法规对基层图书馆的保障和指导意义

国家公共文化政策包括党和国家重大政治会议精神、国家重要发展规划以及中央政府有关公共文化的重要文件等，以权威形式标准化地规定在一定的历史时期内，应该达到的奋斗目标、遵循的行动原则、完成的明确任务、实行的工作方式、采取的一般步骤和具体措施。党和国家重大政治会议精神有 2002 年 11 月中国共产党十六大以来历次中国共产党党员全国代表大会和中国共产党党员地方各级代表大会（以下简称"党代会"）、中华人民共和国全国人民代表大会（以下简称"人大"）和中国人民政治协商会议（以下简称"政协"）等重大会议关于文化的重要精神。重要的相关发展规划除国民经济和社会发展的五年规划外，有中共中央办公厅和国务院办公厅颁布的《国家"十一五"时期文化发展规划纲要》（2006 年 9 月）、《国家"十二五"时期文化改革发展规划纲要》（2012 年 2 月）、《国家"十三五"时期文化改革发展规划纲要》（2017 年 5 月）；有文化部发布的《文化标准化中长期发展规划（2007—2020）》（2007 年 8 月）、《文化部"十二五"时期文化改革发展规划》（2012 年 5 月）、《文化部"十三五"时期文化改革发展规划》（2017 年 2 月）、《文化部"十二五"文化科技发展规划》（2012 年 9 月）、《文化部"十三五"时期文化科技创新规划》（2017 年 4 月）；科技部等六部委发布的《国家文化科技创新工程纲要》（2012 年 6 月），科技部、文化部和国家文物局联合印发的《国家"十三五"文化遗产保护与公共文化服务科技创新规划》(2016 年 12 月)等；还有新闻出版广电总局发布的《全民阅读"十三五"时期发展规划》(2016 年 12 月)等。中央政府有关公共文化的重要文件包括国务院颁布的相关文件，也包括文化部及其他部委颁布的相关文件。

我国文化立法快速推进，公共文化立法取得突破性进展，有利于基层公共图书馆的发展。公共文化服务保障法草案 2016 年 4 月进入全国人民代表大会常务委员会第二十次全会一审，2016 年 12 月 25 日经第十二届全国人民代表大会常务委员会第二十五次会议审议获得表决通过《中华人民共和国公共文化服务保障法》(以下简称《保障法》)，并于 2017 年 3 月 1 日起施行。这是我国公共文化服务法律保障取得的一个历史性重大突破，是人民群众基本文化权益和基本文化需求实现从行政性"维护"到法律"保障"的跨越，是公共文化服务从差别化和随机状态到标准化和均等化发展的跨越。《保障法》共 6 章 65 条，对公共文化设施建设与管理、公共文化服务提供、保障措施、法律责任等分别进行了详细规定。国家公共文化立法是以立法形式体现宪法保障公民的文化权利，将政府维护文化权利的义务上升为法律责任，这对于我国基层图书馆的根本保障具有决定性的意义。

在《保障法》的基础上，图书馆立法进程加快，《中华人民共和国公共图书馆法(草案)》于 2017 年 4 月 19 日在国务院常务会议上通过。2017 年 11 月 4 日第十二届全国人民代表大会常务委员会第三十次会议通过了《中华人民共和国公共图书馆法》(以下简称《图书馆法》)，2018 年 1 月 1 日起施行。这是中国共产党十九大之后出台的第一部文化方面的法律，也是公共文化领域继《中华人民共和国公共文化服务保障法》之后的又一部重要法律，对于进一步健全我国文化法律制度、促进公共图书馆事业发展、保障人民群众基本文化权益具有重要意义。

国家公共文化政策法规对基层图书馆有以下保障和指导意义。

1. 提高文化软实力，图书馆是重要组成部分

2007 年 10 月中国共产党十七大报告指出："当今时代，文化越来越成为民族凝聚力和创造力的重要源泉、越来越成为综合国力竞争的重要因素，丰富精神文化生活越来越成为我国人民的热切愿望。要坚持社会主义先进文化前进方向，兴起社会主义文化建设新高潮，激发全民族文化创造活力，提高国家文化软实力，使人民基本文化权益得到更好保障，使社会文化生活更加丰富多彩，使人民精神风貌更加昂扬向上。"明确突出了"覆盖全社会的公共文化服务体系基本建立"，并将其提升为"保障人民基本文化权益的主要途径"。2011 年 10 月中国共产党第十七届中央委员会第六次全体会议(以下简称"十七届六中全会")以"文化为主题"审议通过了《中共中央关于深化文化体制改革、推动社会主义文化大发展大繁荣若干重大问题的决定》(以下简称《决定》)，这一文件是对已有文化政策的全新阐释。《决定》全面深刻地阐释了新形势下推进文化改革的重要意义，重点强调了要增强国家文化软实力，弘扬中华文化，并首次从国家战略的层面提出建设社会主义文化强国的发展战略，指出"公共文化服务体系不健全，城乡、区域文化发展不平衡"。2017年10月十九大提出："坚定文化自信，推动社会主义文化繁荣兴盛。""文化兴国运兴，文化强民族强。没有高度的文化自信，没有文化的繁荣兴盛，就没有中华民族的伟大复兴。要坚持中国特色社会主义文化发展道路，激发全民族文化创新创造活力，建设社会主义文化强国。"从中国共产党十七大提出的"文化大发展大繁荣"到中国共产党十八大明确"建设文化强国"，再到中国共产党十九大强调要"坚定文化自信"，文化在国家经济与社会发展中发挥着越来越重要的作用。

2. 保障人民基本文化权益，图书馆是重要基础设施

2011年10月十七届六中全会提出："加强公共文化服务是实现人民基本文化权益的主要途径。要以公共财政为支撑，以公益性文化单位为骨干，以全体人民为服务对象，以保障人民群众看电视、听广播、读书看报、进行公共文化鉴赏、参与公共文化活动等基本文化权益为主要内容，完善覆盖城乡、结构合理、功能健全、实用高效的公共文化服务体系。""把主要公共文化产品和服务项目、公益性文化活动纳入公共财政经常性支出预算。采取政府采购、项目补贴、定向资助、贷款贴息、税收减免等政策措施鼓励各类文化企业参与公共文化服务。鼓励国家投资、资助或拥有版权的文化产品无偿用于公共文化服务。""加强文化馆、博物馆、图书馆、美术馆、科技馆、纪念馆、工人文化宫、青少年宫等公共文化服务设施和爱国主义教育示范基地建设并完善向社会免费开放服务，鼓励其他国有文化单位、教育机构等开展公益性文化活动，各类公共场所要为群众性文化活动提供便利。""完善面向妇女、未成年人、老年人、残疾人的公共文化服务设施。引导和鼓励社会力量通过兴办实体、资助项目、赞助活动、提供设施等形式参与公共文化服务。推进国家公共文化服务体系示范区创建。制定公共文化服务指标体系和绩效考核办法。"《决定》明确了公共图书馆在公共文化服务体系中的地位，指出"覆盖城乡、结构合理"的公共图书馆服务体系建设目标，成为公共图书馆服务体系加快发展的"强心剂"。

为促进文化惠民，国家公共文化政策推进了全国图书馆的免费开放，2011年1月26日，《文化部、财政部关于推进全国美术馆、公共图书馆、文化馆（站）免费开放的意见》要求2011年年底之前国家级、省级美术馆全部向公众免费开放，全国所有公共图书馆、文化馆（站）实现无障碍、零门槛进入，公共空间设施场地全部免费开放，所提供的基本服务项目全部免费。同时，文化部出台公共图书馆补助标准，2011年地市级图书馆补助标准为50万元，县级图书馆、文化馆（站）补助标准为20万元，乡镇综合文化站补助标准为5万元。这一政策体现了政府的公共服务职能，对公共图书馆而言，这既是机遇也是挑战，如何实现资源的合理共享，以公益服务为宗旨建设公共图书馆服务体系，实现公众就近零门槛地利用公共图书馆资源，成为公共图书馆体系建设的又一发展方向。2011年11月15日，《文化部　财政部关于进一步加强公共数字文化建设的指导意见》，强调要"重点实施文化共享工程、数字图书馆推广工程和公共电子阅览室建设计划三大公共数字文化惠民工程"。这一政策要求公共图书馆服务体系建设不仅仅是馆舍布局、实体资源布局，同时也需要考虑网络资源服务布局，增加图书馆网络的技术架构建设，加强中心馆的数字资源建设能力，同时增强服务辐射能力。

3. 促进基本公共文化服务标准化、均等化，为图书馆提出新的任务

2005年10月中国共产党第十六届中央委员会第五次会议(以下简称"十六届五中全会")提出建设公共文化服务体系的构想，要求"加大政府对文化事业的投入，逐步形成覆盖全社会的比较完备的公共文化服务体系"。2013年11月中国共产党第十八届中央委员会第三次会议(以下简称"十八届三中全会")做出《中共中央关于全面深化改革若干重大问题的决定》，明确提出："统筹服务设施网络建设，促进基本公共文化服务标准化、均等化。""推动公共图书馆、博物馆、文化馆、科技馆等组建理事会，吸纳有关方面代表、专业人士、各界群众参与管理。""要推动公共文化服务社会化发展。"

国民经济和社会发展的"十一五"规划关于加强文化建设，提出"加大政府对文化事业的投入，逐步形成覆盖全社会的比较完备的公共文化服务体系"。"十二五"规划中关于大力发展文化事业要求"增强公共文化产品和服务供给。公共博物馆、图书馆、文化馆、纪念馆、美术馆等公共文化设施免费向社会开放"。"十三五"规划提出了公共文化服务体系基本建成的重要目标，指出"要推进基本公共文化服务标准化、均等化。完善公共文化设施网络，加强基层文化服务能力建设。加大对老少边穷地区文化建设帮扶力度。加快公共数字文化建设。加强文化产品、惠民服务与群众文化需求对接。鼓励社会力量参与公共文化服务。继续推进公共文化设施免费开放。繁荣发展文学艺术、新闻出版、广播影视和体育事业。加强老年人、未成年人、农民工、残疾人等群体的文化权益保障"。此外，还提出"改善贫困地区基本公共服务，提高教育质量和医疗服务水平。集中实施一批文化惠民扶贫项目，推动贫困地区县级公共文化体育设施达到国家标准"。

2012年7月我国首次发布《国家基本公共服务体系"十二五"规划》将公共文化服务纳入基本公共服务，首次明确提出了基本公共文化服务的"国家基本标准"，对服务项目、服务对象、保障标准、支出责任、覆盖水平做出了明确界定。

4. 建设公共文化服务体系和公共图书馆是政府的重要责任

2015年1月14日，中共中央办公厅、国务院办公厅印发了《关于加快构建现代公共文化服务体系的意见》(以下简称《意见》)，并发出通知，要求各地区各部门结合实际认真贯彻执行。《意见》提出我国公共文化服务体系建设"坚持政府主导""加快转变政府职能"。突出强调了政府责任："各级政府的保障责任""明确政府保障底线""加强政府管理""发挥基层党委和政府作用"等。《意见》就加快建设现代公共文化服务体系提出了

统筹推进公共文化服务均衡发展、增强公共文化服务发展动力、加强公共文化产品和服务供给、推进公共文化服务与科技融合发展、创新公共文化管理体制和运行机制、加大公共文化服务保障力度 6 个方面的目标要求，并相应提出了 23 项具体举措。《意见》随附《国家基本公共文化服务指导标准（2015—2020 年）》，就国家基本公共文化服务的服务项目、硬件设施和人员配备等提出 22 项基本保障要求。2015 年 4 月 7 日，国家公共文化服务体系建设协调组在北京召开第三次全体会议，会议通过了协调组贯彻落实《意见》的工作方案和分工方案。工作方案提出了贯彻落实《意见》的总体思路和实施步骤，分工方案梳理了《意见》提出的统筹推进公共文化服务均衡发展等 7 个方面 113 项重点工作任务。2014 年 3 月，由 20 个相关单位组成的国家公共文化服务体系建设协调组正式成立，并审议通过了《国家公共文化服务体系建设协调组议事规则》《公共文化服务体系建设协调机制工作方案》等工作文件，从而在中央层面明确了各类公共文化服务管理部门协调并举、统筹规划、共同推进公共文化服务体系建设的总体思路。

《保障法》将政府作为公共文化服务的主体，这是其第一次以法律形式体现。《保障法》从法律角度强化了政府责任，将"公共文化服务"界定为"由政府主导、社会力量参与，以满足公民基本文化需求为主要目的而提供的公共文化设施、文化产品、文化活动以及其他相关服务"。《保障法》规定："县级以上人民政府应当将公共文化服务纳入本级国民经济和社会发展规划，按照公益性、基本性、均等性、便利性的要求，加强公共文化设施建设，完善公共文化服务体系，提高公共文化服务效能。""省、自治区、直辖市人民政府根据国家基本公共文化服务指导标准，结合当地实际需求、财政能力和文化特色，制定并调整本行政区域的基本公共文化服务实施标准。""地方各级人民政府应当加强对公共文化服务的统筹协调，推动实现共建共享。""县级以上地方人民政府文化、新闻出版广电主管部门根据其职责负责本行政区域内的公共文化服务工作；县级以上地方人民政府其他有关部门在各自职责范围内负责相关公共文化服务工作。"诸如此类规定详见《保障法》，政府承担的公共文化服务主导责任有了明确的要求。在公共文化服务设施的建设与管理、公共文化服务的提供等方面，政府要承担保障职责，《保障法》将这一职责上升到法律责任。比如，"违反本法规定，地方各级人民政府和县级以上人民政府有关部门未履行公共文化服务保障职责的，由其上级机关或者监察机关责令限期改正；情节严重的，对直接负责的主管人员和其他直接责任人员依法给予处分"。

国家文化发展政策法规及其包含的公共文化服务政策法规是近年来直接影响公共图书馆服务体系发展的主要文化政策法规，奠定了国家重视公益性文化事业的政策法规基调，随后的文化部门政策和相关部门政策都坚持这一政策的核心思想，为公共图书馆的发展带来政策话语，为图书馆的馆舍建设、服务体系建设带来了直接影响。

（二）基层公共文化的相关政策法规

国家十分重视基层公共文化服务设施的建设。2011年10月《中共中央关于深化文化体制改革、推动社会主义文化大发展大繁荣若干重大问题的决定》提出明确要求："统筹规划和建设基层公共文化服务设施，坚持项目建设和运行管理并重，实现资源整合、共建共享。加强社区公共文化设施建设，把社区文化中心建设纳入城乡规划和设计，拓展投资渠道。"

1. 农村公共文化政策法规

国家十分重视整合农村公共文化资源，建设乡镇综合文化站和基层综合性文化服务中心。2015年11月，中共中央办公厅和国务院办公厅发布《关于进一步加强农村文化建设的意见》，提出构建农村公共文化服务网络，明确提出农村文化建设的"五个纳入"："纳入各级党委和政府的重要议事日程，纳入经济和社会发展规划，纳入财政支出预算，纳入扶贫攻坚计划，纳入干部晋升考核指标。"2015年12月《中共中央 国务院关于落实发展新理念加快农业现代化 实现全面小康目标的若干意见》强调："推进农村基层综合公共服务资源优化整合。全面加强农村公共文化服务体系建设，继续实施文化惠民项目。在农村建设基层综合性文化服务中心，整合基层宣传文化、党员教育、科学普及、体育健身等设施，整合文化信息资源共享、农村电影放映、农家书屋等项目，发挥基层文化公共设施整体效应。"2016年2月《关于进一步做好为农民工文化服务工作的意见》提出要增强基层综合性文化服务中心为农民工服务的功能，加大公共数字文化资源对农民工的供给和推送。2017年3月施行的《保障法》强调："国家重点增加农村地区图书、报刊、戏曲、电影、广播电视节目、网络信息内容、节庆活动、体育健身活动等公共文化产品供给，促进城乡公共文化服务均等化。""面向农村提供的图书、报刊、电影等公共文化产品应当符合农村特点和需求，提高针对性和时效性。""地方各级人民政府应当根据当地实际情况，在人员流动量较大的公共场所、务工人员较为集中的区域以及留守妇女儿童较为集中的农村地区，配备必要的设施，采取多种形式，提供便利可及的公共文化服务。"

关于乡镇综合文化站，《"十一五"全国乡镇综合文化站建设规划》启动了我国新一轮乡镇综合文化部建设，规定了综合文化部的8项基本功能：时政宣传和政策法制教育；提供电影、电视等视频资料的放映和文体娱乐活动；组织信息技术及科学文化培训；开展各类知识讲座；提供图书借阅；搜集、整理民间文化遗产；开展文物宣传保护工作；协助管理当地文化市场。2009年文化部在《文化站管理办法》（1992年）的基础上制定并颁布了《乡镇综合文化站管理办法》，规定乡镇人民政府负责文化站日常工作的管理，县级文化行政部门负责对文化站进行监督和检查，县文化馆、图书馆等相关文化单位负责对文化站开展对口业务指导和辅导。在经费方面，它规定文化站的建设、维修、日常运转和业务活动所需经费，应列入县、乡人民政府基本建设投资计划和财政预算，不得随意核减或挪用；中央、省、市级财政可对文化站的设施建设和内容建设予以经费补助。为贯彻落实《中共中央办公厅、国务院办公厅关于加强公共文化服务体系建设的若干意见》以及《公共文化体育设施条例》中提出的加强乡镇综合文化站建设的要求，加强和规范乡镇文化站建设，提高乡镇综合文化站建设的决策水平，充分发挥投资效益，由文化部组织编制的《乡镇综合文化站建设标准（建标 160—2012）》于 2012 年 5 月 1 日施行。2013 年 4 月，文化部布置第一次全国乡镇综合文化站评估定级工作，出台《全国乡镇综合文化站评估定级参考标准》，以后每 4 年开展一次。

关于基层综合性文化服务中心，2013 年 11 月十八届三中全会明确提出"建设综合性文化服务中心"的改革任务：对基层公共文化资源要从组织体系、经费机制、资源配置、人员保障等方面进行深度整合，形成合力和优势，有效对接群众的需求，建立综合性的基层文化服务中心，实现多位一体的文化服务机制。2014 年 12 月文化部发布《基层综合性文化服务中心建设试点工作方案》，明确"整合基层各类公共服务资源，形成统一建设、统一管理、统一服务、标准化的基层综合性公共服务平台"的总体思路，要求"设立村级（社区）综合性文化服务中心运行保障专项经费，推动形成稳定的财政保障机制……整合扶贫开发、乡村建设、文化体育、科技教育等有关资金，集中投入基层综合性文化服务中心建设，用于各项服务业务的开展，确保各部门提供的公共资源下沉到基层，发挥综合效果"。2014 年 9 月，文化部确定了上海市松江区、河南省济源市等 10 个国家基层综合性文化服务中心试点地区。目前，各试点地区先后成立了专项工作组、制定了试点工作实施方案。2015 年 10 月，《国务院办公厅关于推进基层综合性文化服务中心建设的指导意见》提出："以基层综合性文化服务中心为依托，推动文化信息资源共建共享，提供数字图书馆、数字文化馆和数字博物馆等公共数字文化服务；推进广播电视户户通，提供应急广播、广播电视器材设备维修、农村数字电影放映等服务；推进县域内公共图书资源共建共享和一体化服务，加强村（社区）及薄弱区域的公共图书借阅服务，整合农家书屋资源，设立公共图书馆服务体系基层服务点，纳入基层综合性文化服务中心管理和使用；建设基层体育健身工程，组织群众开展体育健身活动等。同时，加强文化体育设施的综合管理和利用，提高使用效益"。

2017 年 3 月施行的《保障法》将"乡镇（街道）和村（社区）基层综合性文化服务中心"纳入公共文化设施范畴，强调："地方各级人民政府可以采取新建、改建、扩建、合建、租赁、利用现有公共设施等多种方式，加强乡镇（街道）、村（社区）基层综合性文化服务中心建设，推动基层有关公共设施的统一管理、综合利用，并保障其正常运行。""基层综合性文化服务中心应当加强资源整合，建立完善公共文化服务网络，充分发挥统筹服务功能，为公众提供书报阅读、影视观赏、戏曲表演、普法教育、艺术普及、科学普及、广播播送、互联网上网和群众性文化体育活动等公共文化服务，并根据其功能特点，因地制宜提供其他公共服务。"2018 年 1 月施行的《图书馆法》将"乡镇（街道）和村（社区）的综合服务设施"与基层公共图书馆服务网络建设结合起来，强调："地方人民政府应当充分利用乡镇（街道）和村（社区）的综合服务设施设立图书室，服务城乡居民。"其还将"乡镇(街道)综合文化站、村(社区)图书室"纳入县级公共图书馆总分馆体系，在《保障法》基础上，进一步明确了将基层公共文化设施纳入公共图书馆服务体系的发展方向。

2. 贫困地区公共文化政策法规

国家十分重视贫困地区基层文化与图书馆的建设。2012年11月中国共产党十八大报告提出加大对农村和欠发达地区文化建设的帮扶力度。2015年2月，《文化部关于贯彻落实〈关于加快构建现代公共文化服务体系的意见〉的通知》中指出，"加快推进贫困地区公共文化建设是促进公共文化服务标准化均等化的重要突破口"，并要求"各地要根据《意见》精神，深入分析本地贫困地区公共文化建设面临的实际问题，策划实施贫困地区公共文化服务的规划和项目"。2015年12月，文化部、发展改革委、国家民委、财政部、新闻出版广电总局、体育总局、国务院扶贫办七部委共同印发了《"十三五"时期贫困地区公共文化服务体系建设规划纲要》，从完善设施网络、推动均衡发展、增强发展活力、提高服务效能、推进数字文化、加强队伍建设、加大文化帮扶、推动脱贫致富8个方面提出了具体任务，并设立了8个专栏，从公共文化基础设施建设、基本公共文化服务内容、公共文化服务效能、公共数字文化、人才队伍建设、文化帮扶等方面策划了29个项目，作为推动落实贫困地区公共文化建设主要任务的具体抓手。2017年3月施行的《保障法》强调"国家扶助革命老区、民族地区、边疆地区、贫困地区的公共文化服务，促进公共文化服务均衡协调发展"。2018年1月施行的《图书馆法》进一步强调："国家扶持革命老区、民族地区、边疆地区和贫困地区公共图书馆事业的发展。"

二、地方文化政策法规

地方文化政策法规坚持国家政策法规基本走向，根据本地区的实际情况制定，针对性强。地方文化政策法规主要体现于地方发展规划、地方法规和地方政府出台的各种文件之中。

(一)地方发展规划

2009年广东省政府出台全国第一个基本公共服务均等化规划纲要《广东省基本公共服务均等化规划纲要(2009—2020年)》，2010年又颁布《广东省建设文化强省规划纲要(2011—2020年)》，提出要建立和完善结构合理、发展均衡、网络健全、运行有效、惠及全民的公共文化服务体系，到2020年，全省城市建成"十分钟文化圈"，农村建成"十里文化圈"，人民群众文化权益得到充分保障，成为全国公共文化建设示范区。

2011年作为谋划未来5年发展的关键一年，各地区相继出台了发展规划或文化发展规划，提出了公共图书馆发展的目标，并纷纷把建设"统筹城乡、覆盖全区"和"公益""免费"作为建设的核心，为各地公共图书馆体系的建设提出了具体发展要求。

(二)地方贯穿中共中央办公厅、国务院办公厅文件的实施意见和标准

自 2015 年《关于加快构建现代公共文化服务体系的意见》发布后，2015 年 6 月山东出台《加快构建现代公共文化服务体系实施意见》，接着，2015 年 7 月天津出台地方政府实施意见，至 2017 年年初，31 个省、自治区、直辖市加上新疆生产建设兵团都已经出台了省级实施意见和标准。还有一些城市主要是国家公共文化服务体系示范区创建城市，大多数都根据自己的实际也出台了本地的实施意见和实施标准。各地围绕《意见》，陆续发布面向"十三五"的地方政府文件，详见表 1-1。

表 1-1　部分地区面向"十三五"的基层公共文化服务重要政策

地区	政策	有关基层的内容和特点
北京	《关于进一步加强基层公共文化建设的意见》《首都公共文化服务示范区创建方案》《北京市基层公共文化设施建设标准（试行）》《北京市基层公共文化设施服务规范》（2015 年 5 月）	找准全市公共文化服务体系建设的出发点、关键点和核心点——基层；明确基层公共文化设施是综合性文化服务中心；依据城乡区域特点和常住人口数量决定基层公共文化设施规模和面积的原则，提出了设施面积指标，公共文化服务以人为本、普遍均等的理念也得以制度化地落实，为形成北京"十五分钟文化服务圈"奠定了坚实基础
天津	《关于加快构建现代公共文化服务体系的实施意见》（2015 年 7 月）	"参加文体活动"项目规定"每个乡镇（街道）综合文化站每年组织开展群众文体活动不少于 52 次"；"开展公众教育"项目规定"区县公共图书馆每年举办公益性讲座不少于 36 次"
上海	《上海市贯彻〈关于加快构建现代公共文化服务体系的意见〉的实施意见》（2015 年 8 月）	提出"文化配送重点向远郊地区和新城、大型居住社区等人口集聚区倾斜"，"市级财政转移支付力度，主要用于群众文体活动，重点向远郊地区倾斜"
江苏	《关于加快构建现代公共文化服务体系的实施意见》《江苏省基本公共文化服务保障标准（2015—2020 年）》（2015 年 7 月）	提出"到 2020 年，全面建成覆盖城乡、便捷高效、保基本、促公平的现代公共文化服务体系，公共文化服务标准化、均等化程度达到 85％以上，公共文化资源利用效率和综合效益达到 90％"的目标，并提出人均公共文化设施面积要超过 0.16m²，实现县县有博物馆
浙江	《关于加快构建现代公共文化服务体系的实施意见》《浙江省基本公共文化服务标准》（2015 年 7 月）	提出"到 2020 年，基本建成城乡一体、区域均衡、人群均等的现代公共文化服务体系"的目标；服务标准从基本服务项目、硬件设施和人员配备 3 个方面制定了 49 条可量化的标准，并建立了相应的动态评估机制

地区	政策	有关基层的内容和特点
山东	《加快构建现代公共文化服务体系实施意见》《山东省基本公共文化服务实施标准同步出台（2015—2020年）》（2015年6月）	提出到2020年，山东要建成覆盖城乡、多元参与、充满活力的现代公共文化服务体系；一村一月一场电影、一村一年一场戏等文化惠民工程，文体小广场建设标准，以及海疆数字文化长廊建设和盲人数字图书馆等建设目标
广东	《中共广东省委办公厅、广东省人民政府办公厅〈关于加快构建现代公共文化服务体系的实施意见〉》《广东省基本公共文化服务实施标准（2015—2020年）》（2015年7月）	重点打造"广东公共文化云"，推广公共数字文化一站式服务等；建设广东省文化志愿者队伍，广泛开展面向基层的文化志愿服务；吸引并引导社会力量参与公共文化服务体系建设，促进公共文化社会化发展；加强公共文化服务供需对接，开展群众点单式服务等
吉林	《关于加快构建全省现代公共文化服务体系的实施意见》（2015年9月）	以推进城乡公共文化设施建设和资源配置为抓手，以实施农村文化惠民项目为契机，逐步打破城乡二元制的公共文化壁垒，缩小城乡在公共文化队伍建设、产品供给和服务上的差距
黑龙江	《关于加快构建现代公共文化服务体系的实施意见》（2015年10月）	在推动城镇化过程中，注重统筹公共文化资源，扩大提供主体，丰富服务内容，提升服务效能；在推动落后地区公共文化服务的发展上，坚持重心放在基层，重点做好以城带乡、文化精准扶贫，建立城乡联动和帮扶机制，打通公共文化服务的"最后一公里"
云南	《关于加快构建现代公共文化服务体系的实施意见》	与国家和省扶贫开发攻坚战略结合，编制老少边穷地区公共文化服务体系建设的发展规划纲要
四川	《关于加快构建现代公共文化服务体系的实施意见》（2015年10月）	"八个重点"包括县级图书馆发展指标、公共文化设施建设指标、送演出（戏曲）下乡场次、打造免费开放服务品牌、加强基层文化队伍建设、加强公共数字文化服务、保障特殊群体基本文化权益和落实公共文化服务经费投入等
甘肃	《关于加快构建现代公共文化服务体系的实施意见》（2015年8月）	要建立以县级图书馆、文化馆为总馆，乡镇（街道）综合文化站为分馆，村（社区）综合文化服务中心为基层服务点的运行模式，推动县域范围内的城乡文化一体化
广西	《关于加快构建现代公共文化服务体系的实施意见》（2015年9月）	对贫困地区、少数民族地区、边境地区、革命老区等特殊地区加大扶持力度，诸如实施"兴边富民村级公共服务中心示范工程""广西国门风采公共文化服务工程""广西左右江革命老区公共文化服务工程"等一批公共文化扶贫项目

为贯彻落实《国务院办公厅关于推进基层综合性文化服务中心建设的指导意见》精神，一些地区政府办公厅专门制定了基层综合性文化服务中心建设的实施方案，如《陕西省基层综合性文化服务中心建设实施方案》《河南省推进基层综合性文化服务中心建设实施方案》《江西省推进基层综合性文化服务中心建设实施方案》《福建省推进基层综合性文化服务中心建设实施方案》等。此外，一些地方政府还专门出台了针对基层乡镇文化站和农家书屋的相应政策，如《江苏省农村公共文化服务管理办法》，江苏省文化厅《省文化厅关于开展农家书屋纳入县级图书馆总分馆制试点工作的通知》(2014年4月)、杭州市余杭区质量技术监督局《乡镇(街道)综合文化站公共服务规范》地方标准(2014年10月)等，对基层图书馆的建设起到了指导和促进作用。

（三）地方文化立法

　　近几年，一些地方加强地方文化立法，起了很好的带头作用，这些地方文化立法对于基层图书馆提出了更加具体的要求。例如，《广东省公共文化服务促进条例》经2011年9月29日广东省第十一届人民代表大会常务委员会第二十八次会议通过，于2012年1月1日起正式实施，成为我国第一部关于公共文化服务体系建设的综合性地方法规，规定"县级、乡镇人民政府应当按照国家和省的规定建设、完善文化馆、图书馆、综合文化站(室)、文化广场、农村广播基础设施等基层公共文化设施并配备相应设备"。此外，《江苏省公共文化服务促进条例》经2015年12月4日江苏省第十二届人民代表大会常务委员会第十九次会议通过，于2016年3月1日起施行，规定"县(市、区)公共图书馆、博物馆、文化馆、美术馆应当加强对基层公共文化服务工作的指导，通过业务辅导、骨干培训、艺术交流、文化下基层等形式，提高服务水平"；"推进县(市、区)公共图书馆与基层公共阅读服务场所之间通借通还，逐步实现公共图书馆数字资源与各类阅读设备终端互联互通、共享共用"。专门针对基层的公共文化立法如2012年11月上海市人大常委会会议通过的《上海市社区公共文化服务规定》，重点保障社区公共文化服务，强调经费保障，条例规定："社区公共文化设施建设经费、运行经费和社区公共文化活动经费纳入区县、乡镇人民政府财政预算予以保障，市级财政给予适当补贴。区县、乡镇人民政府应当按照建设规模、服务项目、服务人口确定每年对社区文化活动中心的财政投入数量，并不断加大对社区公共文化服务的经费投入。"对于社区文化活动中心，条例规定："各街道和乡、镇的行政区域内应当设置一个社区文化活动中心；常住人口超过十万人的，可以根据实际情况增设分中心。各居(村)民委员会所辖区域内应当设置一个居(村)民综合文化活动室；常住人口超过五千人的行政村，可以根据实际情况设置两个以上综合文化活动室。社区文化活动中心的基本配置应当符合本市有关规定，由市和区、县文化行政部门按照规定进行监督检查。"条例还有许多细化的规定。比如，"社区公共文化设施应当每天向公众开放，开放时间应当与公众的工作时间、学习时间适当错开。国家法定节假日和学校寒暑假期间，应当适当延长开放时间，并增设相应的文化服务项目。社区文化活动中心每周累计开放时间不少于五十六小时。""社区文化活动中心向公众开放用于公共文化服务的面积应当不少于使用面积的百分之九十。""居(村)民综合文化活动室向公众开放用于公共文化服务的面积应当不少于使用面积的百分之九十五。"

三、图书馆行业相关文件

图书馆行业内相关规定与实施办法紧随国家与地方政府的文化政策方向,对其进行细化。比如,免费服务政策的出台,促使图书馆行业内部关于免费服务如何开展进行了讨论,各馆纷纷制定了自己的免费服务章程,全面调整了图书馆服务体系各节点的收费,在建设公共图书馆服务体系中全面推进免费服务。除中国图书馆学会 2003 年发布的《中国图书馆工作人员职业道德准则(试行)》和 2008 年发布的《图书馆服务宣言》等重要文件外,地方性文件如《湖南省县(市、区)公共图书馆服务公约》(2011 年)、《吉林省公共图书馆无障碍服务宣言》(2011 年),对服务进行公开承诺也发挥了一定的指导作用。

文化政策对公共图书馆发展的关注度高,多项文化政策直接对公共图书馆工作进行了规定,免费服务、公益服务、普遍均等的服务网络是各项文化政策的重要主题,为公共图书馆网络建设提供了政策支持,构建了发展目标。

第三节　基层图书馆服务体系建设的模式选择

我国公共图书馆服务体系建设受到各地的重视,各地通过实践,总结经验,产生了一批具有地方特色的新模式或新经验,如北京全方位立体化公共图书馆服务体系、丰南图书馆"丰南动车组"、上海跨类型跨层次区域性服务网络、天津公共图书馆延伸服务、广州流动图书馆模式、长春协作图书馆模式、杭州图书馆一证通工程、苏州图书馆总分馆建设、嘉兴图书馆总分馆建设、宁波民企流动图书馆等。以总分馆建设、延伸服务为核心的基层公共图书馆服务体系开始形成。在先进地区与先进经验的带动下,城市社区和农村乡镇也都在探索适合本地特点的公共图书馆服务体系建设的新模式。

一、延伸服务"行业＋社区"分馆模式

天津延伸服务"行业＋社区"分馆模式。截至 2012 年,已成立分馆、服务站点共144 个,其中社区分馆 58 家,行业分馆 88 家(面向公安、武警、劳教、大中型企业集团等),流动汽车服务点 59 个。

案例：黑龙江省绥芬河市图书馆

黑龙江省绥芬河市图书馆有藏书 9.5 万册，建有特色馆藏——俄文原版文献。设有外借室、综合阅览室、未成年人阅览室、电子阅览室、俄文阅览室、盲文阅览室、自习室等。现有馆员 14 名，每年举办 30 余次的大型读者活动，年接待读者超过 8.5 万人。绥芬河市图书馆率先在全省实现公共数字文化服务城乡全覆盖；在县级馆中率先实现总分馆制，率先实现在社区建立自助分馆，为分馆购置 5 台公共电子读报机；在绥芬河市党政机关、企事业、社区、学校及部队等地建立分馆及流动站 40 个，为基层解决实际困难。该馆立足口岸，突出特色，积极开展中俄文化交流。每年，中俄双方都组织大批文化代表团互相参加大型的文化活动。中俄特色服务品牌——"好妈妈俱乐部"多次在绥芬河市电视台、黑龙江电视台、中央电视台报道，并作为典型案例在文化部举办的全国文化信息资源共享工程十周年庆典活动现场进行展播。该馆取得了全国巾帼文明岗、国家县级一级馆、全国全民阅读先进单位、全国全民阅读示范基地等 6 项国家级荣誉及 20 多项省级荣誉。2015 年，其被评为全国最美基层图书馆。

二、一卡通模式

城市基层图书馆一卡通模式，通常是以中心图书馆为龙头的覆盖城区的图书馆服务模式。2000 年，上海图书馆作为中心馆，在不改变参与馆行政隶属、人事和财政关系的情况下，建立以网络为基础，以知识共享为目标的覆盖全市的图书馆服务体系。中心图书馆负责区、县图书馆与中心馆之间构成资源共享型总分馆运行方式，共享图书馆计算机管理软件与硬件设备，实行书目数据统一检索，读者使用统一的一卡通，实行图书通借通还。2003 年，北京以首都图书馆为中心图书馆，连接 34 个街道、乡镇，建立起北京市公共图书馆计算机信息网络管理中心，实行"首都图书馆—区县图书馆—街道/乡镇图书馆"三级互联的服务网络。首都图书馆作为中心馆，负责整个网络的规划协调，掌握和维护整个网络的书目数据和读者信息，各成员馆上传馆藏信息和读者借阅信息，实行一卡通通借通还服务。

案例：广东流动图书馆一卡通模式

对广大农村来说，广东流动图书馆一卡通模式有一定指导意义。广东流动图书馆是由广东省政府投资、广东省立中山图书馆负责实施，在省内欠发达县建设冠名"广东省流动图书馆分馆"的分馆，分馆之间实施资源流动和共享的公共图书馆服务体系。从 2003 年起，广东省财政每年拨出 500 万元(2006 年增至 600 万元，每年以 10% 的幅度递增)，由省立中山图书馆牵头购置适合基层群众的图书，分别流向各加盟的图书馆，图书资源在各图书馆之间每年流动交换一次。2005 年，共有 28 个县级图书馆成为"流动图书馆分馆"，进馆总人数 13.78 万人次，上网总人数 1.9 万人次，阅览总册次

20.67万册次，回答各类信息咨询24 633次，办理借书证2 356个，外借册次1.22万册次。到2017年，共有90个县级图书馆成为"流动图书馆分馆"，进馆总人数619.8万人次，上网总人数60.5万人次，阅览总册次1 064.4万册次，回答各类信息咨询308 422次，办理借书证110 049个，外借册次207万册次。截至2017年11月，共有90个县级图书馆加盟"流动图书馆"，配送新书近200万册，电脑180多台，书架2 500多个，总值4 500多万元，进馆阅览、借书达7 278万人次，阅览图书1.25多亿册次，上网人数达214万多人次，回答各类信息咨询近153.8万条，办理借书证达53万多个。截至2017年11月底，广东共建立起90个流动图书馆分馆，财政投入7 500多万元，投入图书总量近200万册，接待读者7 278多万人次，阅览图书1.25多亿册次，外借办证达53余万个，外借图书达1 387万册次，解答咨询153.8万余次。广东流动图书馆由希望参与流动图书馆建设的县级图书馆向中山图书馆申请，满足申请条件的地区，省馆、县文化局、县图书馆签订三方协议，省立中山图书馆在县图书馆设置流动分馆，县馆配备人员并负责分馆服务，流动图书馆的产权归中山图书馆，县政府配套经费购买的图书馆产权归县图书馆，采用Interlib系统进行集群化管理，以一卡通和图书流动为资源贡献方式。广东流动图书馆最值得借鉴的地方在于，它是省政府委托省立中山图书馆依托现有县级馆的馆舍，在欠发达县建立的图书馆服务体系，在一定程度上突破了以分级财政为基础的公共图书馆建设体制。这一模式要求地方经济发达，省级财政积极支持公共图书馆事业，这一模式与国外"总分馆"模式接近，但是在其他地区推广中容易受到来自政府财政的阻力。

案例：山西流动图书馆一卡通模式

欠发达地区能否实现一卡通模式，山西流动图书馆一卡通模式回答了这一问题。2008年11月，山西省开始启动建设山西省图书馆系统业务总分馆平台，同年12月山西省图书馆开始搭建总分馆系统的总馆平台，并依托文化共享工程各级标准化支中心的建设持续建设总分馆平台。截至2011年10月底，纳入总分馆系统的分馆已有54个公共图书馆(4个市级、50个县级)和5个行业图书馆。此外，其还建设了县级中心馆1个，并与省级总馆平台实现集群互联。山西省公共图书馆总分馆系统建设采用省、市、县、乡、村五级管理模式，以省馆为总馆，在市建设二级总馆，县、乡、村建设分馆，实现全省范围的大流动。区域内实行"一卡通"，实现通借通还，并且每半年各馆的图书归馆一次。

三、共享工程带动模式

共享工程在我国基层图书馆有广泛的应用，已积累了较好的基础。以共享工程为基础，通过加强共享工程资源与其他各种资源的整合，进行总分馆建设，是一种符合实际的有效模式。张家港模式就是在共享工程带动下形成的比较突出的典型。

案例："三位一体"的张家港模式

张家港市图书馆是一座综合性、现代化的县级公共图书馆。建设公共图书馆服务体系主要集中于对村、镇分馆的建设，具体实施中以文化共享工程为基础，形成文化共享工程与公共图书馆自动化、网络化、信息化建设相结合、与镇村图书馆（室）建设相结合、与党员干部现代远程教育相结合的"三个结合"，以及文化共享工程基层服务点、村图书室、远程教育接收站点"三位一体"的张家港模式，在江苏省率先实现了镇级分馆设置无盲点，实现了总分馆之间的通借通还，实现了文化共享工程村村通、全覆盖。张家港模式是一种县级图书馆增强服务辐射能力的重要发展经验，建设过程中，图书馆直接与镇政府合作，同时注意与"文化共享工程"相结合。

四、"图书馆＋"模式

"图书馆＋"模式是充分利用社会资源，建立图书馆的分馆或流动服务点，这种模式改变了过去按照行政区划和行业条块式建立分馆的方法，不仅使图书馆进入公共组织、企业或社会场所，而且使服务深入组织成员和社会的每个角落，取得了原有总分馆无法达到的效果。目前，"图书馆＋"模式比较常见的有："图书馆＋书店"模式、"图书馆＋咖啡屋"模式、"图书馆＋文化书院（典籍博物馆）"模式、"图书馆＋风景区"模式等。常熟图书馆不仅在各机关企事业单位建立了分馆，选择儿童福利院、外来民工子弟学校、看守所等单位建立了流通服务点，而且对城市的各个街区进行考察，像麦当劳和肯德基选址一样，精心挑选图书馆的合作目标，实行"图书馆＋"发展模式，2014年以来先后建立了四景小院书屋（"图书馆＋风景区"）、望虞台分馆（"图书馆＋茶室"）、西城楼阁分馆（"图书馆＋咖啡屋"），使图书馆向泛在化发展。

案例：江阴市图书馆"三味书咖"城市阅读联盟

江阴市图书馆新图书馆于 2005 年落成开放，占地面积约 5 100m²，建筑面积超过 14 300m²，可藏书 100 万册，设读者座位 1 200 个，日均可接待读者 4 000 人次。在全市 17 个乡镇、街道建有图书馆分馆，形成以江阴市图书馆为总馆，各乡镇图书馆为分馆的全市图书馆服务网络体系。依托丰富的资源，图书馆每年开展大量阅读活动，举办大型讲座、展览，广泛开展延伸服务、流动服务。引进城市街区 24 小时自助图书馆，为人们提供 24 小时自助服务，把图书馆的公共文化资源和服务空间延伸至城市的每个角落，使市民更便捷地享受到公共图书馆服务。"三味书咖"城市阅读联盟通过构建社会力量参与构建现代公共文化服务体系的平台，引入竞争机制，整合公共资源和社会力量，创新服务模式，提升服务效能，推动全民阅读，提升居民综合阅读率。在市区范围内已经建成桥南小茶、匆匆那年和丰硕茶楼 3 家。联盟采用如下的合作机制：以"市图书馆＋社会咖啡屋"的方式，市图书馆根据实际情况提供一定量的图书资源，定期流转和管理，咖啡屋提供合适的场地，投入必备设备以及日常服务人员，合作双方各自提供的资源原有产权不变。市图书馆对合作联盟单位的阅读服务工作进行统一管理，委托第三方进行年度社会服务效益评估。市政府根据具体社会效益确定扶持补助。

第四节　基层图书馆服务体系建设的发展方向

要实现我国公共图书馆服务体系的全面发展，贯彻《中共中央关于深化文化体制改革　推动社会主义文化大发展大繁荣若干重大问题的决定》，实现各地区"十三五"文化发展的战略目标，今后一段时间，各地区图书馆需要充分利用政策资源与财政支持，针对现有问题，进一步探索和发展适合本地区发展的公共图书馆服务体系构建模式。

一、因地制宜，实施重点发展策略

公共图书馆服务体系建设已经取得阶段性成果，在东部发达地区、城市地区，公共图书馆服务体系的建设相对成熟。因此，未来的发展应该以兼顾平衡为原则，不同类型、不同地区的图书馆采取不同的建设策略。

城市公共图书馆服务体系建设应重点强调"便利性""服务性"，重点建设区图书馆、街道和社区图书馆，形成公共图书馆集群，积极利用现代化技术手段以及自助设备；农村地区图书馆应强调县(市)图书馆的中心馆地位，加强公共图书馆与文化信息资源共享工程基层服务点、乡镇综合文化站、农家书屋等文化设施的整合，实现基础阅读服务与网络服务的共同发展。江苏省苏州市吴江区的"四位一体"模式就是整合农村文化资源的实践探索。不同地区农村公共图书馆服务体系建设层次也要有所区别，中、西部农村公共图书馆服务体系应重点建设县(市)图书馆；东部经济发达地区公共图书馆服务体系应重点建设乡镇、村(社区)图书馆。

案例：吴江图书馆的"四位一体"

吴江图书馆是江苏省苏州市的一个区图书馆，始建于 1917 年。吴江图书馆新馆于 2006 年 5 月建成开放，建筑面积 16 000m²，馆藏总藏量 211.6 万册，位列江苏省同级馆的榜首，有效持证读者 11 万，年接待读者 150 多万人次，全馆职工 59 人，专业编制 25 人，有较强的专业实力。从 2007 年开始，吴江区全面推进图书馆总分馆和"农家书屋"建设，总分馆制被列入当年的政府实事工程项目。2007 年年底，全区 9 个乡镇分馆建设全面完成，2008年又新建了8家非建制镇社区分馆，实现了全区镇级分馆的全覆盖；同时，250个村也全部完成了农家书屋的建设任务。吴江图书馆把探索构建现代公共文化服务体系变成了实实在在的保障和改善民生的重要举措，在基础服务、阅读推广、精神文明建设等各方面不断前行。在创建国家公共文化服务体系示范区中，吴江区整合乡村图书室、农家书屋、党员现代远程教育中心、文化共享工程基层服务点4种农村公共文化资源，首创"四位一体"的农村公共文化服务模式。吴江图书馆"四位一体"项目成为2012年区政府实事工程之一，全区250个行政村均建立了集管理、服务和活动于一体的农村公共信息服务中心。区政府有关部门通过法规或文件形式，建立了保障农村公共信息服务中心与吴江图书馆、乡镇图书分馆长期合作运行机制，要求党员远程教育播放室面积50m²以上，阅览室面积50m²以上，书籍1 500册以上，期刊30种以上，报刊10种以上，电脑5台等，工作人员岗位职责、姓名均上墙，开放时间实行公示。

二、结合地区特点，多元化选择建设模式

近年来，公共图书馆界已经探索了多种公共图书馆服务体系建设模式，但各地区特点不同，广东的"流动图书馆"模式在中西部地区未必能够适用，深圳的"图书馆之城"也只适合在大城市推广，浙江的"嘉兴模式"、江苏的"苏州模式"在发达地区有较大影响，但不能照搬到欠发达地区。总体来说，我国公共图书馆服务体系模式的探索取得较大成绩，但城市体系化模式较多，农村体系化模式相对较少，省域和市域体系化模式较多，县域体系化模式较少。建设完成的这些模式都是结合本地区特点而形成的。未来，要重点探索新型的农村体系化模式和县域体系化模式，各地基层公共图书馆服务体系建设需要以"总分馆"制和区域合作网络为主要内容，根据地区特点，借鉴先进经验，形成具有地方特色的建设模式，构建城市、农村不同形式、不同发展特色的发展模式。

三、应用新技术，促进图书馆信息化

基层公共图书馆通过引进与应用新技术，提高图书馆信息化水平。其具体方向是：研发新技术，从布局到服务各环节保障公共图书馆服务理念的实现；缩短新技术设备与图书馆应用之间的时限；同时推广深化一体化管理，凸显地区中心馆的资源优势、技术优势、服务优势，建设统一业务集成网络，实现公共图书馆服务体系各服务节点的一体化管理与标准化服务。

近几年来，一些基层图书馆率先应用信息技术，建设新型图书馆，提高基层图书馆服务效能。在张家港市的梁丰社区，一个24小时自助开放的"智慧小木屋图书馆"与张家港市图书馆联网后，市民可刷卡进入，自行阅览和借还书。唐山市丰南区打造的智能流动图书馆采用集群管理软件、自助借阅系统和3G网络等技术，实现了借阅、检

索、开放公共电子阅览室、视频、展览等主要功能。

案例：宁夏贺兰县图书馆的"数字化、自动化、智能化"

贺兰县图书馆新馆 2013 年 4 月投入使用，内设一楼服务大厅、少年儿童借阅区、3D 动漫展播厅；二楼成人借阅区、报刊借阅区、数字报刊阅览区；三楼公共电子阅览室、自学区、3D 体验区；四楼书画展厅、书画体验区、摄影体验区 12 个服务窗口。图书馆有电子文献、视听文献 2.1 万种，有计算机 141 台，可供读者使用的计算机 128 台；建有标准化公共电子阅览室 2 个，有终端电脑 120 台，外接 110M 光纤宽带，50M 光纤 VPN 一条，有 7.6TB 资源存储量，光盘加工年均 2 万张；还有一个 10 兆的专线用于动漫播放和文化空中大课堂，每年在贺兰县图书馆上网和电子阅览室上机的达到 11 万人次，占进馆人数的近 1/3。2013 年，图书馆开通了微博，2014 年年初更新了网站建设，年中还开通了客户端。至 2014 年年底累计接待读者达到 36.1 万人次，办理有效借书证 2 523 个，图书借阅 12 万册次，借阅人次达到 7.6 万。创新"移动阅读"新方式，率先开通了"贺兰县图书馆微官网"公众号、"书香贺兰"订阅号。其在数字图书馆的建设上领先于全区（县）级公共馆。该馆先后荣获文化部文化信息资源共享工程示范县、国家县级一级馆荣誉称号。其 2015 年被评为全国最美基层图书馆。贺兰县公共图书馆利用现代信息技术实现了"全天候"服务，提高了服务效能，其目标是整合资源，积极创建一个以文化建设为中心、以服务读者为根本、以打造学习中心为目标的数字化、自动化和智能化的新型图书馆。

四、利用有利政策，构建保障机制

公共图书馆是公益性事业，政府在公共图书馆服务体系建设中发挥主导作用。2015 年各地出台的"十三五"发展规划均对公共文化发展做出了详细谋划，为公共图书馆服务体系在"十三五"周期内的建设确立总体方向。在这一利好前提下，公共图书馆行业必须充分利用政策，与政府及文化部门紧密联系，构建完整的保障机制。

（一）法律政策保障

2017 年 3 月 1 日起施行的《中华人民共和国公共文化服务保障法》共六章 65 条，对公共文化设施的建设与管理、公共文化服务的提供、保障措施、法律责任等分别进行了详细规定。《中华人民共和国公共文化服务保障法》为基层图书馆的发展提供了根本保障。比如，其第十八条规定"地方各级人民政府可以采取新建、改建、扩建、合建、租赁、利用现有公共设施等多种方式，加强乡镇（街道）、村（社区）基层综合性文化服务中心建设，推动基层有关公共设施的统一管理、综合利用，并保障其正常运行"，为基层图书馆的设施建设提供了法律保障。第三十条规定："基层综合性文化服务中心应当加强资源整合，建立完善公共文化服务网络，充分发挥统筹服务功能，为公众提供书报阅读、影视观赏、戏曲表演、普法教育、艺术普及、科学普及、广播播送、互联网上网和群众性文化体育活动等公共文化服务，并根据其功能特点，因地制宜提供其他公共服务。"第三十五条规定："国家重点增加农村地区图书、报刊、戏曲、电影、广播电视节目、网络信息内容、节庆活动、体育健身活动等公共文化产品供给，促进城乡公共文化服务均等化。""面向农村提供的图书、报刊、电影等公共文化产品应当符合农村特点和需求，提高针对性和时效性。"第三十六条规定"地方各级人民政府应当根据当地实际情况，在人员流动量较大的公共场所、务工人员较为集中的区域以及留守妇女儿童较为集中的农村地区，配备必要的设施，采取多种形式，提供便利可及的公共文化服务"等，为基层图书馆开展服务提供了法律保障。

随着公共文化专门立法的不断推进，2015年1月14日国务院第78次常务会议通过了《博物馆条例》。《公共图书馆法》征求意见稿于2015年12月9日由国务院法制办公开征求意见，2017年4月19日国务院常务会议通过了《中华人民共和国公共图书馆法（草案）》。《中华人民共和国公共图书馆法》最终于2017年11月4日颁布，2018年1月1日起施行。《图书馆法》对接《保障法》，以法律形式明确了各级人民政府是承担公共图书馆服务网络建设的责任主体，规定了政府在公共图书馆设施建设、监督考核、制度保障等方面的职责。特别是以强化各级政府的保障职责为核心，对各级政府根据事权和支出责任有效保障公共图书馆提出了要求，从而为监督考核各级地方政府履责情况提供了法律依据。《图书馆法》明确要求建立从国家到省、市、县、乡、村六级的公共图书馆设施网络，并通过加强数字服务、流动服务和自助服务设施建设，扩大图书馆服务网络的覆盖面。法律要求，要充分地利用好图书馆的现有设施，实行免费开放，向公众提供文献信息查询、借阅服务，开展公益性讲座、阅读推广、培训和展览等基本公共文化服务；提出要建立县级图书馆总分馆制，广泛开展数字服务、流动服务、自助服务，加强与学校、科研机构等领域图书馆交流合作的方式，促进公共图书馆的服务向城乡基层延伸，提高服务效能。此外，地方公共文化立法正在加强，我国一些地方早已出台了公共图书馆条例，如《四川省公共图书馆条例》（2013年10月1日起施行）、《广州市公共图书馆条例》（2015年5月1日起施行）。在图书馆法的基础上，要加快与公共图书馆服务体系相关的建设标准、服务标准、评价标准的制定，使建设有章可循，实现规范化建设与管理。

（二）发展规划保障

《保障法》第十五条规定："县级以上地方人民政府应当将公共文化设施建设纳入本级城乡规划，根据国家基本公共文化服务指导标准、省级基本公共文化服务实施标准，结合当地经济社会发展水平、人口状况、环境条件、文化特色，合理确定公共文化设施的种类、数量、规模以及布局，形成场馆服务、流动服务和数字服务相结合的公共文化设施网络。"《图书馆法》第四条规定："县级以上人民政府应当将公共图书馆事业纳入本级国民经济和社会发展规划，将公共图书馆建设纳入城乡规划和土地利用总体规划。"

公共图书馆配合政府制定本地公共图书馆服务体系科学的、长远的规划，从专业角度限制盲目建设，合理布局，保障公民信息权利的实现，保障公共图书馆体现社会价值。

（三）经费保障

《保障法》第四十五条规定："国务院和地方各级人民政府应当根据公共文化服务的事权和支出责任，将公共文化服务经费纳入本级预算，安排公共文化服务所需资金。"第四十六条规定："国务院和省、自治区、直辖市人民政府应当增加投入，通过转移支付等方式，重点扶助革命老区、民族地区、边疆地区、贫困地区开展公共文化服务。""国家鼓励和支持经济发达地区对革命老区、民族地区、边疆地区、贫困地区的公共文化服务提供援助。"《图书馆法》第四条规定："加大对政府设立的公共图书馆的投入，将所需经费列入本级政府预算，并及时、足额拨付"；第十五条将"必要的办馆资金和稳定的运行经费来源"作为设立公共图书馆必备的条件。

相关政策与法规保障了各级政府对公共图书馆服务体系建设稳定的经费支持，行业内部也需要对经费进行管理，保障经费的合理使用与可持续性。同时，鼓励其他行业、社会力量参与图书馆建设。

（四）行业组织保障

充分发挥图书馆学会、图书馆联盟在行业中的交流协调作用，搭建合作平台，从行业规划与行业指导角度促进公共图书馆事业的发展。

中国图书馆学会十分重视基层图书馆的建设与发展，成立了社区和乡镇图书馆专业委员会，曾承担了"《乡镇综合文化站建设标准》（建标 160—2012）宣传推广"（文化部）、"对口援疆——新疆基层图书馆馆长培训"（中国科学技术协会）等重要项目，召开了"百县馆长论坛""中国社区乡镇图书馆发展研讨会"，开展了"县级图书馆核心书目"等面向基层图书馆业务的研究，通过"县级公共图书馆馆长培训班"等多种形式，提高基层图书馆业务人员的能力与水平，促进基层图书馆的发展。

（五）人员教育保障

《保障法》第五十一条规定："地方各级人民政府应当按照公共文化设施的功能、任务和服务人口规模，合理设置公共文化服务岗位，配备相应专业人员。"第五十四条规定："国家支持公共文化服务理论研究，加强多层次专业人才教育和培训。"《图书馆法》第十九条规定："公共图书馆应当根据其功能、馆藏规模、馆舍面积、服务范围及服务人口等因素配备相应的工作人员。公共图书馆工作人员应当具备相应的专业知识与技能，其中专业技术人员可以按照国家有关规定评定专业技术职称。"第三十四条规定："政府设立的公共图书馆应当设置少年儿童阅览区域，根据少年儿童的特点配备相应的专业人员。"

加强公共图书馆工作人员的业务素质，解决分馆等基层工作人员的管理属性问题，形成完善的图书馆学学历教育、专业学位教育、职业教育、业务培训体系，逐步实现职业准入制度。

(六)服务保障

《公共图书馆服务规范》(GB/T 28220—2011)、《乡镇综合文化站建设标准》(建标160—2012)、《社区图书馆服务规范》(WH/T 73—2016)等一系列标准规范是各基层公共图书馆的业务工作开展的主要依据，具有重要指导作用。

公共图书馆在服务工作中，要注意处理好几个关系：一是处理好推广大众服务与专业化服务的关系，面向大众的服务是基础性服务，也是均等化服务的重点，而专业化服务是服务的发展和提升；二是处理好细化阅读服务与信息服务的关系，全民阅读离不开基层图书馆的工作，对读者的阅读服务必须不断加强，从粗放型的服务向精细化服务发展；三是处理好通过馆内资源整合开展服务与通过馆外资源整合开展服务的关系，注意加强与其他社会部门的服务合作与交流，包括与新闻媒体、文化馆、博物馆、纪念馆、电影院、学校、幼儿园等相关文化教育机构合作开展服务，与党委政府、共青团、工会、妇联等政府组织机构合作开展服务，不断丰富服务种类，注重社会效益。

第五节　基层图书馆的总分馆制

一、总分馆制的概念与特点

(一)总分馆制的概念

总分馆制是指某一特定的地域范围内，将若干个图书馆在业务和管理等方面紧密连在一起的图书馆群，其中一个图书馆处于核心地位作为总馆，其他图书馆处于从属地位作为分馆；分馆在行政上隶属于总馆，或与总馆一起隶属于同一个主管部门，在业务上接受总馆领导或指导；总馆和分馆应当做到统一规划，统一协调，统一服务，统一管理；目的在于集中图书馆资源，形成体系化服务，实现资源共享，提高管理与服务效率。

通过总分馆制的理论研究和实践探索，我国逐渐形成了理论与实践相对应的两种不同的理解和做法。一种是严格按照西方图书馆总分馆制，即在美国、英国、日本、新加坡等一些发达的国家和地区早已实现的总分馆体系。这一体系必须由同一个建设主体建设，并且由同一个管理机构管理。在这个体系中，总馆始终处于领导地位和核心地位，分馆处于从属地位，不仅要在行政上隶属于总馆，在业务上接受总馆领导，而且在资源、管理、技术各个方面均要服从于总馆，受到总馆的统一指挥、约束和协调。这种总分馆制被认为是严格意义或真正意义上的总分馆制，可称为标准总分馆制。另一种是将西方图书馆总分馆制与我国图书馆实际相结合，在不能完全实现标准总分馆制的前提条件下，因地制宜，将完全统一、完全集中的模式变通为相对统一、相对集中的模式，即体系中的图书馆不必是由同一个建设主体建设并且由同一个管理机构管理，其可以有不同的资源来源、不同的建设主体或管理主体、不同的资源配置，只要能够实现统一规划、统一协调、统一服务、资源共建共享，这样的图书馆群也视为总分馆，可称之为准总分馆。

相对于单馆制，总分馆制是一种较为科学的办馆模式，其服务布局网络化、管理模式集群化、行政管理集中化、信息服务个性化的特点更能实现公共图书馆服务的"普遍均等、惠及全民"。

(二)总分馆制的特点

1. 统一采编，信息资源共享

在总分馆制中，各分馆不负责文献采编，只负责服务，文献采编的全部业务由总馆负责。具体来说，通常政府将整个地区图书馆书刊购置经费划拨给总馆，由总馆根据预算和发展规划，结合分馆的实际需求，统一选购图书，并进行统一编目，统一加工，然后配送至各分馆。

总馆和分馆之间以及分馆之间的文献信息资源完全共享，这里的文献信息资源既包括图书、报刊等纸质资源，也包括声像资源以及各种文献数据资源等。自建数据库、期刊文献全文数据库等，都可以互相通用。

2. 统一服务，"一卡通"通借通还

总分馆制不仅有效地实现了图书文献资源的共享，而且通过总馆和分馆间的一卡通，实行通借通还。所谓"一卡通"通借通还，是指各馆共同使用一种借阅证，仅在借书证上有一个办证馆的标识以示区别。由于历史的原因，有些总馆和分馆已经具有独立的借书证，为了实现馆际间的互借，各证并不废止，而是在协作馆体系内相互通用，即读者在开通通借通还业务后，可持任何借书证到任一图书馆借还书。另外，用户也可以在任一馆预约其他馆的书籍，通过馆际物流系统调拨图书到当前馆供其借阅。

3. 统一规范，实行一体化业务管理

以行政级别划分，某一地区最高级别图书馆作为总馆，以下各级图书馆为分馆。比如，市图书馆作为总馆，区、街道、社区图书馆为分馆。总馆与分馆具有相同的管理理念和服务理念，总馆对分馆实行业务管理或进行业务指导，分馆在业务上与总馆具有从属关系。

总馆和分馆之间可根据自身条件设定大致相同的服务规范和服务模式，服务内容包括通借通还服务、学科馆员服务、参考咨询服务等。分馆可以通过学习借鉴有选择地推出与总馆相同的服务项目，也可以形成有自己特色的服务项目。总馆和分馆可以

统一规划读者活动，活动的内容和规模根据各馆条件而定，总馆和分馆通力合作，致力于让用户享受到普遍均等的服务。

4. 统一资源配置，人、财、物一体化管理

总分馆制在总馆和分馆之间统一进行资源配置，实行人力、财力、物力一体化管理。包括总馆和分馆在内的各级图书馆的人事和财政由某一政府机构或直接由总馆统管，各级图书馆的资源归某一级政府机构或总馆所有。总馆负责人员、经费、馆舍、书刊、多媒体资源的加工整理、网络数字资源的开发利用、参考咨询服务、流通服务的开展等。各分馆在总馆的领导协调下发挥各自的地域和资源优势，完善和发展所在区域的图书馆服务体系。

二、基层总分馆制的实践经验

(一)实施标准总分馆制

标准总分馆制的主要特征表现为完全的统一，包括：图书馆的总馆建设主体与分馆建设主体统一；总馆主管部门与分馆主管部门统一；总分馆统一经费来源，统一人财物管理，统一规划，统一实施服务，统一服务水准。

1. 以政府为建设主体，构建多层级体系

总分馆制要将区域内的所有图书馆组成一个整体，最重要的是政府应主导建立、形成多层级体系。因此，要强调政府责任意识，制定方案，出台政策，加大投入，统一思想和行动，扎实建立和完善总分馆建设。

案例：禅城区图书馆的总分馆

广东省图书馆开展总分馆制比较好的要数佛山市的禅城区图书馆，他们提出要建设"联合图书馆"，以总分馆制为框架的小型图书馆群的建设规划思路。2003 年 5 月，佛山市禅城区联合图书馆的第一家分馆——佛山市禅城区联合图书馆少年儿童分馆正式挂牌开放，标志着联合图书馆的正式起步。之后，禅城区的经验在整个佛山市得到推广。2004 年 6 月，佛山市图书馆提出了《佛山市联合图书馆实施方案》，其实施目标为：以公共图书馆为主体，吸纳各行业系统、各种类型的图书馆加盟，建设"统一标识、统一平台、统一资源、统一管理、分散服务"的佛山市联合图书馆体系，形成纵横双向的服务网络。纵向上，构建市、区、乡镇(街道)和村(社区)四级图书馆服务网络；横向上，联合其他类型图书馆作为联合图书馆的成员馆，以达到优势互补、资源共享、协调服务的目的。禅城区是佛山市最早提出"联合图书馆"的概念并付诸实施的地区。在佛山市联合图书馆稳步推进的时候，禅城区图书馆一方面作为佛山市联合图书馆的成员馆，与其他 5 个区的成员馆实行通借通还，另一方面，按照区政府批准的既定方针，继续在禅城区内建设总分馆结构的禅城区联合图书馆。禅城区联合图书馆建设的设定目标是，联合图书馆由区政府作为建设主体，街道办事处和当地企业共同参与，其文献所有权全部归属总馆，人、财、物（含街道办事处和当地企业投入的资产）均由总馆统一管理调配，服务质量由总馆统一把握，形成全区图书馆统一采购、书目数据统一编制、书刊通借通还、资源完全共享的服务体系。应该说，禅城区联合图书馆创建了迄今为止我国唯一的纯粹意义的总分馆体系，即以总分馆的建设主体和主管部门同一性为基础，统一经费来源、统一管理、统一服务的总分馆体系，为在我国建设真正意义的总分馆提供了一个难得的案例。

2. 明确责任，做好统一服务与管理工作

总分馆制由于存在多个层级，各级有自己的政府主管和具体条件的差异。因此，能否实现标准统一的服务和管理十分重要。这就要求必须明确各级责任，制定并实施统一的标准。

案例：苏州图书馆的总分馆

苏州图书馆的做法是，主动与各区政府、相关街道办事处联系，合作建设社区分馆。双方协议规定，由当地政府提供分馆用房、装修和设备，承担分馆的物业费用，并且每年向苏州图书馆支付一定的费用，主要是人员经费和购书经费；苏州图书馆负责安装软件、提供文献资源、调配委派管理人员并负责日常开放运行。不管是与区政府还是街道签订协议，分馆均设在社区。读者在分馆阅览和上网全部免证，但外借图书需持有苏州图书馆统一的读者证，所借图书可以在总馆及所有分馆通借通还。为了使这些分馆能够提供与总馆基本一致的服务，苏州图书馆在管理和技术等方面采取了一系列措施。各个社区分馆根据当地实际情况安排开放时间，每周不少于50小时。总馆根据各分馆读者的需求情况，为分馆每两个月调配400～500册图书，其中部分是新书，部分是周转书。同时，在分馆的电脑上设置统一的引导界面，读者可根据引导方便地进入书目检索、电子图书、馆藏数据库资源、政务信息、共享工程等各个栏目。

就目前的发展水平而言，标准总分馆制在一些条件较好的城市已经应用并取得了显著效果，这种模式虽然理想，但对于广大基层图书馆来说，有一定的难度。因此，基层公共图书馆要结合实际，条件较好的地区可实施标准总分馆制。

(二)实施准总分馆制

与标准总分馆制不同的是，准总分馆制表现为部分统一、部分不统一。这种总分馆制虽然未能实现资源的高度集中，可能存在着资源重复建设、资源调配困难、发展不平衡等问题，但对分馆来说，其有更大的自主权和主动性。因此，在实施中总分馆制有更大的灵活性，各地可结合实际进行实践探索。这种模式对于大多数基层图书馆来说，是一种从实际出发可以推广的模式。

1. 分级投入、集中管理的准总分馆

根据我国分级财政的实际，建立由上级统一投入的总分馆制在一些地区比较困难。因此，产生了在统筹城乡发展思想的指导下建设城乡一体化公共图书馆服务体系的发展道路，即建立分级投入、集中管理的准总分馆。

案例：嘉兴市构建城乡一体化的总分馆

嘉兴市在市委、市政府的主导下，建立新型公共图书馆服务体系，"构建以市、县级图书馆为中心，以图书馆乡镇分馆为骨干，以村（社区）图书室和图书流动车为基础，以企业、学校、部队等行业系统图书馆联合加盟为补充，覆盖全市、城乡一体、功能完善、资源共享、管理规范的公共图书馆服务体系"。

嘉兴市总分馆制建设得到了政府的有力支持，嘉兴市政府出台了《关于构建城乡一体化公共图书馆服务体系的实施意见》，就总体目标、具体任务等进行了详细的阐述，对分馆的网点布局进行了整体规划，同时提出了统一的建设标准。在乡镇分馆建设的过程中，嘉兴市根据自身的特点形成了市、区、乡镇三级政府投入、市馆（服务体系中的总馆）集中管理的有效工作模式。可以说，嘉兴市总分馆制的建设既有政策支持又有资金支持。"嘉兴模式"的特点可归纳为：三级投入、集中管理、整体规划。"三级投入"明确了图书馆建设的责任归属——政府，并且固化了每一级政府相应的责任，分散了基层图书馆建设的财政压力。"集中管理"保证了业务开展的专业性。"整体规划"包括分馆的布点设计、对分馆的"样式"进行设计和对分馆的服务质量进行设计。

案例：桐庐县构建城乡一体化的总分馆

在杭州市所辖的桐庐县，2009年年初开始实施"政府主导、分级投入、统一管理"的准总分馆制。一是明确建设与管理责任，政府出台文件《桐庐县构建城乡一体化公共图书馆服务体系实施意见》，县文广新局与各乡镇签订县图书馆与乡镇分馆合作共建协议。县文广新局是全县乡镇分馆建设的管理主体，负责协调、督查和检查，乡镇政府是落实乡镇分馆建设的责任主体，同时负责村级图书室的建设，县图书馆负责乡镇分馆的业务建设和指导。二是经费分级投入，统一管理，县图书馆的经费由县财政全面负责，各乡镇分馆的前期建设经费和运作经费由乡镇政府负责落实，购书经费由县、乡镇两级政府共同投入。其中，乡镇政府根据当地服务人口落实每年人均1元以上的购书经费，县财政按1∶1落实配套经费。上述两级政府投入的经费统一交给县图书馆统一使用。三是人员的招聘、派遣、培训由总馆统一实施、统一管理。2009年，桐庐县根据实际情况和总分馆建设的要求，分配了13个人员指标给县图书馆，主要用于各分馆工作人员的配备。每设一个分馆，县图书馆就派遣一名管理人员长驻分馆，负责分馆日常业务的管理。同时，各乡镇根据分馆规模和实际，配备1名以上工作人员，

以确保分馆业务的正常开展。乡镇配备的工作人员，原则上根据县总馆的要求向社会公开招聘，经总馆统一培训合格后上岗，由乡镇与其签订岗位合同。四是文献统一采购、统一加工、统一配送。由总馆即县图书馆全权负责各分馆的图书、报刊等所有文献资源的采购、编目、分类、标引、加工，定期安排配送。桐庐县总分馆制仅实施了 3 年就取得了显著成效。全县 12 个乡镇均建立了乡镇分馆，用户面积达到 2 528m²，最小的百江分馆 110m²，最大的富春江分馆达 480m²；每个分馆都建有电子阅览室，配备 10 台以上电脑；2011 年每个分馆的购买经费平均达 3.25 万元，最少的不低于 1 万元；截至 2012 年 9 月，12 个分馆平均拥有图书 11 583 册，报刊 59.25 种。全县 183 个行政村都设有图书流通点，每个点配备至少 300 册农民最需要的书籍，藏书量达 1 500 册及以上的行政村(社区)有 42 个，500 册以上的有 141 个。乡镇分馆和村级图书流通点覆盖率达 100%，并全部实行了免费服务。

2. 分级建设、统一规划的准总分馆

大城市的基层图书馆难以形成独立的总分馆。因此，上海、杭州等城市从大都市的实际出发，提出了"中心馆—总分馆制"的设想，并在实践中总结出了一些成功经验。"中心馆—总分馆制"是指作为地区公共图书馆服务网络建设中心的图书馆(我们称其为中心馆)不直接参与基层分馆建设，也不直接管理基层分馆的人、财、物，而是由下一级公共图书馆作为辖区内的总馆承担该地区的分馆建设，中心馆只负责对下一级公共图书馆业务的规划、指导、协调、评估，整合地区资源等工作。这样的方式可以绕开财政分级制度带来的障碍，是在我国目前社会现实下实现在较大行政区域内公共图书馆服务网络建设的可行方式。

"上海模式"于 2001 年正式开启上海市中心图书馆，是在不改变各参与图书馆的行政隶属、人事和财政关系的情况下，以上海图书馆为中心馆，区、县、公共图书馆、高校图书馆或专业图书馆等为分馆，乡镇(街道)图书馆为基层服务点，以网络为基础，以知识导航为动力，以资源共建共享为目标，以提高服务水平为目的而组建的一种新型图书馆联合体。在十年建设中，上海市中心图书馆按照结构合理、发展平衡、网络健全、运行有效、惠及全民的原则和目标，不断探索创新，逐步形成了公共分馆、大学分馆和专业分馆的 3 种运行模式，以及由市、区(县)和街镇组成的两级总分馆制，为城市中心图书馆的发展起到了创新示范的作用。

"杭州模式"指杭州市的公共图书馆服务体系建设模式，是一种"中心馆—总分馆制"的运营模式，通过整合市、区(县)、乡镇(街道)、村(社区)图书馆资源，建立服务网络覆盖城乡、组织结构科学合理、文献资源统一调配、服务质量基本一致、运行高效节约的公共图书馆服务体系。杭州图书馆作为全市公共图书馆服务网络的中心馆，主要承担对市、区(县)公共图书馆业务的规划、指导、协调、评估工作，整合市、区(县)公共图书馆资源，建立统一的技术平台、检索平台和服务标准，是全市公共图书馆服务网络的业务指导中心、文献保障中心、技术支持中心、专业培训中心和信息服务中心。市、区（县）图书馆作为当地公共图书馆服务网络的市、区（县）级业务总馆，承担本辖区乡镇（街道）分馆的业务规划、指导、管理、监督和评估等职能。杭州市的公共图书馆服务体系建设模式是一种层级清晰的总分馆模式，杭州图书馆作为中心馆对市、区（县）公共图书馆负责，市、区（县）公共图书馆对其辖区范围内的乡镇、村级图书馆负责。

在我国公共图书馆总分馆制的初级阶段，一些地区不断探索新的总分馆模式。比如，在东莞"图书馆集群化模式"和深圳福田区总分馆模式的基础上产生的"哈尔滨模式"，在管理体制上由市图书馆对区图书馆由原来的业务指导变为业务统一领导；在资金投入方面，区图书馆的运行费用和人员费用仍由区承担，市图书馆和区图书馆在业务经费投入分配比例上分别占 60%～70% 和 30%～40%；在资产管理方面，谁投入谁所有，市图书馆重点负责图书，区图书馆重点负责报刊，业务实行一体化管理，统一技术平台，实现联合采编，通借通还；在具体操作上实行按条件整合区图书馆，整合的条件必须达到建筑面积 1 000m² 以上、工作人员 8 人以上、年购书费投入 5 万元以上。通过建设，形成以市图书馆为总馆、以区级图书馆为中心分馆、以社区图书馆为基层馆、以互联网为脉络的总分馆三级公共文化服务体系，这一模式被称为"共同管理模式"。这类模式在推进过程中遇到了新的问题和困难，需要不断改革与创新，突破制度瓶颈和管理的局限性，形成能够可持续发展的既适用又完善的总分馆模式。

在公共图书馆总分馆制的实践中，各地结合本地实际，积累了比较丰富的分馆建设经验，形成了既有地域特色又有推广价值的特色总分馆模式。浙江省德清县探索出了以需求为导向，与乡镇合作共建、统一管理，逐步建设覆盖全区域的图书馆总分馆新形态。

案例：以德清县构建特色图书馆为标志的总分馆

德清县隶属于浙江省湖州市，从 2015 年年初开始，德清县文广新局和有关镇街道合作，采取共建委托管理的形式，以需求为先导，特色为品牌，服务为内容，整合资源，强化优势，推进乡镇特色图书馆建设，创出了一条具有德清特色的总分馆体系，为推进城乡公共服务均等化，做出了积极的尝试。第一家特色图书馆建于著名避暑胜地莫干山景区，与莫干山镇合作，配合当地打造民国风情小镇，将建于 1932 年的莫干山小学礼堂和原图书室的 3 间房子作为馆舍，建成了特色分馆——民国图书馆。2017年在钟管镇建成的蠡山民俗图书馆开放运行。下渚湖湿地图书馆、乾元国学图书馆已完成装修，即将开放运行；另有 4 家已完成选址，进入装修设计阶段。其分布已覆盖全县 2/3 的镇、街道。

德清特色分馆建设的主要措施方法有：一是加强组织领导，提供经费保证。县文化广电新闻出版局组建了特色分馆建设领导小组，由分管副局长任组长，图书馆馆长任副组长，办公室设在图书馆。图书馆组成工作班子，确定一名副馆长开展具体工作。

主管局还在每年一千万元的县文化发展专项资金中，拨出 200 万元，用于特色分馆建设。二是实施共建模式。首先由镇街道提出申请，并提供备选馆址；主管局分馆建设领导小组实地考察，确定馆址，确定特色品牌；装修事宜一般由图书馆指定的设计人员提出功能布局和设计方案，然后经领导小组和镇政府商议认可；选址标准一般在 $300m^2$ 以上，两层以下，位置在街区中心，方便读者进出；或者房屋有特色有历史；由镇政府根据装修方案组织装修施工招标及实施；与此同时，图书馆的家具设计、特色图书采购、信息化设备的采购等后道准备工作也同步进行；装修完毕，经双方验收后，交钥匙给图书馆。由图书馆进入后道工作；图书馆选派馆长、招聘人员，准备开馆事宜；镇街道和主管局联合举行开馆仪式；委托图书馆管理运行。三是充分发挥分馆的作用。分馆为当地读者和流动读者提供舒适、便捷的服务，推进本镇的全民阅读；对读者免费开放，开展办证服务，借阅实现自助服务，并且和县馆实现通借通还；在县图书馆的指导下，开展符合本馆特色的丰富多彩的阅读推广活动；除服务外，不负责搜集保存本地的地方文献；联系指导本地的村级图书室、农家书屋、图书流通点等阅读场所。

三、我国基层总分馆制的全面推进

县域图书馆总分馆制是我国基层公共图书馆的发展方向和重点。中共中央办公厅、国务院办公厅《关于加快构建现代公共文化服务体系的意见》明确提出要以县级文化馆、图书馆为中心推进总分馆制建设，促进城乡基本公共文化服务均等化。一些地区贯彻这一文件，出台了专门政策加大力度推进总分馆建设。比如，2015 年 5 月，安徽省文化厅下发"关于开展县级公共图书馆总分馆制建设的通知"，在总结 2013 年农村公共图书服务一体化建设试点工作经验的基础上，在全省各市（县）全面开展县级公共图书馆总分馆制建设。

为贯彻落实《关于加快构建现代公共文化服务体系的意见》要求，进一步推动全国城乡公共文化服务资源的整合与互联互通，2016 年 9 月 12 日，文化部发布了《关于推进县级文化馆图书馆总分馆制建设的指导意见》（以下简称《总分馆指导意见》）。2016 年 12 月该文件由文化部、新闻出版广电总局、体育总局、发展改革委、财政部五部委正式发布。

（一）明确指导思想和基本原则

《总分馆指导意见》提出的指导思想是："全面贯彻落实党的十八大和十八届三中、四中、五中、六中全会精神，深入贯彻习近平总书记系列重要讲话精神和治国理政新理念新思想新战略，认真落实党中央、国务院决策部署，坚持以社会主义核心价值观为引领，坚持以人民为中心，以县为基本单位，以乡村为重点，以统筹发展、提高效能、促进均等为原则，推动具备条件的地方因地制宜推进县级文化馆、图书馆总分馆制建设，发挥县级总馆在县域公共文化建设中的中枢作用，通过分馆把优质公共文化服务延伸到基层农村，增加公共文化产品和服务供给，为更好地满足广大群众基本文化需求创造良好条件，提供有力保障。"

《总分馆指导意见》提出了 4 个基本原则："政府主导，统筹实施""改革创新，提升效能""强化基层，促进均等""实事求是，分类推进"。这 4 个原则确立了图书馆总分馆制建设中的主体与客体的关系，体现了总分馆建设中的 4 个相结合：一是从组织出发，政府主导与社会参与相结合。既发挥县级人民政府在总分馆制建设的规划、组织和推进方面的统筹作用，优化县域公共文化资源配置，完善配套措施；鼓励社会参与，确保有序推进。二是从效能出发，共建共享与鼓励创新相结合。围绕建、管、用等关键环节，创新管理体制和运行机制，实现文化资源在县域内联动共享，做到物尽其用、人尽其才，发挥整体优势，提升综合效益。三是从规划出发，全面推进与重点倾斜相结合。以乡村两级为重点，以需求为导向，促进公共文化资源向基层特别是农村倾斜，增加基层公共文化资源总量，保障城乡群众普遍均等地享有基本公共文化服务。四是从实际出发，整体发展与区域发展相结合。坚持因地制宜、试点先行，根据东、中、西部不同地区的实际情况，稳步推进、分类指导，及时总结建设经验，发挥典型的示范作用，探索具有不同区域特点的总分馆制。

(二)细化工作目标和主要措施

《总分馆指导意见》提出工作目标是："到 2020 年，全国具备条件的地区因地制宜建立上下联通、服务优质、有效覆盖的县级文化馆、图书馆总分馆制，广大基层群众享受的基本公共文化服务的内容更加丰富，途径更加便捷，质量显著提升，均等化水平稳步提高。"

为了实现工作目标，《总分馆指导意见》围绕建设和运行两个方面提出了具体的措施。

1. 总分馆建设方面的具体措施

一是要"把总分馆制建设纳入现代公共文化服务体系"。《总分馆指导意见》强调规划和布局的重要性。"要坚持政府主导，科学规划，由省级文化行政部门牵头，有关部门参与，统筹制定本地实施方案和建设规划，由县级人民政府具体组织实施。各地根据实际，综合考虑当地经济社会发展水平、自然条件、人口分布和文化基础等因素，合理确定总分馆的布局、规模和标准。"总分馆《指导意见》还针对 3 种情况提出了明确的要求："已经实施总分馆制的地方，重在总结经验、完善制度和宣传推广；尚未实施但具备条件的地方，要借鉴成功经验，坚持试点先行，积极探索和选择适合本地的总分馆建设模式；暂不具备建设条件的地方，要采取有力措施，尽快达到建设总分馆制的基本要求。"

二是要"因地制宜推进总分馆制建设"。《总分馆指导意见》强调从地方实际出发建设总分馆，在乡镇(街道)和村(社区)两级建立分馆。总分馆制建设要根据地方实际情况，在试点的基础上积极稳妥地推进，"主要依托县级文化馆、图书馆和乡镇（街道）综合文化站、村（社区）综合性文化服务中心等进行建设，符合条件的县级馆为总馆，在乡村两级基层综合性文化服务中心设置分馆"。《总分馆指导意见》还强调充分发挥现有设施的作用。"推动农家书屋与县级图书馆资源整合和互联互通，符合条件的农家书屋成为图书馆分馆。没有成为分馆的其他基层公共文化设施可以设立基层服务点，作为总分馆服务的补充和延伸。"

三是"引导社会力量参与总分馆制建设"。《总分馆指导意见》给出了社会力量参与总分馆的鼓励政策，包括："鼓励具备条件的学校、科研机构、企业等的图书馆（室）、职工书屋等根据自身职能特点，在自愿原则下成为县级图书馆的分馆。鼓励符合条件、具有资质的上网服务场所成为总分馆的基层服务点。鼓励企业、社会组织和其他社会力量，通过直接投资、赞助活动、提供产品和服务，以及采取公益创投、公益众筹等方式，依法依规有序参与总分馆制建设。"《总分馆指导意见》还给出了社会力量参与总分馆管理的方式方法："有条件的地方可探索引入社会专业机构，采取委托管理或连锁运营的方式，通过专业化服务、科学化管理，做好总分馆日常管理运行。大力推进文化志愿服务，动员社会专业人士参与总分馆制管理运行。"

四是"进一步健全城乡基层公共文化设施网络。按照填平补齐原则，继续推进县、乡、村三级公共文化设施网络建设。没有县级文化馆、图书馆或设施未达标的县级人民政府，根据实际需要进行必要的新建或改扩建，鼓励充分利用现有设施和资源进行改造。基层综合性文化服务中心建设和运营管理，要主动纳入县级图书馆总分馆制统筹推进，优化资源配置，提高服务效能，推动县域内公共文化设施实现有效联通和全覆盖"。

2. 总分馆运行方面的具体措施

一是要"明确功能与运行机制"。县级图书馆总分馆制主要是"整合县域内的公共阅读资源，实行总馆主导下的文献资源统一采购、统一编目、统一配送、通借通还和人员的统一培训。总馆对分馆的管理重在业务指导和资源调配。分馆按照总馆的工作安排和服务标准，面向基层群众提供与总馆水平相当的基本服务。有条件的地方可以探索由总馆统一管理或参与管理各分馆人财物"。

二是"创新服务方式和手段。总馆和分馆要积极畅通群众文化需求反馈渠道，采取'订单'服务方式，实现供需有效对接。充分发挥互联网等现代信息技术优势，利用国家公共数字文化工程和资源，打造县域公共数字文化服务平台。充分利用流动舞台车、流动图书车等设施和手段，广泛开展流动文化服务，扩大公共文化服务的有效覆盖"。

（三）加强组织保障

《总分馆指导意见》提出了4个保障。

1. 从领导保障上，明确工作责任

"各地要把建立县级图书馆总分馆制作为加快构建现代公共文化服务体系的重要内

容，纳入政府议事日程，明确时间表、路线图，加快推进实施。各级文化行政部门要加强与有关部门的统筹协调，推动工作开展，形成工作合力。各有关部门要积极配合，加强基层文化资源的共建共享。省级图书馆和设区的市级图书馆要大力支持县级图书馆总分馆制建设，加强业务指导。"

2. 从经费保障上，提供投入保障

"各地要对本地区基本公共文化设施建设给予支持，完善设施网络，为实施总分馆制提供必要的基础设施条件。地方各级财政部门要通过现有资金渠道，为总分馆制建设和运营中属于公共财政支持范围的事项提供必要的资金支持。鼓励县级文化馆、图书馆总馆在符合有关规定前提下，统筹利用有关资金渠道，按照规划目标统一采购、调配资源。各省（区、市）要对率先开展试点工作并取得积极成果的县（市、区）给予一定支持。"

3. 从人员保障上，加强队伍建设

"各有关部门要在现有编制总量内，落实《国家基本公共文化服务指导标准》（2015—2020年）规定的乡镇（街道）综合文化站编制政策。根据总分馆的规模、服务人口和服务方式，统筹总馆、分馆的人员配置。加强对总分馆工作人员的培训、考核、管理。有条件的地区可通过政府购买服务方式，解决总分馆人员不足的问题。"

4. 从监督保障上，完善评估机制

"地方各级人民政府要把县级图书馆总分馆制建设情况纳入公共文化服务考核指标。县级文化行政部门负责对本县总分馆制建设和运行情况进行日常评估和考核，并积极推动考核结果与相关单位预算安排、收入分配和负责人奖惩挂钩。有条件的地方可引入第三方对总分馆服务效能开展公众满意度测评。"

《关于推进县级文化馆图书馆总分馆制的指导意见》将有效解决目前存在的我国县级图书馆服务能力不强、县域内公共文化资源缺乏整合、城乡公共文化服务发展不均衡等突出问题，推动全国各地的总分馆建设，促进由一个或多个建设主体共同建设一个互联互通的"图书馆群"，实行总馆主导下的服务网点统一布局，服务资源共建共享，服务标准全域统一，运营管理上下联动，以达到资源下沉、服务均衡、提高综合效能的目的。在这个过程中，要加强对农家书屋的统筹管理，实现农村、城市公共文化服务的资源整合和互联互通。

为贯彻落实《意见》精神，发挥以评促建、以评促管、以评促用的作用，促进全国公共图书馆事业的发展，按照每4年进行1次全国县级以上公共图书馆评估定级工作的要求，文化部定于2017年开展第六次全国县级以上公共图书馆评估定级工作。2017年1月5日，《文化部办公厅关于开展第六次全国县级以上公共图书馆评估定级工作的通知》被发布。此次评估在地市和县两级及时增加了"总分馆"指标，强调总分馆建设和总分馆服务效能，通过评估推动各地因地制宜地建设图书馆总分馆制。2017年11月4日颁布的《中华人民共和国公共图书馆法》将总分馆制写入法律，第三十一条规定："县级人民政府应当因地制宜建立符合当地特点的以县级公共图书馆为总馆，乡镇（街道）综合文化站、村（社区）图书室等为分馆或者基层服务点的总分馆制，完善数字化、网络化服务体系和配送体系，实现通借通还，促进公共图书馆服务向城乡基层延伸。总馆应当加强对分馆和基层服务点的业务指导。"其主要意义在于：一是以法律的形式确立了总分馆制在基层图书馆服务体系中的地位，在《总分馆指导意见》的基础上，进一步强化了县级公共图书馆总分馆制的重要性；二是赋予了县级公共图书馆在总分馆制中的重要地位，以县级公共图书馆为总馆，总馆应当加强对分馆和基层服务点的业务指导；三是进一步强化了基层总分馆制的政府责任，明确了县级公共图书馆总分馆制的建设主体是县级人民政府；四是强调总分馆制应当符合当地特点，进一步强调因地制宜推进总分馆制建设；五是将乡镇（街道）综合文化站、村（社区）图书室等纳入总分馆范畴，可以作为分馆，也可以作为基层服务点，这有利于发挥现有基层文化设施的作用，整合基层文化资源，形成体系化服务网络；六是在总分馆制中充分运用现代化技术手段，通过完善数字化、网络化服务体系和配送体系，实现通借通还，促进公共图书馆服务向城乡基层延伸。这一法律不仅为基层进行总分馆建设，开展总分馆服务提供了法律依据，而且为今后各地区基层图书馆建设与发展指明了方向。

【思考题】

1. 基层图书馆与农村图书馆、社区图书馆的关系是什么？

2. 结合基层图书馆的主要形态，您认为您所在的基层图书馆可以发展哪几种形态，有什么必要性和可行性？

3. 我国公共文化服务的发展环境和相关政策给基层图书馆带来哪些机遇？

4. 结合基层图书馆服务体的建设模式，您认为哪种模式适合您所在的图书馆？

5. 为什么说基层图书馆未来的发展方向是走总分馆制的道路？

【参考文献】

[1]汪东波. 公共图书馆概论[M]. 北京：国家图书馆出版社，2012.

[2]周和平. 中国图书馆事业发展报告 2012[M]. 北京：国家图书馆出版社，2013.

[3]柯平，等. 公共图书馆的文化功能——在社会公共文化服务体系中的作用[M]. 上海：上海交通大学出版社，2010.

[4]柯平，等. 社会公共服务体系中图书馆的发展趋势、定位与服务研究[M]. 北京：国家图书馆出版社，2011.

[5]历力，柯平. 图书馆学概论[M]. 乌鲁木齐：新疆美术摄影出版社，新疆电子音像出版社，2015.

[6]金武刚，李国新. 公共文化政策法规解读[M]. 北京：北京师范大学出版

社，2014.

[7]肖希明，张新兴. 公共图书馆服务体系中文献资源建设探讨[J]. 中国图书馆学报，2011(06).

[8]肖容梅. 公共图书馆法人治理结构初探[J]. 深图通讯，2008(02).

[9]肖容梅，等. 公共图书馆管理体制研究[J]. 中国图书馆学报，2010(03).

[10]祝淑君. 试论公共图书馆法人治理机制的优化[J]. 新世纪图书馆，2012(12).

[11]李梅. 公共图书馆法人治理结构构建初探[J]. 图书与情报，2014(01).

[12]蒋永福. 论图书馆理事会制度[J]. 图书馆，2011(03).

[13]谢一帆. 法人治理结构：事业单位改革的新课题[J]. 兰州学刊，2008(07).

[14]肖容梅. 我国公共图书馆法人治理结构建设现状与比较[J]. 国家图书馆学刊，2014(03).

[15]蒋永福. 论公共图书馆法人治理结构[J]. 图书馆学研究，2011(01).

[16]陆和建，张芳源. 国外农村图书馆服务模式研究[J]. 图书情报知识，2012(03).

[17]柯平，张文亮. 文化集群的共生融合发展：我国农村图书馆建设的文化大院模式研究(上)[J]. 图书馆工作与研究，2014(08).

[18]柯平，张文亮. 文化集群的共生融合发展：我国农村图书馆建设的文化大院模式研究(下)[J]. 图书馆工作与研究，2014(09).

[19]李国新. "总分馆"建设的最大障碍是体制障碍——《覆盖全社会的公共图书馆服务体系：模式、技术支撑与方案》读后[J]. 图书馆建设，2008(09).

[20]张鹏民. 解析哈尔滨市图书馆总分馆三级服务体系如何推动公共文化服务体系建设[J]. 河南图书馆学刊，2013(11).

[21]李国新. 现代公共文化服务体系建设与公共图书馆发展——《关于加快构建现代公共文化服务体系的意见》解析[J]. 中国图书馆学报，2015(03).

[22]罗博. 沙漠中的"骆驼图书馆"[J]. 少年文摘，2011(09).

[23]祁述裕. 建立完善文化事业单位法人治理结构[N]. 人民日报，2013-12-06.

[24]刘莹. 中心馆—总分馆制模式下的县乡总分馆建设探索——以杭州市桐庐县图书馆总分馆建设为例[J]. 城市图书馆研究，2012(02).

第二章　基层图书馆建设

【内容概要】

基层图书馆建设涉及设施、资源、人才建设等各方面，本章主要介绍基层图书馆的馆舍和设备建设，文献信息资源建设、管理和共享，地方文献工作、采访、数字化和开发利用，专业人才队伍建设与培养等内容，以帮助基层图书馆管理人员全面了解图书馆建设的基础知识和要求。

第一节　基层图书馆的基础设施建设

一、基层图书馆的馆舍建设

基层图书馆的馆舍是容纳各类型文献资源，为读者提供阅读学习和交流的空间，为馆员创造服务条件，并配置各类设备，是基层图书馆开展各项服务的重要物质条件。

(一)基层图书馆馆舍的执行标准规范

《图书馆建筑设计规范》(JGJ 38—2015)是强制性行业标准，是规划设计图书馆建筑必须遵循的基本技术依据。国家有关部门颁布的《公共图书馆建设用地指标》(建标〔2008〕74号)和《公共图书馆建设标准》(建标108—2008)等，是公共图书馆建设的指导性文件。此外，基层图书馆馆舍建设需参照《公共图书馆服务规范》(GB/T 28220—2011)、《乡镇综合文化站建设标准》(建标160—2012)、《社区图书馆服务规范》(WH/T 73—2016)。

基层图书馆建筑设计必须严格遵循《民用建筑节能条例》(国务院令第530号)、《公共建筑节能设计标准》(GB 50189—2015)，达到《绿色建筑评价标准》(GB/T 50378—2014)的要求。有关建筑无障碍设计符合《无障碍设计规范》(GB 50763—2012)的有关规定。图书馆的安全防范应符合现行国家标准《安全防范工程技术规范》(GB 50348—

2004），建筑防火设计符合现行国家标准《建筑设计防火规范》（GB 50016—2014）。

(二)基层图书馆馆舍的建设原则

1. 普遍均等原则

基层图书馆的馆舍建设应遵循普遍均等原则，选址要考虑服务半径、服务人口等因素。基层图书馆根据其建筑面积规模划分为大型馆、中型馆和小型馆 3 种类型。各类型馆舍建筑面积按《公共图书馆建设标准》（建标 108—2008）（见表 2-1）的控制指标执行。

表 2-1　公共图书馆总建筑面积、藏书量控制指标

规模	服务人口 （万）	千人面积指标 （m²／千人）	建筑面积控制指标 （m²）	藏书量 （万册）
大型	400～1 000	9.5～6	38 000～60 000	320～600
	150～400	13.3～9.5	20 000～38 000	135～320
中型	100～150	13.5～13.3	13 500～20 000	90～135
	50～100	15～13.5	7 500～13 500	45～90
	20～50	22.5～15	4 500～7 500	24～45
小型	10～20	23～22.5	2 300～4 500	12～24
	3～10	27～23	800～2 300	4.5～12

在第六次全国公共图书馆评估定级标准中，对一级图书馆和二级图书馆建筑面积有了新的评估指标（见表 2-2）。

表 2-2　第六次全国公共图书馆评估定级"图书馆建筑面积"评估指标（m²）

等级	东部		中部		西部	
	县级	地级市下辖区	县级	地级市下辖区	县级	地级市下辖区
一级图书馆	6 000	5 500	5 000	4 500	4 000	3 500
二级图书馆	5 500	5 000	4 500	4 000	3 500	3 000

2. 人性化原则

基层图书馆馆舍的总体设计要采取"以人为本"的设计原则，从使用者的切实需求出发，包括读者和工作人员，着力解决好书刊、读者、工作人员三者的流线问题，提升图书馆利用的便利性。在环境设计上从保证光线适宜、色调柔和、视野开阔、设施舒适、布置优雅、温度适宜、干净卫生等多方面营造舒适的阅读和工作环境。

3. 开放性原则

图书馆内部空间的开放化设计与以人为本的现代开放式管理理念相呼应，注重使用的灵活、便利与高效；对馆内各个区域进行合理重组，打破僵化的传统图书馆区域分布，保证图书馆馆舍的多样性与适用性。

4. 多功能性原则

随着社会的发展，图书馆已由单一的传统图书馆功能走向综合性多功能的文化信息交流中心。因此，图书馆在馆舍空间设计上要顺应时代发展和居民需求，充分考虑基层图书馆的教育功能、休闲功能、公共交流功能，创造出更具灵活性、多样性的功能形式。

5. 绿色生态原则

图书馆的绿色生态精神突出体现在"以读者为中心"的基础上，尽可能地自然采光、自然通风、自然调温，节能、节水、节材，同时兼有优美清雅的馆外环境和足够的植物配置、丰富的人文景观，以及与周围建筑群之间的自然联系等，最大限度地寻求建筑与自然及读者之间的和谐统一。

6. 安全性原则

基层图书馆作为公共场所，在馆舍设计上要高度重视安全问题。寻找基层图书馆的安全性风险因素，馆舍应该能够抑制风险事件的发生与发展，或者能够起到保护人身安全以及财产安全的作用。在格局设置上应充分考虑藏书的保护与安全，以及遇到突发事故时，读者和工作人员能够迅速地撤离。

（三）基层图书馆馆舍的空间布局

基层图书馆馆舍的空间根据"需求—功能—布局"的原则，首先要明确本地读者的需求与特点，结合馆舍的实际情况来确定基层图书馆的服务功能，以及各功能分区的空间面积与设计。依据业务活动规律和读者需求，使图书馆馆舍的空间能够基本满足需求才是规划布局的根本目的。

1. 内部空间的划分

根据《公共图书馆建设标准》（建标108—2008），基层图书馆各类用房分为藏书区、借阅区、咨询服务区、公共活动与辅助服务区、业务区、行政办公区、技术设备区、后勤保障区八大区。

①藏书区：基本书库，包括保存本库、辅助书库等；特藏书库，包括籍善本库、地方文献库、视听资料库、微缩文献库、外文书库，以及保存书画、唱片、木版、地图等文献的库等；阅览室藏书区。

②借阅区：一般阅览室，包括报刊阅览室、图书借阅室等；少年儿童阅览室，包括少年儿童的期刊阅览室、图书借阅室、玩具阅览室等；老龄阅览室；特藏阅览室，包括古籍阅览室、外文阅览室、工具书阅览室、舆图阅览室、地方文献阅览室、微缩文献阅览室、参考书阅览室、研究阅览室等；多媒体阅览室，包括电子阅览室、视听文献阅览室等；视障阅览室。

③咨询服务区：办证、检索、总出纳台、寄存、饮水处、读者休息处、陈列展览、报告厅、综合活动室、培训室、交流接待、读者服务（复印等）。

④业务区：采编、加工、配送中心、辅导、协调、典藏、研究、美工、信息处理

（含数字资源）。

⑤行政办公区：行政办公室、会议室。

⑥技术设备区：中心机房（主机房、服务器）、计算机网络管理和维护用房、文献消毒、卫星接收、音像控制、微缩、装裱整修。

⑦后勤保障区：变配电室、电话机房、水池/水箱/水泵房、通风/空调机房、锅炉房/换热站、维修、各种库房、监控室、餐厅。

以上用房的有关设计大型馆、中型馆、小型馆的要求各不同，中型馆部分用房可选择性设置、小型馆可不设置，具体按《公共图书馆建设标准》（建标108—2008）的要求执行。（见表2-3）

表2-3　公共图书馆各类用房使用面积比例表

用房类别	比例（%）		
	大型	中型	小型
藏书区	30～35	55～60	55
借阅区	30		
咨询服务区	3～2	5～3	5
公共活动与辅助服务区	13～10	15～13	15
业务区	9	10～9	10
行政办公区	5	5	5
技术设备区	4～3	4	4
后勤保障区	6	6	6

2. 内部空间的组织

基层图书馆的内部空间的划分和组织应兼顾读者利用资源的便利和馆员管理的方便，让各服务空间和工作区域发挥最大的使用效益。

①优先考虑各空间不同服务对象的特点及需求。老年读者、视障读者因身体不便，可将他们经常利用的报刊阅览区、视障阅览室设置在离入口近的一楼。普通借阅区读者流量较大，不宜设在较高的楼层。读者量较少的阅读区在较高的楼层布置，如特藏阅览区。

②动静分区。为营造良好的图书馆氛围，图书馆的空间布局应动静分区。一般而言，水平分区"动"区在后，"静"区在前，或左右分区。垂直分区，"动"区在低层，"静"区在较高层。比如，少年儿童阅览、活动室、报告厅等较难控制音量的区域设置在低层，自修室、研究室需要安静的氛围，安排在较高的楼层。

③性质相近的区域相邻布置。为了方便读者利用资源，便于管理，以及形成整体感，往往将性质相近的功能区域相邻布置。比如，电子阅览室、视听室、音像资料室宜布置在一起；古籍特藏与地方文献室、修复室相邻。

④藏借阅一体化。变分隔的小空间为连贯的大空间，增加空间布置的灵活性。每一个文献借阅空间，均应有藏书、阅览、外借、检索、咨询功能，还可上网查找资料，要以极大地方便读者为原则。基本书库要与阅览区有直接简便的联系，做到快速取书。

⑤内外分区。内外分区是现代图书馆合理使用的要求。内外分区即将读者活动场所和业务人员工作区域区分，尽量避免互相干扰，减少人流、书流的重复交叉，便于内部管理。同时，也要求内外区域联系密切，交通便捷。

3. 图书馆流线分析

图书馆流线主要包括读者流线、书籍流线和服务流线。读者流线和书籍流线互不干扰，服务流线能方便读者到达图书馆各区域。（见图 2-1）

读者流线根据不同读者对象又分为少年儿童读者流线、报刊读者流线、视障读者流线、普通阅览读者流线和研究人员流线，它们对各阅览区的布局产生影响。

书籍流线按工艺要求进行，应短捷，可方便来回采编室、书库。

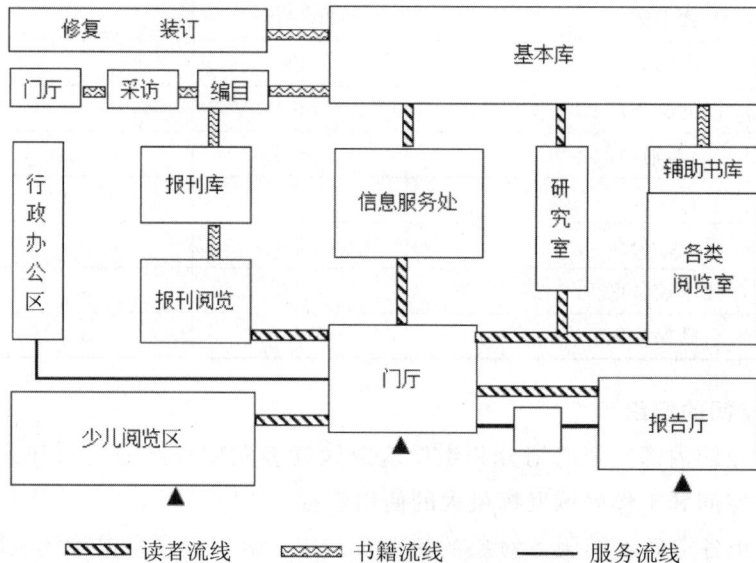

图 2-1　图书馆功能流线关系图

（四）基层图书馆馆舍的环境设计

1. 建筑外形设计

图书馆作为公共文化场所，往往成为当地的标志性建筑，理应特别重视外观造型的设计，力求体现出时代特征、人文意蕴和自身的个性特征。基层图书馆馆舍的建筑形式应与周边建筑群相互呼应，体现出和谐统一的美学效果；适当地运用当地的建筑文化和元素，以体现当地的文化传统、文化特色、艺术与精神风貌。佛山市图书馆新馆的建筑俯瞰恰似一个巨大的"品"字，代表图书馆事业的目标：品位、品格、品质。新馆建筑外墙设计采用佛山剪纸元素，文字内涵撷取宋代诗人翁森《四时读书乐》的

"春、夏、秋、冬"，成为"文化中心"一个鲜明的文化形象，堪称建筑艺术和图书馆实际功能的完美结合。作品充分体现了文化中心的特点，注重提炼佛山传统文化元素，讲求国际文化潮流与地方文化结合，适应性强、组织有效的设计布局使其成为佛山市标志性文化建筑之一。

2. 建筑装饰设计

装饰是图书馆建筑的有机组成部分，具有强化图书馆建筑的实用功能，增强建筑艺术美的表现力。图书馆室内装饰中的基本要素有光线、色彩、雕塑与壁画、绿色植物、家具的设计和摆放、环保节能等。图书馆照明提倡以自然光线为主，人工照明的方式为辅助。图书馆的阅览室和书库的光线要充足、照度需均匀、避免炫光，以创造一个良好的光线环境。图书馆色彩设计，包括墙面、天花板、地板、家具、装饰品等宜以明度较高、纯度较低的冷色为主色调，以纯度较低的彩色系作为辅色，为了呼应主色，同时在画面中活跃气氛，可以适当地选用一些点缀色，以调和的色彩配搭营造高雅之感。在适当的空间内或墙面上可陈设、悬挂不同艺术风格的雕塑、字画作品，来提升图书馆的艺术品位。绿色植物有助于美化空间、净化环境，有益于读者的身心健康，可在图书馆内部适当摆设观赏性的花草，有条件的图书馆可在内部设计小花园，更具审美情趣。

3. 导视标识系统设计

导视标识系统以最恰当的位置、最优的途径向使用者提供其所需信息为设计目的，旨在提高使用者的行动效率，发挥公共空间的使用率，保障公共空间的安全性，提升使用者对空间文化和空间形象的认同感。图书馆导视标识系统包括机构设施标识系统、导向性标识系统、馆藏布局标识系统、警告提示标识系统、公共安全标识系统等。导视标识系统的设计要注意 5 个要点：一是应使用标准化的文字和图形，公共信息标识应采用国家标准《标识用公共信息图形符号　第 1 部分：通用符号》(GB/T 10001.1—2012)，根据需求可采用双语或多语言对照；二是各要素要能够被人理解、一目了然、方位表示准确明显；三是一定要具有整体性和连续性，千万不能出现缺口；四是在设计上应注意色彩、字体、规格、位置等方面，以便易于被人发现，使导视标识系统更加凸显；五是在设计各元素时，要与环境空间相协调，安装的节点位置要恰当。

在第六次全国公共图书馆评估定级的标准中，有专门针对"环境管理"的评估指标，基本分项包括：①环境整洁、美观、安静，3 分；②标牌规范、标准，2 分；③设施维护良好，2 分；④节能减排措施，3 分。基层图书馆馆舍建设和环境管理在达到评估指标基本要求的同时，要打造更具人性化的现代公共文化服务场所。

二、基层图书馆的设备建设

图书馆的设备是基层图书馆开展各项业务工作的物质条件。它的结构是否合理，性能是否良好，直接影响图书馆各项工作的顺利进行。图书馆设备一般分为图书馆家具设备、建筑设备和其他常用设备等。

(一)家具设备

图书馆家具是图书馆内部环境的重要组成部分，是图书馆功能的重要体现。因此，要根据本馆的实际情况确定家具配置方案，明确家具的数量、样式、材质，按正规程序进行采购。在选择家具设备的时候，应遵循一些基本的原则：一是与整体建筑风格协调一致，在造型、色彩和风格上与图书馆的内部装饰环境相融洽。二是注重功能性和实用性，实用功能是家具的第一功能，其次是功能性，最后才是装饰性。实用、耐用、方便、舒适、环保、安全是图书馆家具最基本的要求。三是注重标准化和规格化，根据馆舍的实际情况统一规划家具采购，以有效利用空间，也方便将来补充和维修。四是经济原则，综合考虑本馆情况，注意成本控制力求达到最佳的性价比，达到质优、价廉、物美、低耗、环保的要求。图书馆家具设备一般包括典藏家具、阅览家具、办公及其他家具。

1. 典藏家具

典藏家具是主要用于存放图书、报刊的家具，主要包括书库书架、一般书架、密集书架、书柜、报纸架、期刊架、缩微架等。典藏家具的陈列摆设一是要方便读者利用，二是应有利于天然采光和自然通风，缩短书刊取送距离。根据《图书馆建筑设计规范》（JGJ 38—2015）的要求，书库内书（报刊）架的连续排列最多档数应符合表2-4的规定；书（报刊）架与外墙之间的各类通道最小宽度应符合表2-5的规定。

表2-4　书库书架连续排列最多档数（档）

条件	开架	闭架
书架两端有走道	9	11
书架一端有走道	5	6

表2-5　书架之间以及书架与墙体之间通道的最小宽度（m）

通道名称	常用书架		不常用书架
	开架	闭架	
主通道	1.50	1.20	1.00
次通道	1.10	0.75	0.60
档头走道（靠墙走道）	0.75	0.60	0.60
行道	1.00	0.75	0.60

各类书架的高度、宽度、容量都有一定的标准，可参照《图书馆建筑设计规范》（JGJ 38—2015），同时注意少年儿童区域书架应更具人性化，适当降低高度以方便少年儿童读者取阅书刊。

2. 阅览家具

阅览家具主要是供读者使用的家具。该类家具要根据不同类型的阅览室、不同的读者对象来设置，在尺寸、造型、颜色方面与阅览室空间设计相适应。阅览家具主要包括阅览桌椅、各类研究桌等。阅览桌椅要符合人体工程学，让阅览桌椅的使用方式尽量适应人体的自然形态，让读者在阅读时感到舒适，尽量减少使用桌椅造成的疲劳。因少年儿童读者、残障读者的特殊性，在配置少年儿童读者的阅览家具、残障读者的阅览桌椅时，要综合考虑他们的实际情况和需求，在家具高度、尺寸、便利性和安全性方面多注意。为打造良好的阅读环境，可适当地添置在造型和舒适性上更佳的休闲凳子、沙发。阅览家具要根据阅览室空间大小合理配置，充分利用有效面积，紧凑舒适，不拥挤。阅览座位的设置可参照《公共图书馆建设标准》(建标108—2008)中总阅览座位数量控制指标(见表2-6)和《图书馆建筑设计规范》(JGJ 38—2015)中阅览室每座占使用面积设计计算指标(见表2-7)。

表 2-6　公共图书馆总阅览座位数量控制指标

规模	服务人口 （万）	建筑面积控制指标 （m²）	千人阅览座位 （座/千人）	总阅览座位 （座）
大型	400～1 000	38 000～60 000	0.60～0.30	2 400～3 000
	150～400	20 000～38 000	0.80～0.60	1 200～3 000
中型	100～150	13 500～20 000	0.90～0.80	900～1 200
	50～100	7 500～13 500	0.90	450～900
	20～50	4 500～7 500	1.20～0.90	240～450
小型	10～20	2 300～4 500	1.30～1.20	130～240
	3～10	800～2 300	2.00～1.20	60～130

表 2-7　阅览室每座占使用面积设计计算指标(m²/座)

名称	面积指标
普通报刊阅览室	1.80～2.30
普通阅览室	1.80～2.30
专业参考阅览室	3.50
非书资料阅览室	3.50
缩微阅览室	4.00
珍善本阅览室	4.00
舆图阅览室	5.00
集体视听室	1.50
个人视听室	4.00～5.00
少年儿童阅览室	1.80
视障阅览室	3.50

3. 办公及其他家具

图书馆办公家具包括柜台家具、办公桌椅、会议室家具、报告厅家具、活动室家具等。办公家具的配置要首先考虑其功能性和实用性，满足图书馆工作人员对于储物、办公、交流等多方面的使用诉求，提高使用者的工作效率尤为重要。在摆设上，要尽可能地有效地利用有限的空间，通过办公家具的合理组合，打造开敞式或半开敞式的工作空间，从而营造气氛活泼或安静正式的办公环境。

(二)建筑设备

图书馆完善的建筑设备能为基层图书馆提供安全、高效、舒适、便利快捷的综合服务环境。图书馆基本的建筑设备包括给排水系统、安全防盗系统、消防系统、空调与通风系统、电气照明系统、供配电系统、安保系统等。近年来，智能图书馆建筑已成为图书馆新馆建设的趋势，以期望提高整体综合管理能力，降低运营成本，完善优质服务。智能建筑系统包括系统集成中心、综合布线系统、建筑设备自动化系统、通信自动化系统、办公自动化系统等，相关配置参照国家标准《智能建筑设计标准》(GB 50314—2015)。

1. 安全防盗系统

图书馆的文献资源、设施设备属于公共财产，保护其安全是图书馆建设的基本要求，应建立可靠的安全防盗系统。图书馆安全防盗系统一般由入侵报警系统、视频安防监控系统和出入口控制系统等组成。基层图书馆的安全防范应符合现行国家标准《安全防范工程技术规范》(GB 50384—2004)在图书馆的出入口处设置必要的图书防盗仪设备，在主要入口处、储藏珍贵文献资料的书库和阅览室、重要设备室、网络管理中心等重点防范部位和要害部门设置视频安防监控系统。对于低层及有入侵可能部位的门窗，应采取安全防范措施。保存珍贵文献资源、重要设备的房间应设置入侵报警系统。

2. 消防系统

图书馆是人员较为密集的公共场所，要求消防设计安全第一，并且可靠。消防系统即火灾报警消防系统，主要由火灾自动报警系统和灭火及联动控制系统组成。相关设备包括防排烟设备、火灾探测器、火灾报警控制器、常开防火门、防火卷帘门、提升门、电梯迫降控制装置、火灾应急广播设施、应急照明与疏散指示设施、火灾警告设施、消火栓灭火系统、自动喷水灭火系统及其他组件等。基层图书馆要严格依据国家相关标准《高层民用建筑设计防火规范》(GB 50016—2014)、《建筑设计防火规范》(GB 50016—2014)和《建筑灭火器配置设计规范》(GB 50140—2005)的规定，并结合图书馆不同区域的不同特点及消防要求，选择优质的消防设备。在发生火灾时，消防控制中心可快速反应，立刻向当地消防指挥中心报警，通过消防设备进行联动灭火，同时通过疏散广播、安全疏散指示照明灯、火灾声光报警器等设施，指挥人员安全地疏散，保障人、财、物的安全。

在第六次全国公共图书馆评估定级标准中，将安全管理作为业务建设的指标之一，基本分项包括：①消防，2分；②保卫，2分；③数据及网络安全，2分；④应急预案，2分；⑤安全监控系统，2分。基层图书馆应高度重视安全设施的建设和管理，确保人、财、物的安全。

3. 空调与通风系统

空调与通风系统是图书馆建筑设备中最主要的组成部分，其作用是保护馆藏文献资源，保证建筑物内具有舒适的工作、生活环境和良好的空气品质。整个系统由制冷系统、冷水系统、空气处理系统和热力系统组成。图书馆空调与通风系统的设置要符合《图书馆建筑设计规范》(JGJ 38—2015)、《民用建筑供暖通风与空气调节设计规范》(GB 50736—2012)、《公共建筑节能设计标准》(GB 50189—2015)。在温湿度方面，基本书库不宜低于5℃且不宜高于30℃，相对湿度不宜小于30％且不宜大于65％。图书馆有些用房对温度、湿度有较为严格的要求，如计算机中心用房、古籍珍本库、视听资料库要求恒温恒湿，一般使用独立空调系统。

(三)其他常用设备

为满足图书馆管理和服务的需求，图书馆往往需要配置复印设备、图书消毒设备、缩微阅读设备、检索机、计算机、视听设备、网络设备、LED视频显示器、自动存包机等业务管理现代化设备，以及服务器和存储设备等高端设备。随着现代信息技术的发展，图书馆也应用了更为先进的管理技术和设备，如无线射频标识系统(RFID)、自助借还书机、电子借阅机、图书垂直水平传输设备等。

《公共图书馆服务规范》(GB/T 28220—2011)规定公共图书馆应配备一定数量的计算机专供读者使用。各级政府应支持图书馆配备与经济和技术发展水平相适应的信息技术设备。各级别图书馆计算机基本需求配置见表2-8。

表2-8 公共图书馆计算机设备配置及用途指标

等级	计算机总数量(台)	其中：读者使用计算机数量(台)	其中：OPAC计算机数量(台)
省级馆	100以上	60以上	12以上
地级馆	60以上	40以上	8以上
县级馆	30以上	20以上	4以上

同时，要求提供网络与宽带接入。基层图书馆网络与宽带接入是为读者提供网络信息服务的基础，相关接入指标见表2-9。此外，社区图书馆网络接入带宽应不小于4兆，用于读者服务的计算机数量按服务人口计算应不低于2台/千人。

表 2-9　网络与带宽接入指标

等级	互联网接口	局域网主干	局域网分支
省级馆	≥100 兆	≥千兆	≥百兆
地级馆	≥10 兆	≥千兆	≥百兆
县级馆	≥2 兆	≥百兆	≥百兆

信息节点指在馆内与局域网或互联网连接的计算机网络接口，阅览室的信息点设置应不少于阅览座位的 30%，电子阅览室的信息点设置应多于阅览座位数。有条件的可提供互联网无线网络接入服务。此外，基层图书馆还应根据全国文化信息资源共享工程的相关要求统筹安排相应的现代化设备。

(四)基层图书馆设备建设的注意要点

图书馆设备建设是一项庞大而细致，又具有持续性的工作。它需要综合考量实际需求、功能、质量、经费及未来发展等诸多因素。基层图书馆在设备建设中需要注意的关键要点主要有以下 3 个。

1. 设备配置程序要与建筑装修设计同步

为保证图书馆馆舍使用功能的完全到位，图书馆设备的采购要提前思虑，针对设备需求及建筑功能与设计师沟通，确定详细的设备配置强弱电要求、管线预埋要求、水气排放要求等建筑装修设计。

2. 设备配置秉承人性化的理念

现代图书馆设备建设主要是为了更好地实施管理和服务，相应的设备配置要尽量考虑智能化，适应信息化、自动化的社会发展趋势，提升设备使用的便利性。设备配置要考虑安全性、稳定性和可靠性，尤其是信息化的设备和系统。此外，设备配置要考虑保养维修方便可靠，选择质量好的设备，降低故障率和维修率，同时也关注设备的售后服务。

3. 合法合规地进行设备采购

图书馆设备的经费在整个图书馆建设投入中所占的比例相当高，根据《政府采购法》，图书馆所需设备基本上都需要以政府采购的方式进行采购。具体方式有公开招标、邀请招标、竞争性谈判、单一来源采购、询价等。图书馆设备采购首先要对采购计划进行评估，明确本馆设备需求，确定采购设备的规格、数量、型号；其次，拟定设备招标文件，交予法规处、审计处审核后发放招标文件；最后，按照《中华人民共和国招投标法》的程序和要求，议标定标，确定中标单位。

第二节　基层图书馆的文献信息资源建设

一、基层图书馆的文献信息资源建设

文献信息资源建设，是指图书馆对文献信息的采集、保存和协调，即传统上所称的"藏书建设（馆藏建设）"。文献信息资源建设是图书馆一项重要的基础工作，是开展各项服务工作的基础和保障，影响着公众对图书馆服务的满意度。

（一）基层图书馆文献信息资源的类型和建设原则

1. 基层图书馆文献信息资源的类型

按照各种标准，可以划分出文献的各种类型。按加工情况，可分为一次文献、二次文献和三次文献。按载体形式，可分为印刷型信息资源、电子信息资源、数字信息资源和多媒体信息资源等。按内容的学科范围，可分为社科文献、科技文献等。按出版类型，可分为图书、期刊、会议资料、研究报告、专利说明书、政府出版物、学位论文、产品说明书、档案、标准、新闻报纸、统计报表、图谱等。

基层图书馆需要搜集和提供服务的文献信息资源主要有图书（专著本、汇编本、多卷本、丛书等），连续出版物（报纸、期刊等），特种文献（政府出版物、标准文献等），音像资料（磁带、录像带、幻灯片、磁盘、光盘等）和数字资源（馆藏书目数据库、联合书目数据库、电子书刊、各类型数据库等）。

2. 基层图书馆文献信息资源的建设原则

（1）思想性原则

基层图书馆是精神文明的建设和传播高地，肩负着公共文化服务和社会教育的职能，对提高民众素质、促进社区和乡村发展有着十分重要的作用。因此，要求基层图书馆在收藏图书时首先要考虑图书的政治意义和科学价值，应具有正确的世界观、人生观、价值观、科学观，有利于培育良好社会公德。同时，文献信息的搜集应当遵守有关法律、行政法规的规定。

（2）实用性原则

基层图书馆应根据本馆的性质、规模和读者需求及特点，坚持"藏以致用""以用为主"的文献资源建设理念，结合图书馆经费的投入情况，有针对性地搜集符合需求的各类文献资源。

（3）经济性原则

基层图书馆要合理使用经费，注重品种、减少复本，同一内容的文献选择最有价值的版本，谨慎选择高价书等，确保有限的经费用在刀刃上。

（4）系统性原则

基层图书馆一方面要保证重点馆藏的内容和学科的完整性、系统性，另一方面要保障文献特别是连续出版物的历史延续性和学科发展的完整性。网络环境下，还应使印刷型文献、电子文献和各种网络文献资源优势互补、协调发展，从而形成连续系统、完整统一的馆藏体系。

（5）动态发展原则

基层图书馆的馆藏文献资源本身是一个动态系统，是一个新陈代谢的过程。即要按需进行采购和建设，也要对陈旧、无价值的文献进行剔旧，通过优化馆藏结构、调整藏书布局、整合藏书空间等有效手段增强藏书活力，保证馆藏文献正常的新陈代谢和动态平衡。

（6）特色化与协调原则

基层图书馆依据自身任务和读者需求、本地区经济社会发展需要等，建立有重点、有特色的藏书体系，使馆藏文献信息有鲜明的地域特色。同时要积极参与和推动区域合作和文献信息资源的共建共享，以期构建一定区域范围内布局合理、相互依存、资源共享的文献资源保障体系（详见本节第三部分）。

（二）传统文献资源的建设

1. 文献资源的建设内容

制定采购的方针和标准：基层图书馆应该根据本馆性质、任务和读者对象的需求制定文献采购的原则、收藏范围、收藏重点和采购标准，制订藏书补充计划。

搜集书源信息，掌握各种书目信息：基层图书馆应该了解文献出版的发行动态、发行渠道，掌握丰富的信息源，获取各种书目信息，才能更好地选择文献。

读者调研：基层图书馆应通过调查表、口头问询、读者建购等各种途径了解读者的需求。

选择出版商、供应商：基层图书馆应通过政府招标、单馆自行选择等方式选择信誉高、到货快速、服务周到的供应商。

进行选购：进行初选和查重，将征订目录送交有关人员进行审查圈选，将初步审查圈选的征订目录进行核对；确定复本量，填写订单，交送订单；或进行现采，现场直接采购文献。

验收：图书到馆后，应进行订单核对，同时对书的印刷、装帧、内容进行检查，确认无误后进行结算；对未到文献进行跟踪、财务及账款处理、新书移送编目、搜集反馈信息。

馆藏评估：通过对图书馆馆藏质量和效益的评估，了解馆藏文献资源的建设情况，为制定或调整馆藏发展政策，改进文献采访工作，开展馆藏补充、复选、更新等工作，提供参考依据。

2. 文献资源的建设方式

按照采访主体，可分为单馆自行采购、合作采购、集团采购和采访外包。部分基层图书馆在尝试整体业务外包的情况下，也在进行文献采访外包的探索。

按照经费使用权限，可分为政府采购和自主采购。鉴于政府采购的复杂性，基层图书馆可依托市级图书馆联合进行政府采购。比如，佛山市图书馆联合南海区、禅城区及大沥镇、桂城街道图书馆共同进行采购招标，节省了基层图书馆的精力和时间。

按照采访工作方式，可分为购入和非购入两种，其中购买方式包括预定、现采、委托代购、邮购、网购、复印等，非购入方式包括呈缴、交换、调拨、征集、赠送等。基层图书馆采访人员应主动寻找文献的发行信息和来源，综合利用多种方法和渠道，以保证及时获得读者所需的文献资源。

3. 特色资源建设

特色馆藏是指图书馆收藏的，具有特定学科或主题、地域、历史、政治、文化背景的，或者关于某一语种、某一类型或人物的具有一定规模的成系列的文献，是一个图书馆区别于其他图书馆的馆藏特色所在。特色馆藏在图书馆文献资源建设中占有重要地位，它也是图书馆开展特色服务、满足读者更高需求的必要条件。

地方文献：详见本章第三节。

古籍：指以纸为载体抄写或印刷的中国古代图书，时间下限一般为辛亥革命推翻清朝统治的1911年。由于古籍非常珍贵，其来源主要为捐赠或传承。因此，收藏有古籍的图书馆必须具备一定的古籍保存、保护及修复的技术。

政府公开信息：《中华人民共和国政府信息公开条例》中规定"各级人民政府应当在国家档案馆、公共图书馆设置政府信息查阅场所，并配备相应的设施、设备，为公民、法人或者其他组织获取政府信息提供便利"。基层图书馆应发挥自身的专业优势对政府信息进行科学组织、加工整合，做出深度标引，形成方便检索的政府信息检索平台或数据库，整合或编纂专题性的政府信息汇编等。

其他特色资源：珍贵馆藏，如名人字画、善本、拓本。工具书，如词典、资料汇编、年鉴、百科全书、年度报告、书目索引、图谱等。

(三)数字资源建设

数字资源有多种分类标准，从数据的组织形式上看，有数据库、电子期刊、电子图书、网页、多媒体资料等类型；按存储介质，可分为磁介质(软盘、硬盘、磁盘阵列、移动硬盘、U盘、磁带等)和光介质(CD、DVD、LD等类型)两种类型；按数据传播的范围可分为单机、局域网和广域网等形式；从资源提供者来看，可分为商业化的数字资源和非商业化的数字资源。

1. 基层图书馆进行数字资源建设的内容

基层图书馆进行数字资源建设通常包括书目数据库建设、特色数据库建设、商业数据库的采购、网络信息资源的开发和利用等几个方面。

书目数据库是图书馆馆藏资源数字化建设的重要内容，是开发图书馆信息资源的基础数据库，也是图书馆全面实现网络化、自动化和资源共享的基础与关键。基层图书馆可通过自建、标准书目套录和联合建库等方式建设本馆书目数据库。

特色数据库是指图书馆依托馆藏信息资源，针对读者的信息需求，搜集、分析、评论某一学科或某一专题有利用价值的各类型信息资源，并按照一定标准和规范将其中特色化的资源进行数字化，最终以数据库的形式存储起来的信息资源集合。特色数据库在建设过程中要注意标准化、规范化、质量、维护、数据库建设协调规划和知识产权等问题。

商业数据库是指由数据库生产商或数据库服务提供商开发的各种文献数据库。图书馆以购买或获得授权的方式，通过图书馆的界面供内部读者或远程读者使用。购买商业数据库产品或服务已经成为公共图书馆数字资源建设的重要手段。

网络信息资源的来源广泛，种类多样，传递快速。对庞大的网络信息资源进行有序的、规范化的整合，并提供有效的检索工具，将有利于网络信息资源的开发与利用，提升图书馆的服务质量和服务能力，更好地为读者服务。

2. 基层图书馆数字资源建设的参考方案

我国基层公共图书馆在经济水平、文化环境等方面存在巨大差异，可根据本馆实际情况，立足自有的财力、人才、技术和设备基础，选择更合理的数字资源建设方案。

经济发达地区的区（县）级图书馆，应凭借一定的经济实力，购买一些综合性的文献数据库；拥有较高素质的图书馆人才队伍，可开展自建数据库和网上免费链接数据库的工作，充实图书馆的数字资源。经济欠发达地区的区（县）级图书馆，应该以自建数据库、网上免费链接为主。对这类图书馆来说，应将有限的经费花在开发独具地方特色的特色文献数据库上；同时，对数量丰富的免费网络资源加以科学的组织和管理，建成网上免费链接数据库。区（县）以下级别的图书馆，一般不提倡独立购买或自建数据库，应该依托上级图书馆，实现资源共享。

（四）基于用户需求的文献资源建设的创新

近年来，图书馆文献资源的建设工作越来越重视读者的参与度，通常的做法是通过读者调查表、读者座谈会、读者荐购等形式了解读者的需求。随着网络技术的发展，利用网络进行读者调查成为解读者需求最便捷最有效的渠道，即通过网页表单、微博、博客推荐、构建信息搜集平台等形式来获取读者的需求。也有不少图书馆开始尝试邀请读者一起采购，如"专家采访""你点我买""现采体验"等。源自美国图书馆界电子文献采购的"读者决策采购"或"读者主导式采购"（Patron Driven Acquisition，PDA）也在业内引起了热议和研究。

佛山市禅城区图书馆的读者自主采购借阅服务：禅城区图书馆与图书供应商合作，由采访人员不定期到书商处选择近期出版的新书，经过查重和加装磁条后，不经编目加工处理就直接进入新书阅览室，读者可阅、可借、可买。新书经首次借阅归还后移交采编部门加工处理。这一做法通过服务业务流程的重组和规范科学的管理，减少了文献采购的随意性和新书上架的时滞，杜绝了"死书"，提高了文献收藏质量、利用率和购书经费的使用效益，依托图书销售行业的资金力量和市场敏感度，使读者在更具规模和时效性的图书市场中，享受更具针对性的公共服务。

内蒙古图书馆的"彩云服务"：读者只要手持内蒙古图书馆的新版读者证，即可到内蒙古新华书店、内蒙古博物院书店以及北京西单图书大厦等书店借书，在还书期限内将图书还到内蒙古图书馆的自助借还机即可。读者还书成功后，系统会自动将图书入藏流通，内蒙古图书馆每个月会和书店结一次账，基本实现了"读者买书，图书馆买单"的便民服务。2016年内蒙古图书馆的"彩云服务"被授予"国际图书馆创新项目主席大奖"。

(五)基层图书馆文献资源建设的依据及规范

1. 县级图书馆

《公共图书馆服务规范》(GB/T 28220—2011)中规定，馆藏文献包括印刷型文献、电子文献、缩微文献等。公共图书馆应在确保印刷型文献入藏的基础上，逐步增加电子文献的品种和数量，并根据当地读者和居住的外籍人员的需求，积极配置相应的外文文献。就文献总量而言，县级馆的入藏总量(以图书、报刊合订本的册数计)分别应达到4.5万册以上，县级馆年人均新增藏量分别应达0.006册以上。对于文献购置经费，公共图书馆的文献购置经费由各级政府投入，专款专用，确保公共图书馆服务的正常开展。县级馆年人均文献购置费应达到0.18元以上。文献购置经费应与财政收入的增长同步增加。馆藏电子文献包括电子图书、电子报刊、视听资料等，以品种数计。县级馆的年入藏量分别应达到100种以上。

在第六次全国公共图书馆评估定级标准中，"年人均新增文献入藏量(册)""纸质文献馆藏量(万册)"等藏书建设相关指标作为必备条件之一成为衡量基层公共图书馆保障条件是否充分的重要指标。相关指标具体要求见表2-10。

表2-10 第六次全国公共图书馆评估定级标准中基层图书馆藏书建设相关指标

类别	等级	东部		中部		西部	
		县级	地级市下辖区	县级	地级市下辖区	县级	地级市下辖区
县级图书馆[年人均新增文献入藏量(册)]	一级图书馆	0.03	0.03	0.02	0.02	0.01	0.01
	二级图书馆	0.02	0.02	0.013	0.013	0.006 7	0.006 7
县级少年儿童图书馆[纸质文献馆藏量(万册)]	一级图书馆	10	10	9	9	8	8
	二级图书馆	8	8	7	7	6	6

表2-10是相应等级公共图书馆评价的入门指标，评估细则里对相应指标有更明细的要求。比如，县级图书馆的指标"人均文献馆藏量(册)"达到1才能拿到满分，达到2

才能拿到加分10分。而指标"年人均新增文献入藏量(册)"则要求基层图书馆的馆藏量不仅要达到一定数量,更要不断更新。

2. 乡镇图书馆

乡镇图书馆或乡镇(街道)综合文化站图书室的相关管理规范、服务规范都尚在制定中,其资源建设内容和数量,包括资料类型、复本量、年更新率、报刊年订阅数量等可暂参考《社区图书馆服务规范》(WH/T 73—2016)中的相关内容。

3. 社区图书馆

《社区图书馆服务规范》(WH/T 73—2016)中规定,社区图书馆基本馆藏文献资源应包括图书、期刊、报纸、视听资料等,按服务人口计算,基本馆藏量应不低于人均0.5册(并适当考虑少年儿童图书的比例),复本不大于2册,年更新数量不少于10%;报刊年订阅数量应不少于50种。社区图书馆宜通过计算机网络共享中心图书馆的数字资源,如电子图书、电子期刊、电子报纸及各种数据库资源。社区图书馆藏书宜由中心图书馆统采统编,期刊、报纸可根据社区居民的需求自行订购。

二、基层图书馆的文献信息资源管理

(一)文献信息资源管理的概念

文献信息资源管理是图书馆为了实现有效保存和积极利用文献资源的目的,对馆藏文献资源进行整序、布局、排列和科学的管理,使之成为有序化的科学的文献资源体系的过程。

(二)文献信息资源管理的要素

1. 管理主体——馆员

在文献资源管理的过程中,不仅需要馆员体力的支出,同时需要馆员智力(知识、经验和技能等)的参与。随着图书馆的发展和管理工具的升级,智力参与在文献管理过程中的作用越来越重要,在图书馆总体劳动中从事脑力劳动为主的馆员也越来越多。

2. 管理客体——馆藏资源

馆藏是图书馆赖以生存的基础,也是图书馆服务读者的前提和保障。图书馆馆藏资源包括实体馆藏和虚拟馆藏。实体馆藏包括纸质文献、视听资料及电子出版物等;而虚拟馆藏则是非物理实体馆藏,它是需要借助于计算机系统、通信等方式检索和传输的本馆以外的网络电子信息资源的总和。

3. 管理工具——文献组织方法等

管理工具是馆员与文献信息资源之间相互作用的中介,是文献信息资源管理工作系统中的构成要件。广泛来说,管理工具不仅包括馆员从事文献资源管理工作的物质手段和物质条件,如馆舍、书架、计算机、服务器、网络等,还包括揭示文献和让文献有序化的组织方法,如分类法、目录组织法、数字对象唯一标识符、数字对象唯一标识符系统等。

（三）文献信息资源的管理过程

在图书馆业务工作中，对文献信息资源的组织与管理具体表现为文献资源的验收、登记、初步加工、编目、布局、排架、剔除、保护等管理环节。

1. 文献资源验收

文献信息资源经过采访人员订购到馆后，必须经过验收的环节，检查核对是否与采购内容相符。验收主要包括数量验收、质量验收、版权检验等。数字资源由于其数量巨大、构成复杂、服务多元等特点，验收工作还应包括内容验收、使用方式验收、更新频率验收、检索功能验收等。

2. 文献资源登记

文献信息资源登记是保证馆藏资源财产的完整性，通过对馆藏的登记和注销，使馆藏资源有据可查，便于清点，防止遗失。凡是图书馆入藏或剔除的文献，都应该按照完整、准确、及时和一致的原则进行登记。

3. 文献资源初步加工

当资源经过验收无误后，需进行初步加工，图书的初步加工主要是加盖馆藏章、打印财产号、贴财产号条形码、加装防盗磁条、粘贴电子标签等工作。初步加工必须保证加装的各种标记、号码、图章达到规范、统一、整齐、美观的效果。

4. 文献资源编目

文献编目是指依据一定的规则和方法，对馆藏文献资源的内容特征和形式特征进行分析、选择、做出记录，并将其组织成目录的过程。编目包括文献的主题性编目和描述性编目。前者主要通过分析在编文献所论述的主题内容来揭示其内容特征，它以文献分类标引和主题标引及编制相应款目的工作为重点。后者主要是对在编文献的物质形态进行分析、选择和记录，一般也称为著录。

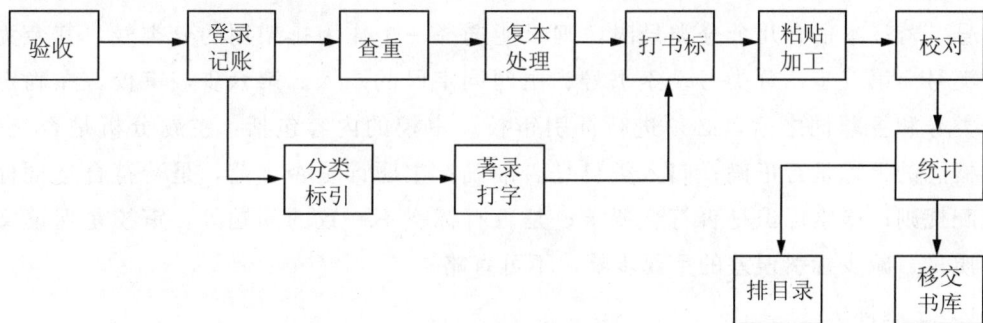

图 2-2　传统编目流程

```
┌──────┐      ┌──────────────────┐      ┌──────────────────┐
│ 验收 │ ───→ │ 盖章/贴磁条/条形码 │ ───→ │   查重/分类/编目   │
└──────┘      └──────────────────┘      └──────────────────┘
                                                    │
                                                    ↓
┌──────────┐   ┌──────────────────────┐   ┌──────────┐
│ 移交典藏 │ ←─ │ 打印书标、各种目录/排卡片目录 │ ←─ │ 统计/校对 │
└──────────┘   └──────────────────────┘   └──────────┘
```

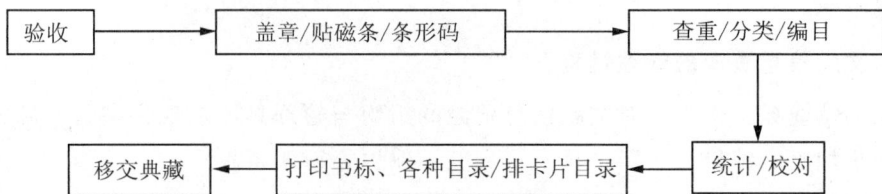

图 2-3　计算机编目流程

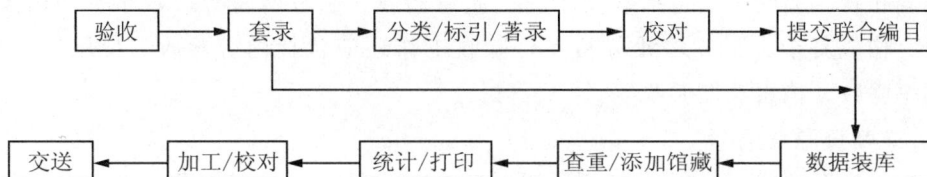

```
┌──────┐   ┌──────┐   ┌──────────────┐   ┌──────┐   ┌────────────┐
│ 验收 │→ │ 套录 │ → │ 分类/标引/著录 │ → │ 校对 │ → │ 提交联合编目 │
└──────┘   └──────┘   └──────────────┘   └──────┘   └────────────┘
              └────────────────────────────────────────┐      │
                                                        │      ↓
┌──────┐   ┌──────────┐   ┌──────────┐   ┌────────────┐   ┌──────────┐
│ 交送 │ ← │ 加工/校对 │ ← │ 统计/打印 │ ← │ 查重/添加馆藏 │ ← │ 数据装库 │
└──────┘   └──────────┘   └──────────┘   └────────────┘   └──────────┘
```

图 2-4　网络联机编目流程

（1）文献分类

文献分类是以文献分类法为工具，根据文献资源所反映的学科知识内容和其他显著属性特征，分门别类、系统地组织与揭示文献资源的一种方法。

文献分类的基本工作程序：第一步，查重。目的在于避免同书异号，重复标引，保持同一种文献的标引前后一致。第二步，文献主题分析。主题分析的质量决定着标引的质量，准确的标引取决于对文献主题的正确分析和概念的准确提炼和选择。第三步，归类和主题词选择。根据文献主要主题的学科属性及其他特征，查阅《中国图书馆图书分类法》，找到与其相符的类目，赋予文献分类号，作为分类检索标识。再根据分类号查阅《中国分类主题词表》，找出相符合的规范主题词。第四步，编制分类索书号，主题词组配。对于采用分类排架的文献机构，对同类书还须进一步区分，以实现同类书的个别化，要编制书次号（同类书的排列次序号码）。排架分类号和书次号构成分类索书号。若一本书有几个分类号时，则只能选择一个作为排架用的分类号，其余为目录分类号。第五步，分类号、索书号、主题词字段的录入。第六步，审校。在确定文献分类号和主题词之后，必须进行标引审校。审校的内容包括：主题分析是否充分；主题概念的提炼是否正确；归入类目是否准确；主题词是否规范，是否符合选词标准和组配规则；检索标识是否符合要求；是否有标引不一致的问题等。审校是保证文献标引质量、减少标引误差的重要步骤，不可省略。

（2）主题标引

主题标引，也称主题法，是指直接以表示文献主题的词语做标识，提供字顺检索途径，并主要采用参照系统揭示词间关系的标引方法，是分类法之外从文献内容角度出发进行标引的另一主要方法。

主题法分为标题法、单元词法、叙词法和关键词法。《中国分类主题词表》是我国图书馆界开展文献主题标引的首选工具。为保证文献资源主题标引的准确，必须遵守两个主题标引基本规则：选词规则和组配规则。

（3）文献著录

文献著录，是按照相应的规则与方法对各类型文献的内容和形式特征进行分析、选择和记录的过程，文献著录的结果生成通用书目款目。用于揭示图书外表形式和物质形态及内容特征的描述说明称为著录项目，如题名与责任说明项、文献特殊细节项、版本项、出版发行项、载体形态项、丛编项、附注项、标准编号与获得方式项等。所有著录项目的组合称为通用款目。通用款目添加具有排检功能的标目后，就产生了各种检索款目。将检索款目按标目进行排序后，就组成了相应的目录，如题名目录、责任者目录、分类目录、主题目录等。传统的书目记录表现为一张目录卡片，在计算机编目状态下是一条书目的机器可读目录（MARC）数据。

（4）计算机联机联合编目

计算机联机联合编目，是指多家图书馆利用现代网络通信技术，开展基于计算机技术支持的编目工作，共同建立具有统一标准的文献资源联合书目数据库，并在此基础上共享编目成果，减少重复劳动。在计算机联机联合编目系统中获得上传书目数据资格的图书馆，上传自己的书目记录后，其他成员馆可通过网络下载到本地系统中进行使用，这大大减少了编目工作的重复劳动，提高了加工效率和质量。

计算机联机联合编目的优势：一是有利于降低编目成本；二是有利于提高编目效率；三是有利于提高书目数据质量；四是有利于共享其他图书馆的专业人力资源。

现行的计算机联机联合编目系统，一般为客户端/服务器（B/S）结构，网络通信协议普遍采用 TCP/IP，数据访问协议通常采用 Z39.50。

计算机联机联合编目工作中，各成员馆数据上传工作流程见图 2-5。

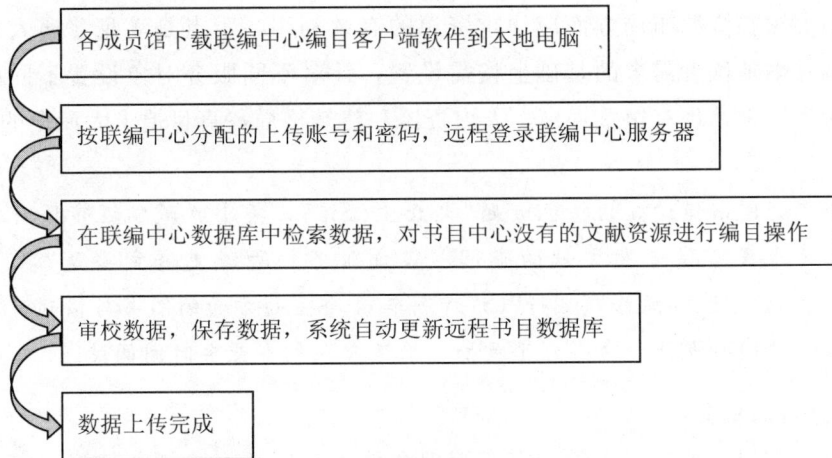

各成员馆下载联编中心编目客户端软件到本地电脑

按联编中心分配的上传账号和密码，远程登录联编中心服务器

在联编中心数据库中检索数据，对书目中心没有的文献资源进行编目操作

审校数据，保存数据，系统自动更新远程书目数据库

数据上传完成

图 2-5　计算机联机联合编目数据上传工作流程

计算机联机联合编目工作中，各成员馆的数据下载工作流程见图2-6。

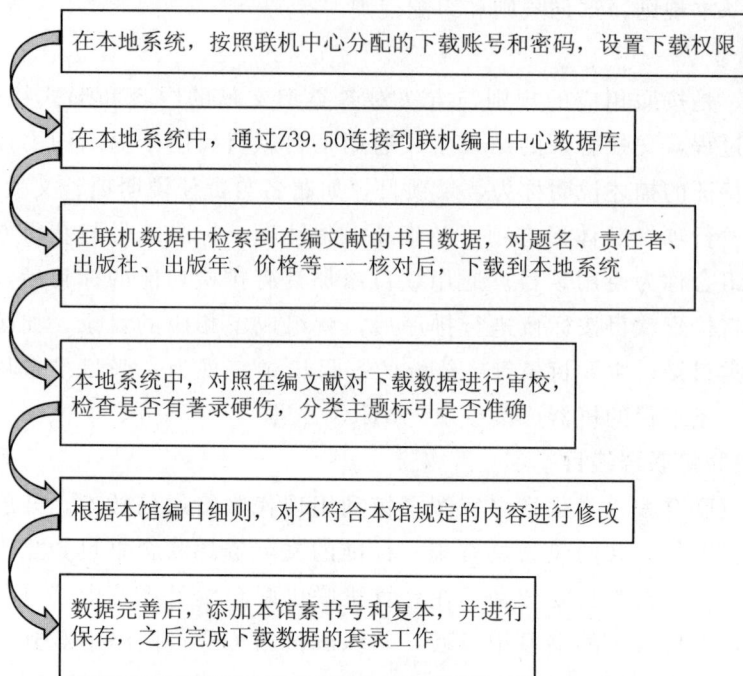

在本地系统，按照联机中心分配的下载账号和密码，设置下载权限

在本地系统中，通过Z39.50连接到联机编目中心数据库

在联机数据中检索到在编文献的书目数据，对题名、责任者、出版社、出版年、价格等一一核对后，下载到本地系统

本地系统中，对照在编文献对下载数据进行审校，检查是否有著录硬伤，分类主题标引是否准确

根据本馆编目细则，对不符合本馆规定的内容进行修改

数据完善后，添加本馆素书号和复本，并进行保存，之后完成下载数据的套录工作

图2-6　计算机联机联合编目数据下载工作流程

5. 文献资源布局

馆藏文献资源布局，是指将图书馆入藏的文献资源，按照一定的标准，划分为相对独立联系的若干部分，建立各种功能的书库，为每一部分资源确定合理的存放位置，以便保存和利用。

基层图书馆在资源布局方面应注重资源的有效利用，重点是满足普通大众的阅读需求，在调查本地读者需求的基础上按需设置，针对不同服务对象设置不同的服务区域，不能脱离图书馆现有馆藏规模、人力资源和建筑格局，盲目追求大而全的模式。

案例： 东莞图书馆设置的特色专题"大众生活馆"，集中收藏贴近市民日常生活的文献资料，为市民提供专题文献的查阅、咨询服务。所藏文献主要是"衣"(服装)、"食"(饮食)、"住"(装饰装修)、"行"(旅游汽车)4个主题方面的图书与报刊，在向人们传授生活知识的同时也使读者得到了放松，很适合人们在业余时间阅读。

6. 文献资源排架

馆藏文献排架，是为了资源的有序管理和检索利用，将馆藏文献按一定的序列摆放在书架上，从而使每种文献都有一个固定的位置。排架方法分内容排架法和形式排架法。

（1）内容排架法

内容排架法，是以文献内容特征为标志而进行藏书排架的方法，主要有分类排架法和专题排架法。

分类排架法，是按照文献本身内容所属的学科体系来排列藏书的方法，通过分类号将同一类图书排列在一起，再使用著者号、种次号、个别登记号等加以区分。

分类排架法的优点是内容相同的书集中在一起，便于馆员和读者按类检索图书，扩大检索范围，提高查全率。其缺点是书架上要为后入藏的同类图书预留架位，导致书库空间的浪费；而当架位预留不足时，就需要进行倒架，增加了馆员的劳动强度。但因分类排架法符合大多数人的检索习惯，是目前主要的馆藏文献排列方法。

专题排架法，是将出版物按一定专题范围划分并组织集中展示，向读者宣传推荐，带有专架陈列、专架展览的性质。专题排架法是横向范围的集中，它打破了学科隶属的纵向界线，将分散在各个类别下的同一专题的出版物集中在一起，提供给对某一专题内容有兴趣的读者。专题排架法机动灵活，适应性强，适用于宣传某一主题、某一体裁的文献，是一种辅助性的内容排架法。

（2）形式排架法

形式排架法，是按文献的外部特征进行藏书排列的方法，主要的形式排架法有登记号排架法、固定排架法、字顺排架法、年代排架法、语种排架法、书型排架法等。

排架实践中，基层图书馆对不同类型的文献可以采用不同的排架方法，并用两种以上的排架法组配使用，以达到最佳排列效果。

中外文普通图书的排列，一般采用分类与字顺（著者名字顺、书名字顺）或分类与序号（种次号）组配，以分类著者号、分类书名号、分类种次号为排架号。

期刊排列的方法繁多，一般说来，现刊宜采用分类排架；过刊的排列，广泛使用的是刊名字顺排架法，同一种期刊再按年代顺序排列。

资料一般装入资料盒或资料袋，用登记号排架法。

报纸的排架一般采用报名或者地区排架法，中文报纸地区排架法可依据《中华人民共和国行政区划代码》排列，外文报纸可依据《世界各国地区代码表》排列。

一些版型特殊的图书，如大开本书、图表、卷筒等，采用书型排架法并与其他排架法配合。图书馆无论采用哪种排架法，都要编制相应的排架规则和目录，在书库和书架上设立醒目的标识，以便于文献检索。同时必须制定专门的制度和有效措施进行架位的维护管理，保证排架的准确率，根据第六次公共图书馆评估定级指标的要求，基层图书馆排架要落实到第三级，正确率需达到90％。

视听资料与电子出版物因其载体形式不同，排架大多考虑以载体形式进行区分排架。

7. 文献资源剔除

馆藏资源剔除是指依据图书馆制定的原则和标准，将失效、利用率极低的文献，从馆藏文献体系中分离并进行处理的工作。在剔除工作以前，图书馆要进行严谨的调查，通过对本地区的政治、经济、文化的发展特点，生产规划和科研重点的调查，对馆藏建设规划加以修订，并制定剔除文献的标准，对陈旧的、失去参考价值的、不符合本地区情况的文献进行剔除淘汰，保证馆藏文献的质量。对决定剔除的文献要造册登录，编制剔除目录，对被剔除的文献要在财产登记簿、公务目录、读者目录、图书馆自动化管理系统中逐一进行注销处理，使文献检索系统与实际馆藏保持一致。

8. 文献资源保护

图书馆文献资源的利用是建立在有效保管基础之上的。图书馆文献资源的损失原因主要分为社会原因和自然原因。其中社会原因是指个别读者不爱护文献，乱涂乱画，甚至偷窃图书造成破坏。图书馆应该加强公民道德教育，加强文献管理。自然原因则是指火、水、尘、鼠、虫害等对文献资源造成损失。图书馆应采取控制光线、控制温度与湿度、防治虫害、预防霉菌、净化空气与除尘等措施，消除各方面的隐患，最大限度地改善文献的保存条件，保证文献的完整性，延长文献的使用寿命。

三、基层图书馆文献信息资源的共享

有限的文献信息资源与无限的读者需求之间的矛盾是图书馆服务过程中面临的主要矛盾。这种矛盾对于资源本就相对缺乏的基层图书馆来说尤为突出。事实上，任何一个图书馆都无法凭一己之力满足读者所有的文献信息需求。图书馆之间只有加强合作，促进文献信息资源的共建共享才能盘活图书馆的整理资源，从而最大限度地满足读者的文献信息需求。

在第六次全国公共图书馆评估定级中，区域服务体系规划与共建共享成为业务建设的条件之一，其中有文献资源共享措施得 2 分，有馆际互借或通借通还得 2 分，有数字资源共享得 2 分，文献资源共享的规模及效益最高为 4 分。

(一)文献信息资源共享的含义

两个或两个以上的图书馆，为改善用户的文献信息查询与获取效率及减少成本，在自愿、平等、互惠的基础上，通过建立各种合作、协作、协调关系，利用各种技术手段、方法和途径共同建设、揭示和利用文献信息资源，依靠集团的力量满足读者信息需求的全部信息交流活动称为文献信息资源共享。

在构建全覆盖的公共图书馆服务体系的大背景下，在我国一级财政负责一级图书馆的"套娃式"体制下，文献信息资源共建共享既可以有效地避免资源重复建设，又可以提高文献的保障率，对于基层图书馆来说更是一条节约成本、优化馆藏的最佳路径。

(二)文献信息资源共享的主要内容

1. 合作建设实体馆藏

合作建设实体馆藏，是指图书馆合作组织在调研成员馆现有资源的基础上，根据各馆的资源特点，实行分工采购和协同采购等合作采购计划，以期达到既强化各自成员馆的馆藏优势，又优化整体资源的效果。每个成员馆根据事先确定好的分工，主要收藏自己承担的学科、语种、出版地区的文献，并与其他成员馆共享。合作构建实体馆藏需要建立在"合作"或"联盟"的基础上，基层图书馆通过此种方式的文献共享可以最低的成本获得最丰富的文献资源，从而强化自身实体馆藏结构。

2. 馆际互借

图书馆为了满足读者的特定需求，根据馆际互借制度、协议、办法和收费标准，从外馆借入本馆未入藏的文献；反之，在外馆向本馆提出馆际互借请求时，借出本馆所拥有的文献，满足外馆的文献需求。馆际互借分为返还式文献（所借文献为原件需要返回所属馆）和非返还式文献（所借文献为原件的复制本无须返还原件所属馆）。目前，越来越多的图书馆通过网络平台传递电子文献，这种形式的馆际互借与非返还式文献借阅一起称为文献传递。目前我国一些图书馆加入了区域性的参考咨询联盟，通过该平台可以实现电子文献传递服务。比如，由广东省立中山图书馆牵头搭建的全国图书馆参考咨询联盟，汇集了全国180多家省市级公共图书馆、高校图书馆和科技图书馆，为全国注册用户提供文献远程传递服务；江苏省公共图书馆联合参考咨询网主要面向省内读者，由南京图书馆牵头，市、县图书馆共同建设。对于基层图书馆来说，加入区域性或全国性的馆际互借平台可以有效地借助外馆的文献信息资源提升对本馆读者的服务能力。

在第六次全国公共图书馆评估定级中，馆际互借与文献传递被列为县级图书馆服务效能的指标之一，分为基本分和加项分。基本分最高为 5 分，要求建立馆际互借关系；加项分共 5 分，与本馆建立馆际互借和文献传递关系的图书馆达到 20 个加 2 分，达到 50 个加 5 分。

3. 书目数据共享

书目数据共享的前提是联机编目，是指利用计算机和网络技术，由多个图书馆共同编目，合作建立具有统一标准的书刊联合目录数据库，在此基础上实现书目数据共建共享。联机计算机图书馆中心（Online Computer Library Center，OCLC）是世界上最大的图书馆合作网，拥有全球最大的书目数据库——OCLC 在线编目目录（world cat）。我国最大的联机编目数据库有中国高等教育文献保障中心（CALIS）、联合编目中心以及由国家图书馆负责管理的全国图书馆联合编目中心。对于经费、人才相对不足的基层图书馆来说，参加联合编目，共享书目数据是最经济便捷的办法，同时可以提供馆藏书目质量。

4. 数字资源的共建共享

对于基层图书馆来说，单独购买价格昂贵的数据库提供给本馆读者使用是一件十分"不划算"的事情。单独购买并不能获得集团采购的价格优势，同时基层图书馆用户对于某类型数据库的需求并不集中，单独购买的成本巨大却不能带来显著的读者使用率。因此，电子资源共建共享是目前图书馆文献信息资源共享的重要组成部分。基层图书馆的电子资源共建共享既可以是自上而下的区域集团采购，也可以是自下而上的基于合作的分工采购，联合使用。前者如浙江省网络图书馆，由浙江省公共财政投入建设，由浙江图书馆牵头实施和管理，将全省各级公共图书馆纳入该数字图书馆的成员馆，为全省公共图书馆的读者提供统一认证和免费的数字资源服务。后者如佛山市联合图书馆，通过构建数字资源共建共享平台，将各个成员馆（主要是市级和区级图书馆）购买的数据库集中，为读者利用数字资源提供统一的入口。这种方式可以有效避免各成员馆资源的重复采购，在降低各馆资源成本的基础上提高数字资源的服务能力。

5. 网络资源合作组织与共享

网络资源虽然丰富却鱼目混珠，良莠不齐；虽然检索简单，获取快捷，然而其对信息的识别和筛选能力却有着较高的要求。不可否认的是，互联网上存在着大量有价值的文献资源，对这些资源进行挖掘和整合可以有效地提升基层图书馆的服务能力。目前，不少图书馆的合作组织都在协调成员馆共同组织网络资源，共建共享网上文献导航库。对于基层图书馆来说，挖掘免费的网络资源显然比购买高价的数据库经济实惠得多。与其他图书馆共同组织和分享网络资源，向读者提供资源导航是不错的信息服务方式。

（三）文献信息资源共享的主要模式

图书馆文献信息资源共享的前提条件往往是以成员馆、合作馆等身份加入共建共享联盟，这种联盟是图书馆服务系的构建成果，如总分馆、图书馆集群、联合图书馆等。联盟体系的构建可以通过充分、自愿的分工协作，有效地解决区域图书馆资源重复购置的问题，最大限度地降低图书馆文献信息资源的购置成本，优化各馆的文献资源结构。

1. 分工协作共建模式

分工协作共建模式，是指联盟内的成员馆经过协商后，根据自身功能定位、读者需求特征，针对性地负责相关资源的购买，然后将各自购买的资源进行整合并向所有成员馆读者提供服务的共享模式。该模式可以有效地避免图书馆资源的重复建设，尤其是价格昂贵的商业数据库。例如，对于基层图书馆来说，读者对于专业型、学术性的商业数据库需求并不明显，单独购买的投入产出比很高。此时可以与省、市级图书馆或者学院图书馆合作，由合作馆负责购买相关专业数字资源，基层图书馆负责休闲娱乐型等有较大受众群体的资源。因此，分工协作模式的特点就是分工采购，资源共享。

2. 集团联合采购共建模式

集团联合采购共建模式，可以理解为"团购"，是指对于联盟内成员馆都需要的文献资源，依靠集体力量和批量购买的数量优势，由成员馆委托谈判代表与资源供应商进行谈判，形成集团采购方案，从而获得优于单馆购买的价格优势和服务优势，达到有效降低资源购置成本的目的。集团联合采购共建模式是国内外高校图书馆普遍采用的资源共建模式。对于公共图书馆尤其是基层图书馆来说，通过集团联合采购可以有效地降低资源购置成本，优化馆藏资源。

3. 政府补贴买断共建模式

政府补贴买断共建模式，是指通过政府专项建设资金的支持，利用专项经费选择一批通用、大型而昂贵的数字资源，采取集团购买方式买断商业数字资源在联盟内的所有权或使用权，各成员馆免费或者只承担很少一部分费用的建设模式。在数字资源建设上采取买断式集中建设，既可以获得价格优惠，又可以在提高文献保障率的基础上降低管理成本。前文提到的浙江省网络图书馆正式采取了这种共建模式，由省政府财政支出负责专业数据库的购买，供全省各级公共图书馆的读者共同使用。

4. 统一服务平台共建模式

文献信息资源的共建共享需要依托统一的服务平台。通过该平台，联盟内的成员馆可以实现联合编目、统一书目检索、馆际互借、通借通还等功能。以佛山市联合图书馆为例，为实现佛山地区图书馆资源共建共享，所有加入联合图书馆体系的成员馆都要统一安装"5U"系统，通过该系统可以实现联合编目、书目数据共享、读者资料联网、馆藏文献资源的整合和定点查询，在此基础上为读者提供一卡通借通还服务，即读者在任何一家成员馆办理借书证都可以在其他成员馆内享受文献借还服务。

第三节　基层图书馆的地方文献建设

一、地方文献与地方文献工作

(一)地方文献概述

1. 地方文献的概念

地方文献，是指反映一地方自然和社会各方面的信息与知识，具有历史、科学和情报价值的文字与非文字记载。狭义的地方文献仅指地方史料，广义的地方文献则包括各种与地方相关的文献，主要有地方出版物、地方人士著述和地方史料。

2. 地方文献的范围

(1)地域范围

地方文献的地域既包括自然形成的地域，也包括历史上的各时代形成的人文区域，还包括当代行政划分的区域。我国现阶段地方文献工作以现行地域行政划分为基础确定区域范围。

地域范畴涉及几个重要标志：一是文献的出身地和户籍，主要是指文献的归属问题，主要用于界定内容未涉及地方的地方人士著述；二是出版地，出版地应该作为界定地方文献的原则之一，因为出版人和出版单位本身具有地方色彩和浓重的地方烙印，在地方文化、地方经济和政治等方面发挥作用并深受其影响。

（2）时间范围

地方文献不仅仅是古代的地方文献，还包括近现代的地方文献。特别重要的是，当代的地方文献是地方文献的重要组成部分。

（3）内容范围

当地域范围和时间范围确定之后，凡在内容上涉及这一地域的文献都可以纳入这一地域的地方文献。

图书馆搜集地方文献的内容范围一般包括：一是地方人士的著述。所谓地方人士的著述，它首先是指籍贯是本地而又在本地工作的人士的著述，同时也包括籍贯虽非在本地却在本地工作的人士的著述。二是本地区的地方出版物。地方出版物是检验某一省区文化发展和技术水平的重要根据之一。不同时期的地方出版物反映了当时的文化事业状况和出版印刷情况。这包括中华人民共和国成立前及中华人民共和国成立后出版的书刊资料等，并包括某一历史时期的地下出版物。凡本地区从古到今出版、印刷、誊印、编写的各种著作、小册子，以及其他出版单位、企业、大专院校出版、编印的正式出版物或非正式出版物，都应列为地方文献的搜集范围。三是与本地区有关的著述。所谓与本地区有关的著述，也称为地方资料。

3. 地方文献的特点

地方文献与其他文献相比较，是一种独有的文献资源，随着人类文化与技术的发展，近代意义上的地方文献具有以下几个特点。

（1）地域性

某一地方文献必须与该地区有关，地方文献翔实地记录了一个地方的自然、政治、经济、文教、历史等人文与自然状况，是研究地方建设发展的主要文献源，有鲜明的地方和独特的区域文化特色，是研究本地域建设发展的重要依据。

（2）时代性

地方文献是一个地区历史的产物，反映了一个地域的历史和现状，不同时期表现出不同特点，具有鲜明的时代印记和特征，反映了一个地域的历史和现状的发展轨迹。

（3）资料性

资料性即有关该地的地方文献必须有某种参考价值和使用意义。从历史角度看，其是否能反映某一地区某一历史人物和事件的发生、过程、结果和在历史上的地位，或者能说明、补充、订正某一事实。其内容来自实际，来自基层，往往属于原始记录，信息鲜活，内容可靠，针对性强，部分具有一定保密性，且印数少，一般不重印、再版。文献必须真实、具体、完整。

（4）多样性

多样性即形式上可以是载体多样、文字各异、版式不一。地方文献除传统的印刷品之外，还包括其他记录知识的符号与相应的物质载体。比如，现有图书、杂志、报纸，具有价值的图片、照片、影片、相片等。由于地方文献内容丰富，涉及各个学科领域，以不同的题材和形式，从不同的角度，反映了该区域内政治、经济、军事、文化、历史、地理、民族、风俗、宗教等情况。

（5）系统性

系统性又称连续性，地方文献的不断产生是一种客观存在的社会现象，是某一地区在其社会历史发展过程中所形成的物质和精神成果的总和。

在以上特点中，最重要的是"地域性"和"资料性"这两个本质特点，其他特点是非本质特点。地方文献必须同时具备地方性和资料性，某一地方文献内容必须与某一特定地区有关。以陕西省图书馆为例，凡是与陕西的军事、文化、卫生、科研、工农业、水利、气象、动植物、山川、风土、民俗、人物等有关的出版物，都属于这一特性。反之，不论其价值如何，都不应视为陕西地方文献。当然，有些资料既与外省区有关，也与陕西有关，此类资料或文献也可作为陕西地方文献收藏。这些资料的特点是极多而且分散，搜索起来颇为费力，应取得有关部门领导的支持。

4. 地方文献的类型

我国地方文献源远流长，内容丰富，形式多样。研究和了解文献的类型特点有利于做好地方文献工作，这也是研究地方文献的重要课题。

地方文献从划分的角度、划分标准来看，可以有多种类型，并且它们之间是互相交叉的。具体分析如下。

（1）按地方文献的著述形式或编纂方式划分

按著述形式或编纂方式划分为：地方志；家谱、族谱；地方地图、图片；地方文告、传单；文契；地方墓志、碑刻、拓本；地方印章、票据、统计图表；设计图纸；证券和商标；地方信札；地方笔记；地方民歌、音乐戏曲资料；方言资料；口述史资料；地方文书档案；会议录和会议资料；地方传记；地方文物古迹介绍；地方资料汇编；书籍（含地方史论著）；报刊；未发表文章和报告；地方年谱；地方辞书；地方索引目录；地方年鉴概况；地方丛书；地方讲话录音；地方纪录电视电影；地方网络和多媒体资料。

这30类划分可以作为图书馆地方文献工作的参考。

（2）按地方文献的内容划分

按照《中国图书馆图书分类法》的科学分类方法，结合图书文献资料的特性，五大部类中除去了"马克思主义、列宁主义、毛泽东思想类""哲学类"，地方文献应该包括社会科学类、自然科学类、综合性图书类。其中，社会科学类包括地方政治、法律文献，地方军事文献，地方经济文献，地方文化、科学、教育、体育文献，地方文学，地方艺术，地方历史、地理等；自然科学类主要包括地方农业文献、地方工业文献、地质学等；综合性图书类包括地方丛书，地方百科全书、类书，辞典，有关地方某一方面的论文集、全集、选集、杂著，地方年鉴、年刊，地方期刊、连续性出版物，地方文献目录、文摘、索引等。

（3）按地方文献的载体形式划分

按载体形式划分，一般是按载体材料划分，可简单地分为纸质地方文献和非纸质地方文献。前者包括写本、抄本、手绘本、拓本、雕版印刷本、活字印刷本、影印本、油印本、复印本、铅印本等。后者包括各类光化学制品、各类磁介质记录品等。

详细可分为：原始材料，如甲骨、金石、简牍、简帛等；纸质材料，如印刷品、写本、抄本、书画、静电复印件等；感光材料，如幻灯片、缩微片、电影片等；磁性材料，如磁带、磁盘、磁卡等；激光材料，如光盘、光磁盘等；网络型文献。

（4）按地方文献的编辑方式划分

按编辑方式划分，其内容应该说是非常繁杂的，从大部头的著作到一页广告，从古代文献到现代文献，无所不容，其中包括书籍、报纸、杂志、学术论文和科技报告、舆图、会议录和文件汇编、设计图纸、谱录、碑帖、簿记、票据和证券、商标、文契、文告、传单、戏剧、说明书、图像资料、乐谱、工具书等。

（5）按地方文献的出版发行方式来划分

从这一角度，或者从文献的生产角度，地方文献可分为公开出版物、非公开出版物和非书资料3个部分。公开出版物，是指由国家或地方正式出版单位出版发行的图书、报纸、期刊和其他形式的出版物。非公开出版物，是指地方党政机关和企事业单位、团体在某一特定的社会范围内出版发行的图书、报刊和文件汇编、会议录、论文集、调查报告以及其他各种形式的出版物。非书资料又称特种文献，是指不以出版为目的，在社会生活、经济生活中自然产生的文献，一类如簿记、手稿、日记、笔记等，另一类如书信、文契、证券、商标、戏剧说明书和产品说明书等。

以上列出了地方文献分类的几种方法原则，但是各省、市、县应结合自身独特的政治、经济、文化情况，针对本地的实际情况，采用切实可行的分类原则和方法，并做出相应的调整。

（二）地方文献工作

1. 地方文献工作的地位和意义

地方文献工作是一项跨行业的工作。在图书情报领域，所谓"地方文献工作"并非泛称，而是专指图书馆地方文献工作，有别于地方报刊、广播电视部门从事地方文献的生产、制作和传播工作，也有别于地方档案馆、博物馆、文物部门主要着重于地方文献的搜集、整理和典藏工作。图书馆地方文献工作一般不包括地方文献的生产、制作，仅局限于对地方文献的搜集、整理、典藏、流通和开发利用的全过程。1982年文化部颁布的《关于省（自治区、市）图书馆工作条例》第一章总则的第二条规定，省级图书馆的主要任务之一是"搜集、整理与保存文化典籍和地方文献"，在第二章藏书与目录中要求省级馆"通过多种途径，有计划、有重点地补充馆藏，逐步形成具有地方特色，适合当地读者需要的藏书体系"。同时还规定，"本省（自治区）的正式出版物和地方文献资料应尽量搜集"。该条例把公共图书馆的地方文献搜集工作提到了重要地位。

地方文献工作有其重要的意义，主要体现在以下 6 个方面。

（1）积累和保存地方史料

地方文献是地方之百科全书，是某一地区真实的历史记录，经过历代官府、学者不断记载、修撰，使得这一地区的历史发展被完整地记录并流传下来，为人们了解地域历史变迁、查询历史资料，了解历史和现状提供真实可靠的文献资料。

（2）为进行爱国主义、传统教育提供生动教材

地方文献中记载着一地区富饶的资源、灿烂的文化、杰出的人物以及重要的史实，这些资料真实、生动、具体，极具感染力和说服力，是对青少年乃至大众进行爱祖国、爱家乡、继承革命传统教育的生动教材。例如，由广西苍梧县图书馆人员参与搜集、整理、编辑的《苍梧将军》出版后，图书馆联系梧州电视台主办的《梧州广播电视壹周报》及该县的《今日苍梧》《文化苍梧》等报刊，分期介绍各位将军的生平事迹，并把《苍梧将军》一书制作成展板在苍梧县县城和各个乡镇进行巡回展示，让更多读者受到了爱国主义教育。因此，读者反响强烈，盛赞《苍梧将军》是一本激励后人奋发进取的爱国主义乡土教材。

（3）为地方建设事业提供重要情报资源

在经济快速发展的背景下，各地区都在寻求新的经济增长点。地方文献能够对当地的自然资源、地理、历史、文化习俗、国民经济等各个方面从历史和现实的角度做出全面及时的反应，具有真实性、科学性、地方性、连续性、实用性的特点，具有其他文献所不可替代的功能。因此，地方文献对于快速准确地认识一个地区的社会、经济、科技、文化，寻求与经济发展需要相一致的地域发展战略来说，是十分重要的。

（4）为科研、经济决策提供服务

科研的目的就是要揭示某种事物发展的客观规律，为经济建设服务。地方文献所记述的不仅是社会现象，还包括自然现象，是一般性著作缺乏的内容。地方文献为我国各种学科专著的写成，提供了大量的必不可少的资料和数据。

（5）有助于中小型图书馆走特色化馆藏之路

特色化是中小型馆发展的方向所在，任何地区都有自己的特点和优势明显的行业，一些地方文献正是外地图书馆难以搜集的极为珍贵的资料。在如今的信息化时代，中小型馆藏普通文献量无法与大型馆藏量相比，只有建立具有地方特色的馆藏体系，发挥人无我有的优势，才能在信息化浪潮中赢得社会尊重，更好地服务于社会。

（6）为编史修志提供翔实丰富的资料

地方文献是地域沿革变迁之全史，具有很强的史料性，历来为后人编写各种专著和专题资料汇编，为修志、编写年鉴、地方百科全书等提供历史和现实的资料。经搜集整理后的全部文献资料，可以作为编纂地方史志的第一手材料提供给编写人员，再

由他们将这些材料经过比较、筛选与归纳，按照史志编纂体例组织起来，编成新的地方年鉴和地方志等文献，或是撰写出新的地方通史、断代史和各种专业史，或是经过排比、综合、演绎，升华为新的史学理论。

2. 地方文献工作评估

地方文献工作的业务工作，包括了采访、编目、藏书组织、流通阅览、书目咨询、情报资料服务等几乎图书馆的全部业务工作。1994 年以来 5 次全国县级公共图书馆评估的指标中，都设立了地方文献专项考核指标，详见表 2-11。

表 2-11　5 次县级公共图书馆评估中的地方文献考核指标

评估届次	评估时间	地方文献指标
第一次	1994 年	213"地方文献"15 分(有一定经费，3 分；设专架专柜，3 分；专职或兼职人员负责，3 分；有专门目录，3 分；收藏一定数量的地方文献，3 分)。注：论述本地政治、经济、文化、历史、自然情况的著作，本地作者的著作(含非正式出版物)
第二次	1998 年	213"地方文献"15 分(有一定经费，4 分；设专架专柜，3 分；专职或兼职人员负责，4 分；有专门目录，4 分)
第三次	2003 年	215"地方文献"["有专门目录"是指有供读者使用的地方文献卡片目录；或者在机读目录中，对地方文献的书目记录设置了地理名称主题检索点(607 字段)] 252"地方文献数据库建设"(已编制地方文献书目数据库，并供读者检索使用，5 分；已着手编制地方文献书目数据库，但数量有限，尚未供读者使用，1～4 分)
第四次	2009 年	215"地方文献"15 分(有专柜或专架，有专门目录，有专人管理，0～7 分；征集工作开展情况，0～8 分) 263"地方文献数据库建设"(建有地方文献专题数据库，并能提供使用，0～5 分。不含书目数据库)
第五次	2013 年	334"地方文献入藏"10 分(有专柜或专架，0～2 分；有专门目录，0～2 分；有专人管理，0～2 分；征集工作开展情况，0～4 分) 373"地方文献数据库建设"10 分(建设内容，0～5 分；建设规模，0～5 分。具体要求：建设内容考查其选题规划情况；建设规模考查其可用数据库数量及其容量)

2017 年第六次县级以上公共图书馆评估，将进一步强调地方文献工作的重要性，并通过专门指标予以体现。因此，地方文献工作评估包括图书馆自评和全国公共图书馆统一评估，这是对基层图书馆地方文献工作的检验，也是引导基层图书馆加强地方文献工作，通过评估促进图书馆地方文献的收藏整理和提供利用，达到以评促建的目的。

二、地方文献的采访

采访工作是地方文献工作的起点和重要环节之一，为全部地方文献工作提供文献保障。文献采访是根据图书馆的性质、任务和读者需求、经费状况，通过觅求、选择、采集等方式建立馆藏，并连续不断地补充新出版物的过程。对比图书馆一般文献的采访，地方文献的采访有一定的局限性，这是由于部分地方文献的不公开性决定的。"采访"中，"采"主要是指公开文献信息的采集，"访"主要指非公开信息的访求。

地方文献具有鲜明的地方特色和较高的文化价值，但是其分布广泛和分散，会对采访工作造成困难，因此需要在合适的原则指导下，采用行之有效的方法和策略。

(一)地方文献采访的原则

在文献的采访工作中，应根据图书馆的实际情况，制定地方文献采访的原则及策略，使采访工作既能坚持原则又可灵活多变。其需要遵循的原则如下。

1.地域性原则

这是地方文献的采访工作中应遵循的最基本、最重要的一个原则。地域性是地方文献最大的特点，它被认为是地方文献最基本的条件。合理确定地域范围，既要征集本地区的地方文献，又要征集与本地相关的周边地区的文献。

2.系统性和完整性原则

地方文献的藏书建设要遵循系统性和完整性的原则，这主要体现在文献内容的连续性和广泛性上。为了满足不同专业、不同层次的用户需求，地方文献藏书应全面反映地方自然环境和社会生活的各个方面，要做到：各学科地方文献全面收藏；各载体类型地方文献完整收藏；常规地方文献和灰色文献并重收藏。比如，作为"戏剧之乡"的绍兴，在收藏与戏剧相关的专题文献时，除了纸质文献外，还注意对电子文献(如演出光盘)、图片(如剧照)等的收藏。

3.针对性原则

针对性是指采访的文献必须符合馆藏和读者的需要，不同的图书馆，服务对象不同，地方文献采访的内容也要做相应的调整，避免盲目性和随意性。也就是说，藏书的内容不但兼容性要广，而且在专业性方面要主题分明，能及时反映出最新动态，同时应根据本地区的历史文化状况、产业结构、地域特征等制定地方文献的收藏重点，确保搜集到的地方文献具有浓厚的地方特色。

4.协调性原则

馆际协调分工合作，省、市(地)、县三级图书馆之间要处理好协调、统筹、合作的问题，明确各自征集地方文献的侧重点，建立纵横交错的地方文献网络，由网内各级图书馆互相代收地方文献。这样既可以解决各馆征收地方文献时投入的人力，还可以节省一定的经费。网络的建立，使各馆之间加强了信息交流和联系，起到了互相协作帮助的作用。为实现资源共享打好了基础，有利于实现有限资源的最大化利用。

5. 适效性原则

根据实际情况，图书馆应合理确定地方文献的收藏副本，尽量避免相同内容不同载体的重复搜集，使有限的经费发挥最大的效益，形成最佳的收藏结构。

6. 重点性的原则

地方文献的范围十分广泛，不仅包括地方文献，还涉及其他学科的文献，同时在实际工作中，文献采访总会受到人力、物力、财力的限制，但要分清主次，采访本地区的地方文献对要注意类目齐全，对于周边地区关联本地区的地方文献也应酌情征集，有计划有步骤地实现目标。

7. 厚古宽今原则

由于地方文献具有时代性的特点，有鲜明的时代印记。因此，在采访的过程中，对于时代久远的文集，能见到的就要搜集；对当代文献，不可多加限制，文献较少的类目更要放宽，文献较多时要严格筛选，保持文献的真实性和地方特色。

(二)地方文献采访的方法和措施

1. 加强地方文献的宣传工作

在宣传方式上，尽量采用地方文献服务地方经济社会发展的实例，只有发生在身边的事例最有说服力，最有吸引力，也只有这样的事例才能刺激地方文献作者、持有者、见证者主动向图书馆提供地方文献及信息，丰富图书馆的资源，扩大图书馆的征集对象。

2. 建立地方文献呈缴制度

即要用法律形式和地方行政手段来保证地方文献的征集工作。呈缴制是采集完善地方文献资料的一项重要举措和手段。图书馆应充分利用这一方式，为搜集地方文献资料提供有效保障。但是呈缴的对象一般都是国家图书馆或是一些大型的图书馆，而且出版社从自身的经济盈亏考虑，呈缴的态度也不是特别积极主动。因此，建立县级人民政府呈缴制十分必要。

案例：桐庐县地方文献呈缴本制度

2012 年 9 月，杭州市桐庐县人民政府办公室下发了《桐庐县人民政府办公室关于地方文献呈缴本制度的通知》，根据《浙江省公共图书管理办法》的要求，结合实际，就建立县级地方文献呈缴本制度的重要性、呈缴本范围、呈缴本类型和呈缴办法等进行了简要说明。

基层人民政府做出明文规定：有关本地区的各种文献编撰机关，其中包括出版发行机构、学校、科研单位、工矿企业、行政事业单位都应主动地严格遵守政府所定的呈缴制度。《公共图书馆服务规范》(GB/T 28220—2011)规定"公共图书馆应承担当地政府出版物的征集、保存与服务职能，设置政府公开信息查阅点，并做好服务工作"。这需要采访人员积极灵活地与相关政府部门沟通，让政府部门理解图书馆采访地方文献资料的必要性和重要性，并且这样做还有利于政府部门的出版成果，使双方取得"双赢"。

3. 设立专门的地方文献部，建立地方文献工作队伍

基层图书馆要加强地方文献工作的组织，设立地方文献部（室）是十分必要的。建立专门的地方文献部门，配备专人负责采访，设专门的书库存放相关资料，促进地方文献业务工作规范化和标准化，这是地方文献采访的组织保障和人员保障。

案例：荣昌区图书馆建立的地方文献征集体系

重庆市荣昌区图书馆地方文献工作在设施、人员、经费和制度等方面提供了有力的保障。一是设立地方文献管理机构。荣昌区图书馆成立了"地方文献搜集服务中心"，设立了"地方文献研究室"等机构，组织当地的文史研究专家和地方文献收藏爱好者参与图书馆地方文献的管理工作。二是设专人负责地方文献工作。由重庆市少年儿童图书馆荣昌分馆馆长专门负责此项工作，下设一名专职管理人员。突击性的地方文献搜集和加工工作，则由图书馆统一安排人员和经费。三是制定地方文献管理制度。该区制定了《图书馆地方文献呈送奖励办法》和《图书馆地方文献管理制度》。四是提供专门场所和经费。荣昌区图书馆的地方文献室使用面积$100m^2$，地方名人研究室$200m^2$；地方文献的经费也有较大倾斜，图书馆每年将购书经费的20％用于地方文献。此外，在乡镇的农家书屋设立"地方文献搜集服务站"，在村、社区图书室设立"地方文献服务点"，对全县各镇及行政村的地方文献出版情况进行普查，利用基层图书馆服务网稳定长效的运行机制，开展地方文献搜集和服务等工作。

从事地方文献开发的工作人员除应具有图书情报专业知识外，还要具备相当的历史知识，要特别熟悉本地区的自然及人文发展史。鉴别地方文献的历史价值、现实价值及真伪度，确定作者的社会历史地位，弄清文献的来源、版本形态及流传过程和新版地方文献的出版状况、索取途径，自编检索工具等业务，均须具有专门知识和把握能力的专家性人才。地方文献采访工作仅靠图书馆地方文献部门的工作人员是不够的，要建立一支专兼职相结合，馆内工作人员与馆外志愿者相结合的地方文献队伍。参与文献征集的地方文献工作者要注意学习有关知识，不断充实自己，如应了解本地区的任务、熟悉书目等，提高地方文献意识和采访工作能力。

案例：德清县图书馆地方文献组织

浙江省德清县图书馆1977年建馆，1981年单独建制，2014年1月新馆建成开放，馆舍面积$14\,043m^2$。图书馆设有地方文献室，馆藏地方文献2\,070种共2\,500余册，其中近三年新增1\,000余册，已形成历代德清人著述相对完备、县情资料较为齐全、乡镇文献逐步补充的地方文献馆藏体系，成为广大市民了解德清的一个窗口、专家学者研究德清的一个平台。2011年7月以来，德清县图书馆正式启动乡镇文献征集工作，建起一支由当地学者、热心人士组成的精良人才队伍，定人、定期、定点下乡采集；同时，着手对本县乡土报刊进行调查、登记、集藏，收获不菲，陆续征得本县各条线上的自编内刊、简报、通讯共计122种。

4. 制订落实地方文献采访计划，确定采访重点

地方文献资源建设是特色馆藏建设的一个重要内容，要有具体的计划和行动。特别是要研究和明确地方文献采集范围，确定采访的重点。只有这样，才能够保证重要的地方文献不会遗漏，也有利于形成地方文献的收藏特色。

案例：绍兴市图书馆地方文献工作定位和采集重点

2006年绍兴市人民政府发布《关于开展地方文献征集工作的意见》。绍兴市图书馆自新馆筹建起就十分重视地方文献专题馆，确定了两个方面的定位：一是地方文献在全馆的藏书体系中占有重要位置；二是在馆藏地方文献体系中有一个或几个方面的文献资源具有鲜明特色，其特藏为本市甚至本省所独有或具有明显优势，目标是将地方文献专题馆建成地方志书、越地文献、绍兴名人文献中心。筹建过程中规划先行，该馆确定了地方文献作为一个独立的特藏文献体系，实行单独管理、单独采编、单独建库、专区借阅的运行机制，通过采购、征集、接受赠送等手段进行系统收藏，经过几年的不懈努力，地方文献专题馆已初具规模：开辟借阅区1 000 m²，越地文献、四库全书、地方志书、精品图书4个主题收藏量已达10 000多册。新装修好的地方文献专题馆于2009年4月正式向社会正常开放，运行数月影响力日益增大。现有专职工作人员3人。地方文献的专项经费逐年增加，2009年达10万元，为地方文献工作的顺利开展提供了有力保障。

绍兴市图书馆地方文献的采集范围：时间上，地方文献包容古今，只要是记录有绍兴地方知识的各种载体全部都在搜集之列。不同时代产生的文献与反映不同年代的文献该馆尽最大努力广泛搜集。空间上，以现在的绍兴市行政区域为准，但也不能割断历史，不同的历史时期行政区划变化较大，在进行地方文献搜集时应充分考虑人为因素导致的行政区划的变化，与绍兴市有关的文献必须尽量搜齐，并适度上下延伸，如适度收藏一些本市、本省的重要文献。内容上，绍兴市的地方文献包罗绍兴当地天、地、人、事、物各个方面，大致划分以下几个方面：①全面报道和反映绍兴市自然和社会领域各个方面的文献，如历代绍兴地方志、年鉴、丛书、报刊等；②反映绍兴市党政机关、群众团体及企事业单位设置和变迁的资料，如文史资料、文件汇编、法规汇编、调研汇编、企事业单位名录等；③绍兴市古今名人资料，包括名人著作、照片、手稿、日记、信函、传记、年谱(年表)及其研究资料等；④绍兴本地人士、绍兴籍在

外人士、在绍兴工作过有一定知名度的人士、现在绍兴的外地人士所著的著作和研究成果；⑤反映绍兴市主要姓氏，家族起源、演变、繁衍生息信息的谱牒资料；⑥本地出现的文物记载、碑帖拓片、画、绍兴方言和民间故事等文艺作品；⑦其他有绍兴特征的图书报刊出版物或宣传品，如地图、电话号码簿以及各种展会的宣传品等。

绍兴市图书馆地方文献馆藏特色就在地方志、绍兴名人资料和越地文献三大块，其收藏重点为：①地方志，包括综合志和专业志。依照浙江省内的综合志收至县（市）级以上、专业志收至绍兴市辖各县（市），浙江省外的综合志收至地级市以上、专业志收至省级以上的原则收藏。绍兴市图书馆新馆开馆至今已收藏全国各地的地方志600多种，2010年完成"全国百强县志馆"建设，到2012年达成打造中国地方志馆的建设目标。②百科全书，如绍兴市年鉴、丛书、手册、图录等。这些都是概述或汇集地方知识的工具书，是重要的地方文献，同时又有助于检索地方文献，对地方文献的研究起到保障性作用。③绍兴名人资料，包括著作、手稿、传记、艺术作品、研究评论集、年谱、照片、日记等。④家谱、族谱资料。前些年全面开展的家族谱调查已基本摸清了绍兴市现存的公藏和民间收藏的家谱分布情况，图书馆优美的收藏环境为家谱收藏提供了良好条件。⑤绍兴市地方戏曲精品，包括越剧、绍剧、莲花落等地方戏曲的剧本、声像制品等。

5. 面向社会，广泛征集

征集是指从文献拥有者或文献持有机构手中，通过非购买的方式获取文献。这部分文献有的只是收取一点工本费，而有的则是免费赠阅收藏。图书馆要确定地方文献的征集范围、征集办法和主要途径。

案例：鄠邑区图书馆地方文献的征集范围与征集办法

西安市鄠邑区（原称户县）图书馆2012年9月开始地方文献的征集工作，成立了由馆长担任组长的地方文献征集工作小组，确定了地方文献征集工作的责任人和工作人员，制定了《户县地方文献征集范围》，组织地方文献的征集工作。共征集地方文献800余种共1 600余册。在图书馆三楼设立了地方文献专区，将征集到的各类地方文献加工后分类陈列供读者查阅，使地方文献的作用得到了有效发挥。地方文献征集的范围和重点主要为：①反映本地区政治、经济、科学、文化教育等历史状况的各种史志，如《户县志》《七一村志》等；②反映本地区某部门发展变化历史的专业志，如《户县教育志》《户县审判志》《户县医药志》等；③公开或内部出版的反映本地区情况的图书、报纸、期刊等，如《户县农耕生活印记》《画乡文化》《户县报》等；④本地名人学者撰述的回忆录、人物传记资料及文章等，如《杨伟名文存》等；⑤谱牒，本地区一些家族史、家谱、族谱，如《王氏族谱》等；⑥本地编印的学术论文及会议文献等，如《教师教育论文集》；⑦本地区或籍贯在本地区的作者撰写的作品、手迹、手稿及对其研究的各种资料，如《小城文化人》等；⑧本地区出版的年鉴、年度报告、指南、汇编、近远期发展规划等，如《户县反腐倡廉制度汇编》等；⑨本地区的名人书法、画卷等，如《户县农民画选集》等；⑩介绍本地自然资源、山水风光旅游景观的地图和宣传册等，如《绿色画乡》；⑪本地区各类文化活动的资料、非遗资料等，如《陕西户县非遗普查资料》；⑫本地区各种重要会议文献及论著，如《中共户县县委中心组系列学习讲座精要（2012）》等。图书馆地方文献的征集办法包括：①成立机构，制订征集计划和方案，确保征集工作有序进行。设立专门的地方文献部，成立地方文献工作小组，负责地方文献的日常查阅和征集工作。②争取政府部门支持，建立呈缴本制度，用制度保障地方文献的征集工作。③加大地方文献征集工作的宣传力度，扩大影响力，普及图书馆意识。④在接受捐赠的同时，积极发挥各机构的主观能动性，主动征集地方文献资源。⑤多种征集方式灵活运用。图书馆地方文献征集的主要途径：①关注和征集与地方政府相关的部门的文献资料；②加强与区相关的部局级机关的沟通和联系；③注意科协、文联、作协的动态；④构建区域征集网络，与镇文化站或图书室合作进行征集。

地方文献的征集一般有以下方法：一是下发文件征集法，即由地方政府下发文件，图书馆根据文件派出专人到相关单位（个人）无偿征集各单位（个人）的出版物。二是信函征集法，包括普遍信函征集法，即无具体目标的非定向征集，可向在外地的本地籍人士或知情者广泛发出信函征集地方文献；也包括个别信函征集法，即有目标的定向征集，当知悉某一本地籍作者出版有著作或其他文献时，通过向该作者发信函的方式征集到该地方文献。三是广播电视征集，即运用各种广播电台、电视台征集地方文献。四是网络和新媒体征集法，通过网站、QQ、微信等各种新媒介征集地方文献。

在征集方式上，可以基层政府的名义征集，也可以图书馆的名义征集。政府征集是一种比较有效的方式。

案例：荣昌区政府征集地方文献资料

2013 年 6 月 18 日，重庆市荣昌区政府办发出《关于征集我县地方文献资料的通知》，其征集范围，主要是三大类：①各类史志。史类包括文化史、科学史、教育史和党史等；志类包括地方志（总志、通志、县志、镇志、乡志、厂志、地方史专业志、行业志、人物志、大事志、地方年鉴、地方风情、地名录等）和专业志（社会科学和自然科学）等。②各类出版物。机关、团体和企事业单位的各类出版物和资料，反映本县地方特色及科学成果的著作。其他组织及个人编撰或绘制，并在国内外公开或内部出版发行的各类出版物，涉及本地内容或具有保存价值的特殊类型文献。③地方人士著作。本县地方人士（含荣昌籍在外地工作人士）的著作：包括政治家、社会活动家、作家、学者、科学家、革命先烈、英雄模范人物的著作和图书、期刊、报纸、音像制品、电子出版物等，其编纂形式包括普通书刊、族谱、年报、学报、目录、索引、图片、画报、手册、地图、简报、通信、资料汇编、专刊、统计资料、科技资料、成果汇编、纪念册等文献以及名人手稿、书画、册页、拓片、照片、邮册、契约文书等特殊类型文献；其载体材料包括纸、绸布、金属、木材、石材、胶片、磁性材料等；其发行方式包括邮发、自发、代办发行、委托经销、公开销售、内部交流等。外地人反映荣昌的人、事、物的著述等。另外，此次征集的载体形式为：正式出版物和非正式出版物、手稿、抄本、铅印本、刻本、油印本及线装本、电子文献、视听文献等。规定凡征集者的文献资料每种最多呈缴 5 册；直接送、邮寄或以其他方式交到县图书馆的文献搜集室。

6. 订购与采购

订购是图书馆采集图书资料的主要方式之一，优点是选择性强、信息量大、系统性强。目前，订购方式有两种：第一种方式是订单数据勾选。图书馆通过书目可以根据本馆的需求和馆藏特色，有计划、有目的地选择购买所需的地方文献资料。采访人员通过馆配商提供的书目，可以了解图书的出版信息，从而对多卷型、丛书型和连续型的图书资源有一定的了解。但是这种方式通常只是描绘图书的外在形态，对图书内容的介绍较少，容易对采访人员产生误导，这就要求工作中采访人员不能贸然行事，要权衡再三，既不可随意订购，又不可轻易放弃。第二种订购方式是图书现采。现场采购可以使采访人员零距离接近书源，直接接触和掌握文献，详细了解图书信息，现场采购是订购方式的一种有效补充。

7. 交换

地方文献分散在各地生产者、发行者和收藏者手里。不少地方文献的生产者、发行者和收藏者拥有复本量较多的地方文献，这可以通过交换获得。要保证这部分资料的收藏，还需要有相应的付出。一是要时常与之保持联系；二是与文献所有者建立一种资料交换的关系，互通有无才能久常，因为任何关系的建立与交往都是双向的。一旦建立起这种关系，采访人员一定要精心维护，充分得到对方的理解和支持。

8. 实地采集

基层图书馆地方文献工作者除征集、采购地方文献外，还应当进行实地采集。特别是一些特殊的地方史料，可以通过专访、录制等方法进行采集。

案例：苍梧县图书馆地方文献资源采集

广西梧州市苍梧县图书馆十分重视地方文献工作，设置了地方文献工作办公室，开设了地方文献阅读专柜，馆藏地方文献近 2 000 册，建立了地方文献书目数据库。图书馆一是到相关的社区乡镇、相关单位，甚至深入农户搜集地方文献史料。比如，苍梧县曾出过 40 位将军，但当地关于他们的资料欠具体、不全面，有的甚至是空白的。为此，苍梧县图书馆会同有关部门对将军们的亲属及知情人进行了专访，并到各地搜集第一手资料。比如，百岁老人周泽棣是一位民国将军，他身经百战，功劳显赫。该馆多次派人前往他在梧州市的住处进行采访，记录那些年那些事，所获史料弥足珍贵。对于其他将军则尽可能到他们的出生地去察看，访问乡邻、亲属，使搜集的资料尽可能翔实、可信。二是到文化、文体活动现场采集数字资源。苍梧县地方文化活动与文体活动十分丰富，如东安诗社等5个诗社的年度吟唱会、一年一次的茶博会（六堡茶）、石桥镇的"三月三"花炮节和沙头镇的"洞主醮会"欢乐节，以及各乡镇的文艺汇演和一年一届的苍梧县中小学文艺汇演等，该馆都会积极获取相关信息，及时派出专人到活动现场去拍照、录像，并整理保存。

9. 信息网络的建设和维护

在地方文献的采集工作中，掌握了文献信息则可登堂入室，左右逢源。地方文献的专职采访人员，必须了解地方文献产生的源和流，也就是说要随时掌握地方文献的生产情况和传播动态。惟其如此，才能够运筹帷幄，既不致发生重大的漏采现象，又不会盲目行动，造成大量无效劳动。书目信息系统是通过征订书目对公开出版的地方文献实现全面的情报控制、通过馆藏目录系统了解已入藏的地方文献、通过相关的书目索引努力发掘地方文献信息源进行建设的。社会信息网络，是图书馆地方文献采访人员与社会上生产、流通和收藏地方文献的单位、团体乃至个人之间建立起的一种关系。它可以是法定关系，如地方文献呈缴关系；可以是协议关系，如文献或信息的交换关系；也可以是默契的关系，如建立在友好关系上的相互协作关系。这些关系在整个地方领域内构成一张网络，对随时产生的地方文献信息实行有效的控制。

10. 其他途径

地方文献的采访除了上述措施外，还可以通过地方志部门、党史部门、社科联、科协和文联、新闻出版管理部门以及有关的报刊等访求地方文献。地方志部门是指导、管理和审核编辑一个地区地方志和专业志的政府职能部门；党史部门是专门管理研究和编写当地中共党组织成长历史和领导人在当地业绩的职能部门；社科联、科协和文联是本地区联系和团结各类学会、协会、研究会的社会团体组织；新闻出版管理部门是代表政府管理新闻出版的机关。这些部门中都保存着当地的地方文献，需要图书馆的采访人员主动去获取相关的资料，做好地方文献采访工作的合作与共享。

案例：临海市图书馆多样化的地方文献征集

浙江省台州市临海市图书馆新馆于1998年建成投入使用，面积约3 500 m²，馆藏图书38万余册，其中古籍约8万册。1987年，其开始着手广泛征集本地书院及各私家藏书的古籍和地方史料。该馆地方文献的征集采取了一些重要方式：①使用智能手机或平板电脑进行查询。馆员外出征集地方文献时，利用智能手机或平板电脑上网登录馆内数据库实现实时查询，或定期导出地方文献的相关数据复制到手机或平板电脑上进行查询，该方法使征集工作基本达到无重复，大大提高了征集工作的效率。②及时搜集政府政策性文件、各类统计资料及部门文献。馆员除了正常定期到政府各部门征集外，还可利用本地领导每年下基层走访或春节慰问的机会适时进行相关的问题汇报，领导了解图书馆的需求后，决定每次政府各部门定期整理文献时，可先由图书馆人员挑选后再进行处理。③与印刷部门保持联系。图书馆把相关地方文献征集的政府性文件和征集资料放在印刷单位，客户上门联系好业务后就把相关材料出示给他看，由客户决定可否加印留存给图书馆一份。④征集个人著作。设地方文献个人著作展厅，展示已收藏的个人作品。对原有收藏作品的个人，定期通过电话、信函等进行访问，如每年过节发放贺年片，除表达感谢之意外，还在信函上刻意注明"我馆已收藏了您编印出版的各类图书"。⑤征集网络相关文献。特设计算机专业人员，对此类文献进行搜集整理，建立网络文献数据库。⑥征集乡镇文献。以动员、委托乡镇文化站工作人员搜集为主，馆内工作人员不定期指导、协同搜集为辅的原则，搜集各乡镇的相关地域资料。比如，近年征集的各类家谱，都由乡镇文化员提供信息，并协同做通家族的思想工作，进行原版捐赠或复印等。在获得部分家族有印刷新家谱的信息后，便动员其在原版数量上加印一套用于图书馆保存。⑦利用旧书市场及废旧物资回收站等其他途径搜集。应与本地各旧书摊保持密切联系，除每年定期上门搜集外，平时如果有新到的本地文献要能及时联系到。在一次对本地一废纸回收单位走访时，采访人员发现他们正在处理的图书夹杂着本地文献，当即从中挑选了12种馆藏没有的本地文献，起初该单位不同意本馆回收，经与公司领导商议，并讲明本单位收藏文献的重要意义后，其终于答应下次碰到有关本地的文献先予以保留，等本馆工作人员筛选后再进行进一步处理，选中部分再按双方能够接受的价格进行回购。

地方文献是为地方建设服务的，这离不开地方政府的统筹协调，地方文献资源的建设应着眼于全地区。图书馆要动员各单位和个人共同参与建设"地方文献共享协作网"，进行联合征集、互相征集，各馆确立各自专题的地方特藏，分配文献资源复本，既能防止资源重复建设，又能达到资源合作共享的目的。只有这样，图书馆的采访工作才能有效持续地展开。

三、地方文献数字化

地方文献是研究地方文化发展、变更的重要史料，具有重要的研究价值。地方文献是我国文化宝库中的重要财富，是构成图书馆文献的重要元素。随着数字化图书馆的建设和发展，地方文献的数字化成为重要工作之一。

(一)地方文献数字化的意义

1. 有利于充分满足用户的需求

地方文献数字化的目的是为了方便快捷、准确地向用户提供有关地方文献的信息。随着地方文献数字资源的数量不断增加，用户的服务策略应做出相应的调整。因此依托计算机、互联网等现代信息技术，可以在更广的范围使更多的用户快捷地共享地方文献的资源，以充分满足用户的需求。将地方文献信息以数字化的形式保存，用户可以通过网络对其进行访问和检索，这为地方文献的利用带来了极大的方便，满足了更大范围内用户的使用需求，极大地提高了人们获取有价值的地方信息的效率。

2. 有利于文献保护

如何在充分利用稀有珍贵文献的同时最大限度地降低对其的损害，长期以来一直是图书馆界力图克服的难题。先进的计算机数字化技术为我们开辟了一条全新的有效途径以保护、开发、利用地方文献，读者不再需要进入图书馆接触书籍，通过网络便可以直接检索、阅读、观赏经过数字化处理的地方文献，实现了地方文献的保存和利用并举，很好地解决了地方文献的藏与用的矛盾。

3. 有利于发挥其价值

地方文献是一个地区政治、经济、文化、科技、风俗、民情等的综合反映，是独一无二的宝贵资源，具有重要的价值。地方文献数字化有利于文献资源的传播，扩大对本地域的宣传，对提高地域知名度，弘扬地方文化，促进本地经济建设、科研创新以及地域文化的传播交流都具有重要的作用。

4. 有利于文化信息资源的共享

信息资源数字化建设的主要目的是为了有效地利用和共享，只有把具有特色的文献资源进行数字化转换，开发成特色资源数据库，才能更好地实现资源共享。地方文献资源是共享工程的重要内容，文化信息资源的共享工程是数字化地方文献的网络中心和交换中心，通过建设以地方文献为重点的专题资源，可以实现文化信息资源共享。

5. 是数字图书馆资源建设的基础

在网络化和数字化的时代，许多图书馆正在进行数字图书馆的建设，开发和建设反映本馆馆藏特色的特色数据库和满足本地信息需求的专题数据库，提供别馆没有的信息资源，是未来地方图书馆存在和发展的基础。

(二)地方文献数字化的建设策略

针对地方文献的特征和数字化建设中存在的问题，地方文献数字化建设的有效策略如下。

1. 注重地方文献的内容选择

对于互联网信息来说，海量与无序是在进行信息组织加工时众所周知的两大难点。当数字图书馆的概念开始升温时，全球各地区各行业的图书馆甚至是一些企业，都看到了新的机会，纷纷设立各自的数字图书馆进行试验，但这种试验性数字图书馆却由于缺乏统一的标准和规划，以及技术上不兼容等问题，造成了大量低水平的重复建设和人力、物力的浪费。地方文献作为图书馆数字化建设的重要内容必然也会受到影响。因此，地方文献数字化要进行甄选，最大限度减少资源的重复建设，以充分有效地利用有限的人力、物力、财力。地方文献数字化的选题应该根据本馆的实际情况，在综合考虑对象文献本身的价值、读者用户的独特需求、文献载体、技术的可行性及知识产权等众多因素的基础上，选择对本区域影响较大、具有丰富人文资源和深厚文化底蕴的地方文献资源进行数字化的处理。

文化遗产作为人类知识的重要组成部分，也是图书馆应该保护和传播的重要内容。1992年，联合国教科文组织发起"世界记忆工程"，确保世界文献不再受到损坏和丧失。此后，很多国家都在本国政府的倡导下，积极展开了文化遗产数字化的研究与实践工作，以增加民众与本民族、本地域文化遗产的接触渠道，促进地域文化在知识经济中的发展与成长，像这样以"记忆"命名的、以地方文献为核心的、为保护和传播地域文化的数字化项目纷纷建立。

2. 数字资源共建共享策略

公共图书馆虽然收藏了比较丰富的地方文献，但并未完全收录所有类型的资源，地方图书馆、地方档案馆、地方博物馆、科研机构等单位或个人所收藏的文献相互既有重复又各有侧重和特色；同时，数字地方文献除了包括地方文献数字化外，还应包括地方档案和地方文物的数字化，这就需要多个机构跨行业、跨部门合作完成。因此，地方政府应该统筹兼顾，做好各机构部门之间的分工协调工作；同时还要注重与兄弟馆间的沟通交流，避免重复建设，实现资源共建共享。

3. 注重多种地方文献数字化的建设形式

地方文献数字化建设表现形式多种多样，主要有以下几个方面。

（1）建设地方文献书目数据库

书目数据库是地方文献数字化发布的基本形式，是地方文献数据库系统的基础。它对原始文献信息在形式和内容上进行控制，通过构建书目数据库、书目回溯数据库、文摘数据库等为其他图书馆和读者利用地方文献提供极大方便，可以在较短的时间内满足用户查检地方文献书目信息的需求。

（2）建设地方文献全文数据库

全文数据库能比较充分和直观地揭示文献的全部内容，从而满足用户对文献资源的深层需求。但全文数据库的建设成本相对较高，因此应该有针对性地、有重点地把最能体现地方文化特色、有较高使用价值和影响力的地方文献进行数字化，建成具有本馆特色的地方文献全文数据库，深入揭示馆藏的地方文献的资源。

（3）建设地方文献多媒体数据库

地方文献除了印刷型书籍外，还有照片、录音、录像、幻灯片、缩微胶片、光盘等多种类型的资料，图书馆可利用计算机技术对这些媒体资料进行数字化转换，建成地方文献多媒体数据库。地方文献多媒体数据库是指利用计算机数据库和网络技术，通过对音频、视频、图像、动画、文字等媒体资料进行数字化转换、编辑、压缩等技术处理，转换成可识别的数字化资料，实现网络检索浏览和利用，解决了长期以来地方文献多媒体资料使用和保存的矛盾。

（4）地方文献组织、整理策略

由于地方文献本身的特性，其揭示和组织方式也不同于一般的文献，要探索适合地方文献的数字化组织方法。编目和分类工作应由专业的图书馆工作人员参照国家标准、国内标准以及图书馆本身的实际情况，遵守一定的标准进行分编组织。图书馆工作人员还需要考虑到地方文献的地方性特点，确立本地区的主题词表，在分类时还应注意加注地方文献标识，做好地方文献的主题标引工作。

在网络环境下，图书馆工作人员还应采用超媒体方式和数据库方式相结合的方式，对相关的数字地方文献进行有效的整合，将不同位置的地方文献资源运用超链接的方式联系起来，通过网络门户、"一站式"服务等方式提供给用户，方便使用。

（5）网络化开发策略

随着互联网的普及，特别是我国"政府上网工程"和"企业上网工程"的全面实施和推广，区域经济和文化的发展越来越受到重视，有关地方历史、经济和社会发展的网络信息不断涌现，为地方文献工作提供了新的素材。搜集、加工、利用网络地方信息资源是当今地方文献工作的重要内容之一。网络地方信息资源的主要建设方式有：①建立相关地方特色网站的导航指引。对网上庞杂的信息进行选择、分类和组织，建立本地区的地方特色网站的导航库。②整合网上地方文献资源，建立网络地方文献专题数据库、相关图片库以及多媒体资料库。根据本地区历史文化特点和用户的需求，将网上的有特色的地方文献的信息资源进行主题分类、筛选和整合，提供给网络用户。③整合网上地方文献的信息资源，建立地方文献网络门户。

（6）制定标准规范，保证地方文献数字化的质量

标准规范是建设高质量特色数字化资源的根本保证，现在许多地方文献的数据库都存在分别建库却使用同一个检索系统的情况，而且在库名上也存在名称各异却实质相同的情况，标准规范的制定尤为重要。标准规范首先保证了各库数字化的质量保持在同一个水平；其次，有利于整合检索系统，避免重复建设；最后，有利于将来对地方文献资源的获取，统一的标准规范易于被解析并保证为未来系统所读取。因此，对地方文献数字化时，要遵循一定的文档格式标准，在开发中，要遵循数据加工标准、文献分类标引规则等标准规范的要求，确保其通用性和标准化，符合网上传输与资源共享的要求。

（7）知识产权的保护与合理利用

知识产权问题是信息资源数字化的关键，知识产权中始终存在着保护权利人对作品的独占性和作品得以充分造福于社会的矛盾。权利人与社会公众的利益平衡这一矛盾，必须用法律来解决。地方文献在进行数字化的过程中也无法回避和绕过这一矛盾。目前我国有关数字化文献知识产权保护的专门法规尚未完善，在地方文献数字化开发、网络传输和资源共享方面都会涉及版权保护的问题。在地方文献数字化的过程中应该注意下面几个问题：第一，在征集地方文献资料时，应该征得著作权人的作品使用授

权，避免一些法律纠纷；第二，在数字化过程中，优先考虑对已超过著作权保护期限和范围的作品进行数字化，注重对不享有著作权保护和属于合理使用的作品进行数字化；第三，利用与作者、研究机构等文献生产者建立起的良好合作关系，签订作品授权书，获取著作权人的作品数字化利用和传播权，同时注意与原作者进行必要的沟通；第四，要做好有关单位之间的协调。

（8）用户多元服务和个性化服务策略

地方文献的数字化形式为用户多元化服务提供了可能。网络的普及极大地便利了用户对资源的获取和传播。图书馆可以通过建立地方文献专题网页，将整理的有特色、有价值的文献以互联网形式供用户查询、浏览。

目前许多图书馆的地方文献服务主要是大众化的普及服务，可以根据用户的特定需求，制定个性化的服务，如对地方文献资源进行深度挖掘分析，提供定题服务、咨询服务以及推荐服务等，以提高用户的满意度。

四、地方文献的现状、开发利用与用户服务

地方文献是我国文化宝库中非常重要的历史遗产，对地方文化起着保存继承、加速传播、发扬、交流、促进发展等方面的作用。图书馆搜集、整理、研究和开发地方文献是为了有效地利用。开发利用地方文献在一定程度上对社会政治、经济、文化的发展发挥着重要的作用，可以使地方文献的价值得到真实体现。

（一）地方文献开发利用的现状

目前图书馆已经开始重视对地方文献的采访和搜集工作，但对地方文献的开发与利用仍存在着许多问题。

1. 观念问题

这主要表现为存在对地方文献开发利用不重视和重藏轻用的思想。由于特色地方文献稀缺和珍贵，许多图书馆只重视"珍藏"和"保护"，因而缺乏总体规划，缺乏开发利用地方文献的自觉行动，使得馆藏地方文献没有发挥应有的作用。由于缺乏共享意识，信息部门各自为政、不互通有无，从而影响地方文献的充分利用。

2. 条件问题

这主要表现为人才、物质资源匮乏。在许多基层图书馆中，没有配备专门的地方文献管理部门，对地方文献的管理一般是一人兼数职，这些人员往往不能将地方文献进行正确分类，更没有专业素养完成地方文献的开发与利用工作，这就使许多地方文献得不到正确对待，最终成为"死书"。

3. 技术方法问题

这主要表现为开发利用形式单一，技术落后。许多基层图书馆仍然以手工作业的方式开发地方文献，仅仅是在浅层次上对地方文献进行整理，使得许多文献开发质量差、利用率低；在开发形式上，多数图书馆以卡片或书本等单一的形式进行开发，忽

略了普及网络文献的形式，使许多珍贵地方的文献受损易、恢复难；在文献开发种类上，由于没有统一的标准和规范进行约束，多是随意盲目地进行搜集和开发工作，在一定程度上影响了用户方便快捷地查询和使用，降低了图书馆网络信息资源的共享程度。

(二)地方文献的开发利用与用户服务

地方文献资源的利用同文献资源的利用是一样的，体现了图书馆的功能，也是图书馆搜集整理地方文献的最终目的。

地方文献的利用与用户服务主要通过以下 8 个方面来实现。

1. 编制专题，创建特色数据库

地方文献是公共图书馆的特色，而地方文献数据库在计算机网络上同样具备特色，是独一无二的。因此，图书馆必须将地方文献数据库建设作为一项系统工程。编制地方文化专题资料是开发利用地方文献的重要途径。根据馆藏特色和读者需求，编制相应的专题资料或目录。按文献出版形式可划分为古籍、普通图书、报纸、期刊、试听文献等种类，每类按学科、主题、题名、责任者等检索途径标引编排，分别编制分类目录、主题目录、著者目录等完整而规范的文献目录数据库，以便读者查阅原文。

地方文献数据库的建立，可减少读者的检索时间和精力，其可主动提供剪、摘，并帮助复印专题文献，把零散的地方文化专题资料通过文献报道等形式，展现在读者面前。此外，图书馆可建立专题索引数据库，通过编制专题索引，将分散的资料集中起来，这样不仅方便读者检索，也可以提高地方文献的利用率。

2. 建立网站，实现资源共享

地方文献资源上网，为开发利用地方文化资源开辟了一个全新的天地。在网络环境下，多媒体技术广泛应用于地方文献的搜集和整理。比如，对文字印刷品，通过计算机扫描以数码形式的图形文件保存在计算机内；对于手稿、碑帖、照片、图片等，则可用电子扫描等方式变换成 BMP、JPD、JIE 等文件保存在光盘或存储器上；对于录音带和影视资料等，可转换为 AVI、MOV 等文件保存在光盘或网络服务器的存储器上。地方文献的多媒体化，更加有利于读者的利用和与读者的沟通、联系，还能有效地减少这些极为珍贵的地方文献资料的破损、遗失、逾期不还等现象；通过互联网和局域网，可实现最大范围的资源共享，扩大地方文献的读者群和研究队伍，使地方文献得到更为广泛的传播。

建立地方文献资源网站。首先，可为读者提供网络信息检索服务站，向社会提供网上信息咨询服务的窗口，以满足网上读者检索文献的需求。其次，利用网络提供便捷的服务，主动为读者做好代查、汇编筛选和摘编相关文献资料服务，从而实现资源共享。以市级公共图书馆为中心，建立地方文献信息网络服务中心，实现本地区的地方文献资源的共建共享。

3. 举办各种专题地方文献展览

图书馆可以各时期的社会热点举办馆藏地方文献陈列或专题展览活动，展示本地区的历史、文化、科技，让社会各界了解本地的历史，充分发挥地方文献信息的宣传教育功能；同时也可以起到大力宣传利用地方文献的效果，从而吸引更多的读者了解图书馆、利用图书馆，增强图书馆的社会影响力，提高地方文献的利用率，更好地促进地方经济建设的发展。

4. 加强培训，提高专业人员的素质，提高用户的信息利用能力

为了将地方文献信息全面、系统地揭示出来，从而使用户完整地、准确地得到所需的文献信息，开发人员除了具备丰富的专业知识和熟练的业务技能外，还应当对地方文献所涉及的各类知识有更深刻的了解。必须对馆员加强培训，变单一型人才为复合型人才、应用型人才。同时，要加强对用户的培训，因为即使提供再好的信息服务手段和信息系统，如果用户不懂得使用，也就没有实际意义。信息机构要按照用户的不同专业、不同素养和不同需要，组织各种培训活动，使用户懂得与他们从事的专业有关的地方文献的检索方法，以提高地方文献的利用率。

案例：闵行区图书馆的地方文献服务

上海市闵行区图书馆根据地方文献服务的收藏情况，在专题区设立了地方文史专架、老上海风情专架、区情资料专架、地方人士著作专架、西南方言专架、本土文化遗产专架、各类信息汇编服务区等，供读者按需利用。同时，在本馆比较醒目的位置，放置搜集来的各类实用信息，供读者免费索取。建立地方文献数据库，整合好现有各类区域文献专题网页，如"黄浦江人文热线"专题网页（中英文版）、"闵行记忆"专题网页、"航天闵行"专题网页、"家庭学苑"专题网页、"科普百花苑"专题网页等，方便读者网上利用目前闵行区图书馆的地方文献书目数据库、"本土文化遗产"专栏、"解读闵行"专栏、"民生信息港"专栏、"上海采风"专栏、"新市民家园"专栏、"黄浦江人文热线"专栏等书目、全文数据库。图书馆以专题资源推介的形式展示收藏的各类地方文献。闵行区图书馆长期以专题资源推介的形式向到馆读者推介馆藏的各类资源，提高了馆藏资源的利用率。对于地方文献的利用，该馆也采用了同样的方法，引起读者的关注与利用。比如，闵行区每年召开的"两会"对本区来说是一件重大事件，"两会"在总结过去工作的同时，必然会出台一系列关系民生的重大决策。据此，该馆举办了"今日闵行知多少"主题资源推介活动，集中展示本馆收藏的近几年的区"两会"文件、"两会"调研报告、年鉴、区情统计、各行业画册和视频资料，并配有导读指南，以政府印制的各类文献正面引导、以政协调研报告为例证，客观、理性地向广大居民展示闵行区各行业取得的骄人成绩及政府在保障民生、关注外来建设者等方面实施的一系列亲民、便民、爱民举措及本区的未来规划等。又如，在闵行区建区15周年之际，该馆又以"新闵行15年"为题，集中展示了本馆搜集的能够反映15年来区域综合发展的各类

文献，以集体组织和馆内引导相结合的方式，引导读者利用资源，提高地方文献的知晓率和利用率。

5. 借阅流通和参考咨询服务

基层公共图书馆可通过办理地方文献借阅，使有需求的读者能真正接触到地方文献的实体，发挥它的研究价值。但必须考虑到地方文献自身的特点和读者的阅读方式，根据地方文献的典藏状况，在提供借阅流通服务时，适当采取半开架或其他限制性的借阅方式，以便更好地保护文献。有条件的区域性图书馆可以对珍贵的地方文献进行影印、复制，从而提供非原始本的借阅流通服务。

在新时期，大部分读者对图书馆的需求提出了更高的要求，特别是年青一代的读者，已能够非常熟练地运用现代高科技检索手段，他们希望图书馆能够提供比过去更快捷、更精确、更方便，甚至是"秀才不出门，便知天下事"的服务方式。因此图书馆要顺应读者的需求，充分利用现代化的技术手段，逐步探索一些新的科技含量高的咨询模式，如给读者发地方文献电子邮件、地方文献的网上专题咨询、实行地方文献联机信息咨询、远程视频咨询等咨询模式；同时要加速地方文献咨询队伍的建设，开展以用户为本的个性化服务，加速建立以本地公共图书馆为龙头的地区性地方文献咨询中心。

6. 做好读者用户的调研服务

图书馆的读者用户受到其自身职业、工作性质、吸收信息的能力以及知识素养等因素的影响，导致他们的信息需求复杂多样，信息查找与利用能力也各不相同。因此，要发掘"潜在用户"、研究社会需求、改进图书馆的服务，图书馆就应进行用户需求的调查及研究。调研应以来馆读者为主导，通过问卷调查和召开读者座谈会等多种形式，倾听了解读者的意见和建议，及时改进工作中存在的问题，鼓励读者更多地自觉参与地方文献的管理和利用。并以基层图书馆（室）和图书馆流通站、点为基础，深入机关、企业、科研单位、农村和社区，广泛建立地方文献信息需求联络点，并发展通讯员，搜集社会用户的信息需求、研究工作的重点和方式，使图书馆地方文献信息服务的辐射面更广、更有针对性；搜集图书馆对用户信息需求的性质、数量、特点、发展变化规律以及现实需求和潜在需求进行深入细致的研究，编制相应的目录和文摘等。

7. 地方文献整理编纂与出版

图书馆要积极挖掘、整理、编辑、出版地方文献，并广泛地宣传地方文献，为地方的物质文明建设与精神文明建设做出贡献。

案例：苍梧县图书馆的地方文献的整理与出版

广西梧州市苍梧县图书馆积极争取地方文献的出版经费，开展地方文献的编辑出版工作。几年来，苍梧县图书馆争取上级拨付的地方文献出版经费 20 多万元，与苍梧县诗词学会和苍梧县文联编辑出版了《李济深》(梧州市人文丛书)、《炳蔚之韵》(苍梧文学作品集)、《苍梧历代诗词选》《诗画培中》《金凤秋韵》《春之韵》《苍梧民间传说》《苍梧将军》《六堡茶故事与传说》等30多种地方文献，为创建国家级的"石桥诗词之乡"和"苍梧诗词之县"立下了汗马功劳。同时，该馆积极鼓励并支持当地的文人出版文化专著。比如，该县退休教师、作家罗忠焕有出版地方特色著作的想法，该馆指定馆员为其设计著作封面，并邀请特约编辑，为其解决出版困难。在该馆的帮助下，罗忠焕先后出版了《东安江浪花》和《东安热土》等反映苍梧县东安文化的著作。

8. 其他促进利用的形式

合理开发利用地方文献，发挥其信息价值，对地方经济、文化的振兴具有重要的作用，因此除上述提到的开发利用方式外还有其他一些促进地方文献利用的方式。比如，开辟地方文献查阅绿色通道，一是办理地方文献查阅证；二是开辟地方文献查阅服务区；三是建立缺空登记表，记载读者需要的空缺地方文献资料，以便进一步搜集。再如，开展重要地方文献的下乡活动，及时把基层最需要的地方文献资料提供给读者查阅；积极创造条件，制作重要的常用地方文献资料的电子版，以利于读者快速查阅等。

第四节　基层图书馆专业人才队伍的建设与培养

基层图书馆专业人才队伍建设，是基层公共图书馆人力资源管理的重要部分，是基层公共图书馆专业服务的重要基础。专业化的馆员队伍是公共图书馆履行职责、完成使命的重要保证。公共图书馆尤其是基层图书馆需要建立有效的人才培养机制和培训规划，更新和强化馆员的知识结构，使其接受新知识和新技术，开阔视野，持续创新，进而提升基层图书馆的服务效能。

一、现状与政策背景

当前我国基层图书馆事业面临高速发展期，无论是文献资源建设，还是互联网技术应用，以及读者服务理念，均处于一个改革和变革的时代，现代图书馆已然进入"图书馆3.0"时代。吴建中先生提出"第三代图书馆"的概念，认为第一代图书馆以藏书为中心，第二代图书馆突出开放借阅，第三代图书馆以人为本，注重人的需求、可接近性、开放性、生态环境和资源融合，并致力于促进知识流通、创新交流环境、注重多元素养和激发社群活力。而我国的图书馆基层队伍面临的现实，就是多数基层图书馆的专业技术人才短缺，人才培养相对滞后，难以适应现代图书馆的需要。以陕西省为例，全省公共图书馆从业人员学历普遍偏低且分布不均衡。截至2010年年底的一组调查数据显示，全省107家基层公共图书馆中，抽样调查的87家市、县公共图书馆，共有从业人员1 478人，其中本科及其以上学历276人，占全部从业人员的18.6%，大专及其以下学历1 202人，占全部从业人员的81.3%。图书馆学、情报学专业比例更低。在87家公共图书馆中，市级馆具有图书情报专业学历的人员仅占16.8%，县级馆仅占4.3%，很大一部分人员都是非专业出身，没有受过任何图书馆专业的相关培训。近几年来，图书馆实行公开招聘制度，"逢入必考"，在一定程度上缓解和解决了人才队伍基本素质和专业的问题，但缺乏专业人才、人员结构不合理的问题仍然存在。

2010年9月，国家文化部下发《关于开展全国基层文化队伍培训工作的意见》，强调要"充分认识加强基层文化队伍培训工作的重要性和紧迫性"，"培养一支高素质的基层文化队伍，是加强基层公共文化服务体系建设的重要内容，是满足人民群众基本文化需求、促进基本公共文化服务均等化的重要保证，是推动公共文化服务向广覆盖、高效能转变的重要途径，也是兴起社会主义文化建设新高潮、推动文化大发展大繁荣的必然要求"；提出了基层文化队伍培训工作的指导思想、基本原则和主要目标，其中，原则是"服务大局，按需培训；联系实际，注重实效；与时俱进，改革创新"；主要目标是要逐步"建立基层文化队伍培训长效机制，建立健全覆盖全国的基层文化队伍的培训网络，建立网络远程培训服务平台，编辑出版基层公共文化服务系列教材，培养一支稳定的高素质的师资队伍，推动培训工作科学化、系统化、常态化"。2016年4月，文化部办公厅印发了《2016年全国基层文化队伍培训工作计划》，要求通过"示范性培训""公共文化巡讲""远程培训"3种方式，在全国范围内开展基层图书馆人才队伍的培训。

二、培训模式、方法与实施

(一)培训模式

基层图书馆工作人员在不同岗位、不同工作时期，其培训教育的重点也有所不同，主要分岗前培训、在岗培训、脱产学习及终身继续教育。

岗前培训，主要针对新入职员工，为使其早融入团队并胜任本岗工作，对其进行本馆历史、宗旨、规章制度、组织文化等教育。尚未具备图书馆学专业知识的员工，要进行基础专业学习，并在各部门轮岗实习，尽快熟悉馆情。

在岗培训，主要针对已工作一段时间的员工。要使其接触新理念、新趋势，掌握与本岗工作密切相关的新技术和新方法，调整知识结构，并针对其职称晋升和工作绩效的提升进行目标明确、实效突出的训练和学习。

脱产学习也是馆员继续教育的一部分，馆员为实现学历的提升或技能的更新，需要到高等院校或有关机构进行短期或长期的培训。

(二)培训方法

基层图书馆工作人员的培训方法有多种，可采取灵活多样的培训手段，如学术研讨、馆内指导、专家讲座、现场实习、轮岗学习、馆员互派、馆际交流参观、网络授课、学历教育等。

对于基层图书馆工作人员来说，在有经费支撑的情况下，参加省内外各类专业技术的学习，是提升最快、最有效的培养方式。馆员可以学习各地图书馆的一些经验和做法，与各地馆员现场交流，更重要的是能接触到各种不同模式的图书馆管理方式、全新的管理实务、服务理念和先进技术。

网络授课是利用各馆现有的网络终端，在岗学习网络课程、远程专家教育培训。这种方式互动性强，内容生动，课程内容、学习时间可供学员自由选择，受益者众、成本较低、效益较高。现有的网络学习平台，均可以即时进行互动和交流。

(三)培训实施

基层图书馆人才队伍培训实施应更注重实用性和可操作性，即学即用。在实施培训计划时，要充分结合当地的实际情况和国家、省的相关项目开展有针对性的培训，明确需求、制订计划、面向对象、确定师资、保障经费和绩效考核。

1. 需求与计划

"工欲善其事，必先利其器"，人才培养战略的实施必须制订完善的计划，培养计划应以需求为导向，合理统筹安排。首先，要对所属范围的基层馆员的培训需求进行充分调研，明确培训的对象、内容、当前业务发展的需要等。其次，制订培训计划，根据需求，确定本次培训的时间、受训范围、培训规模、培训资金预算，进而聘请师资、制订培训日程等。良好的计划必须依靠强有力的执行来实现，因此制订计划后还需要有稳定和专职的培训管理部门或人员，才能保障计划的实施。

2. 对象与师资

参与培训的对象不同，培训课程的内容也应不同。要根据受训人员的年龄、职务层级、工作岗位等特征进行区分培训，针对馆领导，要更注重政策、管理方面的培训，针对普通业务骨干和馆员，要根据其从事岗位的不同来设计培训课程，而新员工则更多地进行专业普及和基础入门培训。对于师资，可根据培训的课程需求和层次要求，选择本馆专家、外聘学者，或联合培训机构等来确定师资。

3. 经费与评估

近年来，由于国家和各省都有免费开放经费等各项补贴，基层图书馆工作人员的人才队伍建设大有改观，外出学习的机会增加，馆员工作能力和工作积极性也大有提升。省、市级图书馆有专项培训经费的，可免学费或部分解决各地学员和本馆学员的培训费用；社会团体或行业组织实施的专业培训，通常因缺乏项目经费支撑，可收取一定的培训费用。

对馆员培训的绩效评估，包括总结性评估和过程性评估。总结性评估主要是主办单位针对培训对象学习效果的评价，包括是否达到了培训的预期目标，掌握了哪些知识和技能，多大程度上改变了原有的工作能力和服务态度，服务水平是否提高等。过程性评估主要是针对受训对象对培训过程的感受和认知，并反馈意见，以便主办方对培训内容进行修订和调整计划。

（四）案例

案例一：中国图书馆学会"志愿者行动"（2006—2010 年）

从 2006 年开始，中国图书馆学会组织发起了"全国图书馆志愿者行动——基层图书馆馆长培训"项目。它是图书馆人帮助图书馆人的大型行业援助活动，以推动图书馆事业全面和谐发展为目的，以"无偿、公益、利他"为原则，充分发挥中国图书馆学会行业协调和人力资源的优势，组织全国图书馆界有影响的理论工作者和实际工作者，对以县级图书馆为主的基层图书馆管理者进行专业培训。呼吁地方政府对图书馆作为文化基础设施的重视和投入，引起社会对图书馆的关注与支持。

2006—2010 年，该项目已先后成功实施了 5 次，完成了对 26 个省、自治区、直辖市的 2 941 名基层公共图书馆馆长的培训。培训内容主要包括公共文化服务体系建设中的基层图书馆、基层图书馆馆长实务、基层图书馆的资源建设与服务、基层图书馆的信息化建设与共享工程、基层图书馆的宣传推介与全民阅读等。培训采取授课、答疑、座谈、讨论等开放式、互动式和启发式教学，注重现场交流、理论联系实际，注重实用性和可操作性。培训期间，专家志愿者与基层图书馆馆长相互交流，不断调整思路和授课内容，并对培训效果进行调查和反馈。

该项目发起实施后，得到文化部、中国科协和国家图书馆的高度重视与关注。鉴于项目的成功实施和取得的良好效果，2008 年该项目被同时纳入"国家图书馆基层图书馆服务行动"专项工作和"中国科协继续教育示范项目"。2009 年该项目获得中国科协"继续教育引导工程项目"和文化部全国文化信息资源建设管理中心的资助，获得了来自中央和地方财政经费的专项资助。

案例二：广东图书馆学会"粤图基层馆员轮训提升计划"（2011—2016 年）

自 2011 年开启公共文化"十二五"建设以来，每年广东省立中山图书馆、广东图书馆学会都会积极地邀请国内、省内知名学者，图书馆界的专家，面向全省图书馆界同人，举办各式各样的培训班、学术报告、技术研讨会等活动，旨在提高全省图书馆界同人整体专业水平，不断了解图书馆发展方向及服务创新手段。6 年来面向全省各系统图书馆从业人员共举办各类型讲座培训 29 场，总培训人次近 9 000 人。尤其是结合广东省文化厅 2014 年的"基层馆站服务效能提升计划"，有针对性地开展了基层馆人才队伍建设。"粤图基层馆员轮训提升计划"主要有以下几个特点。

第一，点单式课程服务。围绕文化部在全国开展馆员轮训计划的要求，结合广东的实际，以及每年图书馆发展的新要求和新趋势，设计课程、邀请专家、发布课程调查问卷，提供"点单式"服务，使图书馆工作人员做到学有所得、学以致用。特别是欠发达地区图书馆的馆员，能够及时地了解当今图书馆的新理念、新技术、新要求。在课程设计上，依照广东省内图书馆的发展现状，从做好基础业务培训，到传播服务理念，再到图书馆服务创新和阅读推广案例分享，一步一步，循序渐进，使基层图书馆工作人员从不熟悉业务到成为业务骨干，许多基层图书馆馆长实现了从不知如何开展服务到实施的服务创新案例在国内获奖的提升。

第二，"走出去、请进来、走下去"。该计划组织基层馆长实地考察华东地区图书馆运营模式，现场点评和指导；并组织国内大型学术年会、业务培训等，更直观更有效地启发基层馆长的思维；同时邀请国内外知名学者及图书馆界的专家来粤授课，开拓图书馆工作人员的眼界，提高工作人员的专业水平；组织省内外的专家及教师，走入广东基层图书馆，直接面对面地授课和交流，"手把手、面对面、一对一"地进行现场指导，更加有效、直接地解决基层图书馆面临的困难和问题。

第三，创新服务手段，开放同步讲座。充分利用科技手段，通过同步视频直播，使讲座培训不受地域、空间的限制，让更多的基层馆员受益。2014 年起，开发了网上同步讲座视频系统平台，由各地组织学员异地同步收看培训，使讲座培训资源更大范围地被利用与传播，受训人数成倍增长。

案例三：陕西省公共图书馆联盟培训机制

2010 年 11 月 1 日，经陕西省文化厅批准，陕西公共图书馆服务联盟宣告成立，标志着联盟建设在全省正式启动。陕西公共图书馆服务联盟成立后，建章立制，规范管理。联盟章程第二章第四条第五点规定：组织开展面向基层公共图书馆从业人员的职业道德与专业知识技能联合培训工作，开展全省公共图书馆调研与业务辅导、协作协调工作。把全省公共图书馆从业人员的文化素养与专业技能提高作为发展的当务之急。联盟成立了 9 个工作小组。联盟章程第三章第七条规定：联盟培训组的主要职责是根据联盟建设、发展需要编制联盟业务培训与人才培养计划，组织开展联盟相关工作的各类业务培训，受理联盟业务培训工作的相关咨询。

历经近 5 年的建设，截至 2015 年 11 月，已发展联盟成员馆 7 批共 105 家公共图书馆（含省馆）加盟，占全省现有公共馆的比例达到 93.75％。加入的联合编目成员馆 91 家（含省馆），占全省公共馆总数的比例为 81.25％。配合联盟建设的进程，由教育培训组牵头，携手其他技术组，使联盟数字资源推广培训、地方文献资源联合征集员培训、联合参考咨询服务信息员培训、联盟阅读推广方法与途径培训、联合编目培训等工作平稳开展。经过 5 年连续不断的免费培训，共计培训 32 次，培训各类专业人员 1 473 人次。联盟成员馆人才队伍建设与服务水平得到不断提升，技术力量大大加强，联盟服务的成效在全省逐步显现，并成为进一步完善全省公共图书馆服务体系的基本架构，推动全省公共图书馆事业规范、有序向前发展的有力抓手。

案例四：中国图书馆学会"全国图书馆未成年人服务提升计划"和"阅读推广人"培育行动

"全国图书馆未成年人服务提升计划"：为发展与繁荣我国少年儿童图书馆事业，引导全国图书馆未成年人服务积极健康有序地开展，中国图书馆学会于2012年4年启动并实施"全国图书馆未成年人服务提升计划"，向图书馆未成年人服务工作者宣传图书馆未成年人服务的新理念，介绍图书馆未成年人服务工作的新方法，启迪新思维，引入国内外成功案例，开阔图书馆未成年人服务工作者的视野。中国图书馆学会未成年人服务提升计划自2012年4月启动以来，以区域为单位进行了多站式推广，连续5年以"面向省级区域"和"面向全国，以省为基地"两种模式在天津、湖南长沙、吉林长春、云南昆明、广西桂林、安徽合肥、黑龙江哈尔滨、海南海口、浙江绍兴和河北石家庄进行巡讲，共举办10次包括巡讲、主题讲座、培训班等多种形式的活动，截至2016年年底共计4 000余名馆长、业务骨干和图书馆工作人员参加了巡讲活动，获得业界好评。

为保证"全国图书馆未成年人服务提升计划"的实施效果，进一步优化巡讲活动的课程设计，提高课程和授课专家的针对性，不断提升全国图书馆未成年人的服务水平，2014年巡讲还专门设计了"全国图书馆未成年人服务提升计划"巡讲活动调查问卷，听取学员声音的同时，也对巡讲的整体效果进行全面评估。

"全国图书馆未成年人服务提升计划"巡讲主要有3个特点。

一是培训内容丰富。既研讨了我国在未成年人服务领域的理论问题，也关照了图书馆工作的实践；既展示了国内未成年人服务的现状，也介绍了国外相关领域的工作情况。

二是交流形式多样。既有业界专家发言，也有经典案例分析；既有专家主题授课，也有学员交流讨论；既有经验分享、也有成果展示；现场讨论既有争鸣，也有共识。整场培训交流充分，讨论热烈。

三是搭建了交流与合作的平台。这个平台既是广大图书馆未成年人服务工作者就彼此关心的问题开展交流的平台，也是未来加强合作，切实提升服务水平的平台。

中国图书馆学会一直高度重视图书馆未成年人服务这一重要课题，成立了专业委员会研究、指导和支持图书馆未成年人服务的有效开展。以"面向全国，省为基地"模式，致力于提升未成年人服务工作者的绘本研究理论水平和绘本阅读推广能力，将好的理念和模式，方法和手段运用到未成年人服务的实际工作中，推广人人做未成年人阅读道路上的点灯人、引路人理念。

"阅读推广人"培育行动：为了更加规范有效地开展阅读推广活动，进而从根本上促进我国全民阅读事业的发展，中国图书馆学会于2014年年底在全国范围内启动"阅读推广人"培育行动。

"阅读推广人"是指具备一定资质，能够开展阅读指导、提升读者阅读兴趣和阅读能力的专职或业余人员。"阅读推广人"培育对象包括各级各类图书馆和科研、教学、生产等相关企事业单位人员，及有志参与阅读推广事业的其他社会人员。作为以促进全民阅读为读者终身学习提供保障为目标和社会责任的图书馆，应当成为"阅读推广人"培养与成长的主要摇篮。"阅读推广人"培训行动培训班设计了上机考试环节，考核合格的学员将获得阅读推广人徽标，在工作中可以佩戴徽标进行阅读推广工作。2016年的培训中，共计979人报名参加考核，占全部参加人数的70.0%，其中798人通过考试并获得了"阅读推广人·基础级"徽章，占全部参加考试的81.5%。"阅读推广人"培育行动自2015年11月启动以来，已举办了7期培训班，截至2017年4月累计1920人次接受了此项培训。

三、各专业技术岗位人才培训

(一)图书馆基础业务人员

图书馆基础业务，也是公共图书馆的核心业务与服务，包括图书的采编、阅览、典藏及流通，即文献资源的组织、加工与文献的提供服务。作为从事此类业务的专业技术岗位人员，须具备图书分类、目录学、计算机操作系统等基本学科知识。因此，对他们进行的培训课程主要有《中国图书馆图书分类法》及索引、《目录学》《文献编目规则》及图书馆自动化管理系统。现代公共图书馆提倡复合型人才，作为采编人员，如果具备其他学科背景，尤其在图书分类时，具备理工科专业背景的人员，其知识结构会更完善，就更符合现代图书馆的采编要求。

典藏与流通，即文献提供与阅读推广服务。从事典藏与流通的工作人员，其业务培训除了包含图书分类法、目录学基础知识及查询工具外，还需要包括工作礼仪、图书馆的三线典藏制度、电脑管理系统、各种自动借还设备的使用等。现代基层图书馆工作员，已不仅仅从事文献的提供工作，更要开展多种方式的阅读推广服务、读者读书活动，如亲子故事会、绘本阅读、读书会、读书节、推荐书目、组织讲座、展览等。因此，作为一线阅览、流通部门的工作人员，除了上述专业背景知识外，如何策划和开展阅读推广活动也是重要的培训内容之一。

(二)参考咨询人员

参考咨询是图书馆的重要核心业务之一，附着时代的发展，在"互联网＋"背景下，图书馆参考咨询服务不断变革出新的服务方式和内容，参考咨询人员的培训和培养尤其显得重要。一般来说，参考咨询人员除了要掌握必要的信息分类、文献检索、整理和加工技能外，还要具备一定的外文文献阅读能力，熟悉各类计算机搜索引擎，并掌握熟悉国家颁布的《参考咨询服务规范》等行业标准。面对多样化的公众需求，参考咨询人员应具备复合学科背景和较高的学历，知识面广，才可以应对多元化的知识领域问题。

(三)技术人员

基层图书馆面临最大的问题之一，是严重缺乏技术人员，尤其是计算机专业人员。大部分县级以下公共图书馆，通常委托从事计算机维护的商业机构进行全馆计算机软硬件及系统的维护和管理，经费有限的图书馆只能通过培训本馆人员、人才本地化，来解决设备问题。因此，基层图书馆技术人员的培训显得尤其重要。作为基层图书馆的技术人员，培训内容主要包括：图书馆网络及设备架构基础知识，网络设备、计算机设备、存储设备等的管理、调试技术，各类硬件设备的检测、排查能力，相应的计算机知识及网络知识学习等。

(四)管理人员

基层图书馆的管理人员，主要是指行政、后勤、设备等岗位的管理，包括财务管理、人事管理、设备管理等。在基层图书馆，馆长通常身兼专业技术人员、行政管理人员于一身，虽然配置了财会及一般行政人员，但人员所占比例较小；设备管理主要指对电脑、服务器、防盗仪、空调等基础设备的维护和管理，现代一些公共图书馆还配置了自助借还机、自助办证机、触摸屏阅读机等移动终端。因此，对基层图书馆管理人员的培训，一般包括图书馆管理学、财务知识、用电基础知识、电脑基础维护技能等。一些移动终端，在基层图书馆通常由供货公司提供维护和更新，管理人员只需要学会基本操作和简单维护即可。

【思考题】

1. 现代图书馆内部功能分区一般有哪些？在空间组织时应该注意哪些问题？

2. 图书馆设备一般包括哪些？在设备建设时要注意哪些问题？

3. 如何理解地方文献的地域性特征？

4. 结合地方文献的类型，您认为您所在的图书馆搜集的地方文献的类型有哪些问题？

5. 实施地方文献呈缴制对基层图书馆地方文献收藏的主要意义是什么？

6. 如何处理好重点资料与一般资料的关系？

7. 您认为您所在的图书馆应当如何发展地方文献工作？

8. 文化部印发的《2016 年全国基层文化队伍培训工作计划》主要提出了哪 3 种培训方式？

9. 基层馆员培训的实施主要包括哪些方面的工作？

10. 全国基层文化队伍培训工作的主要目标是指什么？

【参考文献】

[1]李明华. 规划设计图书馆建筑要旨[M]. 北京：海洋出版社，2014.

[2]付瑶. 图书馆建筑设计[M]. 北京：中国建筑工业出版社，2007.

［3］常林. 数字时代的图书馆建筑与设备［M］. 北京：北京图书馆出版社，2006.

［4］李东来，刘锦山. 城市图书馆新馆建设［M］. 北京：北京图书馆出版社，2006.

［5］肖希明. 信息资源建设［M］. 武汉：武汉大学出版社，2008.

［6］常书智. 文献资源建设工作［M］. 北京：北京图书馆出版社，2000.

［7］戴维民. 信息组织［M］. 北京：高等教育出版社，2004.

［8］杨玉麟，屈义华. 公共图书馆资源建设与服务［M］. 北京：北京师范大学出版社，2013.

［9］于良芝. 图书馆情报学概论［M］. 北京：国家图书馆出版社，2016.

［10］刘金玲. 现代图书馆开放服务与管理［M］. 成都：四川大学出版社，2012.

［11］蔡莉静. 现代图书馆特色资源建设［M］. 北京：海洋出版社，2012.

［12］董素音，王丽敏. 图书馆基础资源建设［M］. 北京：海洋出版社，2013.

［13］万爱雯，周建清. 图书馆资源建设与编目工作研究［M］. 北京：当代中国出版社，2013.

［14］申晓娟. 标准化视角下的我国基层图书馆事业发展研究［M］. 北京：国家图书馆出版社，2015.

［15］李德跃. 中文图书采访工作手册［M］. 北京：北京图书馆出版社，2004.

［16］屈义华. 基层图书馆信息资源建设与服务实务［M］. 北京：国家图书馆出版社，2011.

［17］金沛霖. 图书馆地方文献工作［M］. 北京：北京图书馆出版社，2000.

［18］黄宗忠. 文献采访学［M］. 北京：北京图书馆出版社，2001.

［19］郭绍全. 图书馆馆长的素质与管理艺术［M］. 镇江：江苏大学出版社，2010.

［20］汪东波. 公共图书馆概论［M］. 北京：国家图书馆出版社，2012.

［21］邱冠华. 公共图书馆管理实务［M］. 北京：北京师范大学出版社，2013.

［22］于良芝，许晓霞，张广钦. 公共图书馆基本原理［M］. 北京：北京师范大学出版社，2012.

［23］梅玲. 现代编目流程分析与再造［J］. 图书馆学刊. 2012(03).

［24］柯平. 关于地方文献理论研究的基本问题［J］. 图书馆论丛，1994(02).

［25］刘彩云. 县级图书馆地方文献开发利用之我见［J］. 图书馆理论与实践，2012(04).

［26］黄俊贵. 地方文献工作刍论［J］. 中国图书馆学报，1999(01).

［27］王盛红. 地方文献征集与服务工作的思考［J］. 四川图书馆学报，2013(06).

［28］黄晓斌. 地方文献的数字化建设策略［J］. 国家图书馆学刊，2009(01).

［29］李冠南. "记忆工程"中的地方文献数字化工作探析［J］. 图书馆工作与研究，2013(05).

［30］黄峒胜. 浅谈公共图书馆地方文献数字化建设［J］. 图书馆工作与研究，2009(12).

[31]冯晴君. 地方文献数字化建设中的知识产权保护与合理利用[J]. 现代情报，2009(10).

[32]黄祖祥，俞仲英. 地方文献的文化价值及开发利用[J]. 图书馆，2010(02).

[33]林伟. 公共图书馆地方文献的开发与利用[J]. 图书馆论坛，2002(06).

[34]贾立菲. 谈地方文献的开发与利用[J]. 中国图书馆学报，2006(06).

[35]胡彩云，胡彩凤. 区域性地方文献的科学整理和服务[J]. 图书馆学刊，2010(04).

[36]杜宏英. 新时期的地方文献参考咨询工作[J]. 图书馆学研究，2002(12).

第三章　基层图书馆管理

【内容概要】

管理是图书馆活动的客观需求。为有效地完成社会赋予的职责，图书馆必须实施科学管理。本章主要介绍基层图书馆管理的基本知识、内容、思路和技巧，包括基层图书馆管理的概念、意义和原则，人力资源、经费、建筑和设备资源的管理，效能管理以及提升效能管理的思路，图书馆法人治理结构的建设等，以帮助基层图书馆管理者和工作人员提升管理能力和技巧，实现组织目标，提高图书馆的社会效益。

第一节　基层图书馆管理的概念

管理是人们组织社会生活和社会实践的纽带。管理具有黏合力，能将管理系统内的各种相关因素密切地结合起来；管理具有驱动力，能推动各种管理对象按预期目标正常运行，促使目标顺利实现。作为公共文化服务设施，图书馆必须依靠科学合理的管理手段促进各种资源的充分利用和各项工作环节的有序开展，从而有效地履行社会职责，体现社会价值。

一、基层图书馆管理的概念

基层图书馆管理就是通过计划、决策、组织、领导、控制和协调等行动，最合理地使用图书馆所拥有的人力、财力、物力资源，使之发挥最大作用，以达到图书馆的预期目标，从而完成图书馆任务的过程。基层图书馆管理涉及图书馆的方方面面，包括文献资源管理、人力资源管理、经费管理、建筑和设备资源的管理、用户管理、服务管理、组织文化建设及管理等。

二、基层图书馆管理的意义

科学有效的管理，是图书馆工作顺利开展的基础。缺乏科学有效的管理，必然导致图书馆工作的分散、重复、混乱和浪费。对基层图书馆而言，管理具有以下重要意义。

(一)图书馆工作的整体性要求实行科学管理

图书馆是个有机整体，开展图书馆的工作，需要对它的工作环节、物资设备和人员进行科学管理，按照一定的组织法则，有序地加以调节、合理运作、统一指挥，使图书馆的各个层面、各个系统有效运转。管理是单体基层图书馆工作的整体性的需求，也是公共图书馆服务体系建设的需求。服务体系是由多个图书馆按科学布局，某种共建共享方式(一体、合作或联合)，某种统一的服务标准，某种管理模式等集合而成的。庞大的服务体系，更要从整体性出发，按照系统论的方法实施管理。科学有效的管理，才是基层图书馆工作顺利开展的基础和图书馆事业协调发展的保障。

(二)基层图书馆的管理是有效利用信息资源的需求

信息化社会，提升了信息获取的便利性，同时也导致了信息的冗余和杂乱无章，人们对信息的认知、获取和利用层面往往深入不够，信息资源利用率低下。为了有效地利用信息资源，必须组织诸如信息搜集、存储和传递等程序化工作。保存和传递文献信息是图书馆的职能，如何运用科学的方法和有效的技术手段，对信息资源进行管理，揭示信息的价值，使之被用户有效利用，是基层图书馆管理的意义所在。

(三)强化图书馆的科学管理是基层图书馆生存发展的当务之急

随着知识经济、信息社会的发展，民众文化需求的增长，基层图书馆作为基层公共文化设施得到国家的重视。近年来，国家在政策、资源方面给予了支持。然而，从当前实际情况来看，一些基层图书馆仍然面临诸多的问题。比如，其虽然有着丰富的馆藏资源、设备和人力资源，但因管理不善，导致办馆效益不佳。强化基层图书馆的改革，转换内部管理机制，充分发挥图书馆人力、财力和物力资源的作用，以求得良好的社会效益和社会地位是当务之急。

三、基层图书馆管理的原则

(一)系统原则

图书馆是由用户、文献、人员、设备、工作方法等相互联系、互相依赖的诸要素所组成的不断生长的有机体。基层图书馆的管理要明确图书馆系统的功能和目的，围绕图书馆的总目标，着眼全局，布局系统的每个环节，将每个部门、每个岗位乃至每一个人的工作都纳入图书馆系统的"链条"，明确分工，互相协作，保证系统的有效运转。

(二)集中统一原则

集中统一管理的核心是管理权威，令行禁止，统一思想，规范行为，确保指挥的有效性，以实现图书馆预定的目标。首先，要有一个明确的办馆思想，使之成为员工行动的指南和纲领；其次，要建立健全一套较完善的图书馆政策和规章制度，规范员工和读者的行为；最后，要对图书馆的业务技术工作实行规范化和标准化管理，将图书馆业务管理纳入现代科学管理的轨道。

（三）效能原则

图书馆服务效能简单来说就是图书馆履行使命的程度。决定图书馆服务效能高低的，主要是投入的资源（人、财、物、信息），利用资源和通过管理形成的服务能力，用户利用程度和效果，以及它们之间的关系。投入的资源越少，利用程度越高，且与服务能力相匹配，则服务效能越高。图书馆资源是有限的，而用户需求是无限的，因而基层图书馆的管理要使投入的资源发挥最大的效益，提升图书馆的服务效能。

第二节　基层图书馆的资源管理

资源管理是基层图书馆管理的基础，也是基层图书馆提供服务的必备条件。基层图书馆的资源包括文献信息资源、人力资源、经费、建筑和设备资源等内容。由于"文献信息资源管理"已在第二章详细论述，遂不纳入本节内容。基层图书馆的管理者应该从系统论的角度出发，根据系统论中"整体大于部分之和"的原理，合理安排和利用图书馆的各种资源，使图书馆的各项资源以最佳的组合，产生最大的效益。

一、人力资源管理

（一）人力资源管理的概念

图书馆人力资源管理，是指运用科学方法，对馆员、馆外志愿者等进行合理的培训、组织和调配，同时对他们的思想、心理和行为进行恰当的诱导、控制和协调，以实现图书馆目标的过程。简言之，它是指图书馆人力资源的获取、整合、激励、控制调整及开发的过程。

（二）人力资源管理的内容

图书馆人力资源主要由管理者、信息技术人员、采编人员、参考咨询人员、流通管理人员等构成，我们通过对图书馆人力资源的信息管理、招聘、调配、控制、培训等手段，使图书馆工作人员与图书馆的工作保持最佳状态，促进图书馆事业不断发展。

图书馆人力资源管理包括人力资源的分析与评价、人力资源的开发和利用、人力资源的控制和激励 3 个部分，具体涵盖人力资源规划、工作分析、馆员招聘与配置、人力资源培训、馆员激励、绩效评估、职业生涯管理、人力资源保护等内容。

(三)人力资源管理的基本过程

1. 人力资源规划

图书馆人力资源规划，是指根据图书馆的发展战略和工作计划，图书馆系统全面地分析和确定人力资源需求的过程，由总体规划和具体计划两部分组成。总体规划是以图书馆的战略目标和未来发展趋势为依据，围绕规划期内人力资源开发利用管理的总目标、总方针和总政策，按照实施步骤、时间安排、经费预算等若干思路进行设计。具体计划包括人员的补充计划、人员的使用计划、馆员的教育与培训计划、绩效评估和激励计划等。

2. 馆员招聘与配置

根据人力资源规划和工作分析的要求，图书馆按照公开竞争原则、平等原则、因事择人原则和全面原则招聘所需要的人才，由计划、招募、测评、选拔、录用、评估等一系列活动组成。图书馆人力资源招聘主要分为内部招聘和外部招聘。

人力资源配置须遵循整体配置原则，符合馆情，立足整体，优势互补，避免岗位重复设置和人员浪费；遵循读者需求原则，人员配置与读者的数量、读者对信息资源的需求直接相关，以满足读者作为配置的出发点和最终目标；遵循因地制宜原则，即按图书馆人员层次进行图书馆工作人员重组融合与调整布局，以达到合理配置人员的目标；遵循动态发展原则，人员配置要随着图书馆事业发展的需要而进行相应的调整。

3. 人力资源培训

图书馆人力资源培训是图书馆开发人力资源、调动员工积极性、增强图书馆吸引力的一项重要举措，它需要制订合理的计划、遵循基本的程序。按培训内容可分为基本技能培训、解决问题能力培训、人际交往能力培训、服务态度培训；按培训方式可分为导向培训（又称新馆员培训）、在职在馆培训、在职脱产培训等。培训的基本过程包括评估个人或工作的培训需求、确定培训目标、实施培训、评估培训结果。

4. 绩效评估

人力资源绩效评估的内容包括工作业绩、工作能力、工作态度、个人性格、今后的发展方向等不同的方面。考评内容的选择应结合考评的目的，按照制订绩效评估计划、设计绩效指标与绩效标准、人员准备、搜集信息资料、分析评价员工的实际绩效、绩效反馈等过程进行绩效评估。

5. 馆员激励

人力资源管理的直接职能就在于吸引、保留、激励与开发组织的人力资源，其中激励是人力资源管理的核心职能。管理制度是否规范、员工需求状况如何、激励方式和激励时机的选择是否合理、管理者的行为导向等是影响图书馆人力资源激励是否有效的主要原因。因此，基层图书馆要从规范内部管理制度出发，建立和完善科学的激励机制，设置科学合理的目标体系，重视馆员的职业生涯规划，营造和谐的图书馆文化，在对员工的需求进行全面调查和分析后选择恰当的激励方式。

二、经费管理

经费是办馆的基本条件之一；图书馆的服务范围和服务质量在很大程度上取决于经费的多少。图书馆经费管理的主要任务是合理编制预算、如实反映和依法组织收入、努力节约支出、加强经济核算、提高资金使用效益、加强资产管理、监督和控制各项经济活动等。按经费的来源可分为政府拨款、社会团体和个人捐款、图书馆有偿服务收入等；按经费的下达方式可分为图书馆年度财政补助经费、上级补助经费、专项经费；按经费的用途可分为人员经费、文献资料购置费、公用经费、设备和用具购置费等。

(一)经费预算

图书馆的经费预算，是指根据图书馆事业发展的计划和任务编写的年度收支计划，由收入预算和支出预算组成。在编制图书馆预算时可以参考以前年度预算的执行情况，根据预算年度的收入增减因素和措施，测算编制收入预算；根据事业发展的需要与财力的可能，测算编制支出预算；要做到收支平衡。考虑到当前经济持续增长、文献出版量增长、文献价格上涨等因素，图书馆预算也应按比例每年有所增加。

预算的编制步骤包括：由各个部门分别制订本部门的明年工作计划，并尽可能排出需要使用的资金额度；全馆对照战略规划，列出在明年整个年度中需要完成的战略规划中的阶段性任务，并编制预算；编制工作计划汇总表，表格以部门为经、工作任务为纬，列出明年的工作计划和预算金额；召开专门会议，讨论、研究工作计划汇总表，寻找漏项，进行补漏；编制出整个年度业务和项目预算。

(二)经费支出

图书馆经费支出，是指图书馆开展业务及其他活动发生的资金耗费和损失，主要包括事业支出等。图书馆应在有限的经费内，拓展思路，合理利用，将每一分钱用在刀刃上。

事业支出，是指图书馆开展各项专业业务活动及其辅助活动而产生的支出。其主要包括：人员经费支出，如基本工资、补助工资、职工福利费、社会保障费等；为完成事业计划，用于公务、业务方面的公用经费支出，如公务费、业务费、设备购置费、修缮费和其他费用。

对于事业支出的管理，首先，要严格执行国家规定的各项财政、财务制度，各项支出必须按照批准的预算和计划规定的用途和开支范围办理，不得办理无预算、超预算的支出。对于国家规定的各种财务制度和费用开支标准，必须严格遵守，不得任意更改。其次，要勤俭节约，提高资金的使用效益。最后，要采取切实措施，加强图书馆的经济核算。

（三）资金的规范管理

1. 严格执行各项财务制度

无论资金来源如何，基层图书馆都必须依据财经纪律、财务制度规范使用资金，按照会计准则和财务规则处理账务，这是图书馆强化管理、保证资金安全、合理使用资金、控制预算和平衡收支的必要条件。财务制度应涵盖预算制度、内控制度、收支管理制度、政府采购管理制度、固定资产管理制度等方面。

2. 准确运用会计科目

对预算支出套用准确的会计科目，是资金管理的重要前提。馆领导可对上月登记入账的财务凭证进行审核，并在每张审核过的财务凭证上签字，发现凭证错误（用错科目、违反报销制度、审批流程出错等），必须要求会计人员纠正。这既使馆领导了解、掌握了资金的使用情况，又促使财务人员增强了责任心。

3. 收支两条线

收支两条线，是指所有收支纳入财政管理，具体来说就是公共图书馆的所有收入上缴财政，所有支出由财政下拨。

4. 专款专用

所谓专款，主要是指专项资金，特别是年度预算中的发展性项目经费。基层图书馆必须严格区分和界定预算资金的用途，各个预算科目的经费原则上不能混用，实行专项经费的专款专用。

三、建筑和设备资源的管理

图书馆的建筑与设备是构成图书馆的五项基本要素之一，是构成图书馆的空间条件和物质工具，是图书馆开展活动、完成各项任务的基本条件。一个图书馆的建筑与设备状况，在很大程度上决定着这个图书馆的运行效果。

（一）图书馆建筑的管理

图书馆建筑应满足文献资料信息的采集、加工、利用和安全防护等要求，并应为读者、工作人员创造良好的环境和工作条件。建筑的管理包括建筑设计的确定、建筑的使用、建筑的维修3个部分。影响建筑功能发挥的因素包括设计方案、建筑面积、馆址、功能布局、功能的兼容性等。

1. 建筑设计管理

图书馆建筑设计正在从以书库为中心向以读者服务为中心转变，因此图书馆建筑设计应结合图书馆的性质、特点及发展趋势，并应适应现代化服务、管理的要求，美观大方，与环境协调，并符合国家现行的有关标准的规定。建筑设计管理的内容包括成立筹建小组、组织调研、确定规模、选址、编制设计任务书等。

2. 建筑使用管理

图书馆建筑使用管理的内容包括：制定图书馆建筑使用规则；按图书馆建筑设计

的要求正确利用图书馆建筑；合理布局，充分利用空间，采取有效的措施及时地解决藏书、读者、空间之间的关系；做好图书馆建筑与其他图书馆或其他社会机构的合作共用工作；提高图书馆建筑的利用率等。

3. 建筑维修管理

图书馆建筑维修管理的内容包括：有计划地对建筑实行系统的保养；经常检查建筑的使用情况和损坏程度；及时组织对图书馆建筑损坏的临时性中、小型修补；计划和组织图书馆建筑的大型修理等。

(二)图书馆设备的管理

图书馆设备的管理是一项系统工程，具有综合性、专业性、技术性的特点，设备的先进程度决定着信息资源的传输速度，制约着图书馆的服务深度和广度。图书馆设备包括家具设备、建筑配套设备、电子技术设备、传递设备、藏书保护设备等。设备的日常管理包括：对设备进行分类、编号和登记；分类保管与分工管理；验收、保管、移交、封存；事故处理、报废等内容。

1. 制订出恰当的购置计划，合理采购

图书馆必须根据实际需要、工作量和实际可能进行周密的考虑和调查研究，从型号、性能、规格、购价等方面全面衡量，制订出恰当的购置计划，同时注意产品质量，保证购置的连续性，确保规格一致。

2. 做好维护保养，并建立培训长效机制

设备维护保养的基本内容一般包括日常维护、定期维护、定期检查和精度检查。设备维护人员应定期做好维护工作，并及时记录，减少设备损耗。图书馆应定期开展设备维护维修培训，通过培训使工作人员熟知设备的性能、配置，从而合理使用设备，提高设备的使用寿命。

3. 建立严格的管理制度

针对图书馆的各种设备必须制定出切实可行的、严格的操作规程，指定专人负责，并实行岗位责任制。实行岗位责任制，将设备管理的责任定项、定量、定质地落实到各个部门的具体负责人，确保设备安全和合理使用；建立严格的馆内设备维修保养、报废制度，确保设备正常运行，延长设备的使用寿命，提高设备使用效率；对报废的设备要严格履行报批审核程序，及时进行账务核销处理，保证账账相符。

第三节　基层图书馆的效能管理

管理效能是指组织或管理部门在实现管理目标的过程中所显示的能力和所获得的管理效率、效果、效益的综合反映。从图书馆的发展层面来看，实施效能管理，就是通过对图书馆组织和资源效能的一系列改进，把效能作为图书馆运营管理的宗旨，强调用一系列行之有效的效能标准对图书馆工作人员的思想进行统一，针对图书馆组织资源、组织结构以及组织流程的效能进行事前规定、事中评估和事后分析反馈，目的在于增强图书馆运行过程中的组织效能，并充分提高资源效率，从而实现图书馆、快速、健康的发展。

一、我国图书馆效能管理的现状

管理效能的落后会直接导致服务效能的低下。我国省、市、县三级公共图书馆的平均服务效能水平不高已是不争的事实。基层图书馆的服务效能更低，主要存在以下问题：一是财政资金投入不足，缺少资源发展优势；二是馆藏信息资源匮乏，导致读者流失严重；三是专业人才有限，缺乏业务创新活力；四是竞争机制老旧，人浮于事得过且过；五是管理者水平不高，不能为图书馆事业的发展提供领导保障。因此，管理效能的提升对于基层图书馆来说可谓当务之急，必须在管理理念、管理方式和管理效果上得到全面的转变和提升，才能进一步提高服务质量和服务效能。

二、图书馆实施效能管理的实践

有创新才有发展，而管理理念、管理方法的创新尤为重要。部分图书馆率先冲破了行业限制，求同存异地借鉴其他行业优秀成熟的管理经验，通过提升管理效能来进一步提升服务效能，实现自身的可持续发展，如佛山市图书馆的项目管理模式、东莞图书馆的卓越绩效管理模式以及其他图书馆的精细化管理模式等。其中，项目管理模式为图书馆界在实施效能管理方面提供了新的研究样本，具有以下几个显著特征。

(一)管理创新性

项目管理是企业常用的一种管理模式。2011年，佛山市图书馆创新性地提出了"项目立馆"的办馆理念，即在图书馆的管理过程中引入项目管理的方法，建立起由政府、图书馆、社会三方共同参与图书馆业务发展的决策、实施与评估的运作模式。"图书馆项目"是指为了完成或提供某项产品、服务或成果所做的一次性努力。其突出的是成果和临时性努力两个要素。项目成果体现了项目实施的明确目标，临时性说明项目有明确的起止时间(开始、规划、执行、完成)。项目可以是自下而上的，即由部门或者个人积极主动地创造项目进行申报立项；也可以是自上而下的，即项目来源于馆领导或者图书馆上级主管部门的任务指派；也可以是横向的，即项目产生于外联单位与兄弟单位之间的业务合作等。

(二)管理组织性

与以行政级别为基础的纵向管理方式不同，项目管理在佛山市图书馆内部构建起了以"项目"为中心的扁平化组织管理机构。项目管理的组织机构由馆领导班子和项目管理小组两部分组成。馆领导班子指挥图书馆项目的所有活动，调配并管理进入项目的人力、资金、物资、设备等；负责图书馆项目的最终审批、验收等工作。项目管理小组负责制定和完善项目管理规范，并对所有项目的开展进行统一管理、整体统筹、实时监控、材料审核、协调指引，协助馆领导班子对项目进行立项及结项审核工作。下面以"佛山市联合图书馆十周年系列活动"为例，说明一个项目开始、实施、结束的整个管理流程。

项目申报：由于该项目是总结提升佛山市联合图书馆建设成果的重大活动，是自上而下来源于馆领导指派的工作任务，由联合图书馆部主任担任项目负责人，初步研究制定活动方案，明确项目目标，组建项目团队后进行项目的申报。项目团队既可以由一个部门或组织的人员组成，也可以跨部门由来自多个部门或组织的成员组成。该项目合作单位涉及五区图书馆、佛山市图书馆学会、佛山日报等，合作部门也涉及市图书馆行政、业务及多个一线部门。项目负责人根据参与人员的职责、分工及参与工作量的大小，把项目成员分为主要成员、一般成员、参与成员等不同级别，并根据项目申报所规定的内容填写、提交立项申请，包括项目的类型、预算、起始和截止日期、项目背景、项目目标、预期成效和项目计划进度安排等。

项目立项：一个项目从提交申请到立项公示必须通过项目管理小组初审、财务审核、分管领导复审和馆领导班子终审4个环节。首先，项目管理小组就项目的必要性和可行性进行商讨论证，若同意立项则把附带小组意见（包括初定项目等级）的项目申请提交给项目申请部门的分管领导进行复审；其次，分管领导在参考项目管理小组意见的基础上对项目进行复审，复审通过的项目将最终交由馆领导班子进行最终的立项和定级，即依照项目类型、组织规模、周期长短、实施难度及产生的影响力等因素，把不同项目列为A、B、C、D（由高到低）4个等级，每个等级对应不同的分值，以便后续的考核管理。

项目实施：项目一经立项公示，项目小组即可启动项目，并按照项目实施方案以及预期目标进行推进。该项目根据项目申报所提交的佛山市联合图书馆十周年系列活动方案，先后举办了"顺德图书馆加盟佛山市联合图书馆启动仪式""2015年佛山阅读节暨佛山市联合图书馆十周年系列活动启动仪式"；策划开展了佛山市联合图书馆十周年系列活动"联合—活动汇"，包括佛山市联合图书馆工作人员文艺展演、佛山市联合图书馆十周年成果展巡回展、"我和图书馆"联合馆成员馆集影换礼、"至美·图书馆"我最喜爱的图书馆（自助馆）一分钟美拍等；策划开展了佛山市联合图书馆十周年系列活动"联合—读书惠"，包括佛山市联合图书馆借阅免滞纳金活动、"读者最喜爱的新书"征集活动、"绘·读"少年儿童绘本活动等；策划开展了佛山市联合图书馆十周年系列活动"联合—学术荟"，即参加在广州举办的中国图书馆学会年会分会场的交流研讨；联合媒体专题报道了佛山市联合图书馆十年建设成果；制作了佛山市联合图书馆宣传片，制作并印发了佛山市联合图书馆活动集锦小册子，制作并印发了佛山市联合图书馆宣传小册子（分别针对读者和业内人士，针对业内的精装版可在研讨会进行分派）等。

项目结项：项目完成后即可提交结项申请。项目管理小组会根据项目负责人提交的项目成果和附件资料（合作协议、现场活动照片、宣传海报、媒体报道统计、经费清单、系列活动总结等），对照项目申请的目标以及预算等进行初审，再提交领导班子考核，通过后给予结项并在全馆公示。

量化考核：项目管理通过项目计分的方式对馆员的工作业绩进行量化考评。每个馆员按照其在每一个项目中扮演的角色和参与程度，对应不同的项目分值。比如，"佛山市联合图书馆十周年系列活动"项目属于 B 级项目，项目负责人可得项目分 60 分，主要成员 30 分，一般成员 15 分。馆员的项目得分将在项目结项公示后实时计入个人的绩效分值中，作为年终考核评优依据以及三年一度的岗位聘任依据。

(三)管理动态性

已立项的项目也会出现因馆内经费不足、工作重心调整等客观因素需要将项目暂缓启动或暂停实施的情况，待时机成熟再重启，也可对正在进行的项目进行延期或终止。因此，任何一种管理模式都需要因地制宜的"植入"，既要结合图书馆的行业特性，又要兼顾工作特点以及内外环境的变化，在推进的过程中不断改进、发展和完善。在推进项目管理的过程中，也会出现因项目难易程度、周期长短、项目类型等不同而引起定级和分值的争议，项目管理小组会不断征求各方意见再进行研究、修正和完善。管理的动态性还表现在"项目管理系统"的研发上，该系统于 2015 年 1 月正式上线，以信息化、网络化管理替代以往的纸质化审批。项目管理系统除了统筹整个项目流程(项目申报、项目审批、立项结项公示、进度管理、成果展示)之外，还具备项目数据库、业务学习和科研交流等功能。馆员可以随时登录系统进行个人绩效分值查询、项目任务追踪、学习资料下载和项目评价等操作，保证了项目管理过程中的公开、公平、公正，项目审批透明化，绩效评分实时反映，项目资料全页共享。

(四)管理效能性

截至 2017 年年底，佛山市图书馆累计立项项目 660 个，总参与 12 283 人次，平均每人参与 86 次，参与率 100%，全馆大部分工作都是通过项目来运作，因而涌现出一批影响广泛、富有创意的优秀项目和富于创新、积极进取的先进个人。在"项目立馆"的推动下，馆员的内生动力被有效激发，各项业务迅速增长。截至 2017 年年底，佛山市图书馆持证读者量从 2010 年年底的 4.2 万人增长至 41.6 万人，增长了 8.9 倍；年文献外借量从 2010 年年底的 34 万册增长至 278 万册，增长超过 717%；读者活动场次从 2010 年年底的 300 多场增长至 2 198 场，年参与人次超 116 万人；加上 226 家佛山市联合图书馆成员馆的辐射效应，"项目立馆"对佛山市图书馆公共文化服务的促进作用显而易见，读者满意度日益提升。

三、基层图书馆提升效能管理的思路

(一)管理理念现代化

基层图书馆只有转变和提升管理理念，才能在现有政策、资源的基础上取得主动。一是树立"有为才有位"的思想。基层图书馆既要面向大众做好阅读推广服务，把提高办证率和流通率作为首要的任务和目标，不断扩大图书馆的社会影响力；也要积极围绕当地政府的工作重心为领导提供决策参考服务，以引起政府部门对图书馆的重视和认可。二是摒弃"等、靠、要"及"唯经费论"。当地财政部门在做预算时，总会预留一块机动"财力"，图书馆要善于策划"项目"，以项目促使政府投入。三是学习借鉴其他图书馆的管理理念和经验。只有理念先行，才能想到、做到，并做得好。

(二)服务体系均等化

坚持"城乡一体、普惠均等"的原则，构建覆盖城乡、结构合理、功能健全、实用高效的城乡一体化公共图书馆服务体系，是提升公共图书馆的服务效益和管理效能的有效手段。基层图书馆也要积极参与总分馆体系、联合图书馆体系的构建，寻找成本最低、效益最高的组织形式和服务模式，以节约管理成本，提升服务效能。比如，佛山市南海区大沥镇已经形成一主馆五分馆的服务体系，以体系化建设推动业务整体发展，大沥镇图书馆的各种业务数据领衔佛山地区的街镇，成为明星馆。

(三)馆藏建设共享化

馆藏是图书馆赖以存在的物质基础，是满足读者需求的根本保证。馆藏的迅速增长使得许多图书馆在馆舍、经费、人员、技术等方面，都难以做到"大而全""小而全"和实现"自给自足"。基层图书馆要根据自身发展的定位，结合读者需求，注重研究馆藏的目标、功能、结构和规划，对已有的馆藏进行评估，对陈旧过时、使用率低的资料予以降级、剔除，同时在馆际之间或在某一地区实行纸本和数字资源的分担收藏、合作发展，建设区域共建共享的文献资源保障体系。

(四)人才培养专业化

公共图书馆的专业化体现在图书馆建设、设置、宗旨、规划、服务、活动、管理等方方面面，专业化的人才队伍才能提供专业化的服务。馆领导班子的管理能力和专业化水平的高低以及责任心、进取心等，直接决定了图书馆未来的发展走向和管理效能的优劣。领导班子及中层管理者既要重视领导力的打造，也要加强图书馆学等专业知识的学习，以提升管理水平和决策能力，真正起到"领头羊"的作用，还要通过全员教育培训、专家辅导、案例分享等各种途径来提高全体员工的思想、业务工作水平，全面激活人才资源。

(五)组织体系扁平化

随着社会及信息化的发展，图书馆传统的部门设置及岗位职能也要不断进行调整，

适时增加，或合并成立新的部门，赋予新的岗位职能，并实施扁平化的组织结构，以加快信息传递速度，使领导决策更有效率；还可以考虑打破部门之间的界限，进行人员统一管理、集中控制、集中调配，以加强人员的流动性，提高人员的使用效率，使图书馆的人员、资源和服务更加贴近读者的需求，从而提高基层图书馆的整体管理效能。

(六)管理行为制度化

制度管理是图书馆管理效能的体现。基层图书馆要不断推进和强化制度管事、管人、管物的科学管理，将日常运营过程中可能出现的问题都列入制度之中，既可约束员工的工作行为，实现工作的规范化，也为后续管理工作的开展提供重要依据。近年来，东莞图书馆根据卓越绩效管理的要求，对读者工作、行政工作、业务工作和内容管理进一步规范化、制度化、标准化，出台了财务、人事、考核、活动、藏书、采编、流通业务等200余种规范，形成了一套全面可行的管理制度，把在管理中的每一个行为表现方式，即如何做、怎么做、做到什么程度等，都在管理制度上进行了规定。

(七)管理手段技术化

信息技术的发展为图书馆在内部沟通、管理手段、技术设备等方面的及时、准确、高效提供了更多的可能。比如，办公软件、即时通信软件的使用实现了领导和员工的快速沟通和文件的上传下达，信息的及时分享大大提升了沟通和工作效率；指模打卡的考勤管理系统，有效杜绝了迟到早退、随意调班等违纪现象。有条件的图书馆，还可以研发多功能应用平台，以实现内部办公、设备与应用的集中监控、资源建设与管理、读者管理与互动等更为高效的管理。

(八)竞争机制常态化

竞争机制是促进业务创新、提高工作效率、优化资源配置的有效手段。很多图书馆开始实行干部竞争上岗、员工双向选择的人事制度，以及收入与岗位、绩效挂钩的分配制度。佛山市图书馆将个人业绩与岗位竞聘、个人收入挂钩，而个人业绩分值则通过项目管理得以量化，包括学术科研分值、年限资历分值、个人荣誉分值和项目分值，其中项目分值占个人业绩的比重最大。所有岗位每年一聘，员工在3年内的个人业绩将成为其是否上岗、调薪的重要依据。这一创新性的举措较好地营造了馆员积极申报项目、参与项目的良好竞争氛围，使馆员的个人能力最终转化为图书馆的整体价值和效益，进而促进了图书馆管理效能的提升。

第四节　图书馆法人治理结构的建设

一、概念简述及发展历程

"法人治理"(Corporate Governance)一词最早源自 20 世纪 70 年代初美国经济理论界，国内一般译成"法人治理结构""公司法人治理结构"等。

法人治理结构，源于现代企业或行业所有权与管理权的分离，以及由此产生的"委托—代理"模式，具体指法人组织的各种利益相关者在决策、执行、监督过程中共同参与的、由一系列激励约束机制构成的制度安排。一般将法人治理结构中的决策主体称为"理事会"，理事会依照法律法规、国家政策和本单位章程的有关规定开展工作，接受政府监管和社会监督。现代汉语词典对"法人"的解释为"法律上指根据法律参加民事活动的组织，如公司、社团等。法人享有与其业务有关的民事权利，承担相应的民事义务(区别于'自然人')"。依据我国《民法通则》，目前我国的法人主要有 4 种：机关法人、事业法人、企业法人和社团法人。在我国，公共图书馆被视为"事业单位"，所以我国的公共图书馆具有事业法人资格。

法人治理结构虽产生于企业组织生产经营活动领域，但实际上，西方发达国家早在 20 世纪初就将公司法人治理结构理论应用到社会公共事业领域。公共图书馆作为公益服务范畴，也在积极地探索构建法人治理结构。西方发达国家的实践也充分证明，公共文化机构普遍采用法人治理结构的运作模式，有效促进了公共文化事业的科学发展。1963 年，英国国会通过了《大英博物馆法》，明确规定大英博物馆理事会是大英博物馆的法人团体，拥有管理大英博物馆的权力。美国的图书馆理事会(或称图书馆委员会、图书馆董事会等)制度始于 1848 年，理事会拥有监督图书馆的预算、制定图书馆规章制度、选聘核心馆员等权力。波士顿公共图书馆所创立的图书馆理事会制度已被世界上许多国家所效仿，仅美国本土就有 95％的图书馆实行理事会制。美国著名政治学家威廉·B. 门罗曾经指出："在所有的地方自治体领域里，图书馆部门最适合委员会管理体制。"英国、韩国、新加坡、日本等国家也相继建立了公共图书馆理事会制度。

我国公共图书馆法人治理结构的建立正经历着从探索性实践到逐步推广实施的过程。我国对图书馆法人治理结构的研究发端于 20 世纪初。2004 年，中国科学院文献情报中心黄颖在其博士学位论文《图书馆治理的比较制度研究》中，首次提出了改革和完善图书馆法人治理结构，逐步推行图书馆委员会制。此后，黑龙江大学蒋永福教授对这一主题进行了比较系统的研究，发表了一系列文章，详细介绍了法人治理结构的概念、公共图书馆法人治理结构的内涵与组建程序、国外的成功实践及其原因分析，并强调："设立图书馆理事会并由其承担图书馆事务的决策职能，是建立健全公共图书馆法人治理结构的必备条件。""实施图书馆理事会制度是在公共图书馆领域实现政事分开、管办分离，进而建立事业单位法人治理结构的必由之路。"2007 年 8 月，深圳市委办公厅、深圳市人民政府办公厅发布了《建立和完善事业单位法人治理结构实施意见》，其中将深圳图书馆、深圳大学城图书馆、深圳少年儿童图书馆列入首批适合组建理事会的事业单位名单，由此启动了公共图书馆法人治理的改革实践。2011 年《关于建立和完善事业单位法人治理结构的意见》、2013 年《中共中央关于全面深化改革若干重大问题的决定》等文件明确了建立并完善法人治理结构的具体要求。在接下来的几年里，以中央机构编制委员会办公室及国家事业单位登记管理局为推进主体，选择山西、上海、浙江、广东、重庆 5 个省(市)，由当地编制部门在部分面向社会提供公益服务的事业单位先期开展试点工作。广州图书馆、山西省图书馆、重庆图书馆等作为公益性文化机构，相继被列入当地试点单位，启动了试点前期工作。到 2013 年年底，以组建理事会为标志，已建立起法人治理结构基本框架的公共图书馆有无锡市图书馆、深圳图书馆、广州图书馆、深圳市宝安区图书馆、成都市成华区图书馆等。

2013 年 11 月，十八届三中全会提出要"明确不同文化事业单位功能定位，建立法人治理结构，完善绩效考核机制。推动公共图书馆、博物馆、文化馆、科技馆等组建理事会，吸纳有关方面代表、专业人士、各界群众参与管理"，为公共图书馆不断深化改革，解决自身的发展问题提供了重大机遇，全国各地文化行政主管部门纷纷将公共图书馆法人治理结构的建设纳入 2014 年度重点工作。到 2014 年年底，又有广东省立中山图书馆、温州市图书馆、深圳福田区图书馆、合肥市图书馆、义乌市图书馆、东莞图书馆、南京图书馆等一批公共图书馆建立起理事会制度。至此，公共图书馆法人治理的建设工作开始从局部摸索阶段进入积极推广、全面实施阶段。《中华人民共和国公共文化服务保障法》第二章第二十四条明确表示："国家推动公共图书馆、博物馆、文化馆等公共文化设施管理单位根据其功能定位建立健全法人治理结构，吸收有关方面代表、专业人士和公众参与管理。"再一次以为公共文化服务立法的形式，明确了图书馆法人治理结构的道路和方向。《中华人民共和国公共图书馆法》以宪法为依据，对接公共文化服务保障法的要求，确立了政府主导、社会参与的公共图书馆建设格局，其中第三章第二十三条明确指出："国家推动公共图书馆建立健全法人治理结构，吸收有关方面代表、专业人士和社会公众参与管理。"正式把图书馆法人治理结构制度载入公共图书馆法律体系。这次载入，强调了公共图书馆的公益属性，旨在促进公共图书馆进一步提升服务效能；也体现了国家高度重视社会力量参与公共图书馆建设，鼓励吸收群众参与公共图书馆的决策、管理和监督的改革思路。

二、结构范式

作为公益性事业单位，公共图书馆建立法人治理结构，要以决策权、管理权、监督权相互分离、相互制衡和精干高效为原则，搭建理事会、管理层、职工大会和社会监督机构分权制衡的组织架构，构建以公益目标为导向、内部激励机制完善、外部监管制度健全的规范合理的治理结构和运行机制，为社会提供优质高效的公共文化服务。简单来说，公共图书馆法人治理结构的建立，实质上就是关于法人决策机构、执行机构和监督机构3个部分的权利、责任和利益相制衡的制度安排。

(一)建立图书馆理事会

图书馆理事会是图书馆的决策权力机构，是法人治理结构的核心，担负着战略决策、监督执行层和公共关系3项职能。图书馆通过前两项职能与执行层协同合作，实现内部治理，通过第三项职能，借助信息披露等形式，与政府和社会公众进行有效的沟通，达到外部治理的目的。因此，建立法人治理结构，第一步就是由举办单位牵头、图书馆配合，组建图书馆理事会。理事会受举办主体之托，既要忠诚于举办主体并勤勉尽职，又要有效激励和监督管理层，平衡各利益相关者的关系。

理事会的构成原则上实行"三三制"，即理事会由举办单位和政府有关部门代表、事业单位代表、社会公众代表三方构成，原则上每方代表各占理事会理事总数的1/3，社会公众代表不得少于1/3，并尽可能增加代表服务对象利益的理事人数。纵观深圳图书馆、广州图书馆、广东省立中山图书馆，其理事会成员结构基本按照"三三制"模式选出。例如，广州图书馆的理事会成员结构就是典型的"三三制"，具体情况是共设15人：政府方代表5名，其中有市文化广电新闻出版局的分管副局长、市财政局领导等；社会方代表5名，其中有图书馆行业的专家、文化艺术界代表、退休教师等；馆方代表5名，其中有馆长、党委书记、副馆长、馆员代表、职工代表等。深圳图书馆理事会成员设11人，其中政府部门代表2名，图书馆代表2名，社会人士7名(社会科学界1名、文学艺术界1名、科技界1名、教育界1名、图书情报界2名、读者代表1名)。广东省立中山图书馆则综合考虑多方因素后将理事会规模设为13人：举办单位和政府部门相关代表4名，由举办单位提议，相关行政部门委派产生；社会公众代表(专家代表、读者代表)5名，面向社会公开招募；图书馆代表4名，馆长为当然理事，其余由本馆推选产生。

总的来说，理事会的规模、任期、组成人员和遴选方式，要结合图书馆规模、业务职能、服务范围、服务总量及经费等因素综合考虑。规模过小，易导致结构不完整、缺乏代表性，规模过大则沟通协调难度加大，影响决策效率。为了在集思广益的同时能准确快速地进行科学决策，理事会应分别由政府部门代表、社会代表、职工代表和执行层人员等组成。

(二)制定图书馆章程

章程是事业单位法人治理结构的制度载体，是理事会和管理层的运行规则。理事会的构成、会议制度、产生方式和任期、管理层的职责和产生机制、监督层的组建方式等要素，都要写入章程，有法可循以便形成机制。章程草案由理事会通过，并经举办单位同意后，报事业单位登记，管理机关审核备案。

根据《事业单位法人治理结构试点工作实操指南》和《事业单位章程示范文本》，基层图书馆法人章程的制定可参考一般流程，具体如下。

1. 确定理事会的构成和产生方式

理事会构成应兼顾代表性与效率性。理事会人数为奇数，一般为5～15人，设理事长1名，根据需要可以设副理事长；规模大的理事会，可以设常务理事或者设立办事机构。

理事的产生，应当遵循规范透明、公平公正和满足工作需要的原则，结合理事的来源，采取相应的方式。代表政府部门或者相关组织的理事一般由政府部门或者相关组织委派，代表服务对象和其他利益相关方的理事原则上由推选产生，本馆党组织负责人、行政负责人以及其他负责人可以确定为当然理事。理事应当具备履行职责的知识和能力，熟悉有关法律法规和自己所在图书馆的业务。理事实行任期制，每届任期一般为3～5年，可以连任。

理事长的产生，可以根据各馆人事管理的权限和特点，采取由理事会选举产生、由理事会提名后经有关部门或者举办单位批准、直接由有关部门或者举办单位任命等不同方式。

2. 明确理事的权利义务

明确的权利义务，是理事有效履行职责的重要保障。按照有关规定，理事可以行使以下职权：①参加理事会会议，并对理事会决策事项进行表决；②对管理层执行理事会决议的行为进行监督；③检查本单位的财务状况；④提议召开临时理事会会议；⑤向理事会会议提出议案或罢免建议；⑥本单位章程规定的其他职权。理事必须遵守法律法规和国家政策，按时出席理事会会议，忠实、诚信、勤勉地履行职责，谨慎决策，并不得凭借理事身份，从单位牟取个人不当利益或领取作为理事的报酬，因履行理事职责所需的相关补贴，按照本单位章程的有关规定办理。

理事长除履行理事的一般职责外，还承担召集和主持理事会会议、代表理事会签署理事会决议和有关文件、检查理事会决议的实施情况等法律、法规、规章和本单位章程规定的其他职责。

3. 完善理事会议事规则

理事会实行会议制和票决制。理事会会议分为定期会议和临时会议，定期会议应当按照本单位章程的规定按时召开，每年不少于两次。理事长或以上的理事、监事会提议召开临时会议的，应当召开临时会议。属于理事会决策范围的一般事项须经全部理事的1/2以上通过，重要事项须经全部理事的2/3以上通过。

以上是制定法人章程时有关理事会部分需要考虑的细则，细则决定着理事会的类型。在法人治理结构中，理事会类型的选择至关重要，它不仅能反映各利益相关者之间的关系，也直接影响决策层与执行层之间的权利义务关系。理事会人员结构和理事会选择什么样的监督机制和决策机制，直接影响理事会与执行层的权力比重。例如，《深圳图书馆理事会章程》总则第二条明确规定："深圳图书馆理事会是深圳图书馆的议事和决策机构，负责确定深圳图书馆的发展战略和发展规划，行使深圳图书馆重大事项议事权和决策权。"除章程外，还有4个配套制度：《深圳图书馆理事会决策失误追究制度》《深圳图书馆审计和绩效评估制度》《深圳图书馆年度报告制度》和《深圳图书馆信息公开制度》。可见，深圳图书馆理事会由章程定性，属于议事决策型。

广东省立中山图书馆和广州图书馆的理事会则都属于决策监督型。《广东省立中山图书馆章程》第十条明确规定："本馆设立理事会作为决策和监督机构，理事会向举办单位报告工作。"广东省立中山图书馆还把失误追责、审计、年报和信息公开这4个板块，结合馆情统一糅合在《广东省立中山图书馆章程》里。

基层图书馆选择什么样的理事会类型，可根据自身馆情在章程条目里进行调整。

4. 明确管理层的责任与产生机制

管理层实行行政负责人负责制，一般情况下馆长为本单位的法定代表人。馆里主要管理人员的任命和提名，根据不同情况可以采取不同的方式。行政负责人可以由理事会任命或提名，并按照人事管理权限报有关部门备案或者批准。

5. 健全监督机制

建立和完善决策失误追究制度、年度工作报告制度、重要信息公开制度和绩效评价制度，并明文写入章程，拓展社会公众参与事业单位管理、运作和监督的渠道，着力构建内外结合的监督新机制。

(三)成立图书馆管理层

管理层是理事会的执行机构，负责本馆的日常管理工作，接受理事会监督，为理事会工作提供便利和保障。以广东省立中山图书馆为例，管理层由馆长、副馆长组成，实行馆长负责制。馆长是法定代表人。管理层的基本职责包括：馆长作为行政执行人，参与理事会决策，组织实施理事会决议；决定聘任或解聘除应由理事会决定聘任或解聘的人员以外的人员；制定图书馆发展规划、绩效指标和服务标准，实施年度工作计划，编制年度报告；提出图书馆用人计划、激励考核机制、财务预算方案、薪酬分配方案、重大资产处置方案；拟订或建议修改图书馆编制设置、基本管理制度和图书馆章程等。《广东省立中山图书馆章程》第五章明确了管理层和馆长的职责和职权。

(四)设置监督层和专业委员会

根据各自馆情和职能导向，除了理事会和管理层以外，还可以在理事会下设置专业委员会以备咨询，或设置职工代表大会实现内部监督。

例如，《深圳图书馆理事会章程》第七章第三十二条："理事会可设立咨询委员会或人力、财务、审计等各类专业委员会，为理事会决策提供专业咨询和管理咨询服务。"委员会成员的具体职能、选聘办法和权限应经理事会会议审议批准，并予以公示。委员会成员受聘期间，向理事会负责，并承担相应的诚信和勤勉义务。

又例如，广东省立中山图书馆的特色是重视监督约束机制的完善，设立了职工代表大会以实现民主监督，和理事会的监督一起，成为内部监督的重要组成部分。理事会对馆长实施监督，并对财务进行审计监督；对涉及全体职工切身利益的重大事项，按照有关规定提请职工代表大会讨论，使理事会在决策时能更充分地考虑到职工的意见。

（五）申请法人设立或变更登记

新建的图书馆法人单位，经法定验资机构验资后，按照《事业单位登记管理暂行条例》及其实施细则的规定，向事业单位登记管理机关申请设立登记；已建的图书馆法人单位，登记事项如有变化的，应当申请变更登记。

三、推进体制改革

自2011年《关于建立和完善事业单位法人治理结构的意见》颁布以来，越来越多的公共图书馆开始走上法人治理结构建设的轨道。通过建立和完善法人治理结构，公共图书馆现行管理体制正逐步发生重大变化，主要表现为：在决策主体方面，由主管部门变为理事会，真正实现自主管理；在决策方式方面，由领导决策变为理事会决策，可以集思广益，使决策变得更加科学合理；在监督体系方面，由以行政监督为主变为多渠道、多层次监督，增加管理的透明度。这些改变，意味着公共图书馆将逐步改变过去的行政化管理模式，将所有权与经营权适度分离，推进其由行政管理向法治模式转变，实现依法管理、独立治理，最终形成独立运作、自我发展、自我约束、自我管理的现代法人治理结构。完善、推广图书馆法人治理结构，是进一步落实自主权，激发图书馆动力和活力的重要举措，也是推动文化事业单位体制改革的重要一环。

然而，在试点工作运行的过程中，也出现了一些问题。一是法人治理与现行管理体制需要进一步协调，如何充分发挥理事会的作用，做好与现行事业单位管理体制的衔接与平稳过渡的问题，需要在探索中找到更好的解答；二是法人治理配套政策的问题，法人治理架构搭建后，人事、财政等相应的配套政策一直未能出台，事业单位的人、财、物管理体制还是没有改变，法人治理结构还在探索阶段；三是理事会组织架构有待进一步完善，追责制度、监督制度、咨询制度要在实践中不断修正。

综上所述，公共图书馆法人治理结构建设的进一步探索和推广，将成为图书馆拓宽运作空间、焕发活力的重要机遇，也是落实公共图书馆法、进一步提升服务效能的必要措施，更是我国事业单位体制改革的大势所趋。目前我国公共图书馆法人治理结构的建立开始步入积极推广、广泛试点的阶段，各地区图书馆纷纷成立理事会，图书馆界正式开启了法人治理的新纪元。但形式上的完备不等同于实施上的有效，仅仅搭建起理事会的框架不等同于法人治理结构的全面建立，我国公共图书馆法人治理结构的建设还需要进行全面而周密的制度设计，需要各基层图书馆更广泛更深入的参与实践，需要政府配套制度的支持。相对的，此项改革探索之举也必将推动政府与事业单位的改革进程，对政府职能转变的进程产生积极影响，成为推动我国文化体制改革、促进图书馆事业发展、建设新时代社会主义文化强国的重要着力点。

【思考题】

1. 谈谈你对图书馆管理的理解。

2. 基层图书馆如何进行馆员激励，提高馆员的职业成就感？

3. 图书馆的主要服务内容有哪些？

4. 图书馆法人治理结构的基本架构是什么？

【参考文献】

[1]潘寅生. 图书馆管理工作[M]. 北京：北京图书馆出版社，2001.

[2]李朝云. 图书馆人力资源管理探微[M]. 合肥：安徽大学出版社，2011.

[3]邱冠华. 公共图书馆提升服务效能的途径[J]. 中国图书馆学报，2015(06).

[4]屈义华. 谈项目立馆[J]. 国家图书馆学刊，2012(04).

[5]蒋永福. 论图书馆理事会制度[J]. 图书馆，2011(03).

[6]蒋永福. 论公共图书馆法人治理结构[J]. 图书馆学研究，2011(01).

[7]崔丽，肖厚忠. 公共图书馆法人治理探索——以浦东图书馆为例[J]. 图书情报工作，2016(12).

[8]李梅. 公共图书馆法人治理结构构建初探[J]. 图书与情报，2014(01).

[9]肖容梅. 公共图书馆法人治理结构初探[J]. 深图通讯，2008(02).

[10]肖容梅. 我国公共图书馆法人治理结构建设现状与比较[J]. 国家图书馆学刊，2014(03).

[11]祝淑君. 试论公共图书馆法人治理机制的优化[J]. 新世纪图书馆，2012(12).

[12]谢一帆. 法人治理结构：事业单位改革的新课题[J]. 兰州学刊，2008(07).

[13]祁述裕. 建立完善文化事业单位法人治理结构[N]. 人民日报，2013-12-06.

[14]广东事业单位登记管理. 事业单位法人治理结构试点工作实操指南[EB/OL]. [2017-10-31]，http://www.gdsy.gov.cn/viewDetail.do? iinfoid=302217245.

第四章 基层图书馆服务

【内容概要】

基层图书馆是公共文化服务体系的最终节点,做好基层图书馆的工作将是实现服务普遍均等和全覆盖的重要体现。本章主要针对区(县)、乡镇(街道)、村(社区)图书馆及农家书屋,参照公共图书馆服务规范的相关标准,指导学习者了解基层图书馆服务的相关内容,包括服务资源、服务提供、服务管理、服务绩效以及基层图书馆服务创新等。

第一节 基层图书馆的服务理念

理念是行动的先导,作为基层图书馆的管理者需要学习和借鉴先进的图书馆理念,以正确指导图书馆的管理行为。图书馆理念是人们对图书馆的理性认识、理想追求及其所持的图书馆哲学观念或观点。它包括图书馆发展观、价值观、质量观、人才观等,是图书馆改革与发展的指导思想或理论基础,对图书馆工作具有纲领性的指导作用。

图书馆界大多将印度图书馆学之父阮冈纳赞于 1931 年提出的"图书馆学五定律"表述为现代公共图书馆理念的开端。"图书馆学五定律"是:①书是为了用的;②每个读者有其书;③每本书有其读者;④节约读者的时间;⑤图书馆是一个生长着的有机体。"图书馆学五定律"以其先进性与科学性成为当时图书馆理念更新的理论源泉,即便在今天仍具有鲜明的现实意义和深远的指导意义。

21 世纪初我国图书馆理论界掀起了图书馆理念研究的热潮,研究成果纷至沓来,比较有代表性的观点有以下几种。

柯平认为,当代图书馆服务面对新的环境和新的需求,必须树立新的理念,并阐述了当代图书馆的 10 个基本理念:一切利用、一切用户、开放服务、免费服务、便利服务、人性化服务、个性化服务、营销服务、竞合服务、创新服务。

蒋永福认为,图书馆理念是图书馆从业者应该秉持的职业"意识形态",分为方法论层面(管理层面)的理念如人本管理理念、绩效管理理念、依法管理理念、危机管理理念，以及认识论层面的理念(平等服务理念、知识自由理念、信息公平理念、民主政治理念、社会包容理念等)。

程焕文、潘燕桃提出智慧与服务、平等与自由、公共与公益、个性化与人性化四大服务理念。

范并思认为，2008年中国图书馆学会正式发布的《图书馆服务宣言》向社会公众宣示了中国图书馆人对于现代图书馆理念的基本认同，表达了图书馆对全社会普遍开放、维护读者权利、平等服务、对弱势人群人文关怀和消弭数字鸿沟的理念。

尽管各学者对图书馆服务理念的理解不尽相同，但有一些基本理念得到了广泛认同，比如，普遍均等、以人为本、知识自由、平等包容、根植社会等。

一、普遍均等理念

2006年，我国政府发布的《国家"十一五"时期文化发展规划纲要》首次提出"公共服务普遍均等原则"。2012年，《国家"十二五"时期文化改革发展规划纲要》再次强调公共文化服务"均等性"的原则。2013年中国共产党第十八届中央委员会第五次会议审议通过《中共中央关于全面深化改革若干重大问题的决定》，指出"要构建现代公共文化服务体系，促进基本公共文化服务标准化、均等化"。同年，文化部发布《全国公共图书馆事业发展"十二五"规划》，提出"努力构建普遍均等、惠及全民的公共图书馆服务网络"的发展目标。2015年，中共中央办公厅、国务院办公厅印发了《关于加快构建现代公共文化服务体系的意见》，提出"把城乡基本公共文化服务均等化纳入国民经济和社会发展总体规划及城乡规划"。"普遍均等原则"进入了中国政府的文化战略视野，成为政府推行公共服务的目标和要求。2017年，文化部印发《"十三五"时期全国公共图书馆事业发展规划》提出"按照公益性、基本性、均等性和便利性要求……努力构建覆盖城乡、服务高效、惠及全民的公共图书馆服务网络"。2017年3月1日正式实施的《中华人民共和国公共文化服务保障法》和2017年11月4日由十二届全国人大常委会第三十次会议表决通过的《中华人民共和国公共图书馆法》，更是将"普遍均等"上升到法律的高度。《公共图书馆法》第十三条明确列出"国家建立覆盖城乡、便捷实用的公共图书馆服务网络。"

普遍均等一直以来也是图书馆界关注的焦点和目标。图书馆普遍均等理念，即任何人在任何地方都能够以合理的方式和公平、自由的标准获得图书馆服务。如何实现普遍均等的目标？答案是构建覆盖全社会的公共图书馆服务体系。《"十三五"时期全国公共图书馆事业发展规划》提出"推进乡镇(街道)、村(社区)图书室建设。推动乡、村基层综合性文化服务中心建设，按照相关建设标准和要求设立图书室，配备相应的器材设备，完善管理制度。""因地制宜建立以县级图书馆为总馆，乡镇(街道)综合文化站为分馆，村(社区)综合性文化服务中心为基层服务点，上下联通、资源共享、有效覆盖的总分馆体系。"旨在通过缩小图书馆服务的辐射距离而合理体现"普遍均等"原则。为此，我国政府和图书馆界在基层图书馆建设、总分馆制建设、区域服务网络建设方面均开展了形式多样的创新，如佛山的"联合图书馆"模式、上海的"中心图书馆"模式、深圳的"图书馆之城"模式、广东的"流动图书馆"模式、嘉兴的"嘉兴模式"、天津的"社区分馆、行业分馆"模式等。对于基层图书馆而言，特别是村（社区）图书馆和农家书屋，在各种条件有限的情况下，除了期盼政府投入更多的设施建设外，更需要通过服务延伸扩大图书馆服务的覆盖范围，为民众提供阅读和获取知识的便利。

二、以人为本理念

"以人为本"出自《管子》："夫霸王之所始也，以人为本。本理则国固，本乱则国危。"意为民是国之根本，对于图书馆而言用户是图书馆生存和发展的根本，也是图书馆服务工作的出发点和着眼点。以人为本的理念可以体现在图书馆工作中的每一个细节中：充满人文关怀的阅读环境，便利的服务设施，人性化管理制度以及完善的服务。例如，调整和延长开放时间，为配合社区学生和上班族的时间，杭州钱江县图书馆富春江镇分馆将开放时间调整为周二至周日，每天除了白天的开放时间，每周二、周四、周六晚间18：00—21：00都会开放。安徽省定远县三和集镇的农家书屋春节期间正常开放，通过调整和延长开放时间提高了图书馆信息资源的利用率；为满足不同人群的阅读需求，长春启明花园小区内的社区图书馆采取"送上楼、可代购、记需求、能漂流"的服务方式，为用户提供便利和人性化的服务；关怀弱势群体，为老人、小孩、残疾人、外来务工人员等提供特殊服务，尊重每个用户的阅读需求；细节服务是人性化的具体表现，是图书馆读者服务最温柔却最有力的武器，及时上架和整架、维持环境整洁和安静、为老年读者提供老花镜、在自习区配备电源插座、在检索机处配置纸笔等都充分体现了图书馆对读者的人性和人文关怀。

三、知识自由理念

所谓知识自由，亦可称智识自由、知识平等，与其相近的词汇有求知平等、求知自由等，是指人们对知识的自由生产、自由接受、自由交流、自由利用的状态。早在1939年，美国图书馆协会（ALA）就颁布了《图书馆权利法案》，其核心精神就是维护图书馆用户的知识自由权利。维护知识自由是图书馆工作人员职业道德中最为重要的原则，1999年国际图书馆协会联合会（IFLA）在"关于图书馆和知识自由权的声明"中指出"履行知识自由使用的义务是图书馆和信息业的主要职责"，并号召图书馆界及工作人员恪守知识自由使用、无条件获取信息、言论自由和尊重读者隐私权的原则。知识自由障碍的普遍存在与个体的难以消除性，决定了图书馆必须为此做出努力，在实际工作中要尽量减少用户获取知识的障碍。比如，免费提供服务、降低或免押金；设立残疾人通道；开展流动服务、数字图书馆服务、预约服务；开办操作技能培训讲座等。

四、平等包容理念

《公共图书馆宣言》强调公共图书馆应不分年龄、种族、性别、宗教、国籍、语言或社会地位，向所有的人提供平等的服务。图书馆平等包容理念可以具体化为：①向所有社会成员开放；②向所有社区成员提供无差别、无障碍、"无门槛"的平等服务；③致力于吸引所有社区成员利用图书馆，并将服务主动提供给主观上愿意和客观上无法利用图书馆的人。即图书馆平等对待每一个体，包括文化权利的尊重和人格的尊重，包容社会弱势群体。博尔赫斯说，天堂应该是图书馆的模样，因为图书馆是人类精神的神圣归宿，这里没有阶级、没有排斥、没有歧视。英国前文化大臣史密斯曾这样评价公共图书馆："本届政府的最高目标之一就是解决社会排斥。文化领域的很多机构都可以为这个目标做出贡献，但很少有机构可以和公共图书馆的地位相比。"2013年，杭州图书馆不拒乞丐和拾荒者的事件引发社会舆论的广泛关注，杭州图书馆因此被称为"史上最温暖图书馆"。图书馆平等包容的理念在业界内和社会上得到倡导和实践。在图书馆的具体工作中，平等包容理念体现在重视不同读者文献需求满足的平等、规章制度面前的平等、参与图书馆文化活动资格的平等、为特殊群体提供服务等各个方面。

五、根植社会理念

基层图书馆的服务可能会随着特定的社会环境、价值观念、文化形态等多种因素的变化而变化。只有深深地植根于社会，图书馆才有生存的价值。在美国一个仅有1 800人的小城的公共图书馆却吸引了180人来担任义工。图书馆为什么这样吸引他们？这些义工认为，图书馆是"我们的文化、音乐、艺术与社区生活的中心"，"图书馆工作人员可以做到这些"。英国前文化大臣克里斯·史密斯(Chris Smith)认为，图书馆必须改变自身的生存方式，学习银行、超市、书店的经营模式——看这些机构是如何和现代人的生活方式相适宜，学习它们如何融入人们的生活。只有和人们的生活方式相融合，图书馆才能得到更多利用，不被社会所遗忘。新加坡建立了许多位于购物中心的社区图书馆，方便用户利用，受到用户欢迎，每个图书馆年流通量约100万册。图书馆不应置身于社会发展之外，而要紧密结合区域的发展战略，开拓更多的创新服务项目。

第二节　县级图书馆

县级(含县级市、县、区)图书馆是我国公共图书馆数量最大的一部分。早在我国"十五"规划期间，就提出"十五"末期将力争实现县县有文化馆图书馆的目标。到2012年，即"十二五"期间，《中国图书馆事业发展报告2012》显示，县县有图书馆的目标已基本实现。《2016 中国公共图书馆事业发展基础数据概览》显示，截至 2016 年年底，全国共有县级公共图书馆 2 744 个。全国公共图书馆从业人员 57 208 人，总藏量达 90 163 万册，新增藏量购置费（含新增数字资源购置费）216 020 万元，人均拥有藏书量为 0.652 册，比上一年增长 6.91%；人均购书费为 1.562 元，比上一年增长 8.97%；总流通人次为 66 037 万人，书刊文献外借 54 725 万册次。县级图书馆已成为我国公共图书馆服务体系的一个重要组成部分和基本服务单元。近年来，地方各级人民政府和有关部门加大了政策支持和资金投入力度，文化馆（站）、公共图书馆（室）设施网络不断完善，服务条件显著改善，但仍存在县级馆服务能力不强、县域内公共文化资源缺乏整合、城乡公共文化服务发展不均衡等突出问题。为推进县域公共文化资源共建共享和服务效能提升，促进县级图书馆总分馆制的建设，2016 年 12 月，文化部等有关部委关于印发《关于推进县级文化馆图书馆总分馆制建设的指导意见》的通知，对县级图书馆作为县域公共文化服务体系的总馆地位和作用给予了明确和加强。2017 年 1 月，文化部发布《关于开展第六次全国县级以上公共图书馆评估定级工作的通知》，对县级图书馆的服务效能、业务建设、保障条件提出了新的标准和必备条件的要求。

一、服务资源

服务资源包括县级图书馆在开展服务过程中所需要的各种物质要素，主要包括文献资源、硬件资源、人力资源。

（一）文献资源

文献资源包括文献型信息资源和数字化信息资源。文献型信息资源是以文献为载体的信息资源，即记录知识的一切载体。一般分为刻写型、印刷型、古籍、缩微和声像资料。数字化信息资源是指以数字代码的方式将图文声像等多种形式的信息存储在光、磁等非纸质载体中，以光信号、电信号的形式传输，并通过计算机或其他外部设备读取使用的信息资源。其包括网络信息资源和单机信息资源。在县级图书馆数字资源的建设实践中，一般将其分为购买的商业数据库、自建数据库和网上免费链接资源 3 种类型。

（二）硬件资源

县级图书馆的硬件资源包括馆舍建筑、功能布局、计算机及相关外部设备、移动阅读终端，有条件的可配备声像视听设备、文献复印设备、自助借还设备及其他设备。县级图书馆新馆建设的选址要考虑服务半径、服务人口等因素，并按《图书馆建筑设计规范》(JGJ 38—2015)执行。为保障读者的阅览空间和活动空间，图书馆总建筑面积、阅览室用户使用面积的比例、总阅览座席数应按以上文件执行，并为残疾读者的无障碍服务提供必要的服务设施。

县级图书馆配备计算机的数量应在 30 台以上，并提供 2 兆以上的互联网接口，有条件的应提供无线网络接入服务。

(三)人力资源

县级图书馆作为县级总分馆体系的总馆,应配备与其职能相适应的工作人员。工作人员的数量应以所服务的人口数、馆舍规模、馆藏资源数量为依据,兼顾服务时间和年度读者服务量等因素确定,每服务1万至2.5万人需配备1名工作人员。馆长应具备馆员或以上专业技术职务的任职资格,或具有图书馆学(或图书情报专业)本科以上学历,或具有5年以上图书馆工作经验;其他工作人员应具备大专或以上学历,须经过市级以上图书馆专业技术培训,培训课时不少于320学时并成绩合格。这可以保证图书馆的基本服务能正常进行。

国家鼓励公民参与公共图书馆志愿服务,图书馆应导入志愿者服务机制,通过不断的招募、甄选和培训工作,逐步建立稳定的图书馆服务志愿者队伍。

二、服务提供

参考现有的《公共图书馆服务规范》(GB/T 28220—2011)、《图书馆建筑设计规范》(JGJ 38—2015)及《关于推进县级文化馆图书馆总分馆制建设的指导意见》,及文化部2017年1月发布的《关于开展第六次全国县级以上公共图书馆评估定级的通知》要求的"县级图书馆等级必备条件和评估标准",根据县域总分馆制度,全县范围内的公共图书馆服务体系需使用统一标识、统一业务规范、统一服务标准,并针对文献借阅、电子阅览、咨询服务、读者活动、服务时间以及服务宣传等制定相关标准。县级图书馆应免费向公众提供文献信息资源查询、借阅服务,免费开放公共空间设施场地,有条件的可以免费提供参考咨询服务。政府设立的公共图书馆还应当免费开展公益性讲座、培训、展览、阅读推广活动,以及国家规定的其他免费服务项目。

(一)服务时间

县级图书馆应有固定的开放时间,公休日应对外开放,在国家法定节假日应当有开放时间,每周开放时间不少于56小时,鼓励实行夜间开放。因故闭馆或者更改开放时间的,除遇到不可抗力外,应当提前公告。

(二)文献借阅服务

县级图书馆应提供文献的外借和馆内阅览服务,提供完全开放的、充分考虑采光通风的、安全便捷的阅读环境,有条件的县级馆可提供自助预约、续借服务,并开展自助外借服务,设立智能图书馆。少年儿童应当有单独区域进行阅览。县级图书馆应在全开架环境下由读者自由自主选择文献进行借阅,并采用总馆的图书馆管理系统办理手续;还应与乡镇(街道)等其他分馆形成总分馆互联互通、资源共享的多种方式为读者提供文献借阅服务。

(三)信息咨询服务

县级图书馆开展的信息咨询服务主要面向当地政府、科研机构与企业，及一般公众的咨询服务，包括政府信息公开服务和普通参考咨询服务。其应利用互联网、手机等信息技术手段和载体，开展不受时空限制的网上书目检索、参考咨询、文献提供等远程网络信息服务。

(四)阅读推广服务

公共图书馆是开展阅读推广的重要主体。县级图书馆在资源配置上不具有大中型图书馆的优势，但因其扎根基层，贴近群众，在开展阅读推广活动上具有天然优势，更能聚集人气、获得认可。县级图书馆应依托馆藏资源，开展各种形式的阅读推广活动。阅读推广活动要以培养阅读兴趣为宗旨，具有规范的阅读推广活动空间、设施。传统形式如新书推介、图书展览、导读、征文比赛等，也可以项目形式去开展，如读书活动、讲座、展览、培训、阅读节、书友会、故事会、音乐欣赏、新技术体验、阅读指导及图书馆服务宣传推广等。县级图书馆每年需举办讲座培训不少于 9 次、展览不少于 1 次、阅读推广活动不少于 6 次。

(五)流动服务

文献流动服务是区别于读者亲自到达图书馆而享受的服务，通常是指图书馆通过流动站、流动车等形式，将文献外借服务和其他图书馆服务向社区、乡镇、村等延伸，定期开展巡回流动服务，通常也称为移动图书馆或流动图书馆，这种服务方式是县级图书馆开展延伸服务的有效形式。较为常见的是流动书车，也可称为汽车图书馆。县级图书馆可结合当地实际，开展各种形式的流动服务，以弥补馆内服务的不足。比如，美国的自行车图书馆、电话亭图书馆，肯尼亚的骆驼背上的图书馆等，都是当地图书馆因地制宜而开展的流动服务。流动服务要广泛调研，了解读者需求、选择方便大家的流动服务点；按照读者需求提供流动书车、流动书船和其他交通工具等流动服务设备；形成规范、科学的流动服务制度，通过宣传让读者了解流动服务的时间、内容；做好流动服务配给工作，定期更换图书等文献资料，保证流动服务系统网络正常运行。

(六)总分馆服务

县域是总分馆制构建的合适单元。县级人民政府应当因地制宜建立符合当地特点的以县级公共图书馆为总馆，乡镇(街道)综合文化站、村(社区)图书室等为分馆或者基层服务点的总分馆制。发挥县级总馆在县域公共文化建设中的中枢作用，通过分馆把优质公共文化服务延伸到基层农村，增加公共文化产品和服务供给，为更好地满足广大群众的基本文化需求创造良好条件，提供有力保障。总馆应当加强对分馆和基层服务点的业务指导。

县级图书馆通过总分馆制，整合县域内的公共阅读资源，实行总馆主导下的文献资源统一采购、统一编目、统一配送、通借通还和人员的统一培训、统一绩效考核，实现县域内图书流动、资源调配、活动联动、互联互通。总馆对分馆的管理重在业务指导和资源调配，分馆按照总馆的工作安排和服务标准，面向基层群众提供与总馆水平相当的基本服务。有条件的地方可以探索总馆统一管理或参与管理各分馆的人、财、物。依托县级图书馆和基层综合性文化服务中心等进行建设，在乡、村两级基层综合性文化服务中心设置分馆，并推动农家书屋与县级图书馆的资源整合和互联互通，符合条件的农家书屋也可设立分馆。没有成为分馆的其他基层公共文化设施可以设立基层服务点，作为总分馆服务的补充和延伸。

(七)新媒体服务

县级图书馆可利用互联网、移动终端、数字电视、触摸媒体等新兴媒体形态向公众提供数字化服务。比如，开通图书馆网站、微博、微信平台、手机 APP 等。有条件的县级图书馆可开展包括触摸媒体服务、自助图书馆、移动图书馆、电视图书馆等新媒体服务。

(八)其他服务

县级图书馆在做好以上服务的基础上，可积极为弱势群体(老年人、未成年人、残疾人士、农民工、其他特殊群体)提供文献信息服务和各种阅读推广服务，打造服务品牌。

三、服务管理

县级图书馆应从服务运作、文献组织、服务统计、服务安全、服务监督与反馈等方面进行规范化服务，根据总馆的要求在文献加工处理时间、开架图书排架正确率、馆藏外借量、人均借阅量、电子文献使用量等服务效率指标上制定相关量化标准。并在本区域内的总分馆制度下，执行服务宣传、服务监督等相关制度。

(一)服务运作

县级图书馆作为区域总馆，应建立统一的服务网络平台和业务自动化管理系统，通过协作与共享，指导和培训各分馆和基层服务点开展各项服务工作；有条件的县级图书馆可实现服务数据可视化。

(二)文献组织

县级图书馆的文献应根据学科、主题等方式规范排架，开架借阅，保持架位整齐。新书和期刊应在规定时间内上架，排架正确率不低于90%；并做好防盗、防尘、防潮、防虫等文献保护工作，建立文献剔旧和文献保护制度。有条件的图书馆可实现馆藏统一数字化揭示平台。

(三)服务统计

县级图书馆应按照常规化、标准化的原则，按日、月、年定期做好县域总分馆体系的服务数据统计工作，包括服务资源、文献借阅、电子阅览、信息咨询、读者活动、人员、经费、设施等，统计资料和工作记录应及时搜集、整理、建立业务档案，并做好业务统计分析工作。

（四）服务安全

县级图书馆严格执行《公共图书馆建筑防火安全技术标准》（WH 0502—96）及相关法律法规的规定，配备防火、防盗等设施，建立健全消防安全和保卫规章制度，定期开展消防安全教育和消防安全检查，确保图书馆文献资源、办馆设施及进馆读者的安全；同时确保网络和数据安全、环境安全，建立馆内应急预案。按照国家有关规定和标准对古籍和其他珍贵、易损文献信息采取专门的保护措施。

（五）服务监督与反馈

县级图书馆应将各项服务的规章制度、服务标识放置在图书馆内的醒目位置，自觉接受读者的服务监督。设立读者意见箱（薄）或微信、微博、QQ、投诉电话，接受读者监督，对读者意见和投诉要在规定的时间内予以回复和落实，建立读者意见处理反馈机制，并建立第三方评价机制。每年还应举办馆长接待日、召开读者座谈会，进行读者需求和满意度调查，发放一定数量的调查问卷，制定一定的调查标准。

（六）档案管理

县级图书馆应建立行政档案并加强业务档案管理，及时搜集、整理在业务活动中形成的具有保存价值的文件材料。业务档案包括年度报告（计划与总结）、业务统计数据、读者活动材料、人员考核档案、参考咨询档案等。

四、绩效管理

县级图书馆应做好基本业务数据统计；同时应参照相关评估标准，定期进行自评并接受上级图书馆的业务评估，促进办馆效益的逐步提高。制定有效的绩效考核制度，做好服务效能统计，接受读者监督，并设立投诉信箱和监督电话；定期进行读者满意度调查，读者满意度应在85%以上。

（一）计划与总结

县级图书馆应做好每年的年度工作计划和年报，年报须包括年度概况、业务统计数据和大事记等，在图书馆网站上发布，并定期制定中长期发展目标规划。

（二）统计与评估

县级图书馆应参照相关评估标准做好基本业务数据统计，包括馆藏、服务、用户、人员、经费、设施等，为基础建设与服务的高质量、规范化、标准化提供依据；同时应参照相关评估标准建立绩效评估机制，定期接受上级图书馆的业务评估，促进办馆效益的逐步提高。

(三)绩效考核

县级图书馆应定期分析持证读者数量占服务人口总量的比率、进馆读者数量占服务人口总量的比率、文献外借量占馆藏总量的比率等数据，保持读者进馆率、文献流通率、人均借阅量等业务指标的稳定增长；应建立内部绩效管理制度，对员工进行年度考核，考核结果与任用、奖惩挂钩，并作为续聘、解聘、奖惩的依据。

第三节　乡镇(街道)综合文化站图书室

在我国的公共图书馆事业体系中，乡镇(街道)综合文化站图书室处于图书馆系统的最末端。其长期以来通过贴近人民群众的便捷服务，在基层文化生活中发挥了重要作用。但截至目前，乡镇(街道)综合文化站图书室尤其是乡镇以下的图书室(东部沿海地区已有较完善成熟的独立乡镇图书室)在很大程度上还没有纳入国家公共图书馆服务体系范畴加以关注和研究。十八届三中全会明确提出"建设综合性文化服务中心"的改革任务；2015年国务院发布《关于推进基层综合性文化服务中心建设的指导意见》，提出"推进基层综合性文化服务中心建设，有利于完善基层公共文化设施网络，补齐短板，打通公共文化服务的'最后一公里'；有利于增加基层公共文化产品和服务供给，丰富群众精神文化生活，充分发挥文化凝聚人心、增进认同、化解矛盾、促进和谐的积极作用；有利于统筹利用资源，促进共建共享，提升基层公共文化服务效能"。本节就我国当前乡镇(街道)综合文化站图书室的概念内涵、服务与管理进行了表述，旨在为广大乡镇(街道)综合文化站图书室的管理者和使用者提供可资借鉴的地方。

一、概念内涵

在我国现行的图书馆公共文化服务体系中，乡镇(街道)综合文化站图书室是指由乡镇政府主办、向本乡镇公众开放的综合文化活动中心内设的图书室。目前其建设主体主要是乡镇人民政府和街道办事处，从长远来看，在"总分馆制度"下，基层图书馆的建设主体应适当上移，由区(县)一级人民政府统筹规划和建设本行政区域内的公共文化服务，形成一个"1＋N"的图书馆服务体系，可以极大地节省全覆盖的公共图书馆服务体系建设成本，提高其普遍均等和可持续性发展的能力。

二、服务资源

服务资源包括乡镇(街道)综合文化站图书室在开展服务的过程中所拥有的各种物质要素，主要包括文献资源、硬件资源、人力资源。

(一)文献资源

文献资源是指能提供读者检索与阅读的各种知识资源，如图书、期刊、报纸、录音录像资料、电子图书等。乡镇(街道)综合文化站图书室一般要求藏书在 1 000~5 000 册。乡镇(街道)综合文化站图书室的馆藏图书宜由县级总馆统采统编,期刊、报纸可根据民众需求自行订购。其中图书复本不超过 2 册,年人均新增藏量不少于 0.04 册或年更新率不低于 10%,年报刊订阅量不少于 50 种。

(二)硬件资源

乡镇(街道)综合文化站图书室的硬件资源应包括计算机及相关外部设备、移动阅读终端,有条件的可配备声像视听设备、文献复印设备、自助借还设备及其他设备,还应通过计算机网络共享中心图书馆的数字资源,如电子图书、电子期刊、电子报纸及其他各种数据库资源。

(三)人力资源

乡镇(街道)综合文化站图书室应配备与其职能相适应的工作人员。工作人员的数量应以所服务的人口数、馆舍规模、馆藏资源数量为依据,兼顾服务时间和年度读者服务量等因素确定,专职人员应不少于 3 人,馆长应具备助理馆员或以上专业技术职务任职资格,或具有图书馆学(或图书情报专业)大专以上学历,或具有 3 年以上图书馆工作经验;其他工作人员应具备高中或以上学历,须经过县级以上图书馆专业技术培训,培训课时不少于 320 学时并成绩合格。这可以保证图书馆的基本服务能正常进行。

乡镇(街道)综合文化站图书室宜导入志愿者服务机制,通过不断的招募、甄选和培训工作,逐步建立稳定的图书馆服务志愿者队伍。

三、服务提供

乡镇(街道)综合文化站图书室应参考现有的《公共图书馆服务规范》(GB/T 28220—2011)和《关于推进县级文化馆总分馆制建设的指导意见》,并结合乡镇(街道)综合文化站图书室的实际,根据本区域内的总分馆制度,使用统一标识、统一业务规范;同时,针对文献借阅、电子阅览、咨询服务、读者活动、服务时间以及服务宣传等制定相关标准。

(一)服务时间

乡镇(街道)综合文化站图书室的开放时间应注重农村实际,应有固定的开放时间,每周开放时间不少于 42 小时,实行错时开放,节假日可适当调整开放时间。因故闭馆或临时变更开放时间时应提前 3 日进行公告。

(二)文献借阅服务

乡镇(街道)综合文化站图书室需提供文献的外借和馆内阅览服务,提供完全开放的、充分考虑采光通风的、安全便捷的阅读环境。少年儿童应有单独区域进行阅览。乡镇(街道)综合文化站图书室应在全开架环境下由读者自主选择文献进行借阅,并采用总馆的图书馆管理系统办理手续；还应与总馆、其他分馆形成馆际互借资源共享的多种方式为读者提供文献借阅服务。

(三)阅读推广服务

乡镇(街道)综合文化站图书室应配合县级总馆，开展适合当地读者的阅读推广服务，协助举办读者读书活动、故事会、知识竞赛、读书讲座等，与当地教育机构合作推动和深化少年儿童的课外阅读。

(四)咨询服务

乡镇(街道)综合文化站图书室应依托总馆及本馆资源，通过各种渠道针对读者的需求做好问题解答、专题信息搜集、书刊资料的代查工作。

(五)数字化信息服务

乡镇(街道)综合文化站图书室应努力发挥互联网的作用，同时充分利用社会、政府及上级图书馆所提供的各种条件开展电子文献阅读、视频音频欣赏等数字化信息服务和网上书目检索、电子文献提供、文献信息检索及网络参考咨询等远程网络信息服务。

(六)其他服务

乡镇(街道)综合文化站图书室在积极开展基本服务的同时，应根据人力因地制宜地创造条件，协助总馆在本区域开展诸如培训、讲座、展览、社团活动、视频资料放映等阅读推广活动、公共信息发布活动，努力扩展服务层次，深化服务内涵，完整地履行社会职能，并关注和满足老年人、留守儿童的阅读需求。

四、服务管理

乡镇(街道)综合文化站图书室应依托总分馆制度，从服务运作、文献组织、服务统计、服务安全、服务监督与反馈等方面进行规范化服务，根据中心馆的要求在文献加工处理时间、开架图书排架正确率、馆藏外借量、人均借阅量、电子文献使用量等服务效率指标上制定相关量化标准，并在本区域内的总分馆制度下，执行服务宣传、服务监督等相关制度。

(一)服务运作

乡镇(街道)综合文化站图书室应纳入县域总分馆服务体系，接受图书馆总馆的业务辅导，依托总馆服务网络和业务管理平台，通过协作与共享，联合开展各项服务工作。

(二)文献组织

乡镇(街道)综合文化站图书室的文献应根据学科、主题等方式规范排架，开架借阅，保持架位整齐。新书和期刊应在规定时间内上架，书刊排架正确率不低于95%，并做好防盗、防尘、防潮、防虫等文献保护工作。

（三）服务统计

乡镇(街道)综合文化站图书室应按照常规化、标准化的原则，定期做好服务数据统计工作，包括服务资源、文献借阅、电子阅览、信息咨询、读者活动等，统计资料和工作记录应及时搜集、整理、建立业务档案。

（四）服务安全

乡镇(街道)综合文化站图书室严格执行《公共图书馆建筑防火安全技术标准》(WH0502—96)及相关法律法规的规定，建立健全消防安全规章制度，制定消防安全应急预案，定期开展消防安全教育和消防安全检查，确保图书馆的文献资源、办馆设施及进馆读者的安全。

（五）服务监督与反馈

乡镇(街道)综合文化站图书室应将各项服务的规章制度、服务标识放置在图书馆内的醒目位置，自觉接受读者的服务监督；设立读者意见箱(簿)，公开监督或投诉电话，对读者意见和投诉要在规定的时间内予以回复和落实；每年还应召开读者座谈会，进行读者需求和满意度调查。

（六）档案管理

乡镇(街道)综合文化站图书室应加强业务档案管理，及时搜集、整理在业务活动中形成的具有保存价值的文件材料。业务档案包括：年度报告(计划与总结)、业务统计数据、读者活动材料、人员考核档案、参考咨询档案等。

五、绩效管理

乡镇(街道)综合文化站图书室应根据《乡镇图书馆统计指南》(WH/T 69—2014)规定的统计项目做好基本业务数据统计；参照相关评估标准，定期进行自评，并接受上级图书馆的业务评估，促进办馆效益的逐步提高；制订有效的绩效考核制度，做好服务效能统计，接受读者监督，并设立投诉信箱和监督电话；定期进行读者满意度调查，读者满意度应在85%以上。

（一）计划与总结

乡镇(街道)综合文化站图书室应做好每年的年度工作计划和总结工作，并配合总馆制定中长期发展目标规划。

（二）统计与评估

乡镇(街道)综合文化站图书室应参照《乡镇图书馆统计指南》(WH/T 69—2014)做好基本业务数据统计，为基础建设与服务的高质量、规范化、标准化提供依据；应参照相关评估标准建立绩效评估机制，定期接受县级总馆的业务评估，促进办馆效益的逐步提高。

(三)服务效能

乡镇(街道)综合文化站图书室应协助总馆定期分析持证读者数量占服务人口总量的比率、进馆读者数量占服务人口总量的比率、文献外借量占馆藏总量的比率等数据，保持读者进馆率、文献流通率、人均借阅量等业务指标的稳定增长。乡镇(街道)综合文化站图书室应协助总馆建立内部绩效管理制度，对员工进行年度考核，考核结果与任用、奖惩挂钩，并作为续聘、解聘、奖惩的依据。

第四节　社区图书馆(农家书屋)

1992年，中国共产党第十四次全国代表大会报告中首次提出要"搞好社区文化、村镇文化、企业文化、校园文化的建设"，"把精神文明建设落实到基层"。从此，我国的社区文化建设引起了人们的重视，社区图书馆建设成为我国新时期公共文化服务体系建设中的一项重要内容。

2011年12月，《国务院办公厅关于印发社区服务体系建设规划(2011—2015年)的通知》中，依据《中华人民共和国国民经济和社会发展第十二个五年规划纲要》制定的《社区服务体系建设规划(2011—2015年)》中明确要求："十二五"期间社区公共服务发展的目标任务是发展社区文化、教育、体育服务；广泛开展社会文化活动，全国所有建成的社区综合服务设施中都建立具备综合服务功能的文化中心，推进建立公共电子阅览室和公益性未成年人上网场所。

2015年1月，中共中央办公厅、国务院办公厅联合印发的《关于加快构建现代化公共文化服务体系的意见》，明确要求了"以县级文化馆、图书馆为中心推进总分馆制建设，加强对农家书屋的统筹管理，实现农村、城市社区公共文化服务资源整合和互联互通"，从而"促进城乡基本公共文化服务均等化"。2016年12月，文化部等四部委印发《关于推进县级文化馆图书馆总分馆制建设的指导意见》的通知，提出要"因地制宜推进总分馆制建设。根据地方实际情况，在试点的基础上积极稳妥推进，主要依托县级文化馆、图书馆和乡镇(街道)综合文化站、村(社区)综合性文化服务中心等进行建设，符合条件的县级馆为总馆，在乡(镇)村(社区)两级基层综合性文化服务中心设置分馆"。

社区图书馆是区域公共图书馆服务体系的重要组成部分，属于图书馆服务体系的最末端，是社区公共文化空间，也是最贴近基层的服务点，应遵循以人为本的原则，发挥信息交流和文化休闲功能，提供公平、平等、免费、就近的服务，纳入县级图书馆总分馆制建设，成为总馆的社区分馆或服务点。

一、服务资源

社区图书馆服务资源包括社区图书馆在开展服务过程中所拥有的各种物质要素，主要包括硬件资源、人力资源、文献资源。

（一）硬件资源

1. 馆舍

现阶段，我国社区图书馆的馆舍选址具有一定的随意性，大部分设立在社区文化中心，也有的设立在街道社区居委会、党员活动中心、住宅小区会所等机构里。

社区图书馆的馆舍选址、面积和阅览席位，应根据面向"聚居在一定地域范围内的人们"提供服务特点，按照服务半径与服务人口，合理地进行统筹规划、合理布局。营造舒适的阅览环境，使之成为社区居民的"书房"。社区图书馆使用面积按服务人口计算，应不低于 $20m^2$/千人，阅览座位应不低于 4 席/千人。有条件的宜设立独立出入口和无障碍设施。

2. 电子信息设备

社区图书馆应具有稳定可靠的互联网接入条件，为配合总分馆体系服务，网络接入带宽应不小于 2M，并能提供无线网络接入服务。用于读者服务的计算机数量按照服务人口应不低于 1 台/千人，并适应新技术的发展配备各种现代化设备，如移动阅读终端、声像视听设备、文献复印设备、自助借还设备等。

（二）人力资源

人才是信息服务的关键，没有人才的保障，社区图书馆的服务也很难有所提高和发展。现阶段，我国很多社区图书馆在公共文化服务机构中没有独立建制，没有独立的编制，图书馆工作人员多数为街道办事处或居委会人员兼职，他们往往没有足够的时间和精力兼顾图书馆的工作，这样就造成人员的管理与服务水平不高，专业素质不强，技术能力不够的困局。

因此，社区图书馆为保证服务质量，须配备至少 1 名专职工作人员，并根据需要配备一定数量的兼职工作人员，还要大力招募志愿者充实到服务工作中。同时，社区图书馆工作人员应具备大专以上学历，受过基本的图书馆专业技能培训，每年还应参加一定学时的继续教育学习。

（三）文献资源

社区图书馆的文献资源包括文献信息资源和数字化信息资源。

1. 文献资源的种类

社区图书馆基本馆藏文献资源应包括图书、期刊、报纸、视听资料、各种数字化信息资源等，作为公共文化服务体系内的最终端，社区图书馆文献资源的种类应充分考虑社区居民实际的阅读需求，按需配置。不同社区的居民有着不同的阅读需求，通过个性化的文献资源配置，也能形成社区自身的特色文化。

2. 文献资源的建设

社区图书馆文献资源的建设应纳入本地区总分馆体系中：馆藏图书通过县级图书馆总馆统采统编，统一规范格式；期刊、报纸根据社区居民需求自行订购；数字资源通过网络共享中心图书馆的数字资源。这样可以避免资源重复，达到配置合理、共建共享的目的。

二、服务提供

随着县级图书馆总分馆体系建设的不断推进，社区图书馆的服务提供已不仅仅是单一的个体文化服务供给机构。本地区的各个社区图书馆，应施行总馆统一的管理制度、使用统一的服务标识、执行统一的业务规范，通过统一的业务自动化平台，实现本地区总分馆体系的统一服务，使社区居民享受到便捷、均等的公共文化服务。

（一）服务时间

社区图书馆为方便居民，针对读者使用的需求，可根据本社区居民的作息规律，灵活调整开放时间并相对固定：工作日，白天可以适当缩短开放时间，保证午间及晚上开放，尽量满足居民在午间以及晚上休息时间的使用需求；公休日，有条件的可以坚持从白天开放到晚上，若人手不足，在保证白天开放的条件下，也可适当缩短晚上的开放时间。每周开放时间不少于36小时。

（二）文献借阅

社区图书馆应提供免费的文献借阅服务，要特别关注少年儿童、老年人、残障人士及其他特殊群体的阅读需求，在坚持本社区图书馆特色文献资源建设的基础上，为读者取得各类文献提供帮助。

（三）电子阅读

随着互联网技术的不断发展，社区图书馆应免费提供上网服务（包括无线互联网接入服务），依托中心馆的数字资源，通过计算机网络、移动终端开展数字资源服务。

（四）咨询服务

社区图书馆应通过现场、电话、电子邮件、社交网络、网上咨询系统等多样化的方式提供一般性咨询服务，并且要做到及时响应，实在不能及时回应的，也应回复在规定时间内答复。

（五）读者活动

社区图书馆应在全民阅读推广中充分发挥作用，自主组织或配合总馆开展讲座、沙龙、培训、展览、手工制作、绘本阅读等活动，并重点组织开展适合老年人、少年儿童特点的活动。

三、服务管理

社区图书馆应依托总分馆制度，从服务运作、文献组织、服务统计、服务安全、服务监督与反馈等方面进行规范化服务，根据中心馆的要求在文献加工处理时间、开架图书排架正确率、馆藏外借量、人均借阅量、电子文献使用量等服务效率指标上制定相关量化标准，并在本区域内的总分馆制度下，执行服务宣传、服务监督等相关制度。

（一）服务运作

社区图书馆应纳入地区总分馆服务体系，接受县级图书馆总馆的业务辅导，依托总馆服务网络和业务管理平台，通过协作与共享，联合开展各项服务工作。

（二）文献组织

社区图书馆文献应按学科、主题等方式规范排架，开架借阅，保持架位整齐；新书和期刊应在规定时间内上架；做好防盗、防尘、防潮、防虫等文献保护工作。

（三）服务统计

社区图书馆应按照常规化、标准化的原则，按日、月、年定期做好服务数据统计工作，包括服务资源、文献借阅、电子阅览、信息咨询、读者活动等，统计资料和工作记录应及时搜集、整理，建立业务档案。

（四）服务安全

社区图书馆应建立完善的管理制度（消防安全管理制度、计算机网络及信息安全管理制度），制定应急预案，确保图书馆文献资源、办馆设施、进馆读者及工作人员的安全。

（五）服务监督与反馈

社区图书馆应将各项服务的规章制度放置在图书馆内的醒目位置，自觉接受读者的服务监督；设立读者意见箱（簿），公开监督或投诉电话，对读者意见和投诉要在规定的时间内予以回复和落实；每年还应配合总馆召开读者座谈会，进行读者需求和满意度调查，发放一定数量的调查问卷，制定一定的调查标准。

四、农家书屋服务

我国村一级的图书馆服务阵地主要是农家书屋。农家书屋是"农家书屋工程"的产物。2007年3月，新闻出版总署、中央文明办、发展改革委、科技部、民政部、财政部、农业部、国家人口和计划生育委员会8个部委联合发布《关于印发〈农家书屋工程实施意见〉的通知》，计划"十一五"期间在全国建立20万个农家书屋。2012年，农家书屋实现了行政村全覆盖。2015年，全国建成60多万个农家书屋，推动10亿册图书进农村，实现了"村村有书屋"。

作为建立在行政村的、由农民自己管理的、免费提供实用的书报刊和音像电子产品及阅读视听条件的公益性文化服务设施，每个农家书屋可供借阅的图书一般在1 500册以上，报刊不少于30种，电子音像制品不少于100种。2015年10月，国务院发布《关于推进基层综合性文化服务中心建设的指导意见》，明确指出要"推进县域内公共图书资源共建共享和一体化服务，加强村（社区）及薄弱区域的公共图书借阅服务，整合农家书屋资源，设立公共图书馆服务体系基层服务点，纳入基层综合性文化服务中心管理和使用"。

在总分馆体系中，农家书屋要实现从单馆服务转化为总分馆服务，从单一的学习场所功能，向信息窗口功能、基层阵地功能、培训基地功能和文化娱乐功能等方面延伸，从传统的纸质单一媒体转化为多媒体服务。

农家书屋应纳入公共图书馆服务体系建设统筹规划，将农家书屋与村（社区）综合公共文化服务中心进行整合，建立以县级图书馆为总馆，乡镇（街道）综合文化站图书室为分馆，村（社区）综合公共文化服务中心为基层服务点的公共图书馆服务体系，将中央财政拨付和地方财政配套的农家书屋出版物补充经费统筹使用，集中由县域总馆统一采购、统一编目、分级配送、有序流转，管理与服务实行一体化管理，人员统一安排、使用，并由县级图书馆进行统一的专业指导和业务培训。除资源共享外，总馆的其他服务，如讲座、展览、培训、读者活动、网上或电话咨询服务等，也延伸进农家书屋。农家书屋可依托自身出版物及总馆资源，开展传统借阅服务；依托数字网络，开展数字化、网络化服务。农家书屋的服务纳入总分馆绩效考核体系中。

总之，农家书屋的建设、管理与服务必须按照图书馆事业发展的规律科学进行，相关法律和制度完善后，对农家书屋应按农村图书馆标准进行建设。

第五节　基层图书馆的服务创新

服务是图书馆业界学者们关注的话题，是图书馆人不断探索、不断创新的目的所在，随着人们精神需求不断提高，科技不断发展，在不同的时期，都会赋予图书馆服务新的理念、新的方法。

图书馆随着社会的网络化的发展，步入了全球一体化、网络化的新环境，图书馆为了适应新时期的新挑战，在网络时代占据一席之地，应该迅速调整自己的服务观念，创新服务模式，拓展服务领域，扩大服务人群，提高资源利用率，实现效益最大化。基层图书馆服务创新主要是基层图书馆通过新的服务理念、服务方法和新技术，对图书馆文献、人力、空间资源进行重构，改进现有服务或开发新服务，以提高服务质量、满足用户需求。服务创新是图书馆发展的动力之源，是图书馆价值的实现路径。服务创新的具体形式多种多样，应根据图书馆的实际灵活地开展。

一、基层图书馆的服务理念创新——品牌化服务

品牌战略是改变读者对图书馆印象的有效方法之一。良好的品牌可以鼓励图书馆工作人员在开展服务的过程中提高自信；良好的品牌服务可以促进服务质量创新。

案例：深圳市罗湖区图书馆创办的"悠·图书馆"

2012年12月19日，深圳市罗湖区图书馆创办的"悠·图书馆"分馆在"新天地"名居C座首层的一间小居所开放。这是由一间小三居改建的图书馆，面积约80m²，空间也不是很规整，但就是在这小小的空间里，罗湖图书馆人用心、用智慧为民众营造了一个阅读的创意空间：没有传统意义上的书架、书桌与书椅，整个空间布局打破了图书馆界几千年来千馆一面的格局。"悠·空间""悠·资源""悠·生活"，创新了图书馆的办馆理念，代表着基层图书馆发展的方向。

"悠·资源"。"悠·图书馆"同时是深圳图书馆之城统一服务网上的一个网点，连接着全市图书馆网上的全部数据。身居斗室，同样可以视观世界，思接千里，显示的是网络与联合的力量，也弥补了小馆藏书的不足。在这里，你可以借助平板电脑，阅读最新的书刊，或搜索新闻。阅读不再只是"青灯黄卷"，看电子书、写博文，70岁老翁也可以融入阅读的新潮。

"悠·生活"。城市是喧闹的。在被金钱与速度裹挟中前行的人们，更需要的是一个可以放松身心的地方。"采菊东篱下，悠然见南山。"生活在现代城市中的人们，已经不可能像陶渊明那样隐居于山林，享受山野特有的宁静，但是在这里，"U"是一个大写的"你"，唯"你"独尊。你可以在这里把盏品书、以书会友，悠然自得，实现"诗意的栖居"。正如该馆宣传彩页上所写的那样："它不只是图书馆，它是真正属于你和你的社区。它是书房，它是会客室。它是社区生活的帮手，是一段悠然自得的午后时光。"

图4-1　悠·图书馆

深圳市罗湖区图书馆打破了传统图书馆的空间概念，借鉴美国、新加坡等国近年来兴起的"图书馆作为第三空间"的理念而打造的社区图书馆，以全新的服务模式，通过"悠·图书馆"品牌，将喧嚣都市的人们吸引到图书馆来享受阅读时光。

二、基层图书馆的服务方式创新——真人图书馆

真人图书馆活动，最早源于丹麦哥本哈根 5 位年轻人创立的"停止暴力组织"。2000 年 7 月，该组织应丹麦罗斯音乐节邀请，举办了"真人图书馆"活动，现场出借 75 本"真人书"与观众互动。"真人图书馆"（Human library）即可以借阅"真人书"（Living Books）的图书馆，读者借阅的方式就是与"真人书"面对面双向交谈，通过参与者间亲密、平等的对话，鼓励跨界交流，消除对弱势群体的偏见，分享不同学科知识、生活经验、人生故事的同时增加人与人之间、群体与群体之间的了解和信任，拉近人与人之间的距离。《三国演义》，你可以通过评书艺人声情并茂的演绎来"阅读"；《西藏游记》，你可以通过旅行家的讲述而如临其境。目前，大多图书馆举办真人图书馆活动，更多的是图书馆的阅读推广手段，如荒岛图书馆真人图书活动、北京星辰海真人图书馆、济南 I think 真人图书馆、重庆图书馆的真人图书馆等。2012 年 3 月 17 日，成都市红星路 35 号创意产业园区内的成都首家"真人图书馆"正式开放，6 本"真人图书"被阅读；2011 年 11 月，"湖北之声"邀请湖北文化名家——第 8 届茅盾文学奖获得者刘醒龙作为第一本"真人图书"走进乡村学校，与学生面对面地交流；上海东方数字社区的团队建立了"社区数字家园"，并开展了"真人图书"借阅活动。

传统图书馆与真人图书馆的本质区别，在于凭借资源的不同而导致了服务功效的不同：前者依凭的是文献资源等固态资源，而后者依凭的是读者自身这种活态资源；前者提供的是显性知识的单向流通服务，而后者提供的是隐性知识的双向流通。作为个体隐性知识管理的新模式，真人图书馆在个体隐性知识管理中具有独到的价值优势。

相对于传统图书馆，真人图书馆具有以下几个特点。

第一，更贴近读者。图书馆馆藏文献内容广泛，但固态生硬。真人图书，可涉及各行各业，"阅读"起来鲜活生动，更容易被读者接受。

第二，隐性知识丰富。馆藏文献对事物都是直白的描述，而真人图书除了对事物的表述外，通过与"真人书"的交流，还能体会到"真人书"的内心感受。

第三，借阅形式灵活。热门馆藏文献对读者是"一对一"的服务，可以通过增加复本的方式来满足读者的阅读需求，而真人图书，同时可以"一对多"的服务，照顾到多数读者的阅读需求，可以是 10 人也可以是 100 人。

案例：深圳市罗湖区图书馆"真人图书馆"

为了打造都市城区第三空间，成为一个聚集区域人气、思想和智慧的公共空间，

罗湖区图书馆于 2012 年 11 月份推出"真人图书馆",旨在通过征集各种主题的"真人图书"志愿者,逐步建立一个动态的、完全公益的市民公共知识、经验等的智慧库。"每个人都是一本书"是真人图书馆的基本精神。它不拘泥于专家,学者,它代表一种对话与分享精神,它可能代表一种生活方式、一种职业、一次特别经历、一个族群、一种解决方案。

从 2012 年 11 月至 2014 年 3 月,罗湖区图书馆共举办"真人图书馆"主题阅读活动 16 期,先后有近 50 本真人图书被重点推介并实现读者集体阅读。

真人图书的性质:真人图书源自志愿者,真人图书馆是民间知识交流的平台。凡是认同人与人之间平等对话、消除偏见、相互尊重的价值观,愿意免费与他人分享自己独特的生活、经验与故事,传递丰富、健康、正面的价值导向的人,都可以通过填写"真人图书申请单",成为真人图书候选人。所有申请经罗湖区图书馆审核通过后,即可成为真人图书馆馆藏的真人图书。真人图书旨在选择有价值的知识、经验、经历,这与真人图书本人是否有知名度、专业程度如何无关,这也是与图书馆讲座类活动的本质区别。

真人图书职业:先后有旅行达人、慢生活店主、独立书店发起人、漫画家、建筑师、汉服推广人、作家、插画家、室内设计师、说书艺人、公益项目发起人、社会企业家、甜点屋创始人、服装设计师、时尚买手、平面设计师、民间阅读推广人等不同职业的真人图书进行主题分享。真人图书馆职业的多元化,有利于提升活动的吸引力,也有助于吸引更多的真人图书志愿者参与分享。同时,多元的职业化选择会避免因真人图书相对平民化带来的关注度不高等问题。

真人图书馆活动的策划:罗湖区图书馆坚持有主题、有话题的策划原则,每期选择 3 位真人图书,通过他们的职业及经历特点选取话题,引发对话与分享。比如,2013 年 4 月份,该馆结合"世界读书日"的主题,策划了一期"那些与书有关的理想者",邀请 3 位深圳本土独立书店、民间图书馆发起人作为真人图书,让读者了解深圳的独立书店生态及其创始人的故事。活动策划是真人图书馆活动持续开展的灵魂,好的策划,能够将真人图书与市民的生活之需、热点话题等密切结合起来,从而收到良好的效果。

真人图书馆的活动形式:罗湖区图书馆的真人图书馆的活动形式采取小型沙龙的形式——围桌式,每月举办一期,每期阅读 2～3 本真人图书。活动首先由主持人开场,介绍本期主题及真人图书,接下来由真人图书开始 30 分钟的讲述,最后在主持人的带领下读者与真人图书进行互动交流。真人图书馆活动通过制定《真人图书馆服务规则》对真人图书馆的活动形式予以规范和限制,避免走样及商业化现象。

罗湖区图书馆是全国首个启动真人图书馆项目的公共图书馆。活动启动以来受到了全国媒体的关注与报道。《中国文化报》《南方日报》《南方都市报》《深圳特区报》《深圳商报》等主流媒体给予了持续关注与大篇幅报道,对真人图书馆的活动产生了巨大的宣传作用。

三、基层图书馆服务意识创新——社会购买服务

向社会力量购买图书馆服务，是公共服务提供方式的一种创新。图书馆从全能型服务的生产者转变为真正的服务者和监督者，由传统的"养人"模式，转变成"养事"模式，大大解决了基层图书馆人力资源紧缺的困境，突破了图书馆人事编制的限制，降低了人力资源的成本，使其主要精力集中在管理服务上。社会力量参与到公共服务的供给中，为图书馆服务注入了新鲜血液，竞争机制的引入也将有助于激发图书馆活力，提升服务品质。

案例：北京市朝阳区图书馆运营管理服务的提供模式

2014 年 1 月，通过协商谈判的方式，北京市朝阳区图书馆、朝外街道文化服务中心（以下简称朝外服务中心）与悠贝亲子图书馆（以下简称悠贝）三方共同签署了《社会力量参与朝外地区图书馆运营合作协议书》。朝外地区政府作为购买方承担图书馆的运营管理费用，将整个图书馆的日常开放、书刊借阅、数字资源浏览、活动组织等工作外包给社会力量，和承接方签订协议明确图书馆的开放时间、资源利用情况、活动组织安排等。同时，为了确保购买的社会组织公共服务项目能顺利实施，朝阳区政府还制定并完善了《朝阳区政府购买社会组织服务项目管理办法》《朝阳区社会建设专项资金使用管理办法》和《社会组织服务项目实施评估细则》等配套文件；建立了对承接方的监督管理机制，通过日常监督和定期考核相结合，在承接方完成合同规定的目标任务后为其拨付相应的财政购买经费。

随着市场经济和信息时代的发展，社会公众对文化的需求不断增长，也日益多样，基层图书馆财政支出有限，难以满足社会公众日益增长的文化需求，通过向社会力量购买图书馆服务，可以拓展基层图书馆服务的覆盖和辐射范围，也有助于改变基层图书馆服务主体单一的局面，通过多元化主体、多样化服务，更好地满足读者多样化、个性化的需求。

四、基层图书馆服务手段的创新——移动图书馆服务

当今社会随着移动设备和无线网络技术的发展，正逐步迈向移动互联网时代。在用户市场的驱动下，各行各业通过互联网提供信息服务的模式，已经慢慢向移动互联转变，使其在新的环境下满足用户的信息需求。

图书馆服务也不例外，图书馆用户从到馆阅读纸质文献，转变为利用计算机阅读数字文献，随着手机智能化的发展和平板电脑的普及，用户正逐步转向利用移动设备获取信息资源。

从传统的信息服务到数字化信息服务，再到移动图书馆服务，技术的发展与社会

的进步总是不断地为图书馆服务的变革注入新的活力和动力。

案例：伯灵顿公共图书馆的"BPLmobile"

加拿大伯灵顿市当地人口约 17 万，并且居民的流动性很强，很多居民在附近城市上班下班，由于工作繁忙，伯灵顿市的居民习惯使用网络访问图书馆的电子图书和数据库等资源。依据加拿大官方提供的统计数据——99％的 18～34 岁、87％的 65 岁以上的加拿大人拥有智能手机或移动设备。因此，伯灵顿公共图书馆大力发展移动图书馆业务——BPLmobile。

针对用户对移动图书馆的需求开发出多样化、个性化、操作界面友好化的服务产品，包括馆藏查询、我的账号、图书馆信息等频道。馆藏查询可以利用移动设备快速查找图书馆资源；我的账号可以进行账号管理、超期查询等业务；图书馆信息可以查询图书馆的开放时间、联系信息、地址定位，可以与其他图书馆用户进行互动交流。自 2010 年 12 月上线后的前三个月，其移动应用程序下载量超过 2 500 次，访问量达到 107 580 人次，新增图书馆会员超过了 13％。

移动图书馆是依据"用户导向性"应运而生的，是紧扣用户获取信息资源的需求推动的结果，不仅提高了图书馆文献的利用率，也方便了用户使用图书馆资源。

第六节　基层图书馆的服务管理

图书馆服务是图书馆利用馆藏资源和设施为读者提供文献和信息的一切活动的总称，有时也称为读者服务。图书馆服务是一项复杂、动态的系统工程，需要科学的管理让所有的服务环节和内容高效有序地运作。基层图书馆的服务管理按照服务内容可以分为文献提供服务管理、信息服务管理和读者活动管理。

一、文献提供服务管理

(一)阅览服务管理

阅览服务是图书馆面向读者提供文献和空间以便他们在馆内利用文献的服务。公共图书馆的阅览服务是一种非常重要的文献提供方式。2011 年以前，我国大部分图书馆实行凭证阅览，即图书馆的注册读者方能进入馆内享受阅览服务。随着《关于推进全国美术馆公共图书馆文化馆(站)免费开放工作的意见》的发布，公共图书馆开始实行无障碍、零门槛进入服务，面向所有人免费开放。图书馆的阅览服务管理主要包括以下 3 个方面。

1. 文献资源布局

馆藏文献资源布局是文献提供服务的基础环节，也是至关重要的环节。科学合理的馆藏资源分布是开放阅览下为读者提供良好阅读体验的基础工作和前提条件。文献资源布局应该做到：文献资源能满足不同类型读者的需求；各类文献资源合理布局，标识清晰，便于读者查找利用；保证同系列文献的集中管理和完整性。

2. 阅览设施管理

阅览设施由阅览室和阅览辅助设备组成，包括阅览空间、阅览席位、计算机、复印机和必要的生活辅助设施(如洗手间、饮水设备等)。干净明亮、安静舒适、布局合理、方便利用是阅览室的总体要求。为满足不同读者群体的阅读需求，图书馆可以分别设置少年儿童阅览室、成人阅览室、视障读者阅览室。按照文献类型和服务功能划分，阅览室又可以分为普通阅览室、电子阅览室、特种文献阅览室。对于空间资源不是太充足的小型图书馆(室)可以按照以上读者群体和文献类型划分的方式在一个阅览室内分别设置不同的阅览区域。

3. 工作人员管理

工作人员的专业素养、服务态度、服务形象直接影响着读者的阅读体验。阅览服务岗位的人员安排可以采用区域包干的方法，给每一位工作人员分配一定区域的书架，定时整架和理架。这一方面可以保证书架的整齐，另一方面也可以让工作人员充分了解所属区域的文献，具备相应的知识，提升专业素养，帮助读者快速找书和解答咨询。此外，作为一线服务窗口，要制定相应的服务态度和形象管理规范，在服务用语、行为、态度和着装方面进行规范。

(二)外借服务管理

外借服务是指图书馆允许读者通过办理必要的手续将馆藏文献携出馆外，在规定的期限内享受自由使用的权利并承担保管义务的服务方式。图书馆对外借服务有着一套较为明确系统的规定，如可外借文献的种类、册数、借阅时间，文献超期、受损、遗失处理办法，文献预约、续借方式等。按照服务对象的组织方式和外借形式，外借服务管理可以分为以下几种。

1. 个人外借管理

个人外借是图书馆的外借服务中最主要、最基本的服务方式。个人外借管理主要是个人凭有效身份证件(户口本、身份证、护照、社保卡等)办理借阅证，借阅证记录个人的姓名、年龄、联系方式、地址等主要信息。随着计算机与网络的日益普及，基层图书馆的外借管理也逐渐实行网络化、系统化。

2. 集体外借管理

集体外借是图书馆面对特定用户群，如单位、小组、班级等提供文献外借服务，服务管理的方式主要通过办理集体证，一次性向用户群外借一定数量的文献。近年来，一些图书馆开始采用家庭借阅卡的方式进行管理，即一个家庭办理一张借书证，家庭内的成员均可凭此证借书。

3. 自助外借管理

自助外借是指读者通过馆内外自助设备进行自助开卡、借书、还书等操作的服务方式。目前广泛应用的 RFID 技术让工作人员从繁重的重复劳动中解放出来，大大提高了工作效率。除了 RFID 技术和自助借还设备等应用到原有图书馆外，这些年还涌现出具有独立空间、24 小时开放、无人值守的自助图书馆。独立的自助图书馆管理，首先要根据人流密度、服务范围和读者需求，选择合适的自助服务设置点。通常情况下自助服务点设立在人口较为集中的街道，并配置门禁系统、监控系统和自助借还设备，考虑安全性和便利性。

4. 流动借阅管理

流动借阅服务管理最重要的是根据服务对象制订服务计划。流动借阅服务的对象主要是不能到馆或到馆成本较高的用户，如偏远用户、残障用户、老年用户、生病住院用户、监狱用户等。图书馆应针对不同用户的具体情况，如路程远近、用户数量以及需求等，合理安排图书流动车、馆外服务点、送书上门等方式为他们提供流动服务，一方面通过流动服务延伸图书馆的服务触角，为用户提供普遍均等服务，另一方面也尽可能降低流动服务的成本，提高服务效能。

5. 文献传递管理

文献传递是指图书馆为满足用户对特定文献的需求，从其他图书馆或者商业性文献资料供应机构获取文献，然后提供给读者的一种服务。实体文献的馆际互借是传统的文献传递服务方式。它是指图书馆之间根据协定相互利用对方馆的馆藏来满足读者的文献需求的服务方式，传递方式主要有邮政传递和传真。随着互联网技术的发展，文献传递更多依赖于网上传输，如从商业数据库获取读者需要的文献并通过邮箱传送给读者。

(三) 远程获取服务管理

网络技术的发展催生了数字图书馆，越来越多的图书馆在建设实体馆藏的同时引进了电子资源，由此图书馆又增加了一项文献提供方式即远程获取。远程获取服务让有上网条件和懂得计算机操作的读者，可以通过访问图书馆的数据库获取文献资源，打破了实体文献借阅的时间和空间限制，从而越来越受到读者的欢迎。

远程获取服务首先要求图书馆具备较高的硬件条件，如高性能的服务器；其次，在分析读者需求的基础上引进具有实用性的商业数据库，或自主建设特色数据库，如不少图书馆开发、建设了特色馆藏文献数据库；最后，图书馆需要对读者利用远程获取服务的方式进行宣传培训。

二、信息服务管理

(一)信息服务的类型

信息服务主要包括参考咨询、信息开发、信息推送和政府信息公开服务。其中参考咨询服务是基层图书馆信息服务的主要内容。

1. 参考咨询

参考咨询服务是指图书馆针对用户需求，以各类型的权威信息源为依托，帮助和指导用户检索所需信息或提供相关数据、文献资料、文献线索、专题内容等多种形式的信息服务模式。简言之，参考咨询就是要解决读者在使用图书馆资源和服务的过程中提出的所有问题。按照咨询方式和内容特点，参考咨询可以分为以下几种形式。

(1)馆内咨询

馆内咨询是发生在图书馆内的面对面咨询方式。图书馆通过在馆内设立总咨询台或专门的咨询窗口用以解答读者咨询。读者一般利用馆内咨询了解馆藏资源的分布、开放时间、办证指南、活动安排等图书馆服务指引性的相关信息。

(2)电话咨询

电话咨询是读者从馆外获取图书馆信息的主要渠道，具有方便性、及时性的特点。电话咨询要求工作人员具备一定的电话接听技巧，在与读者通话的过程中掌握读者的信息需求并及时提供帮助。

(3)网络咨询

网络咨询是指图书馆借助门户网站、微博、微信公众号等自媒体和其他网上平台解答读者咨询的服务。拥有门户网站的图书馆可构建网上参考咨询模块，通过表单咨询、邮件咨询、网页 QQ 实时咨询等形式为读者提供信息服务，在解答读者咨询的过程中将常见问题进行整理汇编以便其他读者查询。

(4)联合参考咨询

联合参考咨询是指通过互联网将多个图书馆的网络参考咨询系统整合在一个平台上，集中各图书馆的人才和资源优势合作开展参考咨询的服务形式，如广东省立中山图书馆创建的"全国图书馆参考咨询服务联盟平台"。

(5)定题服务

定题服务是指图书馆接受用户委托，以用户关注的关键问题或研究课题为目标，深入分析，通过对信息的搜集、筛选、整理形成综述性报告并定期或者不定期提供给用户，直至协助其课题完成的一种连续性服务。比较典型的定题服务包括：科技查新服务、媒体监测服务、竞争情报服务等。定题服务通常需要图书馆购入专业或行业数据库，必要时需要同其他机构开展合作。

(6)事实查询

事实查询是指对读者提出的一般性知识咨询，通过查阅相关工具查找线索和答案并回复读者，或者直接将读者指引到特定的信息源让读者自主获取，如要求查找具体的人物、事物、名词、图像等。

2. 信息开发

信息开发是指图书馆在分析用户信息需求的基础上，利用自身资源自主挖掘、加工、组织具有特定使用价值和目标用户的信息产品，如自建数据库。随着信息技术在图书馆的进一步发展与应用，图书馆也开始对本馆的特色文献资源进行深入开发并构建特色的专题数据库。如今，衡量一个图书馆的服务能力，不再局限于传统文献资源的规模和商业数据库的数量，图书馆数字资源的自主建设能力已经成为一个重要指标。

3. 信息推送

信息推送是指根据用户的兴趣来搜索、过滤信息并通过信息摘编等形式定期推送给用户，帮助用户高效率地获取有用信息的一种服务方式。信息推送是一项个性化的跟踪服务，它需要图书馆分析和掌握读者的兴趣和需求。目前，图书馆已经掌握了大量的读者数据，对数据进行分析并在此基础上形成个性化的信息推送服务势必会强化图书馆的竞争优势。除此之外，图书馆还可以针对时下热门事件、话题，搜集汇编相关文章，通过自媒体平台向全体读者进行信息推送。

4. 政府信息公开服务

《中华人民共和国政府信息公开条例》自 2008 年 5 月 1 日正式实施以来，公共图书馆从国家法规的意义上被确立为政府信息公开场所之一，政府信息公开服务由此构成了图书馆信息服务的组成部分。为履行这一职能，图书馆应设立政府公开信息查阅专区和资料陈列专架，方便读者获取相关政策文件。

（二）信息服务管理的内容

信息服务管理是从用户和服务的角度进行图书馆信息服务的有效管理，注重图书馆信息服务工作的开展和图书馆整体效益的提升。它主要包括以下两个方面。

1. 信息服务的人员管理

（1）信息服务岗位设置

图书馆根据读者需求的层次性和多样性将信息服务模式划分为以下 3 个层面。

第一层：设在图书馆大堂，以总服务台或咨询台的形式出现。该岗位的咨询人员需要对图书馆的服务和资源有全局的了解，是读者利用图书馆的第一向导。

第二层：设在阅览、流通等一般服务的咨询岗位，该岗位应由富有经验的馆员担任。随时解答本部门的咨询问题，提供书目查询、题录检索、原文提供等一般性的参考咨询服务。

第三层：信息部门，该岗位应由综合素质较高的馆员担任，代表该馆的最高信息服务能力和水平，负责回复前两类咨询馆员难以解答的问题。同时该部门面向企事业单位、政府机关开展定题和课题跟踪、决策咨询、信息产品开发等服务。

基层图书馆应在读者需求的基础上结合实际条件设立信息服务岗位，有条件的基层图书馆可以全面布局，层层递进。总体而言，对于读者来说，图书馆内的每一个工作人员都是问题咨询的对象，所以每一个岗位在读者眼里都是咨询岗，每一个工作人员都应该具备回复读者基本咨询问题的能力。

（2）信息服务人员培训

为保证提供优质的信息服务，图书馆要做好信息人员的培训计划。培训内容包括以下方面：一是技术方面，即开展服务所涉及的相关软、硬件技术和工具的使用与操作方法。二是服务方面，服务态度和服务技能。服务态度即接待读者时的表情、语气、措辞等能影响读者感受的整体情绪表达，信息服务人员要秉承"以读者为中心"的服务理念，耐心周到地回复读者的每一个问题，正确地处理读者投诉。服务技能是指信息服务人员具备通过读者提问准确分析读者需求并予以满足的能力。

2. 信息服务的业务管理

信息服务管理的三要素包括服务态度、服务知识和服务技巧。围绕服务三要素，信息服务的业务管理包含以下内容。

（1）信息服务流程及规范

即根据不同的信息服务方式及内容设置服务流程及规范，包括馆内咨询、电话咨询、联合参考咨询、文献传递、定题及课题服务、信息产品研发及编印等信息服务的流程及规范。

（2）信息服务岗位职责

图书馆应制定每一个信息服务岗位所要求完成的工作内容以及应当承担的责任范围，如前台信息咨询员岗位职责、阅览室信息咨询馆员岗位职责、参考咨询馆员岗位职责等。

（3）咨询档案管理制度

建立搜集、整理、立卷归档的咨询档案管理制度，设计"咨询记录日志表"，各咨询台在工作期间每接待一名读者咨询应以简单的形式记录下咨询的主要内容，然后根据每月读者咨询的数量，将咨询问题分类登记形成读者咨询档案，方便以后进行读者需求和行为分析，进而改进服务内容和方式。

三、读者活动管理

读者活动是由图书馆负责或参与策划、宣传、组织、实施的，面向特定用户群体开展的非日常服务项目，具有读者交互性、生命周期等特点。图书馆的读者活动内容丰富，形式多样，包括阅读促进活动、文化传播活动、教育培训活动、休闲娱乐活动等。

（一）读者活动的类型

1. 阅读推广活动

阅读推广活动是图书馆面向读者培养和推广阅读兴趣而开展的阅读宣传活动。图书馆的阅读推广活动通常针对不同年龄阶段的特点和需求来进行策划，儿童早期阅读兴趣的激发是阅读推广工作的重点和亮点。阅读推广活动的形式多样，内容丰富，如面向儿童的故事会、绘本手工制作、少年儿童剧社等；面向成人的读书会、经典诵读、征文比赛、作家讲座、书展等；面向特殊人群（如视障读者）的图书馆参观导游、盲文设备利用培训、图书朗读活动等。

2. 文化传播活动

文化传播活动是指图书馆通过讲座、展览、沙龙、竞赛等方式向读者进行各类文化传播的服务。比如，举办读者英语沙龙向读者传播外国文化，在传统节日里举办特色活动（如猜灯谜、做年画）宣扬中国传统文化。

3. 教育培训活动

教育培训活动是图书馆承担"社会教育"职能，面向用户进行的个人技能和素质提升的服务项目，活动形式多样，内容多变。其中馆藏资源利用的读者培训是许多图书馆的服务项目，旨在让读者更好地利用图书馆的各类资源和服务。

4. 休闲娱乐活动

随着图书馆"第三空间"的定位，图书馆开展的读者活动不再仅限于展览、培训和阅读宣传，而逐渐成为读者放松身心，休闲娱乐的场所之一。图书馆的休闲娱乐活动包括电影播放、数字音乐鉴赏、花展、画展、生活课堂等。

（二）读者活动策划与实施

一个完整的读者活动包括前期调研、方案策划、前期宣传、组织实施和总结推广5个流程。

1. 前期调研

活动调研的内容包括：

①活动的目的和意义，即通过该活动要达成什么目标，目标是否可量化。

②活动是否具有可行性和可操作性。

③是否需要寻求社会合作，通过引进馆外资源提升活动规模与效应。

④活动是否具有创新性，以往是否举办了类似的活动，成效如何，是否有改进的空间。

2. 方案策划

在前期调研的基础上，进行活动方案的策划与撰写。方案要反映调研的结果，包括：

①活动的目的、可行性和创新性。

②活动的用户群体定位，即活动主要面向哪一特定读者群体开展。

③活动的组织形式，即按照何种形式开展活动。

④活动的物资准备和经费预算。

⑤活动组织团队的成员分工等。

3. 前期宣传

前期宣传是开展读者活动的重要环节，直接关系到目标群体能否获取活动信息并积极参与。自媒体时代，公共图书馆的宣传平台更加多元，如通过门户网站、微博、微信公众号、馆内海报宣传等渠道进行活动推广。宣传推广的关键在于结合各自媒体的特点制定宣传文案，网络自媒体的标题要富有吸引力，让人有点击阅览的欲望，文案在将活动事宜交待清楚的同时应做到图文并茂，形式新颖。

4. 组织实施

组织实施是读者活动最重要的环节，需要保证活动所有的设备、人员、流程按照活动方案有序地进行。活动现场需要对读者进行有序的管理和引导，在出现紧急情况时能机动地进行调整，确保整个活动顺利开展。

5. 总结推广

读者活动既需要前期宣传也需要后期总结推广。一方面，通过自媒体和新闻媒体向社会大众推广读者活动的成果，促进大众对图书馆的了解，从而提升图书馆的知名度和利用率；另一方面，对活动资料进行总结并建立档案，为以后的活动开展提供经验素材。

【思考题】

1. 你认为应如何推进县域公共图书馆总分馆制建设？

2. 县级图书馆应开展哪些基本服务？

3. 基层图书馆如何开展服务创新，打造服务品牌？

4. 县级图书馆的服务管理包括哪些内容？

5. 读者活动应该如何策划与实施？

【参考文献】

[1]邱冠华，于良芝，许晓霞. 覆盖全社会的公共图书馆服务体系：模式、技术支撑与方案[M]. 北京：北京图书馆出版社，2008.

[2]郭桂英，张东辉. 公共图书馆弱势群体服务探析[M]. 长春：东北师范大学出版社，2015.

[3]于良芝，许晓霞，张广钦. 公共图书馆基本原理[M]. 北京：北京师范大学出版社，2012.

[4]汪东波. 公共图书馆概论[M]. 北京：国家图书馆出版社，2012.

[5]杨玉麟，屈义华. 公共图书馆资源建设与服务[M]. 北京：北京师范大学出版社，2013.

[6]王流芳，徐美莲. 社区图书馆的理论与实践[M]. 北京：中国民族摄影艺术出版社，2002.

[7]李超平. 县级公共图书馆服务创新[J]. 图书与情报，2013(01).

[8]刘贵玉. 国外移动图书馆营销案例分析及其启示——以加拿大伯灵顿公共图书馆为例[J]. 图书与情报，2013(03).

[9]易斌，郭华. 政府购买图书馆运营管理服务的比较研究[J]. 情报资料工作，2015(02).

[10]李国新. 立足新变化　突破新问题　推动县级公共图书馆持续发展——第三届百县馆长论坛主旨发言[J]. 图书与情报，2010(04).

[11]罗湖区图书馆. 悠空间·新天地——"悠·图书馆"印象[EB/OL]，（2012-12-21）[2017-10-31]. http://www. szlhlib. com. cn/web/information. do? actionCmd＝view＆id＝3226.

[12]农家书屋农民阅读状况专题报告[N]. 中国图书商报，2010-03-25。

第五章 基层图书馆信息化建设

【内容概要】

基层图书馆作为社会信息资源重聚和传播的重要组成部分，是直接服务于基层广大人民群众的信息机构。做好信息化建设，有助于基层图书馆顺应时代发展趋势，更好地履行本地资源采集和保存、面向基层群众提供服务的职责。本章从图书馆信息化的概念出发，通过介绍国内外图书馆信息化建设发展情况，厘清建设目标，对基层图书馆信息化建设的一般原则和范围进行了描述，并按照循序渐进的方式介绍了基层图书馆信息化的常见建设内容，对一些需要注意的业务流程和技术方面的要求进行了阐述。

第一节 图书馆信息化概述

一、图书馆信息化

(一)图书馆信息化的概念

1. 信息化

一般来说，信息化是指充分利用信息技术，开发利用信息资源，促进信息交流和知识共享，提供信息服务，满足社会、行业或特定人群信息需求的过程。

2. 图书馆信息化

图书馆信息化是指图书馆在信息的采集存储、加工制作、传递利用等各项工作中，应用计算机、网络、多媒体等现代信息处理技术手段，对图书馆进行全方位、多角度的改造，以实现信息资源的深度开发和普遍共享，为用户提供最有效的服务，最终产生一定的社会效益和经济效益。

(二)图书馆信息化的特点

一般来说，图书馆信息化具有如下 3 个特点。

1. 业务操作和管理自动化

利用计算机技术自动地管理和控制图书馆的各个业务环节，包括采访、编目、典藏、流通、咨询等。

2. 信息资源数字化

通过将传统资源进行数字化处理，或是直接采集数字化资源，实现信息资源建设、保存、服务的全面数字化。

3. 信息资源高度共享

通过信息资源的数字化和网络化，基层图书馆的用户不仅可以访问本馆内的资源，还可以访问全国文化信息资源共享工程、数字图书馆推广工程等海量资源，在一定范围内实现了知识共享。同时，基层图书馆可以不必再建设重复的资源，可以重点建设自身特色资源，有效避免了资源浪费，实现了信息资源的优化配置。

二、国内外基层图书馆信息化建设的发展情况

他山之石，可以攻玉。考察国外基层图书馆信息化的发展历程、可持续发展的原因，对我国基层图书馆信息化的建设和发展有一定的借鉴作用。

(一)国外图书馆信息化建设的状况

国外图书馆行业信息化建设的进程，主要经历 3 个发展阶段。

第一个阶段为图书馆信息化发展初级阶段，即图书馆自动化管理集成系统发展阶段。大约 20 世纪 60 年代末 70 年代初，图书馆开始步入自动化阶段，其标志是美国国会图书馆正式发行 MARCII 机读目录。

第二个阶段(过渡阶段)为图书馆在网上进行全球性、整体化电子文献信息服务的阶段，以 20 世纪 80 年代中期 CD-ROM 光盘和局域网络开始在图书馆得到应用为主要标志。特别是 20 世纪 90 年代互联网迅猛发展，图书馆的电子文献信息服务被推向了全球性服务的新阶段。

第三个阶段是图书馆信息化的高级发展阶段，也称为数字图书馆阶段，其主要特征为海量信息存储、多媒体技术、分布式管理。当前，图书馆信息化建设大多处在第三阶段，主要集中在图书馆自动化、数字化、网络化等方面，利用各种数字技术进行海量资源的有效建设、长期保存以及全球共享，促进用户对文化信息资源的开放获取。

需要区分的是，目前学者对数字图书馆研究较多，但不能将其与图书馆信息化等同。数字图书馆建设是图书馆信息化体系的表现形式之一，图书馆信息化涵盖更广，其目标是实现信息资源的深层次开发利用、网络信息服务的多样化和智能化、全球信息资源的共建共享。

(二)国内基层图书馆信息化建设的状况

1. 国内基层图书馆信息化的发展历程

在我国，基层图书馆信息化的发展历程，也可大致分为 3 个阶段。

第一个阶段是图书馆电子设备的配置、维护与完善阶段，这是最基础的阶段，为图书馆数字化、网络化发展提供了保证。

第二个阶段是建立图书馆自动化系统，这是图书馆信息资源体系开发和发展的环境支撑，系统包括采购、编目、流通、书目查询、读者信息管理等模块，替代手工操作，实现图书馆管理的自动化，实现文献信息资源与读者的"零距离"接触，高效、快速地为读者提供文献信息资源。

第三个阶段是图书馆协作网络的形成，利用现代化计算机技术和网络技术，将一定范围内或系统内的图书馆串联起来，实现图书馆间的共建共享。为确保资源整合和传递，这要求计算机系统的兼容性、书目数据的统一性，数据结构的标准性等。

这 3 个阶段不是孤立存在、截然分割的，而是相互渗透、相辅相成的。随着需求的提升和技术的成熟，越来越多的基层图书馆必将向以海量信息存储、多媒体技术、分布式管理为特征的数字化图书馆的更高级阶段发展。

2. 国内基层图书馆信息化的发展现状

目前我国基层图书馆信息化建设在国家政策的支持下处于历史上最好的发展时期，相继实施的文化惠民工程，加快了基层图书馆信息化发展的速度。全国基层图书馆的整体信息化水平逐步提高，具体表现为以下 3 个方面。

(1)公共财政保障力度持续增强，逐步推进信息化基础设施建设

进入 21 世纪后，随着互联网的普及和信息技术的发展，政府对基层文化事业的财政投入逐年增加，基层图书馆信息化的基础设施水平得到极大提升，基层图书馆在设施设备配置、网络建设、自动化办公等多方面都有了很大改善。"十二五"期间，全国各地区县、市级公共图书馆的计算机台数、电子阅览室终端数和电子阅览室面积均稳步增加。但是，由于信息技术的快速发展，一些基层图书馆缺乏具有专业技能的工作人员、缺乏相应的操作技能培训，其员工不能够很好地操作信息化设备、充分利用信息资源，尤其在人口较少、地理环境相对较差的中西部农村地区，人才缺乏问题更严重。

(2)信息资源日益丰富，特色资源的开发能力有待加强

截至 2015 年年底，全国县级公共图书馆藏书量达 3.87 亿册，其中电子图书量为 28 058.24 万册，比 2014 年增长 24.18%，基层图书馆的文献信息资源已初具规模。此外，各大公共数字文化惠民工程也为基层文化事业提供了日益丰富的信息资源，初步形成了内容丰富、规模较大的信息资源库。然而在自建资源方面，我国基层图书馆数据库建设和资源开发的力度比较薄弱，自行购买和开发的数字资源较少，尤其是具有本地特色的数字化文献资源开发利用能力还有待加强。

(3)信息服务设施不断完善，服务效能仍亟须提升

各大公共数字文化惠民工程大力推动了基层图书馆事业的均衡发展，满足了基层图书馆信息化发展的基本需求。比如，全国文化信息资源共享工程已基本实现县县建

有支中心和"村村通"的目标，累计服务超过 8.9 亿人次；农家书屋工程提前 3 年实现"农家书屋村村有"的建设目标；国家图书馆实施的"县级数字图书馆推广计划"也将国家图书馆自建和购买的优秀数字资源推送到全国每一个县。然而，部分基层图书馆对信息资源的推广力度还不够，使很多读者对基层图书馆的信息资源不够了解，利用不够充分，基层公共文化服务的整体效能有待提升。

3. 国家公共数字文化服务工程

随着信息化的发展，国家启动了一系列公共数字文化工程，包括国家数字图书馆工程、全国文化信息资源共享工程、公共电子阅览室建设计划、数字图书馆推广工程等。

(1)国家数字图书馆工程

2001 年，经国务院批准启动了国家数字图书馆工程。工程主要联合各部门和各地区有条件的图书馆参与建设，共同构建分布式的全国数字图书馆总体框架体系。其建设目标是：有重点地采集、建设和保存中文数字资源，建设世界上最大的中文数字信息保存基地；构建支持数字资源采集、加工、保存、服务的技术支撑平台；利用先进的技术和传播手段，通过国家骨干通信网，向全国和全球提供高质量的以中文数字信息为主的服务，建设世界上最大的中文数字信息服务基地；构建以国家图书馆为服务中心，以国内各大图书馆为服务节点的数字资源传递和服务体系，为其他行业性、地区性数字图书馆系统提供服务支撑；充分利用国家数字图书馆工程的软硬件设备，为全国文化信息资源共享工程提供技术支撑平台。

工程从 2005 年开始建设，在预算范围内完成了信息化基础设施建设，规范了行业标准，初步实现了数字图书馆业务全流程，形成了数字图书馆服务体系。数字图书馆拓宽了国家图书馆的服务领域，为到馆读者提供自助借还、自助办证、智能架位导航等更为智能的自助服务，在为普通大众提供服务的同时，关注对特殊人群的服务，探索为少年儿童提供数字阅读的服务新模式，引领与推动全国图书馆少年儿童服务事业的发展，在继续加强中国盲人数字图书馆建设的基础上，探索为残障人士提供方便有效的信息与知识服务的新途径。

随着创新服务的不断推出，国家数字图书馆将读者服务扩展至计算机、数字电视、手机、手持阅读器、平板电脑、电子触摸屏等多种服务终端，涵盖远程资源访问、整合检索、在线咨询、移动服务、数字电视服务等多种服务形式，覆盖互联网、移动通信网、广播电视网等多种载体，树立起"文津搜索""掌上国图""国图空间"等优质服务品牌，搭建起满足不同服务需求的全媒体数字图书馆服务体系。

(2)全国文化信息资源共享工程

全国文化信息资源共享工程是 2002 年起，由文化部、财政部共同组织实施的国家重大建设工程；其宗旨是利用现代信息技术，将中华优秀文化资源进行数字化加工整合，通过互联网、卫星、电视、手机等新型传播载体，依托各级图书馆、文化站等公共文化设施，在全国范围内实现共建共享。

共享工程的网络体系建立在国家现有的骨干通信网络上，包括由光缆连接的传输网络以及由卫星接发的网络。网络节点由一个国家中心、若干省级分中心以及基层中心组成。通过广泛整合公共图书馆、博物馆、美术馆、艺术院团及广电、教育、科技、农业等部门的优秀数字资源，共享工程建成了大量优秀的特色专题资源库，受到了广泛欢迎。

全国文化信息资源共享工程的实施，成功地开辟了一条符合国情、符合时代发展方向、符合广大基层群众需求的公共数字文化服务新途径，在传播社会主义先进文化，消除城乡"数字鸿沟"，推进公共文化服务均等化，提升全民文化信息素质，保障广大人民群众基本文化权益等方面发挥了重要作用。

（3）公共电子阅览室建设计划

2012年文化部联合财政部发布《关于印发〈"公共电子阅览室建设计划"实施方案〉的通知》，计划"十二五"期间在全国全面施行"公共电子阅览室建设计划"。其实施内容主要包括：推动已建公共电子阅览室的免费开放，满足广大社会公众特别是未成年人与老年人、进城务工人员等城乡低收入群体的需求；推进公共电子阅览室建设，到"十二五"末，实现在全国所有乡镇、街道、社区的全面覆盖；建设适合开展公共电子阅览室服务的优秀数字资源达到500TB，重点建设一批未成年人喜爱的动漫故事、益智类游戏、进城务工人员实用技能、少数民族语言文字、地方特色资源等；充分应用云计算、智能服务、流媒体、移动互联网等最新适用技术，依托已有技术管理平台，建设先进实用、安全可靠、传输通畅、开放互联的公共电子阅览室技术平台；利用公共电子阅览室广泛开展内容丰富、形式多样的惠民服务。

（4）数字图书馆推广工程

2011年，文化部、财政部共同启动了"数字图书馆推广工程"。工程旨在构建以国家数字图书馆为中心，以各级数字图书馆为节点，覆盖全国的数字图书馆专用网络，建设分级分布式数字图书馆资源库群，以电信网、广播电视网、互联网为通道，以手机、数字电视、移动电视等新媒体为终端，向公众提供多层次、多样性、专业化的数字图书馆服务。截至2015年10月，推广工程已经覆盖全国40家省级图书馆，479家市级图书馆，服务辐射2 900多个县级图书馆。

数字图书馆推广工程通过数字图书馆专用网络、统一用户认证平台，向全国各级公共图书馆提供丰富的的资源内容，包括153万余册中外文图书（包括700余种古籍）、450余种中外文期刊、300种中文报纸资源、14万种图片、10万首音乐、5 000段教学视频、150小时科普视频、100种中文工具书、7万余个少年儿童教学课件。

基层图书馆可以通过以下3种方式使用数字图书馆推广工程的资源服务。

①馆内服务。基层图书馆可采用专网或虚拟网的方式联通推广工程数字图书馆专用网络，直接通过内部网络地址获取资源服务列表，从而对本馆到馆读者提供远程数

字资源服务。（见图 5-1）

图 5-1　可在馆内访问的数字资源

②馆外服务。基层图书馆可在本地部署统一用户管理系统，将本馆读者账号数据
与推广工程统一用户管理系统进行整合认证后，本地用户可以直接用读者卡在馆外远
程访问推广工程提供的数字资源。（见图 5-2）

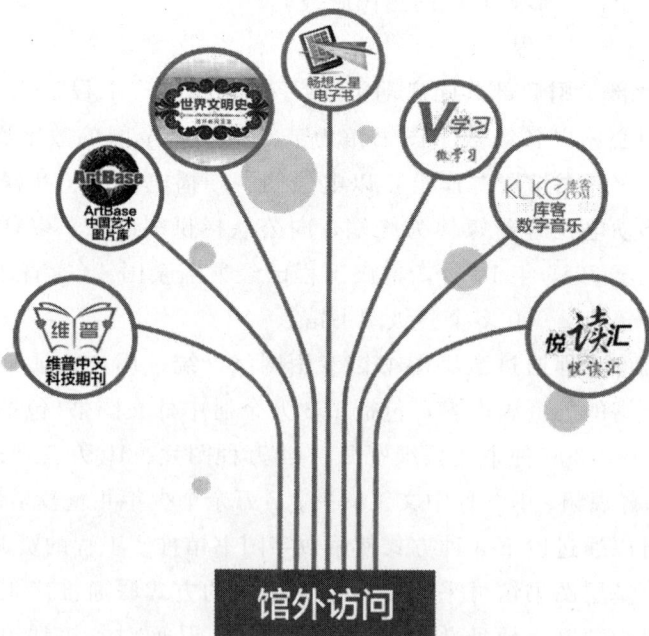

图 5-2　可在馆外远程访问的数字资源

③推广工程移动阅读服务。数字图书馆移动阅读平台以 WAP 网站的形式，向全国范围内的用户提供 4 万余册优质电子图书、上千种电子期刊杂志、3 万余张图片、千余场视频与短片以及其他全国公共图书馆优秀特色资源。平台依托云服务理念采用总分站模式，平台的云服务中心可实现图书馆资源在移动终端的共建共享，各地分站可灵活接入，推出具有本馆特色的资源服务。平台使用便捷，连接了数字图书馆统一用户管理系统的各地馆，其办卡用户可用各自读者卡号及密码在移动终端上访问移动阅读平台，免费浏览平台资源。其他用户可在平台或者国家数字图书馆的读者门户网站注册后，登录平台免费浏览资源。（见图 5-3）

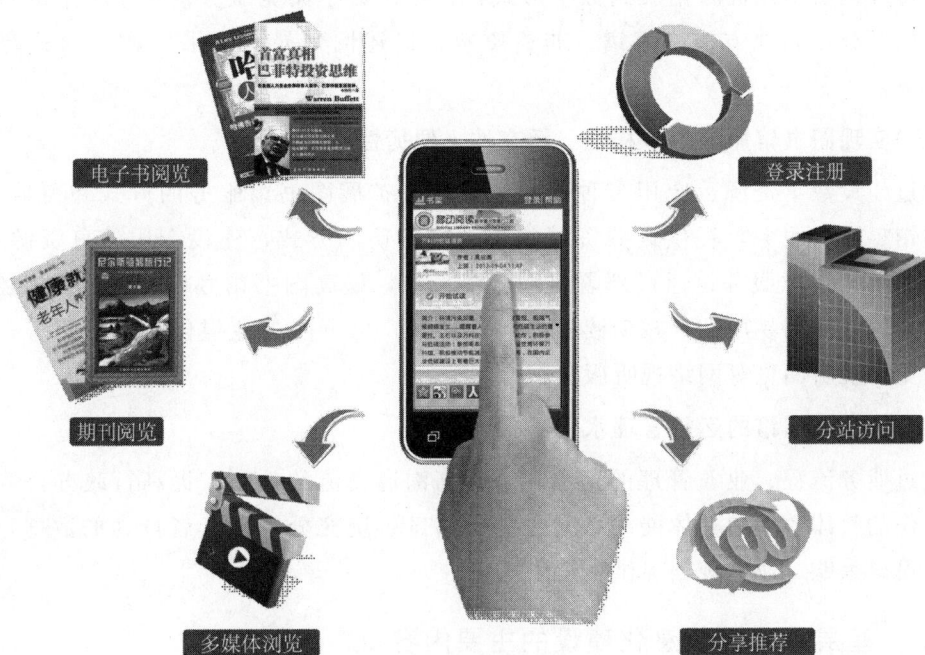

图 5-3　数字图书馆移动阅读服务平台

第二节　基层图书馆信息化建设的目标、主要内容和原则

一、基层图书馆信息化建设的目标

基层图书馆信息化建设，其根本目的是为了使基层图书馆紧跟信息技术发展的步伐，提高图书馆的服务能力和服务水平，更好地为基层人民群众提供各类知识资源，更好地发挥社会的教育作用，更好地满足基层群众精神文化生活的需要。

具体而言，基层图书馆信息化的目标可以大致归纳为以下 4 点。

(一)建立完善的图书馆网络和信息化基础设施平台

采用先进、成熟的网络及相关软硬件技术，构建高效、稳定、安全、可扩展的计算机网络，实现与互联网的连接；有条件的情况下建设无线网，满足移动设备连网的需求；构建由机房、网络设备、服务器、计算机终端等设备组成的信息化基础设施平台。

(二)丰富图书馆的馆藏，建设和保存数字资源

通过扫描、OCR 识别、音视频模数转换、网页资源采集等数字资源采集、加工手段，将传统纸质馆藏资源拓展到数字形式，并提供数字阅览服务；对于本地的特色资源和珍贵资源，如地方志、家谱、非遗资料、口述回忆录等，采用数字形式存储和保存。

(三)实现图书馆服务的多样性、泛在性、便捷性

通过建设数字资源、应用多种信息化技术，扩展图书馆服务的方式和覆盖领域，提供到馆、远程服务，提供馆藏资源的移动终端访问方式，建设专用信息资源平台，更好地为特殊人群服务；通过部署自助服务系统，提高图书馆办证、阅览、借还、复印、扫描等服务的易用性，减少读者操作的环节，尽可能多地提供一站式服务；提供电子阅览、视听阅览等网络视听服务。

(四)提高图书馆的运行管理水平

通过业务流程、业务管理的信息化，提高沟通交流的效率，提高行政办公等业务管理工作的整体效率和整体能力；通过各类信息系统充分掌握读者行为的数据，为图书馆建设、采购、业务规划提供决策依据。

二、基层图书馆信息化建设的主要内容

上述各项目标的实现，离不开一系列信息化建设的工作。从平台建设内容的角度考虑，基层图书馆的信息化建设一方面要做好信息化基础设施平台的搭建，另一方面要做好信息化业务系统平台的构建和完善。

(一)信息化基础设施平台的建设

基层图书馆信息化建设的硬件基础设施主要包括机房、网络及信息安全设备、服务器、存储设备、各类终端设备和外设等。

(二)信息化业务系统平台的建设

基层公共图书馆由于服务规模和范围的不同，其业务系统平台的功能和规模也有所不同，但信息化业务系统平台基本都涵盖了采、编、阅、藏等图书馆的基本业务。从图书馆信息化系统应用的角度，其可以分为传统环境下的信息化业务系统平台和数字环境下的新型图书馆业务系统平台。

在传统的图书馆环境下，常见的信息化业务平台有图书馆集成系统、电子阅览室、门户网站、自助服务等。

随着各类新型互联网技术的发展和网络上各类数字资源的激增，图书馆信息化逐渐向提供数字图书馆服务方向发展。在数字环境下产生了以数字资源服务为目标，围绕数字资源生命周期的各类系统，常见的有：数字资源采集加工系统、数字资源发现与揭示系统、发布系统、统一用户系统、电子资源阅览服务以及新媒体服务系统。

三、基层图书馆信息化建设的原则

(一)用户导向原则

用户导向原则即以用户需求为导向，将关注中心从馆舍、馆藏转向用户，充分了解用户的需求，重视对用户数据的搜集和分析，从用户的视角来考虑信息化建设，从而为用户提供满意的信息化服务。

(二)边建设边服务原则

图书馆信息化建设不但是一项复杂的系统工程，而且是一个长期且发展的过程，其各个平台、系统建设往往需要分批分期进行。因此，其建设过程需要遵循边建设边服务的原则，合理规划建设顺序，并根据服务效果适时调整建设规划，使图书馆的信息化建设发挥其最大效用。

把握这一原则，在进行图书馆信息化建设的同时，基层图书馆应注重建设成果的利用以及与传统业务的融合；同时，要将新的信息技术、服务效果的反馈结果以及业务的改进思路，融合到新的建设阶段中。

(三)特色化原则

基层图书馆进行信息化建设，应当根据本地区、本馆的特点以及服务对象有重点的开展建设，深入挖掘当地的特色资源，开展特色应用、特色服务的建设，并考虑本馆服务对象的特点，将服务对象的需求充分融入信息化建设的目标，在建设中充分体现特色化原则，更好地发挥基层图书馆的服务能力和服务效果。

(四)可扩充性原则

图书馆信息化建设的规划与设计要有科学性和前瞻性，应充分考虑系统的扩展和升级能力，满足图书馆发展的需要。

把握这一原则，需要从业务现状出发，在规划中尽可能达到科学性和合理性，并结合本馆业务发展的规划，确定业务发展的方向，在建设过程中充分考虑未来的可扩展性，如预留软件接口、存储设计要满足未来数据的增长量、结构可根据业务动态调整等。

第三节 基层图书馆信息化的基础设施平台建设

本教材中的信息化基础设施平台，是指由计算机、服务器、操作系统、网络、机房、存储设备等构成的提供信息系统运行的平台。图书馆信息化基础设施平台的建设水平，直接影响各类图书馆信息化应用的效果。

一、机房系统的建设

(一)机房系统概述

电子信息系统机房，通称机房，作为单位的信息中心枢纽，是单位的业务系统与数据资源进行集中、集成、共享、分析的场地及相关工具、流程等的有机组合。

机房系统的建设范围及内容主要包括：装饰装修系统工程，供配电安装系统工程（含照明、防雷、接地系统工程、UPS 系统配置及安装系统工程），各功能间空调冷量计算及通风系统工程，弱电系统工程（安防系统、综合布线系统、设备及场地监控、KVM 监控系统），消防报警，灭火系统工程，机房区域防鼠害系统工程，机房屏蔽工程等。

(二)基层图书馆机房建设要点

具备条件的基层图书馆，可根据功能设置不同的机房分区，如主机房、通信线路接入室、空调机房等，彼此独立，互不干扰。空间、场地等条件有限的基层图书馆可不划分机房分区，或不单独设立机房，但应为信息系统服务器机柜、网络设备机柜等辟出专门区域，并注意以下方面。

①机柜周围应有充足的散热空间，并使用空调等方式为机柜内的设备散热，因为服务器、网络设备在过热的环境下运行会降低设备寿命，或造成系统死机。

②保障机柜的电力供应，避免因临时施工、搬迁等操作导致设备意外断电，进而影响到图书馆的信息服务和网络运行。需 24 小时提供服务的系统，应在确保安全的情况下保障夜间电力供应。不需 24 小时提供服务的系统，应在全天业务结束后切断电源。做好机柜的防雷接地。

③注意机柜内设备的安全，避免无关人员接触。

④如机柜放置在距阅览区较近的地方，应考虑设备噪声的影响。

二、网络系统的建设

计算机网络系统，简称网络系统，是指将地理位置不同的具有独立功能的多台计算机及其外部设备，通过通信线路连接起来，在网络操作系统、网络管理软件及网络通信协议的管理和协调下，实现资源共享和信息传递的计算机系统。

网络系统的建设通常包括一系列与局域网、互联网相关的线路、设备、软件系统的建设，其建设过程包括规划设计、设备安装与组建、验收与技术培训等。

(一)规划设计

网络规划设计是根据用户对网络的需求和具备的条件，设计一套完整、可行的网络系统建设方案，包括网络系统类型、物理和逻辑拓扑结构、IP地址规划、VLAN和路由规划、网络安全和管理策略等。网络规划设计包括需求分析、初步设计、详细设计，并应遵循开放性、标准化、可靠性、安全性等原则。基层图书馆建设网络，应注重经济实用性，即在充分满足业务需要的功能和性能的前提下，应注意网络系统设计选型合理，设备型号和数量不宜一味求高求多，注重设备复用和利旧，尽可能节约投资。

1. 需求分析

需求分析即确定用户对网络系统的性能和功能的要求。进行需求分析时，需要先对用户需求做调查，包括用户相关情况、用户对网络性能的要求、用户对网络功能的要求。

①用户相关情况包括用户部门设置、使用人员地理分布、网络系统现状、网络使用情况、业务应用系统现状、对网络建设的周期安排及资金预算等。

②用户对网络性能的要求包括网络速度、响应时间、内外网访问要求、可靠性等。

③用户对网络功能的要求包括网管功能、日志功能、对业务系统的支持要求、扩展性要求、专用设备和专用协议等方面的要求。

网络设计人员和用户需要共同参与调查分析，明确需求，达成共识。有时用户的需求在建设初期并不清晰，需要反复讨论确认。

2. 初步设计

初步设计即要点设计，以需求分析为依据，对网络系统的主要元素做出方向性设计。初步设计的内容包括网络系统功能指标、性能指标、设计遵循的标准、依据的原则、网络规模、要支持的应用、网络的总体架构、网络安全及管理策略等。初步设计还要对主要设备的性能要求、用途、部署位置等进行概要说明。

3. 详细设计

详细设计依据初步设计对网络系统各个方面进行的具体指标的详细设计和确定。详细设计需要对网络拓扑结构、汇聚和接入结点的部署位置和数量、综合布线、网络设备详细技术参数、接入互联网的技术方式、无线网覆盖等进行设计。

(1)局域网拓扑结构

局域网的拓扑结构主要有：星型、环型、总线型、树型、网状型和混合型等。核心层可以采用双核心或多核心，核心设备之间采用网状、部分网状或环形连接，汇聚和接入设备到核心设备采用双上联方式连接。

近年来虚拟网络技术已经成熟，两台或多台网络设备可以虚拟成一台，汇聚或接入层交换机采用跨设备链路捆绑的方式上联，不再需要配置生成树协议。

无线网络基本结构包括对等网络（Ad hoc 结构，无线终端之间直接相互通信）和结构化网络（Infrastructure 结构，无线终端之间必须依赖无线设备才能相互通信）。图书馆无线网一般采用 Infrastructure 结构。

（2）综合布线系统设计

目前局域网传输介质主要采用光纤和非屏蔽双绞线。受传输距离的限制，非屏蔽双绞线主要用于工作区终端接入、服务器机房集中接入等近距离接入，目前一般应采用满足 Cat6 或以上标准的双绞线。光纤传输距离远，性能稳定，但设备价格较贵，常用于距离较远的水平子系统、垂直子系统、建筑群子系统布线或特定情况的布线。

（3）网络设备选型

设备选型时要考虑所选设备之间、与已有设备之间的兼容，选择的设备性能和功能必须满足设计要求，同时还要考虑设备的可扩展性和后期的可维护性、技术的先进性、兼容性等。

在条件允许的情况下，应尽量选择知名主流厂商的产品，便于后续使用和维护。各区域部署的交换机端口数量应该保留一定的冗余。边界路由器应该支持连接运营商线路所需的接口类型。

现在网络中多媒体、视频会议等应用增多，网络设备应该支持服务质量（QoS）、组播等功能。

（4）无线局域网设计

无线局域网设计，应首先确定无线覆盖范围。对于覆盖范围较小的基层图书馆，可简单地采用无线接入点（AP）连接到有线网接口的方式，对局部区域进行覆盖。单个区域内 AP 数量一般不超过 3 个。如覆盖范围较大，AP 数量较多，可考虑用无线控制器（AC）结合紧凑型 AP（瘦 AP）的组网方式。

无论使用哪种结构组网，设备都应支持主流无线网标准（802.11a/b/g/n/ac）。如安装位置不方便电源接入，AP 设备可选用支持以太网供电（POE 供电）的型号（需要配套的 POE 交换机）。

无线局域网设计还要考虑对接入用户的认证、权限控制、使用安全等问题。

（5）IP 地址规划

IP 地址规划应该遵循唯一性、连续性、可扩展性、实意性、节约性原则。每个 IP 地址只能分配给一台主机；在一片区域内，IP 地址应该连续，同一部门设备的 IP 地址应连续；每一段 IP 地址都应留下部分备用地址以备以后扩展；节约使用 IP 地址。另外对于设备互联地址、设备回环（Loopback）地址，建议单独占用一段 IP 地址。

（6）虚拟局域网（VLAN）规划

VLAN 划分可以基于端口、MAC 地址、网络层协议、IP 组播、子网、用户认证授权等。现在多基于端口划分 VLAN。对于较大型网络，推荐把 VLAN 网关设置在汇聚层，把广播流量限制在各区域内，以减少内网广播流量对骨干网的影响。

(二)设备安装与网络组建

将所有网络设备安装部署到位并连接，根据网络应用、功能要求进行配置调试，实现整个网络互联互通、稳定运行。

设备应该尽量安装在机柜或专用空间，以减少无关人员因触动、误插接造成的网络故障。交换机接口扩展可以采用堆叠或者级联的方式。目前用非屏蔽双绞线对交换机级联时一般采用直通线即可，如有较老式设备可能需要用交叉线。

网络系统还需要部署辅助服务和管理系统，包括域名系统(DNS)服务器、动态主机配置协议(DHCP)服务器、网管系统等。网络管理系统应提供配置管理、性能管理、记账管理、故障管理、日志管理、安全管理等功能。

(三)验收与技术培训

《YD/T 5070—2005 公用计算机互联网工程验收规范》和《GBT 21671—2008 基于以太网技术的局域网系统验收测评规范》对网络工程验收过程、内容、标准、方法进行了详细规定，可供参考。另外验收标准还应对照用户需求进行。

验收完成后，承建方应该对用户相关人员做技术培训，并做出售后服务承诺，包括应急响应、日常技术支持等。

三、计算平台建设

本教材中的计算平台主要指由服务器和必要的集群、虚拟化系统构成的供应用软件运行的硬件平台。一个经济、高效、稳定的计算平台建设，应合理选用服务器硬件，同时综合考虑虚拟化、云计算等新的计算平台技术。

(一)服务器概述

1. 服务器和操作系统

服务器由承载信息系统运行的计算平台的基本硬件构成。服务器按照硬件架构，可分为复杂指令集计算机(CISC)服务器、精简指令集计算机(RISC)服务器、超长指令集架构(VLIW)服务器等；根据机箱结构可分为台式服务器、机架式服务器、机柜式服务器、刀片服务器等；按照服务器规模，可以分为 PC 服务器、小型机和大型机等。

操作系统是管理和控制计算机硬件与软件资源的计算机程序，是直接运行在"裸机"上的最基本的系统软件，任何其他软件都必须在操作系统的支持下才能运行。常见的服务器操作系统如 Windows Server，Linux，Aix，Solaris 等。基层图书馆应根据应用软件的实际需要，选择适合的操作系统类型和版本。

2. 服务器集群

服务器集群是指把多台服务器通过特定链路和协议集中起来提供同一种服务，从外部来看，就像一台服务器在工作。集群系统一般具有高伸缩性、高可用性、可管理性、经济性等特点。

3. 服务器虚拟化技术

在互联网技术（IT）中，虚拟化是指将各种实体IT资源，如服务器、网络、内存及存储等，予以抽象、转换后呈现出来，打破实体结构间的不可切割的障碍，使用户可以比原本的组态更好的方式来应用这些资源。服务器虚拟化则是通过虚拟化技术将服务器的硬件资源，如中央处理器（CPU）、内存、磁盘、输入输出端口（I/O）等变成可以动态管理的"资源池"，通过对这些资源的分配，让一台服务器变成多台相互隔离的虚拟机。在一台服务器上同时运行多个虚拟机，每个虚拟机可运行不同的操作系统，并且应用程序都可以在相互独立的空间内运行而互不影响。

虚拟化的核心功能目前主要包括几个方面：动态迁移技术、高可用性、动态资源调度等。服务器虚拟化可以提高硬件资源的利用率、降低能耗、节省机房空间、节约硬件成本和人工管理成本，有助于提高系统的稳定性、实现灵活管理，让服务器对业务的变化更具适应力。

4. 云计算技术

云计算是一种基于互联网的计算方式，通过这种方式，共享的软硬件资源和信息可以按需求提供给计算机和其他设备。

云计算的特点是通过使计算分布在大量的分布式计算机上，而非本地计算机或远程服务器中，使得用户能够灵活地将资源切换到需要的应用上，根据需求访问计算机和存储系统。云计算通常有3种服务形式：基础设施即服务（IaaS）、平台即服务（PaaS）和软件即服务（SaaS）。其部署模型有公有云、私有云、社区云、混合云等。

从产品层面来看，目前的云服务器（Elastic Compute Service，ECS）是一种基于WEB服务，提供可调整云主机配置的弹性云技术，整合了计算、存储与网络资源，具备按需使用和按需交付能力的云主机租用服务。目前市场上已经有较为成熟的云服务器租赁服务，除了可以自由配置主机CPU、缓存等相关性能指标外还可以根据需要配置存储、网络虚拟私有云（Virtual Private Cloud，VPC）、负载均衡等。云服务器在部署的灵活性、运维方便性以及性价比方面都有一定的优点，可以作为基层图书馆构建计算平台的一个参考。

（二）基层图书馆服务器的选用要点

在选择服务器时，要根据本馆应用系统的实际需要进行设计，应重点考虑以下3个方面。

1. 确定目标，有的放矢

在图书馆信息化建设之初，应该首先规划未来有哪些大型应用和数据资源，以及这些应用和数据资源的未来发展和扩张速度，从而规划服务器硬件的规模、基本性能指标以及后继升级能力，以免造成不必要的浪费或是扩展性不够。

2. 综合考量，确保稳定

要结合硬件、系统等方面综合考量服务器结构是否适应现有的应用类型，要选用适当的 CPU、内存、磁盘，避免造成系统瓶颈。尤为重要的一点是，作为 IT 系统的核心，服务器系统应该非常稳定。此外，服务器厂商的售后服务也应作为一点重要的考虑因素。

3. 权衡成本、同步预算

要注意服务器硬件的升级成本和维护成本，在做好充分调研的基础上，在招标和签订合同时，必须明确相关的费用，强调事先没有说明而产生的费用不得收取。另外，计算平台的规划实施尽量与资金预算同步，并且要考虑到后继相关费用的投入，如升级扩容等支出。

四、存储系统建设

当应用系统运行所需文件或需要长期保存的文件达到较大的量时，需要使用存储系统。存储系统的建设，主要通过搭建合理的存储架构、构建完善的保存体系，同时结合多种备份技术来实现。

(一)搭建合理的存储架构

目前常见的存储架构主要包括：直连式存储(Direct Attached Storage，DAS)、存储区域网络(Storage Area Network，SAN)、基于 IP 的存储区域网络(SAN over IP，IP SAN)、网络附属存储(Netnork Attachecl Storage，NAS)。

1. DAS 是最早采用的存储方式，存储设备直接连接到服务器的内部总线。DAS 依赖于服务器，其本身是硬件的堆叠，并不带有任何存储操作系统。其优点是连接方便，简单易用。但受限于小型计算机系统接口(SCSI)通道的带宽和有限的数量，当连接的磁盘较多时容易形成性能瓶颈，另外扩展性也较差。

2. SAN 是采用光纤通道技术，通过特定协议连接存储设备和计算机，建立直接数据存储的区域网络。SAN 还支持集中存储和服务器集群，使管理更简单，成本更低廉。SAN 的架构可以使任意一台服务器连接到任意的存储设备，通过虚拟化创建一个或多个磁盘或存储虚拟池，并根据需要从存储池中分配给服务器，使容量管理的复杂性降至最低。SAN 的架构消除了单点故障，同时能做到在开机的情况下仍然可以增加存储和应用服务器，实现了高可用性，同时可以使管理及操控更加简单。

3. IP SAN 是基于 IP 网络实现数据块级别存储方式的存储网络，它允许用户在已有的以太网上创建存储网络，并可以在任何网络节点上实施部署，因此保存的数据量更大。IP SAN 采用 10G 以太网交换机代替传统的专用存储交换机，降低了部署成本；同时采用传统的 IP 协议，突破了传输距离的限制。

4. NAS 通过标准的网络拓扑将一组存储设备(如通过以太网)连接到计算机。NAS 是部件级的存储方法，可以很好地解决存储容量需求的快速增长，同时很容易就可以实现异构平台的数据共享。另外，NAS 是一种即插即用的网络存储设备，内置网卡，通过集线器或交换机就可直接连接到网络上，不经过设置或者经过少量设置就可以使用。NAS 的管理和维护相对简单，用户只需要一些简单的初始设置和管理，NAS 设备就可以启动并良好运行。NAS 也有一定的局限性，由于是采用基于文件的通信协议，所以只能保存对象文件，无法解决数据库的保存。

上述几种存储架构各有其特点，基层图书馆在选择时可以根据自身特点和具体需要进行。但是不论何种方案，都需要考虑到存储架构的安全性、稳定性以及可扩展性。

(二)构建完善的保存体系

构建完善的保存体系，主要是按照在线、近线、离线 3 个层面来区别对待资源保存，划分不同的存储介质，在有限的资金规划下来提高保存能力。一般来说，对于实时产生数据、提供实时在线服务的业务系统使用的数据，采用在线保存方式；对于不需要提供实时在线服务或产生数据的业务系统使用的数据，包括互联网采集到的资源、作为中间数据临时保存的数字资源等，采用近线保存方式；纳入永久保存的或用于备份的数字资源，采用离线保存方式。

根据不同存储介质的特性，可采用高转速高性能的硬盘(SAS 硬盘、FC 硬盘)或者固态硬盘保存在线数据，采用性价比高的低转速硬盘(SATA 硬盘)保存近线数据，采用磁带或者光盘等存储介质来保存离线数据，实现资源的合理保存。

(三)结合多种备份技术

数据备份是指将指定时间、指定内容的数据以某种方式进行拷贝，以便在系统遭受破坏或其他特定情况下可以重新加以利用的过程。在信息技术与数据管理领域，备份指将文件系统或数据库系统中的数据加以复制，一旦发生灾难或错误操作时，就可以方便而及时地恢复系统的有效数据和正常运作。

备份系统一般由备份服务器、备份软件和备份介质组成。通常，备份软件的服务器端安装在备份服务器上，而备份软件的客户端则安装在响应的应用服务器上，客户端软件和服务器端软件协调工作，按照预先制定的备份策略将运行服务器端的重要数据备份至备份介质上。

备份级别一般分系统级备份、文件级备份、数据库级备份等。而备份策略一般有完全备份、增量备份和差异备份。备份方式也可分为冷备份和热备份。

在搭建备份架构时，通常要从需要备份的数据、备份的硬件平台、备份的软件平台等几个方面综合考虑。

基层图书馆应根据本馆数字资源的应用和保存特点来考虑存储系统的建设需求。此外，各图书馆在规划存储容量时，也应结合数字图书馆推广工程的有关配置标准进行考虑。

五、网络信息安全的保护

随着信息技术的飞速发展，人们对各类信息化系统的依赖程度与日俱增，信息安全问题也日益凸显，各类信息安全事件层出不穷，大到全球性的信息安全入侵，小到手机上各种窃取用户隐私、危害财产安全的恶意程序，都在不断提醒着我们信息安全威胁的存在。

图书馆作为公共文化服务的重要阵地，正逐步实现网络化、信息化、数字化，建成并应用了大量的信息化系统，如图书馆业务集成系统、资源发布与服务系统、自助借还书系统等。这些系统在提供便捷的数字资源服务的同时，也面临着各类信息安全的威胁，包括网络攻击、蠕虫病毒、对资源的非法或恶意访问等，如果不重视网络安全问题，则有可能对图书馆业务、服务造成极大的影响。面临这些威胁和挑战，做好图书馆网络信息安全工作，具有重要意义。

(一)网络信息安全的概念

网络信息安全主要是指网络和信息系统的硬件、软件及数据受到保护，不遭受偶然的或者恶意的破坏、更改、泄露，保证系统连续可靠正常地运行，网络服务不中断。

在当前环境下常被提到的网络信息安全，除了对网络和系统的保护外，也包括对于用户行为的管理、用户网上交易的安全防护、知识产权的保护等。

信息安全最终达到的目标可以归纳为保障数据的机密性、完整性、可用性、不可否认性、可控性等。

(二)图书馆面临的网络信息安全的主要威胁

1. 对图书馆相关信息系统的破坏

这既包括硬件设施遭受物理性破坏、损失，也包括如非法用户入侵或病毒感染导致的系统软件被篡改、删除，从而造成系统服务中断、崩馈、数据丢失等。

2. 对用户隐私的危害

这是指由于系统漏洞、病毒传播、黑客攻击或工作人员的疏忽等，导致用户个人隐私受到侵犯。不法分子利用网络信息非法采集、入侵系统等方法，获取并挖掘个人隐私，如采集用户网页浏览痕迹、停留时间、笔记记录等推测个人的生活习惯、兴趣偏好、社交网络等，进而用于从事信息欺诈等不法行为。如果用户是在使用图书馆服务期间个人隐私遭受侵害，将给图书馆造成极坏的影响和后果。

3. 对信息知识产权的侵害

这主要表现为图书馆数字资源遭到盗窃，有偿购置的信息资源遭到免费滥用，非授权用户对文献信息的非法使用等。这些情况不但严重侵害了著作权人的利益，也损害了作为著作权合法使用者的图书馆的利益。

(三)基层图书馆网络信息安全的保护策略

网络信息安全保护涉及管理、技术、法律保护等手段。这几种手段应互为补充，相互协同，形成对信息安全事件有效的综合预防、追查及应急响应体系。

1. 管理手段

以管理手段加强网络信息安全保护，可以从制定总体方针、完善组织体系、完善管理制度及规定、制定技术标准及规范这4个方面来考虑。

①制定网络信息安全总体方针，纲领性地描述图书馆网络信息安全策略的目的、适用范围、管理意图、支持目标以及指导原则。

②通过建立网络信息安全领导小组、明确系统管理员职责等方面来增强基层图书馆网络信息安全组织体系的建设。

③通过对网络信息安全规章制度进行全面的梳和修订、完善应急处置流程、出台应急预案等方式加强网络信息安全的制度体系建设。

④制定技术标准和规范，包括各个网络设备、安全设备、主机操作系统和主要应用程序应遵守的安全配置和管理的技术标准和规范，技术标准和规范将作为对各个网络设备、安全设备、主机操作系统和应用程序进行安装、配置、日常安全管理和维护时必须遵照的标准。

2. 技术手段

（1）网络和系统安全防护

基层图书馆进行网络和系统安全防护，可将网络划分为不同的信息安全区域进行。在边界防护方面，可根据自身要求，有选择的在互联网边界处部署防火墙、入侵防御设备、上网行为管理设备等来防止恶意攻击、非法访问等安全事件的发生。在内部防护方面，又可以根据业务情况、重要程度划分为数据中心区、办公区及读者区等进行防护，对数据中心区可通过部署应用防火墙、设置访问控制策略、定期进行漏洞扫描等，阻断非法流量，加强访问控制，主动发现网络信息安全的隐患并及时进行整改；对办公区和读者区可通过配置访问控制策略、部署防病毒软件等，加强对计算机终端的网络信息安全防护，读者区要特别注意做好上网行为的审计。

（2）知识产权保护

采用技术手段防止版权人的相关数字阅读资源被非法使用，实现对信息拥有者和最终用户利益的保障，主要技术手段有电子认证技术、加密技术、数字证书技术、数字水印技术等。

3. 法律保护

通过运用法律保护手段，力求实现以下3个方面的目的：一是保护数字阅读资源版权人的知识产权，版权人既可以是著作权人本身，也可以是对信息进行二次加工，提供增值服务的资源提供商甚至数字图书馆本身；二是保护读者的隐私，对读者做出相关保护承诺，对侵犯读者隐私的行为严格追究法律责任；三是惩治网络犯罪，保护信息系统的安全。

第四节　基层图书馆信息化的业务平台建设

在信息化时代，图书馆通常利用一个或多个信息系统来完成文献资源的加工、管理和服务，并实现沟通交流、教育培训等职能。随着社会信息化的不断发展，传统的采、编、流通业务信息化正在向各类新型数字图书馆应用演进，传统应用和新型数字图书馆应用相互融合、相互依托，构成了一个完备、有机的信息化业务平台。

一、传统图书馆环境下的信息化业务平台建设

(一)图书馆集成系统

随着计算机技术引入图书馆领域，图书馆信息和资源的管理能力越来越发达。从20世纪70年代开始，计算机技术发展迅速，出现了可视化界面和多任务视窗操作系统，图书馆开始使用一种将不同功能模块集成在一起的多任务资源管理软件系统，系统可以将采购、编目、流通和查询等功能集成在一起。这种将图书馆各业务功能模块进行统一处理、交叉调用的应用系统，被称为图书馆集成系统(Integrated Library System，ILS)，主要用于跟踪记录文献的订单、支付和借阅信息，提供书目编目、处理和检索等功能。

一个完整的图书馆集成系统，通常包括一个关系数据库、一套可与数据库交互的软件和两套图形化用户界面(分别针对读者和图书馆工作人员)。常见的模块有：采访模块、编目模块、流通模块、联机公共查询目录(OPAC)模块、馆际互借与文献传递模块等。下面对图书馆集成系统的主要功能模块进行简要介绍。

1. 采访模块

采访是图书馆各项业务工作的第一个环节，是图书馆藏书建设和文献资源布局的首要内容。图书馆需要根据本馆的任务、经费及读者需要确定藏书结构，然后通过各种途径完善藏书体系。图书馆集成系统采用流水线式的工作流程、轻松的导航和无缝集成，使得资料的订购、发票、催缺、记到的过程更加容易和高效。通过采访的订货单，馆员就可以指定图书馆定义的采购类型(专著、连续出版物、长期订单)，并确定订单中需要包括的文字。订单可以在线生成，也可以批量生成。

在功能方面，采访模块提供了订单管理、货币管理、书商管理、发票管理、预算管理、催缺和检索等业务功能。

2. 编目模块

编目是按照一定的标准和规则，对某范围内文献信息资源每种实体(item)的外部特征和内容特征进行分析、选择、描述，并予以记录成为款目，继而将款目按一定顺序组织成为目录(catalogue)或书目(bibliography)的过程。

编目模块是图书馆管理系统的重要组成部分之一，通过对编目业务环节的信息管理和控制，利用以机读目录和数据库为中心的计算机系统开展图书馆编目业务工作，自动编排图书等相关数据和文档，并输出相关产品（目录、清单、统计表等），将各种文献的书目信息按一定规则排列、存储和利用。编目人员可以将当前编目记录在服务器上保存后，直接以 OPAC 格式查看该记录。其将编目功能和系统其他各个方面相集成，提供各种书目实用程序接口，所有数据都以统一码（unicode）编码存储。

这里有必要提到联合编目（或称联机编目）系统。联合编目指的是不同的图书馆共同进行文献编目工作，共同建设，共同分享书目数据成果。全国图书馆联合编目中心是全国范围内的组织和管理单位。而联合编目系统的主要功能则是提供一个系统平台，编目中心的各成员馆能上传各自的书目记录和馆藏，并下载所需的书目信息。

3. 流通模块

读者服务是图书馆工作的灵魂，流通服务是读者服务工作的基础。流通模块提供了借书、还书、预约、续借、催还、读者管理以及浏览打印流通报表及资金报表等功能。流通过程中的所有活动，包括借出、偿还、续借、罚款、付费和通知都可以通过该模块进行管理。

4. OPAC 模块

OPAC 模块为图书馆在互联网上提供了一个网页，指导读者检索本馆的馆藏目录和他馆资源，包括网上预约、检索、用户信息查询等多项服务功能，提供了实用、丰富的书目信息，并可通过书目信息中的国际标准书号（ISBN）与目次连接。OPAC 模块常见功能如下。

（1）用户信息

这包括用户借阅现状、借阅历史、预约请求、现金处理等信息，还包括变更用户的部分注册信息、修改个人证卡密码和发送留言等服务。

（2）参数选择

为读者提供个人定制参数选择，包括界面语言、记录语言、检索结果显示格式等，这些根据需要进行定制开发。

（3）选择库

图书馆集成系统一般提供中文库、外文库的区分，个别图书馆根据要求定制区分不同的逻辑库，进一步细化检索选项。

（4）浏览

浏览可以按字母、数字顺序排列。目前提供题名、著者、主题、中图分类号、丛书、出版者编号、国际连续出版特号（ISSN）、ISBN 等多个检索入口。

（5）检索

检索包括简单检索、多字段检索、高级检索等多种方式，提供题名、著者、主题、出版年、出版地、出版者等多个检索入口。读者可利用检索技巧优化检索结果。

（6）结果列表

列表显示最后一次检索命中的结果。在结果列表中，可以使用查看、全选、取消选择、优化、过滤器、排序、创建子集、保存、加入暂存篮等功能选项，对检索结果做进一步细化筛选。

（7）登录和退出系统

登录系统为注册用户提供登录入口。退出系统便结束检索过程，正常退出检索。

5. 馆际互借与文献传递模块

馆际互借和文献传递是基于馆际之间资源共享而提供的一种服务方式。对于本馆没有的文献，在本馆读者需要时，根据馆际互借制度、协议、办法和收费标准，向外馆借入；反之，在外馆向本馆提出馆际互借请求时，借出本馆所拥有的文献，满足外馆的文献需求。

馆际互借和文献传递模块一般遵循 ISO 10160/10161 协议和相应规程。与 OPAC 模块和流通模块集成在一起，馆际互借和文献传递服务能够处理外来的和向外的互借请求。读者可以使用 OPAC 来提交请求，并可以通过读者服务菜单来查看这些请求。所有的流通功能都与流通模块完全集成。读者可以直接向当地图书馆提交请求，借阅馆外的资料。

随着互联网技术和云计算技术的发展，下一代图书馆管理系统作为新概念被提出，这类系统统一元数据信息的著录和数字对象、电子资源访问等的管理，整合工作流程，并基于"服务"的开放环境，可支持图书馆成员之间的联合工作，具备更好的发展前景。

基层图书馆进行图书馆集成系统建设，应积极考虑与上级图书馆在业务、数据方面的整体关系，尽可能与上级图书馆形成一体化平台，实现各级图书馆间的信息共享、资源共享。

（二）信息化到馆服务

1. 电子阅览室服务

电子阅览室是获取知识、利用信息资源的重要功能场所，可提供互联网浏览、数据库检索、全文阅读和下载、视听欣赏等多种功能。按照我国《公共图书馆建设标准》（建标108—2008），大、中、小型图书馆均应设立电子阅览室。条件有限的基层图书馆也应至少设立一定面积的电子阅览区域，并提供计算机设备以满足读者电子阅览的需求。

电子阅览室一般由网络环境、计算机终端、服务器、电子阅览室管理系统软件和附属软硬件系统构成。建设电子阅览室，应结合馆舍的建筑规模、服务人群规模等因素确定电子阅览室的面积、坐席数量、计算机终端软硬件配置和数字资源配置等。

（1）网络环境

电子阅览室大部分服务是通过网络提供的，既包括内部网络，也包括与互联网的连接。通过交换机、路由器、双绞线、光纤等合理组网，部署符合主流网络标准的计算机网络，按照目前网络应用的特点，一般为桌面终端计算机提供网络接入的局域网端口为百兆(100Mbps)以上，服务器端口为千兆(1000Mbps)以上。应保证电子阅览室有充足的带宽与互联网连接，保障读者从互联网获取资源时的快捷流畅。

随着目前移动互联网、新媒体技术的广泛应用，电子阅览室也应部署无线局域网，为手机、平板电脑、智能穿戴设备等移动设备提供网络接入条件。没有条件建设无线局域网的电子阅览室，也应做到2G/3G/4G移动数据信号的充分可用。

(2)服务器和计算机终端

服务器和计算机终端是提供读者电子阅览服务的基本设备。计算机终端配置应保证运行网页浏览、资源下载、影音视听等各类电子阅览室应用时快速流畅。可在计算机终端上安装硬盘保护卡，从硬件层面防止对系统的修改、破坏行为，确保终端的安全稳定，提高电子阅览室整体设备的可用性。提供视听服务的计算机终端，应配置耳机、麦克风等必要外设。

服务器主要承担提供资源服务、运行电子阅览室管理系统等功能，其数量和性能配置要确保安装在服务器上的软件系统稳定、高效地运行。

(3)电子阅览室管理系统

电子阅览室管理系统，是为了规范电子阅览室用户的上机行为、掌握电子阅览室的运行服务状况，采用信息技术手段实现各级业务需求的信息化管理系统。其主要包含读者上下机管理、终端访问权限管理、读者卡禁用、读者排队管理、消息发送、自助打印等功能。

此外，系统应可以实现对所有读者上网产生的数据的统计与分析，以便了解馆内电子资源的利用情况，进一步做好电子资源服务。

(4)资源服务系统

资源服务系统可以是自建的数字文献服务系统，也可以是数据库厂商自有的系统软件，目前多采用浏览器/服务器(B/S)方式实现。资源形式可以是PDF文献、文本、图片、视频等多种格式。

(5)网络信息安全系统

电子阅览室是网络信息安全的重点涉及范围，不但应做到设备、系统的安全可用，也要做好对上网行为和资源使用的安全监控和安全防范，可以考虑部署以下系统提高电子阅览室的网络信息安全防护水平。

在计算机终端和服务器上部署防病毒系统：针对各类病毒、黑客攻击行为，对操作系统和数据进行防护。

上网行为监控系统和网址/网页内容过滤和屏蔽系统：保证读者上机环境的有序可控、上网环境的安全健康。

图书馆作为互联网访问服务的提供者，有义务在必要的情况下配合公安机关或相关部门对上网信息进行检查，因此要特别注意上网信息的记录、留存功能。根据相关规定要求，应保留至少 60 天的访问记录的备份。

由文化部、财政部联合推动的"公共电子阅览室建设计划"，目前已完成近 3 万个公共电子阅览室建设。以上各系统在具体建设时，也可参考《公共电子阅览室终端计算机配置标准》《公共电子阅览室管理信息系统功能规范》《公共电子阅览室管理信息系统技术规范》等标准规范进行。

2. 馆内自助服务

自助服务主要是指利用信息化、智能化的技术手段，将原本需要特定管理人员执行的操作变为用户自主操作的服务方式。设计合理、运行流畅的自助服务可以减少等待时间、节约人员配置、提高服务效率、改善用户体验，目前正在越来越多地被各行各业所采用。

图书馆一方面可推出各种基于互联网和移动网络的网络远程自助服务，另一方面也可对到馆读者提供自助办证、自助复制、自助借还书等多种服务形式，使到馆读者的借阅体验得到优化和提升。

常见的馆内自助服务系统主要有如下 3 种。

(1) 自助办证充值系统

自助办证充值系统实现了读者以自助的方式完成读者证的办理、充值等操作。一般来说，自助办证充值需要读者持二代身份证在设备上进行自动身份验证。身份验证通过后，系统提示读者输入职业、联系方式等个人信息，并提示读者选择办证类型，读取信息后写入本馆用户系统，并完成写证、发证操作。读者还可以凭二代身份证或读者证自助完成增加外借功能、修改借阅密码、验证和充值等操作。

自助办证充值系统可解决读者办证排队等候、填表拍照等业务瓶颈问题，可显著降低办证处工作人员的工作强度，提高办证效率。

(2) 自助借还系统

自助借还系统允许读者使用自助方式完成流通文献的借还操作。自助借还重点要解决对文献信息的读取和状态写入，在识别文献信息时，相对传统的条码方式，使用 RFID 技术更为简便和快捷。RFID 是通过射频信号自动识别目标对象并获取相关数据的非接触自动识别技术，具有条形码所不具备的防水、防磁、耐高温、寿命长、读取距离大等优点。RFID 标签中包含馆标识、电子商品防盗系统(EAS)电子防盗位、馆藏地、条码号、载体类型、流通控制状态、流通类别以及应用类型等信息。下面以 RFID 自助借还系统为例，简要介绍自助借还系统的构成。

读者自助借还子系统：主要设备是自助借还机和 24 小时室外还书机。读者在自助借还机上刷读者卡或二代身份证后，系统会对读者是否具有外借权限进行验证，然后通过识别读者放置在感应区内的贴有 RFID 标签的流通文献(书刊和光盘等)，就可以完成外借操作。还书的过程更为简便，读者只需将图书放置在自助借还机的感应区内，系统便可自动识别贴有 RFID 标签的流通资料，完成还书。此外，通过 24 小时室外自助还书机,读者可以无须深入馆舍,即可随时将已借流通资料投入还书窗口,完成还书。

标签转换子系统:用于图书标签的初始化加工,实现条码向 RFID 标签的快速转换。

门禁子系统:用于对流通资料的安全控制,以报警方式达到防盗和监控的目的。

其他辅助子系统:包括手持点检(架位管理)子系统、馆员流通工作站等。

(3)自助复印系统

自助复印系统通过验证读者身份信息和金融信息,在联网环境下与计费系统实时交互,实现自助复印功能。自助复印无时间限制,持卡读者可在任何自助复印点进行复印,大大减少了读者沟通和等待的时间,并保护了读者的隐私。

系统应做到使用者、使用时间、内容、费用的精确可控,并能保存各种数据并生成报表,方便管理和统计。

3. 门禁系统

门禁系统用于在阅览室(区)出入口对读者进行身份验证和流量统计。一般来说门禁系统应具有以下功能。

①读者身份验证。通过一定的信息采集方法,获取进入阅览室(区)读者的基本信息,验证读者权限,判断是否存在违规信息,并及时发出警告。

②流量计数和发布。自动计算读者进、出数量,并进行动态发布播报。

③统计分析。对不同区域、不同时段的读者进出阅览室的行为进行统计分析。支持对读者年龄、性别等进行统计。

建设门禁系统时,还应关注系统的并发数、响应时间、稳定性等需求。

4. 多媒体显示及导引

做好与读者的信息沟通交流是完善图书馆读者服务的重要方面,其中也包括图书馆信息的及时展示。对于到馆读者,一种常见的信息展示方式是在室内外设立电子显示屏,将各类通知通告、导引信息等进行直观显示。目前电子显示屏已由早期的单色、三色和低分辨率屏幕发展为全彩高清 LED 屏幕,展示效果更加优化。

有条件的基层图书馆,如屏幕数量较多、信息发布频率较高,可使用专用的多媒体信息展示系统进行发布,这样能够展示的信息格式更加多样,可以形成一个信息推送和宣传展示的动态窗口。

(1)多媒体显示系统的架构

多媒体信息发布系统主要分成 4 个子系统:服务器、管理控制端、多媒体播放器、显示终端。系统整体架构图见图 5-4。

(2)建设原则和要点

系统应遵循通用性、先进性、易管理性、实用性、可扩展性、可靠性原则来进行系统建设。以下 4 点供建设参考。

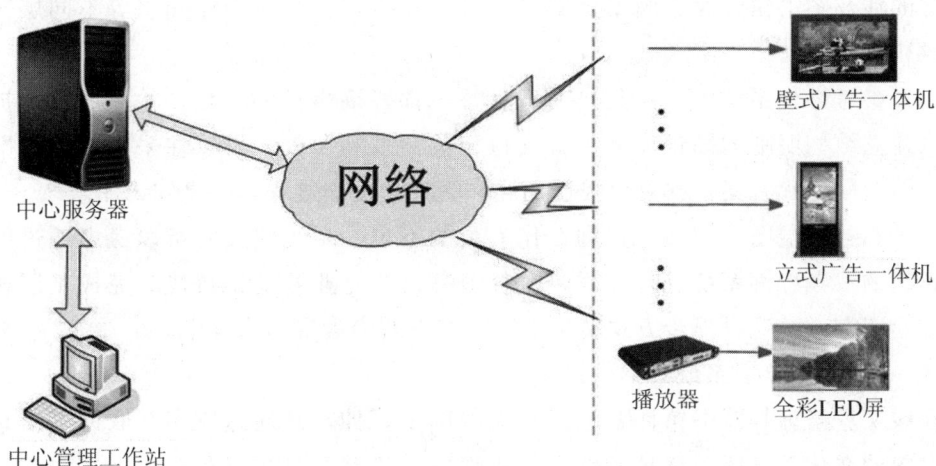

图 5-4　多媒体显示系统的架构

①结合图书馆布局和业务需求确定展示点位，尽可能减少对建筑物本身的改动，并预留一定的扩展空间。

②系统必须支持不同的显示终端，显示终端的外观、安装方式，能够充分考虑馆区装修的设计，与软装修的风格相呼应。

③采用统一的后台内容发布和管理软件，并支持多种展示格式和效果。

④尽可能利用当前的有线、无线网络，并集成现有的终端显示设备。

(三)信息化远程服务

图书馆可以借助信息化手段建设远程服务系统，打破传统服务的时间、地域局限，实现快速、便捷、高效的服务效果。常见的图书馆远程服务系统包括图书馆门户网站、虚拟参考咨询系统、在线文教培训系统等。

1. 图书馆门户网站

图书馆门户网站是面向读者的网上服务窗口，搭建了图书馆和读者之间的桥梁，为读者提供各类在线服务。一方面图书馆门户网站可以为读者提供各类服务信息，如公告、新闻、讲座培训等信息；另一方面可以提供查询功能，展示丰富的实体馆藏资源和数字资源。

建设图书馆门户网站应结合实际需求合理设计网站架构，做好图书馆门户网站的内容设计，一般应包含入馆指南、电子资源、参考咨询、馆藏查询等模块。从用户界面的角度，应做好网站的导航设计和风格设计，在提供简明易用的网站服务的同时，体现出本馆、本地区的特色。

网站的良好运行需要注重运维管理工作，一方面网站设计时应便于维护和管理，另一方面也应建立合理的网站运维管理机制和流程。

2. 虚拟参考咨询系统

建设虚拟参考咨询系统，可以为读者以电子邮件、网络表单、虚拟实时咨询等方式提交的涉及图书馆资源、图书馆服务、科技社科相关学科专业知识等不同层次的需求提供咨询服务。

虚拟参考咨询系统中应做到自动记录每一件咨询事件的过程，并形成可维护的档案库；建立结构明晰的知识库系统；支持相关标准和协议，可以在采用相同标准的系统之间传递问题和答案，并可以控制问题和答案的传输过程，共享知识库。

为了弥补基层图书馆参考咨询工作人员的不足，系统建设时可以考虑通过网关与市、省级的参考咨询系统进行互联，由省图书馆的专业咨询馆员协助完成基层相关专题的专业咨询，并通过异步方式转到基层图书馆的参考咨询系统中。

3. 在线文教培训系统

在线文教培训是图书馆社会教育功能的网上延伸，其通过应用互联网等信息技术将图书馆的文化教育服务移植到线上，实现内容传播和自主远程学习。在线文教培训可以摆脱空间和时间的限制，将图书馆已有的优秀文教培训内容在网络上广泛向读者推广学习，提供在线文化信息和文化活动，向公众传授知识，更好地扩大公共图书馆公益性文化服务的功能。

(四)特殊人群服务的信息化

残疾人阅览室、少年儿童阅览室是图书馆针对残障人士、青少年等特殊人群提供的服务设施。应用信息化技术，可以为其提供更多的资源和更为便捷的服务方式。

对视障阅览室来说，除购置专门供视障读者使用的读屏软件和专用设备外，还可以建设经过视障处理的网站页面，提供咨询浏览、有声读物、音乐赏析等资源服务。

对于少年儿童阅览室，可以提供计算机设备、数字影音播放设备，部署少年儿童专用的资源检索和阅读平台，起到对少年儿童的教育、培训作用；同时，应考虑部署针对不良网站、软件和游戏的过滤屏蔽系统，用信息技术手段保护未成年人的身心健康。

二、数字环境下的新型图书馆业务平台建设

(一)数字资源采集加工系统

资源采集与加工平台是数字资源采集、加工、保存的技术支撑平台，主要承担图书馆文献资源的数字化生产任务，是数字图书馆的核心业务系统之一。

1. 资源采集与加工平台的构成

按照加工资源的种类，资源采集与加工平台又可以分为纸质文献采集与加工平台和音视频文献采集与加工平台。

纸质文献采集与加工平台：主要负责对纸质资料、缩微品及特殊文献的数字化加工生产，其对象包括图书，期刊，报纸，古籍善本，特殊文献(如舆图、拓片、甲骨和部分少数民族文字文献)，缩微等。

音视频文献采集与加工平台：主要负责对音视频资料进行数字化加工生产，其对象包括音频和视频。

2. 业务流程

无论是纸质文献，还是音视频文献，按照其使用目的可以分为长期保存级和发布服务级。其中长期保存级是以存档为目的，其文件的数字化质量（如码率、分辨率）要求较高；而发布服务级则是以获取和使用为目的，其数字化质量的要求相对较低。一般来说，长期保存级和发布服务级的采集与加工流程基本相同，仅数字化质量不同，且发布服务级资源可由长期保存级资源通过压缩转换而来，具体如下。

资料整理：数字化加工之前，对资源的保存情况进行检查，确保原始资源在物理状态上完好无损。

内容采集：选取具有精湛的制造工艺、高水平的性能指标的专业扫描或播放设备来采集不同类型的原始资源。

压缩转换：只针对发布服务级资源，利用专门的软件将长期保存级的资源，通过一定的压缩规则进行压缩转换，并根据需要设置输出格式和量化指标。

内容标记：为每个数字文件添加描述性元数据和管理元数据，并通过元数据的关联字段描述数字对象和附属物之间的关系。

数据保存：分为长期保存级和发布服务级，其中长期保存级需要保存所有元数据（基本元数据、管理元数据和附属物元数据）和对象数据，以光盘或硬盘为保存介质，至少同时保存 3 份作为备份，而发布服务级只做一个硬盘备份即可。

3. 实施部署

纸质文献采集与加工平台和音视频文献采集与加工平台基本结构相同，在实际实施部署中都包括生产环境、管理环境、存储环境和网络环境部署 4 个部分，具体包括资源采集与生产子系统、标引子系统及配套的管理子系统及相关的后台服务器、工作站、存储设备和网络设备等。

（二）发布与服务系统

资源发布与服务是图书馆信息化建设工作中的重要环节，它是图书馆信息化建设的具体展现，也可以看作图书馆信息化建设效果的一个重要尺度。资源发布是信息资源服务的首要环节，主要是将分布式的各种类型的信息资源包括文字、图片、音频、视频等进行封装，提供可共享、可迁移的格式，也包括发布资源的管理；资源服务是信息资源生产和加工的最终目的，为用户提供到馆与网络化的服务。

资源发布与服务所涉及的资源种类多种多样，如中文图书、论文、报纸、期刊等；资源来源广泛，可以是自建资源、征集资源、外购资源；资源格式也各异，包括图书、图片、音视频等。这些异构多源的数据资源需要进行一致化封装，然后进行统一发布，并且提供给多个平台使用，如读者门户平台等。

(三)统一用户认证系统

随着图书馆信息化应用的发展，信息系统的数量和类型也不断增多，如图书馆业务集成系统、资源发现和揭示系统、各类读者自助系统等。各个系统分别进行自己的用户库管理、认证授权，不但管理不便，而且用户须为了访问不同系统、不同资源而多次注册、反复登录，也与图书馆面向读者实现"一站式"服务的理念相违。

为解决上述问题，可以部署统一用户认证系统，建立统一的用户管理库，并与各个系统进行集成，实现资源访问的集中认证和授权。

统一用户管理系统的主要功能一般包括以下4个方面。

用户统一管理：将多个应用系统涉及的读者卡注册用户、网上注册用户、集团用户、IP用户、内部员工等图书馆各类用户进行统一管理，实现用户库的唯一性和权威性；应用系统与统一认证系统间应实现用户数据的实时同步。

应用系统访问权限管理：应用系统可通过统一用户认证系统对用户进行分类分级，分配不同的角色并授予相应的访问许可，实现资源访问的权限控制。

统一认证与单点登录：用户在同一终端上访问多个接入的应用系统时，只需要进行一次界面登录即可；新用户仅需注册一次。

后台服务与管理功能：完成有关读者信息及行为的统计工作，监控管理系统的运行状态，并提供系统数据备份等功能。

建设统一用户认证系统时，应重点关注以下几方面。

稳定性：统一用户认证系统关系到多个应用系统的访问，因此必须做到整体运行稳定，满足多用户并发使用的要求，应具有防错、抗错能力，以保证各项业务的正常进行。系统在运行的过程中会与较多的其他系统发生数据交换，因此应对可能的数据传输失败或异常具备充分的检测、容错和恢复能力，并进行相关处理；同时，统一用户认证系统的故障不应影响到其他系统本身的运行速度、效率、稳定性。

系统性能：系统应具备足够的并发用户处理能力和快速响应能力。建议结合本馆应用系统的业务特点以及用户总量、并发量等实际情况进行性能方面的考虑。

易用性：系统应做到界面清晰易懂，操作直观易用，兼容主流浏览器的类型，并应提供便于使用的用户帮助功能，尽可能在相关操作界面附有说明文字。

可扩展性：系统应具备易于使用的软件接口，便于实现与各个应用系统的集成。

数字图书馆推广工程实施以来，在多个省、市图书馆部署了统一用户系统，通过该系统，实现了地方图书馆与推广工程的读者信息的整合和统一认证，提供了数字资源共享的又一种方式。

(四)触摸屏电子阅读系统

触摸屏电子阅读系统是目前图书馆为读者提供图书、期刊、报纸、专题文献等资源阅读服务的一种新选择，系统除包含触摸屏设备外，一般还应配有相应的软件，具备以下功能和特点。

①操作直观简洁，读者无须培训，直接通过操作触摸屏就可以找到自己需要的资源并进行阅览。设备拥有多种屏幕选择；具有不同样式，读者可采取站立或坐姿进行阅读；带有目录浏览和检索功能。

②具有触摸、点击、拖动翻页、手势滑动翻页、定点单击缩放等较为方便快捷的操作方式。

③资源可实现自动更新。

④基层图书馆可根据本馆的场地、资源、服务特点，选择合适的设备型号、资源内容和系统功能，更好地为读者提供方便快捷的触摸屏阅览服务。

(五)新媒体服务

新媒体(new media)是一个相对的概念，一般是指在报刊、广播、电视等传统媒体以后发展起来的新的媒体形态，包括网络媒体、手机媒体、数字电视等。本章所介绍的图书馆新媒体服务是指依托目前比较成熟的互联网、无线移动网络以及多媒体技术，人们不受时间、地点和空间的限制，通过使用各种移动设备(手机、平板电脑、电子阅读器等)方便灵活地进行图书信息的查询、电子文献在线浏览及获取的新型图书馆服务。

1. 图书馆新媒体服务的主要形式

目前图书馆的新媒体服务类型主要包括短彩信、微信公众号、手机门户、手机应用程序、移动阅读平台。

(1)短彩信

短彩信服务是图书馆最早实现的一种移动服务模式。图书馆通过利用移动通信运营商提供的短信网关接口，可以将各类信息发送给注册读者，如讲座安排、活动通知等；通过进一步将图书馆业务系统与短信网关对接，还可以实现图书预约、催还等信息的自动发送。短彩信服务系统既可以直接向用户提供信息服务，又可以为图书馆业务系统提供支撑。移动通信运营商根据短彩信的发送量向图书馆收取费用。(见图5-5)

随着移动技术的发展和用户需求的变化，短彩信服务的形式也在不断变革，由单一的读者服务系统发展为分层、分模块的系统，成为图书馆各业务系统的动态统一接入平台和服务信息发布平台。

(2)微信公众号

微信公众号服务是非常适合中小型图书馆采用的一种新媒体服务形式。与短彩信服务相比，微信公众号依托于微信公众开放平台，不仅能够为图书馆节约服务器等硬件设备与软件开发的成本，通过网络推送消息的形式也可以省去移动运营商收取的通信费用。

图书馆通过微信公众号定期推送内容，要充分挖掘本馆的信息和资源，制作内容充实、配图精美的精华资源进行推送。资源的选取可以结合与当前社会热点相关的资源，或者宣传图书馆的热点活动等。如果条件允许，图书馆也可开发自定义菜单，实

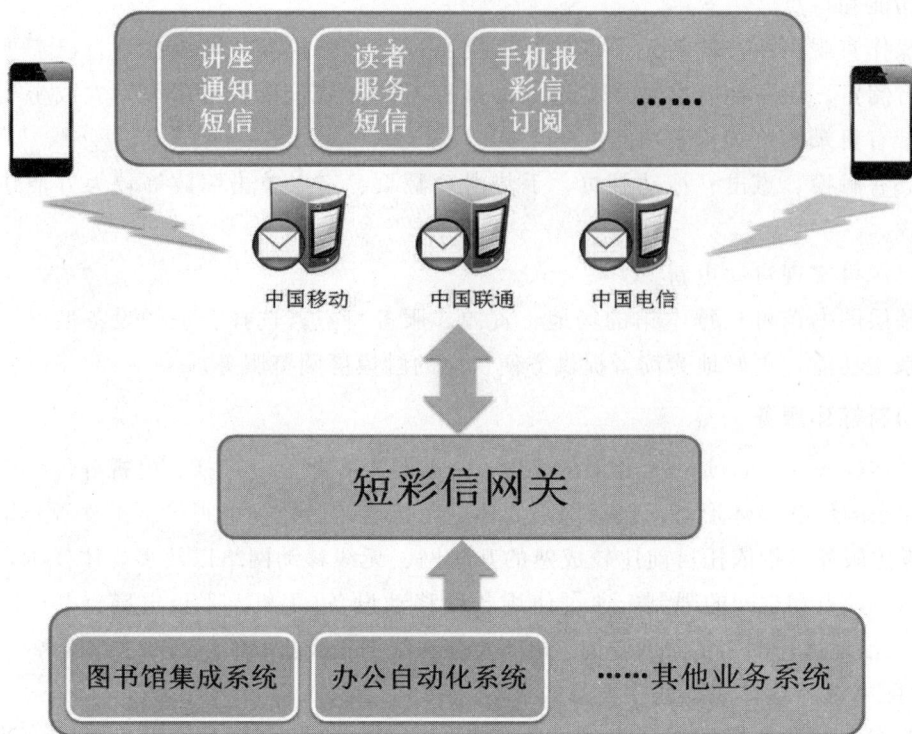

图 5-5　短彩信服务系统

现书目检索和图书的预约续借等服务。

微信公众号有订阅号、服务号、企业号 3 类。订阅号偏重于为用户传达资讯；服务号偏重于服务交互；企业号为企业或组织提供移动应用入口。图书馆的基础业务是服务读者，一般选用前两种公众号类型。图书馆如果需要经常发送通知消息，为了达到宣传效果，一般选择订阅号；如果考虑提供与图书馆业务相关的各类服务，如绑定读者卡、实现图书的预约续借等功能，则一般申请服务号。

（3）手机门户

手机门户是以移动资源与发布系统为支撑，通过接口形式完成资源和服务的获取，适合手机浏览的门户网站。手机门户具有与图书馆门户网站相类似的功效，为读者提供各类资讯、资源服务。手机的移动性使用户可以在任何地点完成检索与资源浏览，随时随地享受图书馆的信息服务。

在建设手机门户系统时，应注意系统需具备较好的扩展性和易维护性。手机门户的首页界面可选用当前流行的扁平化设计风格，在节日、纪念日等特殊日期可更换为符合当时气氛的风格，使网站的外观更加人性化，从而提升用户感受。

（4）手机应用程序

手机应用程序服务是目前最具特色的一种服务形式，借助具有广泛用户的应用程序商店及成熟的运营模式，将图书馆的服务与资源以应用程序的形式提供给移动终端用户，具有传播广泛、用户忠诚度较高等特点。

与手机门户类似，应用程序也可以为读者提供资讯服务、资源检索与浏览服务等。为了避免功能重复，手机应用程序可更多着眼于能够体现本馆特色资源的服务，形成特色品牌。移动应用程序建设应分别考虑离线服务和在线服务两种形式，既注重资源建设也做好服务建设，从而满足不同用户的不同需求。与手机门户相比，手机应用程序的优势是可以将电子图书、音视频等资源下载保存在手机中，供用户离线使用。但对于需要版权保护的资源，下载后的资源应进行加密处理。

（5）移动阅读平台

移动阅读平台是数字图书馆推广工程开展的公众阅读服务项目，平台以 WAP 网站的形式，向全国范围内的用户提供海量资源的移动阅读服务。平台设置有简版、彩版、触屏版 3 个版面，可以满足多种操作系统的智能手机、平板电脑等移动终端用户便捷地获取知识化、个性化、区域化的服务。目前平台已汇集了 7 万多册电子图书，1 000 余种电子期刊、3 万余张图片和千余场视频讲座资源。

基层图书馆可通过在移动阅读平台建设分站，快捷经济地设立自己的移动阅读服务，通过部署统一用户系统，可实现本馆用户免登录访问平台。

2. 图书馆新媒体服务的建设需注意的问题

（1）复用性

移动互联网技术日新月异，在图书馆移动服务的建设中，不但要注重图书馆基本服务的提供，更要随着技术发展不断推出提升用户体验的新型服务。在硬件、资金、人力等条件有限的情况下，基层图书馆可以设法利用上级图书馆的资源、平台实现新媒体服务。

（2）移动资源格式的转换

目前市场上存在种类繁多的移动终端，这些终端的多媒体显示能力（屏幕尺寸大小、分辨率等）以及终端配置（浏览器的版本等）各不相同，因此需要针对不同终端的显示能力对数字资源格式进行相应转换，使其在移动终端上得到更好的显示效果。

【思考题】

1. 试列举我国的重大数字文化工程。
2. 数字资源采集加工系统的意义是什么？
3. 图书馆集成系统一般包含哪些模块？
4. 新媒体服务有哪些常见的形式？

【参考文献】

［1］甘琳. 基层图书馆自动化网络化建设［M］. 北京：国家图书馆出版社，2010.
［2］关绍伟，等. 图书馆数字信息化建设理论研究与探索［M］. 天津：天津科学技术出版社，2015.

[3]姚健. 图书馆信息化建设[M]. 天津：天津科学技术出版社，2013.

[4]石炎生，郭观七，等. 计算机网络工程实用教程[M]. 中国工信出版集团，2015.

[5][日]竹下隆史，等. 图解 TCP/IP[M]. 乌尼日其其格，译. 北京：人民邮电出版社，2015.

第六章　基层图书馆阅读推广

【内容概要】

公共图书馆是全民阅读的主力军，这是因为在推动全民阅读的过程，没有其他机构能够替代公共图书馆，同时具备阅读空间、阅读资源、阅读环境等硬件条件，以及提供启迪阅读兴趣、培养阅读习惯、指导阅读方法等专业化的阅读服务和阅读活动。因此，公共图书馆的阅读推广，其实是图书馆服务的重要组成部分。

基层图书馆直接面对广大读者，其读者是公共图书馆主要的服务对象，其服务能力和服务效能的高低直接决定了能否实现公共图书馆服务的普遍均等。基层图书馆阅读推广的成效也决定了全民阅读水平的高低，因此，在推动全民阅读中意义重大。

第一节　阅读推广与公共图书馆

一、阅读的作用及全民阅读

阅读是一种文化现象，是人类文明传承的最主要途径，"是从信息符号中获取意义的一种复杂的智力活动"。对于阅读的重要性，朱永新先生这样表述，"一个人的精神发育史就是他的阅读史，一个民族的精神境界取决于国民的阅读水平，一个没有阅读的学校永远不可能有真正的教育，一个书香充盈的城市一定是美丽的城市"。

（一）阅读的作用

1. 通过阅读，人们可以获取知识、认识世界

俗话说："读万卷书，行万里路。"认识世界有两条途径：一是根据自身的感知和实践，获得直接的经验；二是通过读书和其他视听活动，获得间接的知识。书本知识是人们通过实践活动总结出来的，通过读书获得知识可以不受时间限制。阅读就是从人类几千年来所创造和积累起来的经验和智慧中，从这些一代又一代人所不断丰富和发展起来的极其宝贵的精神财富中获取信息，占有知识，认识世界。通过阅读，人们可以在浩瀚的书刊文献的海洋里吸收需要的知识和智慧，可以冲破时空的局限而看到世界的过去、现在和未来。

2. 通过阅读，人们可以开发智力潜能

通过阅读人们可以获得知识，而知识是发展智力的基础，知识又能激发智力的潜能，阅读还能通过训练思维而发展智力。阅读的过程本质上是一个思维的进程。一个人在认真阅读时实际上是在不停地思索、想象、判断和推理，既要领悟词义，理解语句的含义，又要批判地思考文本的内容观点，还要将新发现的知识与大脑里已有的知识，将文本中的知识和生活现实进行广泛的联系和比较。阅读得越多，思维能力得到的锻炼也越大，对智力潜能的开发就越有效。

3. 通过阅读，人们可以怡情养性、提高修养

阅读的心理过程中伴有情感活动。阅读可以寓教于乐，正如歌德所说的，"读一本好书，就是和许多高尚的人谈话"。而叔本华也曾表达过阅读在修身养性中的作用，"没有别的事情能比读古人的名著更能给我们精神上的快乐。我们一拿起一本这样的古书来，即使只读半小时，也会觉得轻松、愉快、清净，仿佛汲饮清冽的泉水似的舒适"。

4. 通过阅读，人类社会的文明得到延续并发展

自从人类有了文字之后，便有记录留存了下来，并进一步发展为图书典籍。图书的诞生，一改人类以往历史上知识传播和文化传承仅凭借口耳相传的脆弱体系，从此文化知识有了传播的载体。书与人、人与书，就构成了一个文明。这对图书典籍的阅读，对于文明的传承有着至关重要的意义。

(二)全民阅读

联合国教科文组织在 1995 年确定每年的 4 月 23 日为"世界图书与版权日"，我国一直称之为"世界读书日"，后又于 1997 年发起了"全民阅读"（reading for all）活动。2004年 4 月 23 日，全国知识工程领导小组和文化部联合主办、中国图书馆学会和国家图书馆承办了以"倡导全民阅读、建设阅读社会"为主题的"世界读书日"主题活动，在国内首次提出"全民阅读"的概念，并设计了全民阅读的徽标，启动了国内公共图书馆界以全民阅读为目标的阅读推广活动。

此后，全民阅读一词经常出现在各种文件和阅读活动的主题中，但无论是国内还是国外，都没有给"全民阅读"下一个学术性的定义，人们普遍认为"全民阅读"是一个意思清楚的词汇，无须进行专门的定义。

中国图书馆学会阅读推广委员会吴晞主任在 2014 年华夏阅读论坛的报告中认为具有如下特征就大体符合全民阅读的概念。

①动用国家和政府的力量，促进社会阅读的活动。在国外包括一些具有广泛影响力的非政府组织的号召，在中国也包括一些身居高位领导人的个人号召，都具有这种作用。

②具备制度的保证。在国外主要指制定相关的法律、法规，在中国有政府的红头文件，以及其他公认的有效的成文的制度。

③具有社会联动作用。全民阅读不囿于小范围、小团体，或是某个单位、某个行业，而是具有社会整体性的联合行动。

④形成全社会范围的影响力。其效果是长久的、全社会的，而不是一时一地的。

然而，数次全国阅读情况的调查结果反映出我国年人均阅读图书的数量远低于发达国家，从长远来说，这将影响国民素质的提高，进而制约经济和社会的可持续发展。针对这种情况，党和政府制定了把提供普遍均等的公共文化服务作为保障人民群众的基本文化权益的方针政策；文化部、财政部于 2010 年联合发文，在全国开展创建国家公共文化服务体系示范区活动；2014 年、2015 年、2016 年、2017 年、2018 年的全国两会上，"全民阅读"连续 5 年写进了《政府工作报告》；《全民阅读促进条例》正在立法的过程之中。所有这些，体现了党和政府对推动全民阅读、提升全民科学文化素质的高度重视。在重塑阅读社会、建设书香中国的大背景中，图书馆作为阅读推广的主力军，无疑任重道远。

二、图书馆开展阅读推广的目的

阅读推广活动是指利用一定的资源，在一定时间内进行的提升读者阅读素养的服务或活动。

图书馆的阅读推广活动，是图书馆服务的重要组成部分，是图书馆履行使命的重要工作。因此，图书馆的阅读推广活动必须纳入自身的战略规划、年度计划和经费预算，并通过专业策划和设计，使阅读推广活动成为图书馆的专业化服务的重要内容。

在全民阅读的背景下，各地党委、政府和相关部门都高举全民阅读的旗帜，开展各类阅读活动。在各地的阅读节、读书节中，许多政府部门、相关单位都开展了阅读推广活动，公共图书馆似乎仅仅是参与单位之一。但事实上，就阅读推广工作而言，图书馆几乎是唯一符合自身使命且运用自身专业知识和技能的推动者和实践者。

(一)履行公共图书馆的使命

公共图书馆作为民主社会的制度，其设立的目的就是通过为广大人民群众(所有人)提供平等、免费、无差别的公共图书馆服务，提高全民的科学文化素质和价值判断能力，从而使人民群众有参政议政的能力，实现主权在民。所以，《公共图书馆宣言》中开宗明义"公共图书馆作为人们寻求知识的重要渠道，为个人和社会群体的终身教育、自主决策和文化发展提供了基本条件"，并且把"从小培养和加强儿童的阅读习惯""支持和参与针对不同年龄层展开的读写能力培养和计划，必要时主动发起此类活动"为作"公共图书馆使命"的内容之一。

公共图书馆具有为广大人民群众(所有人)提供平等、免费、无差别的服务、保障人民群众享有均等化和专业化公共图书馆服务权益的使命，而到馆阅读、外借文献是读者利用公共图书馆最常见的形式，也是公共图书馆最常规的服务内容。这使得从表面上看，一方面阅读是一种普遍的需求，另一方面公共图书馆与生俱来提供着这种服务。但实际上，公共图书馆制度本身就是根据民主社会发展的需要而建立起来的。

因此，开展阅读推广是公共图书馆天生的使命，是公共图书馆服务的重要内容，或者说是有机组成部分。

(二)培养读者阅读兴趣

兴趣会决定人的行为。同样，阅读兴趣高的人，阅读量大，反之阅读量就小。阅读兴趣并不是人与生俱有的，需要逐步养成。因而，培养阅读兴趣是阅读推广的首要目的。

一般来说，只要图书馆具有丰富的馆藏、良好的服务、精彩的活动，就会具有吸引读者到馆享受服务的魅力。而事实上，仍有许多人从未光顾过图书馆。所以，图书馆的许多阅读推广活动以吸引读者进入图书馆、培养读者阅读兴趣为目的，如设立玩具图书馆，举办各种与阅读相关的游戏活动，开设故事会、阅读品鉴会，开展讲座、展览、音乐会等。许多图书馆都举办了与阅读相关的夏令营活动，如广州少年儿童图书馆的"阅读推广从娃娃开始——幼儿阅读启蒙活动"、温州市图书馆的"毛毛虫上书房"、陕西省高陵县图书馆的"阅读梦想美丽人生"留守儿童讲故事比赛、江苏省张家港市少年儿童图书馆的"未成年人阅读阶梯计划"等，都是提高儿童与青少年的阅读兴趣的专业设计，其中，最成功的案例当属阅读起跑线(Bookstart)。

Bookstart是英国政府组织的儿童福利计划"确保开端"(sure start)中的重要组成部分，通过图书馆向每个新生儿童及其父母分别赠送一套包括图书、借阅证、阅读辅导指南、宣传册、父母利用图书馆的调查问卷在内的Bookstart礼品包，希望英国的儿童在尽可能早的年龄就开始喜欢图书并从中受益，培育其对图书的终生喜爱并成为图书馆的读者。经过实验研究显示，在参与Bookstart实验的儿童中，68％的儿童认为读书是最大的爱好，而在其他的儿童中，这个比例只有21％。由于这个活动在提高儿童阅读兴趣上的巨大作用而成为非常成功的阅读推广案例，引起了许多国家和地区的效仿。苏州图书馆从2011年起开展这个活动，起名"阅读宝贝计划"，得到了市政府的支持和企业的赞助，并于2014年得到了英国Bookstart活动总部的认证，成为Bookstart成员馆。

(三)提升读者读写能力

阅读是人们获取信息、积累知识、认识世界的主要途径，也是一种个性化、私密性的活动，阅读习惯、阅读趣向、阅读效率等都因为种种原因而千差万别，绝大多数图书馆都把读者的阅读内容作为读者的隐私加以保护。读者阅读什么，是读者根据自身需要(目的)的一种自我设计，每位读者都有自己的喜好、自己的习惯、自己的目的，在阅读中，图书馆处于一种中介地位。但图书馆并不应完全是消极被动的提供服务，还需要针对性地为读者的阅读提供帮助。图书馆以提升读者读写能力为目的开展阅读推广，主要基于以下几点。

第一，阅读的目的，往往会决定读者的阅读方法。成熟的读者，知道自己什么候应该使用什么阅读方式。但许多读者特别是青少年学生并不具有这样的水准，他们可能因自身经验不足，没有意识到阅读文本的选择会影响到自身的长远需求，或者可能影响今后个人的发展。

第二，由于出版物数量的巨大，阅读对青少年读者来说，在文献选择上可能更加盲目。一方面，出版量的巨大，读者无法穷尽阅读；另一方面，在经济利益的驱动下，不少出版物存在内容低俗情况。青少年阅历尚浅，价值观、世界观还未最终形成，对图书内容的判别和鉴赏能力不足，不说是否一定会受到负面的影响，至少会浪费宝贵的阅读时间。因此，青少年读者是图书馆开展阅读推广的主要对象。

第三，与新中国成立初期不同，现在已经很少再有图书馆开展文字扫盲服务（在一些少数民族地区，仍有少量的图书馆开展读报读书服务），但随着计算机网络技术的发展和运用，出现了许多缺乏数字技术运用技能的人群（特别是青少年和老年人），所以开展计算机网络知识的普及和数字阅读技能的培训，也是图书馆开展阅读推广的重点。

第四，阅读的习惯、方法会决定阅读的效率。图书馆通过推荐书目、经典导读、阅读品鉴、读者培训等，引导读者学习和掌握良好的阅读方法，提高自身的阅读效率。我国已经进入了公共图书馆服务的免费时代，但读者不管是否利用图书馆，其阅读是需要时间成本的，通过图书馆的帮助，读者可以快速解决阅读中的困惑，提高阅读效率，有效地节省阅读的时间成本。

以提高读写能力为目的的阅读推广活动是基层图书馆阅读推广的重要内容。其对象一般主要为两类：一是老年读者，如苏州图书馆的"扶老上网"活动；二是儿童和青少年，如深圳沙头角图书馆的"小橘灯"活动、辽宁省朝阳县图书馆的"青少年科普阅读活动"等。

（四）夯实图书馆的生存基础

虽然公共图书馆是民主社会的制度安排，但评价图书馆的存在价值，主要看读者的利用情况，利用图书馆的读者越多，说明图书馆存在的价值越大。这一方面，需要图书馆根据读者需求和馆藏结构制定科学的馆藏发展政策、组织馆藏文献资源，同时制定方便读者利用的服务政策并组织实施，提高已有图书馆用户对图书馆的满意度；另一方面要千方百计地吸引非图书馆用户成为持证读者。在这个过程中，也有推介馆藏文献、服务的本意。同时，阅读推广活动比图书馆的常规服务更容易吸引媒体眼球，形成宣传效应，争取政府和社会更多的关注及支持。因此，图书馆开展阅读推广的另一个重要目的，是吸引和聚集读者人气，让越来越多的人成为图书馆的读者，广泛地宣传图书馆，扩大图书馆的影响力，提升图书馆的社会地位和存在价值，从而夯实图书馆生存的基础。这也是图书馆的阅读推广活动与其他机构不同的地方。

第二节　阅读推广活动的策划与实施

阅读推广活动是指利用一定的资源，在一定时间内进行的提升读者阅读素养的服务或活动。

图书馆的阅读推广活动，是图书馆服务的重要组成部分，是图书馆履行使命的重要工作。因此，图书馆的阅读推广活动必须纳入自身的战略规划、年度计划和经费预算，并通过专业策划和设计，使阅读推广活动成为图书馆的专业化服务的重要内容。

一、阅读推广活动策划的原则

(一)目标群体明确原则

任何一个阅读推广活动，都必须要有明确的读者群，否则活动效果就会大打折扣。图书馆为所有人服务是一种理念，需要系统地运用，不同的读者有着具体的需求，具体到某一项阅读推广活动，策划时第一要面对的是读者需求，并根据读者需求设计活动的目的。

(二)图书馆角色多元化原则

图书馆开展阅读推广活动，其自身扮演着多种角色。

①资源提供者和推荐者。图书馆向用户提供和推荐阅读资源。

②阅读活动举办者。图书馆根据使命举办各种各样的阅读活动。

③资源组织者。图书馆是资源组织的平台，图书馆在进行阅读推广时同样也应该将自身定位为资源组织者。

④指导者。图书馆是专业的阅读推广机构，应该承担起指导者的角色。

(三)广泛的社会合作原则

阅读推广活动会涉及图书馆以外的专业领域，仅仅依靠馆员可能难以胜任。另外，举办阅读推广活动所需要的各种要素和资源，可能也不是图书馆能够全部拥有的。因此，图书馆在开展阅读推广活动时，必须注意和社会各界合作。

二、阅读推广活动的构成要素

(一)内容

阅读推广活动的内容包括活动的参与对象、目标、推广方式。

(二)宣传

阅读推广活动本身既是活动又是宣传，所以，在活动策划时，应该把宣传内容一并策划，包括宣传的渠道、宣传品设计和采购、合适的媒体等。

（三）实施

在阅读推广活动的策划方案中需包括活动能够顺利实施的相关管理工作，包括人员分工、外聘专家、经费预算、时间控制、进度安排、安全管理和应急预案、评估方法等。

（四）评估

阅读推广活动结束后，图书馆应进行活动总结和评估，活动资料搜集和归档。评估的方法和数据如何获取，需要在活动方案中一并策划确定。

三、阅读推广活动的内容策划

（一）选择特定读者群

1. 读者类型的细分和选择

虽然公共图书馆为所有人服务，但就单个图书馆而言资源有限，并没有向所有读者开展阅读推广的能力。因此，图书馆必须在众多读者中进行选择，根据需求调查、分析，结合图书馆资源拥有的实际情况，确定阅读推广的重点人群。

重点人群的确定需要有排序，其原则是根据公共图书馆的使命和阅读推广的目的。所以，培养阅读兴趣和提升读写能力是首要任务，由此，儿童和老年人是公共图书馆阅读推广的重点人群。

在这个基础上，可以对重点人群再进行细分。比如，对儿童，可按年龄分为新生儿、1～3岁、3～5岁（幼儿园）、6～9岁（小学低年级）、10～12岁（小学高年级），也可按兴趣细分成喜爱科普读物儿童、喜爱动物小说儿童等。

在选择中，除选择重点人群外，还要选择阅读推广活动开展的时机，如针对学生的阅读推广活动需要放在假期，广场诵读活动在世界读书日会有特别的意义。同一个活动，在不同的时间点，产生的效果会大相径庭。

2. 分析读者特点

在确定阅读推广活动的重点人群之后，图书馆需要对读者的特点进行分析，根据分析结果有针对性地策划阅读推广活动的主题、内容和形式，如针对苏州市的老年读者开展地方戏曲品鉴讲座，分析读者特点的方法主要有文献法、调查法、流通数据分析法。

（1）文献法

图书馆工作人员首先可以查找相关教材、专著、论文，获得关于某一个群体特点的知识和信息。

（2）调查法

采用问卷调查法进行抽样调查是图书馆常用的方法，可以了解读者的特点，也可以采用访谈的形式获得读者特点方面的信息。需要注意的是，无论是抽样调查还是访谈，都不能只针对到馆读者，还应包含潜在的读者，因为潜在的读者也是图书馆阅读推广的对象。

（3）流通数据分析法

通过对流通数据的分析，图书馆可以获得读者阅读兴趣等方面的信息，这种信息不仅可以使阅读推广活动更有针对性，也有助于图书馆的文献采访更加符合读者的需求，从而在资源方面为阅读推广做好准备。

（二）确定目标

上述工作完成后，图书馆接下来需要确定阅读推广活动的目标，这个目标应该是明确且可评估的。前面说过，图书馆的阅读推广活动最主要的目的是提高读者的阅读兴趣和提升读者的读写能力。但这个目的并不可评估，需要具体细化。比如，举办一个 5 天的少年儿童书法展览，活动目标是 10 000 名观众；举办一场讲座，活动目标为上座率达到 90％。

（三）确定方式

1. 常规阅读推广方式

（1）馆藏推荐

书目推荐是阅读推广的基本方式，面对每年几十万的出版物、众多的馆藏文献，许多读者无法知晓和鉴别哪些是优秀的图书。图书馆开展书目推荐，以馆藏文献为主，包括图书、期刊、音像资料等。图书馆的馆藏推荐依据主要有以下 6 个方面。

①借阅排行。许多图书馆都统计借阅排行，《图书馆报》设置了几个图书馆借阅排行的专门版面。

②新书推荐。对于新书推荐，图书馆一般采用新书通报、新书专架的方式，如佛山市图书馆与书商合作设有专门的新书外借室，这些外借图书是书商的新书。

③编制主题书目。主题书目是图书馆按某一主题、事件、作者等对馆藏文献进行编制和揭示，便于读者利用。

④馆员推荐。利用馆员对馆藏文献的了解，由馆员向读者推荐合适的文献。

⑤读者推荐。由读者向图书馆或向其他读者推荐。

⑥推荐后续活动的设计和开展。馆藏推荐的目的是方便读者阅读，因此，需要有激励机制，让读者按照推荐阅读。比如，美国许多图书馆都在馆内设有儿童阅读的奖品实物展示柜，只要小读者完成规定的阅读任务或参与相应的阅读活动，就可以在展示柜中选取奖品。

（2）常规读书活动

阅读推广活动是图书馆服务的组成部分，许多阅读推广活动都已经常规化，与服务难解难分。下面是最常规的读书活动介绍。

①故事会。故事会是图书馆针对儿童的阅读推广服务和活动的统称，各个图书馆几乎都有自己的活动名称，如"毛毛虫""小橘灯""泡泡园""欢乐大本营""故事姐姐"等。

②读者交流活动。读者交流活动是为读者搭建一个交流的平台，可以成立读书会，或者共读一本书、编制阅读刊物等。有关读书会详见本章第五节内容。

2. 专题性阅读推广活动

专题性阅读推广活动是相对于常规而言的，即活动开展的时间间隔较长，但一般规模比常规活动要大。比如，各类读书竞赛，为重大节日专门组织的阅读推广活动等。

四、阅读推广活动的宣传

(一)宣传品的制作

阅读推广的宣传品一般包括条幅、海报、宣传单，以及与阅读或图书馆相关且有标识的创意产品。宣传品的选择一是考虑活动的时间和主题，二是考虑目标用户群的特点，三是考虑活动经费的情况。比如，苏州图书馆每年正月初一开馆时举办的"新年新书缘、相约图书馆"活动的生肖邮票首日封(限前200名读者)，由于这枚首日封上盖有"苏州图书馆临时邮局"的邮戳，由图书馆送出，深受读者喜爱，为获得首日封，读者甚至提前数小时排队等候开馆，许多读者在获取后还要求馆长在首日封上签名。

(二)宣传渠道

应该说，阅读推广活动的目的之一是宣传图书馆。因此，利用和围绕阅读推广活动，图书馆可以利用馆内的一切平台，如显示屏、海报、印制宣传单、网站、微博、微信等进行宣传；同时，还可利用新闻媒体开展宣传，有些阅读推广活动可以与新闻媒体联合主办，调动媒体的积极性，不仅事先进行预告，而且在阅读推广活动后开展专题报道、深度采访，加大宣传力度。

五、阅读推广活动的组织实施

(一)组建专门团队

图书馆阅读推广是一种专业化的活动，既需要理论知识，也需要经验积累，所以，图书馆在组织构架上组建专门团队，将有助于阅读推广活动的长期和稳定，实现可持续发展。

(二)编制进度计划

每一项阅读推广活动都有许多个时间节点，且环环相扣，从策划到实施的整个过程中，不能有脱节，所以必须对每个活动编制时间进度计划表，并加以落实。

六、阅读推广活动的评估

不管是常规性还是专题性的阅读推广活动，都有周期性的特征。所以，对阅读推广活动开展评估，是总结经验、寻找不足的过程，同时也是表彰先进、调动积极性的有效手段。

阅读推广的评估，首先，是对活动的效果进行评估，主要观察读者借阅量的变化，读者阅读意愿或能力的变化，以及媒体报道情况。图书馆通过效果评估，了解阅读推广活动的作用，及其对未来图书馆发展和全民阅读的影响，由此取得的成绩也是图书馆宣传的素材和争取资源的筹码。其次，是对阅读推广活动过程的评估，主要审视阅读推广活动策划是否科学合理，活动宣传是否到位，以及活动实施是否顺利。图书馆通过过程评估，反思阅读推广活动中存在的问题，寻找解决方案，以利于阅读推广工作不断完善。

第三节　读书节与书香城市建设

一、阅读节概述

阅读节是一种仪式，通过这个仪式可以激发人的阅读兴趣，唤醒社会对阅读的重视，推动全民阅读，从而实现民众的文化权利，提升整个社会的科学文化水平。

世界上不少国家通过设立阅读节、举办各类阅读活动来推动全民阅读，如美国的国家图书日、英国的读书节、法国的读书节、日本的国家读书年等。

我国目前尚没有国家层面的阅读节，但很多地区和城市都设有城市阅读节，如深圳的读书月、苏州的阅读节、东莞的读书节等，对当地的书香社会建设起到了积极推动作用。在这些地区和城市阅读节的带动下，全国各地也陆续开展了形式多样的阅读节。并且，随着近年来全民阅读日益得到社会各界的重视，不少专家连续多年提出要设立中国的"国家阅读节"，这不仅有利于在全球传播中国文化，提升我国的文化软实力和国家形象，也是进一步弘扬和传承我国传统文化的有效手段。

二、国内的阅读节

(一)苏州阅读节

苏州阅读节是苏州市委、市政府统一组织、各市(区)和有关部门具体策划实施、社会各界和广大市民广泛参与的一项大型综合性的读书文化活动，以"阅读，让苏州更美丽"为主题。2006—2009年，苏州阅读节的时间是9月28日到10月28日，是以孔子诞辰为其开幕时间，持续一个月。2010年以后，为配合世界读书日，苏州阅读节改为每年的三四月开幕，到年底闭幕，持续大半年的时间。过去的十届阅读节，累计推出6 000余项活动，吸引近3 000万人次参与，被新闻出版广电总局列为"全国知名阅读品牌"。苏州阅读节的特色有如下几点。

1. 政府支持，社会普遍参与

苏州阅读节组委会由市主要领导担任，组委会牵头负责阅读节的策划和实施，各级政府联动，各相关单位参与，资金上政府引导、社会积极参与。

2. 重视地方传统文化

苏州是吴文化的发祥地，苏州阅读节的活动设计注重与文化遗产、优秀文化传统相结合，地方特色浓郁，市民喜闻乐见。

3. 重视未成年人的阅读推广

阅读节将大量的活动面向青少年，吸引了孩子们的参与，激发了他们的阅读兴趣。苏州"悦读宝贝计划"更是国内第一个向新生婴儿免费赠送阅读大礼包的城市，让孩子一出生就亲近书籍，有机会获得正确的阅读指导。

4. 阅读节活动常态化

苏州通过阅读节开设了一批常态化的阅读服务和活动项目，如苏州大讲坛、未成年人流动图书大篷车、"悦读宝贝计划"、图书漂流等活动都是启动于阅读节，然后转为常态化的工作和服务，持续性强，丰富了阅读服务内容。

（二）深圳读书月

深圳读书月是由深圳市委市政府于2000年创立并举办的一项大型综合性群众读书文化活动，以营造书香社会、实现市民文化权利为宗旨，以"阅读·进步·和谐"为主题，15年来总参与人数突破1.06亿，被联合国教科文组织授予"全球全民阅读典范城市"，2014年11月深圳率先为"阅读"立法，将"阅读月"纳入法定节日。深圳读书月的特色主要有如下几点。

1. 政府支持

深圳政府在用地、资金、媒体及法律上，大力支持读书月的各项活动。2014年，其出台了《深圳经济特区全民阅读促进条例》，率先通过立法将读书月以法定的形式固定下来。

2. 专家指导

深圳读书月每年举办上百场文化活动，邀请了大量专家学者到场指导，其中许多还登上了讲坛，为广大市民送上了文化大餐。

3. 打造品牌

深圳读书月致力于打造品牌效应，通过精心策划、组织实施，影响力巨大。

4. 市场参与

深圳读书月建立起政府引导、市场参与的良好机制，通过市场化的运作，鼓励了一大批企业参与读书月的活动，承担了读书月的大多数资金。

（三）东莞读书节

东莞读书节以"阅读·和谐·发展——提升文明素质　崇尚健康生活"为主题，创办于 2005 年，每年举办一次。每届读书节都有 400 多项活动，辐射 300 多万人口，具有以下特色。

1. 图书馆与社会力量的良性互动

东莞读书节协调小组榜公示于东莞图书馆，有东莞图书馆具体负责全市读书节的策划、统筹和协调及日常工作。同时，社会各界力量也都积极参与，如东莞市文联、妇联、市文广新局、市教育局，以及各镇街，包括一些文化公司等商业机构都参与其中。

2. 目标人群明确

根据东莞市的人口结构，读书节把外来务工的新东莞人、青少年学生、农村人口转为城市人口的居民作为重点人群，活动的设计也以此为重点，活动的针对性强。

3. 配合主题活动

东莞读书节配合广东省每年 8 月举办的南国书香节，策划设计了一系列以岭南文化为主题的读书活动。

(四) 重庆读书月

自 2008 年起，每年 8 月为重庆读书月，由重庆市委、市政府主办，把全民阅读与创建文明单位、文明社区、文明村镇、文明家庭以及基层文化阵地建设有机结合起来，以推进学习型社会建设。它的特色如下。

1. 分工明确，发挥了政府的主导作用

重庆读书月采用"政府主导、专家指导、社会参与、媒体支持"的运作模式，邀请专家学者组成专家指导委员会，负责咨询、论证、荐书、演讲等工作，确保了活动的公益性、政府的主导性，也充分调动了社会资源的积极性、主动性和创造性。

2. 广泛参与，凸显了全民阅读的主题

重庆读书月活动开展 7 年来，每年都开展几百项读书活动，针对不同阅读人群，开展包括书展、读书论坛、好书进社区进农村、好书伴我行、大众读书百场巡回报告会、摄影大赛、演讲比赛、文学艺术成果展等活动，吸引普通群众、学生、农民工、在职人士参与，实现了广泛参与，推动了全民阅读的发展。

三、国外阅读节

(一) 美国国家图书日

美国国家图书日在 2001 年由当时美国的第一夫人——劳拉·布什和国会图书馆馆长詹姆斯·比灵顿共同创办，由美国国会图书馆组织承办，旨在鼓励所有的美国人爱上阅读、终身阅读。每年的国家图书日都汇集了大量的畅销书作家及其粉丝，举办讲座、座谈、签名等活动。美国国家图书日的举办主要受个人和企业的资助。在 15 年的时间里，国家图书日已经成为美国最为著名的文化活动之一。从 2001 年创办起到 2008 年，劳拉·

布什为其名誉主席，而从 2009 年至今奥巴马总统及其夫人共同担任名誉主席。

美国"国家图书节"不仅是图书馆阅读推广活动的典范，更是国家的文化嘉年华，其创办模式虽然在我国难以复制，但仍有很多可借鉴之处。首先，应该主要由专业机构来承担图书节的运作；其次，保证其非营利性；最后，国家图书节的创办不必急于求成，需要在最大限度上获得社会支持。

(二)日本的儿童阅读日

日本于 2001 年 12 月制定颁布了《儿童读书活动推进法》，将每年的 4 月 23 日定为"儿童读书日"。"儿童阅读日"以培养儿童在语言、想象和敏感度各方面的能力，以帮助他们更深刻地"体验人生"为长远目标。《儿童读书活动推进法》实施后，日本定期制定并公布了推进儿童读书活动计划，地方政府也制定并公布了地方性的推进儿童读书活动的政策计划，文部科学省每年都对地方政府的落实情况进行监督考核。读书日当天，文部科学大臣会表彰举办读书活动的优秀实践团体，全国的公共图书馆也会在读书日前后举行与儿童读书有关的活动。

(三)法国读书节

法国的读书节创办于 1989 年，时间是每年 10 月 14 日至 16 日，图书馆、各种读书组织、读者以及作者、译者、出版社在这几天联合起来，组织规模不一、形式多样的公众阅读活动，以便人们共同分享阅读、书写与文学创造的快乐，尤其是吸引平时因各种原因而疏远书籍的人们，以培养他们对书和阅读的兴趣。

法国读书节最大的特色是突破传统、富有创意，活动超越了学校和图书馆之间的传统文化教育场所的界限，不仅占据车站、街区广场、集市、咖啡馆、电影院、剧场等公共空间，而且还深入医院、诊所、监狱、养老院，力求真正做到让所有人都有机会接触书籍，享受阅读的权利。所组织的活动也将阅读融入丰富多彩的日常生活安排。例如，各地几百家独立书店破例在晚间开门营业，在菜市场举办朗诵活动等。

(四)英国读书节

英国读书节在每年 3 月 6 日举行，读书活动贯穿全年，每年单是学校、图书馆、书店所举办的庆祝活动便已超过 1 000 项，其中包括故事人物模仿大赛、午间故事时间、各类型的书展等。

图书馆趁这个节日"大展身手"，早在一个星期前，图书馆门口就扯起了宣传横幅：让读书成为习惯，让学习成为享受。同时，图书馆向每一个到馆的读者赠送一个大礼包，礼包里有一张免费购书卡(凭此卡可以在指定的书店免费选购一本世界名著)、一张精美的"世界读书日快乐"的贺卡、一张图书馆藏书目录索引、还有一张 2014 年出版的新书目录单。对于成年读者，图书馆也有很多活动，如夫妻同读一本书活动。图书馆提供双人雅座，夫妻一起阅读一本书，如果他们将同读一本书的自拍照片发到微博还可以参加摇奖，一等奖是 10 本精美的世界名著。

四、阅读节推动书香城市建设

阅读节就是市民的文化狂欢节，成功的阅读节尤其让人印象深刻。市民在阅读节期间不仅能够享受到诸如购买图书、玩具等文化产品优惠的权利，而且有机会与众多名人面对面，倾听专家们的精辟见解，学习成功的经验。能参观展览，观看表演秀，甚至能亲身参与活动，将自身成长、成功的经验分享给大家。就是在这样的参观学习、交流分享的过程中，城市优雅品味在不断提升，城市的书香氛围在逐渐的凝聚，书香城市的建设也在逐渐完善。因此，阅读节对书香城市的建设意义重大。

阅读节有利于汇聚人气，展示文化，利用集中效应吸引市民注意，达到宣扬文化、宣传阅读的效果。以苏州为例，2006 年首届苏州阅读节共举办 18 项主题活动，50 多项相关活动，吸引了 40 多万名市民参与。到 2014 年，苏州阅读节共举办 13 项主题活动，52 项重点活动，655 项系列活动，仅江苏书展 4 天即吸引 18 万市民参与。从政府到企业到街道社区，从干部到职工到学生，许多单位、人群都行动起来。活动一届比一届丰富，参与人数一届比一届多。许多市民通过参与活动了解到了传统文化，认识了新兴文化，并重新意识到了阅读的重要性。阅读节已经成为市民最受欢迎的群众性文化活动。

阅读节有利于打造文化品牌，形成品牌效应。每年，为了办好阅读节，各单位都有设计新活动的压力。以苏州为例，品牌阅读活动名家大讲堂的开办、未成年人流动大篷车的投入使用、悦读宝贝计划的启动、集装箱图书馆的展示、平江晒书会的举办等，都是以苏州阅读节为契机推出的，最终成为深受市民欢迎的品牌活动。

阅读节有利于重塑城市文化品格。随着社会的发展、科技的创新，广播、电视、网络、手机等新媒体的介入，传统的阅读方式和阅读习惯受到严重的冲击，市民的阅读数量和质量在逐年下降。目前世界上很多国家和地区都在努力宣传阅读，以期提升民众的文化素质。阅读节通过集中的、丰富的阅读推广活动，重新唤醒市民对阅读的重视，重现"耕读传家"的传统，从而重塑城市的文化品格，打造城市书香的浓郁氛围。

建设一个真正的书香城市，需要政策、硬件、软件、人才等一系列的条件。比如，公共图书馆、文化馆等公共阅读设施的基础设施建设；科学布局的公共文化服务体系的建立；专业化的人才队伍建设；繁荣市民文学和艺术创作的激励机制；提升市民阅读数量和质量的办法和措施等。但毫无疑问，阅读节对书香城市建设的意义重大，它既是书香城市建设的推动力量，也是书香城市的象征之一。

五、发现书香城市(县级)和书香社区活动

2014 年，中国图书馆学会设立了"书香城市(县级)、书香社区标准体系研究"课题，于 2015 年正式公布了书香城市(县级)、书香社区标准指标体系及其指标说明，并在 2016 年举办了"发现书香城市(县级)"活动，为 19 个首批县级书香城市颁发了证书。2017 年，中图书馆学会还将开展"发现书香社区"活动。

书香城市(县级)、书香社区标准指标体系注重了先进性和可操作性的结合，使全民阅读活动在县级城市如何开展有了标准，指标说明不仅是各个标准的解读，也是对如何开展书香城市建设、完成标准指标的指导，使各基层图书馆开展阅读推广活动，进而参与"发现书香城市(县级)活动"或者"发现书香社区活动"有了依据。基层图书馆在建设本地的书香社会时，一定要参照标准体系，首先制定建设规划，形成建议方案，特别是在阅读推广活动的策划和设计上下功夫，力争能够形成品牌活动。争取和调动当地一切可以调动的力量，让当地政府、机构、企业、社团和民众一起参与到书香社区的建设中来。随着时代的进步和创建书香社区活动的开展，全民阅读将逐渐成为风尚，使书香城市(县级)、书香社区标准体系的完善成为动态化和常态化。

第四节　图书馆讲座设计

图书馆讲座，是以图书馆为主体策划者，以市民的文化需求为导向，面向所有读者，有规律、有计划地组织的演讲和交流活动。

互联网时代的公共图书馆的价值不仅在于馆藏，更加在于场所，它所构建的社区交流空间不仅能提供信息和知识，还能提供教育和培训。通过举办大量的活动(如展示、讲座等)，图书馆在社会生活中的地位非但不会随着海量信息的轻易获得而下降，相反它将成为未来居民最喜欢光顾的地方。

一、图书馆开设讲座的意义

(一)帮助读者阅读和理解

近年来，图书馆讲座活动受到广大读者的欢迎，原因在于图书馆讲座的内容众多，知识含量丰富，可以帮助读者克服自身信息和知识获取时的局限性和避免阅读中可能产生的认知错误，且讲师在2小时左右的讲解中往往会传授自身经过长期阅读和研究才积累起来的知识精华，有助于读者迅速理解并获取知识，节省阅读时间。

(二)公共图书馆的服务品牌

公共图书馆通过举办讲座，可以提升图书馆的社会美誉度，聚集图书馆的读者人气，带动图书馆的读者利用率，丰富人民群众的文化生活。现场讲座结束后，图书馆可以制作视步光盘、讲稿出版等后产品。因此，公共图书馆长期、稳定的举办讲座，既是自身的服务品牌，也可以将其塑造成当地的公共文化品牌，效果显著。

(三)阅读推广的首选活动

讲座是图书馆最常见的阅读推广活动。一般而言，阅读推广活动都需要根据读者需求策划设计形式、主题和内容，而讲座则无须设计形式，只需要按需求确定主题、寻找合适的讲师即可，故而成为图书馆阅读推广活动的首选。且讲座主题丰富，可以针对不同的受众确定相关的主题，形成图书馆讲座的系列。

(四)重要的宣传窗口

讲座聚集了大量的读者人气，其活动本身就是一种宣传，且讲师一般都是著名的专家学者，讲座事先的预告，事后的报道和后产品，如果再设计讲师签名、互动赠书等环节，就成为媒体关注的对象，进而成为新闻媒体的关注热点。所以，讲座就成为图书馆重要的宣传窗口。

二、图书馆讲座的名称及组织识别(CI)设计

(一)图书馆讲座名称的设计命名

讲座名称是品牌形成的首要元素，它提供了品牌最基本的核心要素，反映了讲座的基本定位与目标。讲座名称，能给读者、听众以先入为主的印象与评价，使大家一提到讲座名称就能联想到其大致的品牌特点与定位，主要注意以下几点。

①突显地域名称，易懂好记，标识性强。

②突显文化内涵，意喻深远。

③讲座核心理念的提炼。

(二)讲座品牌的 CI 设计

CI 设计形成的讲座标志对图书馆形成讲座品牌来说非常重要。对于讲座标志，其设计通常要把讲座的特点、品质及价值理念等各种要素以融合化的符号形式传递给听众，创造听众的认知，促进听众的联想，使听众产生对讲座的偏好，进而影响讲座所体现的质量与听众的忠诚度。

一个好的讲座标志一般该具有简明易认、内涵深远、视觉新颖的特点，以达到艺术与文化的完美结合，许多图书馆讲座的标志设计都有参考和借鉴价值。

三、图书馆讲座的定位设计

讲座的定位设计是通过对受众的调查，了解听众对讲座的看法，明确讲座的服务对象、服务内容和服务形式，制定讲座的品质标准和运作方式，使讲座内容的策划更贴切，举办效果更显著。

(一)以听众对象为定位标杆

讲座是针对社会群体组织的公共活动，对其目标人群的综合状况与客观需求的认识至关重要，决定了讲座品牌定位是否正确，从而达到品牌特征吸引目标人群的目的，同时，其又反过来影响讲座组织者在实施过程中对质量标准的制定与贯彻。不同的群体对讲座内容和服务的需求都有着鲜明的个性选择，对讲座的定位设计要兼顾不同群体的不同需求。

（二）以城市文化为定位标杆

文化是城市的灵魂和精神，是一个城市的内在"气质"，它包括城市的精神面貌、文明程度、传统风情等。不同的城市有其不同的城市文化个性。结合所在馆和所在地方的文化特点，充分挖掘本土的文化资源，弘扬当地的文化特色来举办讲座，使讲座成为一个城市的"文化名片"，也是一种行之有效的讲座定位方式。

四、图书馆讲座的内容设计

一场讲座的成功与否，虽然与很多客观因素相关，但最核心和最根本的因素，还是讲座的内容策划，也称为内容设计。这需要建立在充分了解听众需求、积极调动社会资源、努力发挥团队协作能力的基础之上，是讲座品牌建设过程中的关键环节，体现了图书馆讲座的能力与实力。

（一）专题活动设计

社会在发展，时代在进步，一方面市民对讲座特别是讲座的内容提出了更高的要求，另一方面公共图书馆的讲座也要体现"为所有人服务"的理念，针对不同层次和群体的文化需求，设计与之相适应的讲座内容，包括时政热点、文化艺术、社会法律、科学教育、经济金融、健康生活，总之与工作、生活、精神爱好相关的各个领域的专题都要兼顾，要提供更丰富、更全面、覆盖面更广的知识讲座，并在讲座内容上不断创新。

（二）节庆活动设计

在主题式的讲座内容之外，公共图书馆非常重要的另一个职能就是丰富市民的文化娱乐生活，所以，根据各种节日，设计相应的讲座内容，会取得良好的效果。

1. 应时应景

中国百姓对传统节庆，如春节、元旦、中秋节、端午节等，有着深厚的情结，怀着美好的情感。节庆休假日的图书馆讲座活动在为市民提供文化学习和休闲的选择之外，同时具有聚集人气、传承文化的作用。

2. 把握导向

图书馆的讲座也有追踪热点、廓清是非的职能，是文化宣传的重要窗口和阵地。因此，在与国家利益相关的节日（如国庆节），图书馆应该策划一些能够凝聚民族情感、抒发爱国情怀、坚持正确导向的讲座活动。

（三）订制类活动设计

图书馆讲座常态化后，其品牌的影响力会随之上升。这时会出现"购买"式合作、个性化订制的可能性，图书馆需要针对性地进行讲座的专门设计。比如，许多图书馆会承接组织部门、宣传部门、社科联、科协等机构甚至企业的讲座任务，由这些部门或企业提供经费，图书馆按协议完成相应的讲座任务。

五、图书馆讲座的效果设计

(一)场景设计

1. 报告厅

图书馆开展讲座活动，需要有自己的报告厅，根据实践经验，比较合理的座位数为200~400座。另外，报告厅要有符合讲座效果的音响设备和灯光设备。

2. 讲台背景

讲台背景一般需要有主题会标，可以直观地反映讲座冠名、讲座主题、演讲人信息、主办单位名称等。不同内容的讲座配合以不同内涵的美术设计，令听众一进入讲座场所就能立即感知讲座的内容主题，以及主办者力图传达的信息。

(二)讲台设计

一人主讲，则选择配备立式讲台或者传统型课桌。2人以上同场主讲(往往会有主持人串场)，则需要按照讲课内容的侧重安排主次座位。另外，根据讲座内容的差异性可采用一些个性化布置，如历史传统讲座，可进行中式布置。

(三)氛围设计

根据讲座的内容，注意氛围的烘托，如宣传海报、宣传资料、讲座提纲、台卡等。

(四)主持风格设计

讲座的主持人是主讲嘉宾和听众之间的桥梁和纽带，集策划、组织、主持于一身，从讲座的选题到联系主讲嘉宾，讲座内容、时间和地点的确定，乃至讲座信息的发布宣传均需要主持人的精心工作。主持人必须充分了解自身的职责，做到与主讲人友好沟通，了解主讲人的演讲习惯，掌控现场流程，因势利导，并及时处理难题(如化解尴尬场面、控制情感、传递信息)。

六、图书馆讲座的流程设计

图书馆讲座的流程设计，是对讲座的流程走向、节点、控制重点和要求的计划，是图书馆讲座顺利开展的规范和科学的前提和保证。明晰、高效、职责分明的流程是提高工作效率、优化资源、提高效益的有效途径。

(一)讲座的策划与筹备

①根据需求、资源的情况，结合热点、重点，策划讲座。
②联系并落实讲师，约定讲题、时间、地点。
③制订年度讲座计划，并向相关部门申报。
④根据批准的讲座计划，开展筹备工作。

(二)讲座现场服务

①发布讲座预告，组织票务发放。

②做好讲师接待，签订讲座协议。

③按时举办讲座，维护现场秩序。

④留好音像资料，搜集讲座档案。

(三)媒体宣传推广

①编印讲座材料，起草宣传通稿。

②联系媒体记者，安排采访报道。

③利用自身工具，做好宣传推广。

④讲师确认讲稿，留做衍生产品。

(四)业务统计评价

①建立和更新讲座活动台账(场次、类别、讲题、讲师、日期、地点、票务、人数……)。

②讲座网站月度统计(总访问量，视频、音频、预告表、单讲预告等访问量，新增视频，新增网友……)。

③实物和数字版本归档(各一套)：照片，入场券，题词簿、讲座专刊，讲座报道(媒体、报纸、刊物)，用户反馈表等。

七、图书馆讲座的安全管理

安全是一切工作的前提，图书馆的讲座活动也不例外。图书馆讲座的安全既包括现场人员、设备的安全，也包括讲座内容的安全，讲师知识产权的保障。

(一)讲座内容的安全管理

讲座的主题必须符合主旋律，符合宣传形势的要求。对于讲课人的推荐和遴选必须客观、慎重、充分调研、谨慎落实。因此，推荐在工作中推行团队工作制和责任人负责制相结合的方法，在策划阶段保障讲座的内容安全，并建立讲座内容的安全管理制度。

(二)知识产权的管理

要让讲座资源得到最大限度的利用，通过网络传播的方式即可实现，可如何获得并维护好主讲人的知识产权并不容易。这方面，大家可以借鉴上海图书馆与主讲人签订"知识产权协议书"的做法。

(三)讲座现场的安全管理

讲座聚集的读者众多，现场安全管理是讲座工作的重要内容。其关键点如下。

1. 预防为主

图书馆的讲座活动从策划、组织、实施的全过程，都不能忽视安全管理。在策划时就要把安全因素考虑进去，并制定安全管理制度、事故防范措施、应付突发事件的应急预案。图书馆在讲座场地的布置中应结合安全管理，在讲座开讲前进行安全检查，消除隐患。

2. 安全培训

图书馆应定期开展安全培训和安全演练，强化全员安全意识。图书馆馆员应熟练掌握各种安全设施设备的使用，牢记在应急预案中自己的职责和位置，并具备应付突发事件的能力。

3. 流量控制

虽然听众多可以说明图书馆的讲座活动受欢迎，但听众如果超过报告厅的座位数，就可能会产生混乱，堵塞消防通道。所以，图书馆在举办讲座时，现场必须保持足够的工作人员，控制听众流量，确保场内外消防应急疏散通道的畅通。

八、图书馆讲座衍生产品的设计

讲座是图书馆日常的阅读推广活动，每年举办的数量可能超百场。一方面，因为馆舍容量的限制等因素，现场听众只有数百人，但讲座是讲师长期知识积累的结晶，图书馆应该加以充分利用，开发讲座衍生产品。而且，讲座衍生产品也是图书馆服务延伸、扩大宣传、提升影响力的重要载体。

对于基层图书馆来说，讲座衍生产品主要可集中在整理出版讲座专辑、制作讲座数字视频用于扩大受众面，编印讲座内刊用于宣传和展示等。但所有这些，均以不侵犯知识产权为前提。

第五节　读书会的经营

一、读书会的含义

读书会是对阅读的读物进行分享和交流的团体。读书会伴随着人们阅读交流行为的产生而产生。我国一直有以文会友的传统，竹林七贤、建安七子、竟陵八友是我国古代早期读书会的典型代表。美国早期有妇女读书会，主要"以会员的自我教育为目的，同时谋求为社区发展做贡献"。在瑞典，读书会作为一种卓有成效的成人学习形式由政府强力推动，目前在瑞典每年有 32 万个读书会在开展活动，290 万名成年人参与。

近年来，很多读书会已经超越了成员间的读书分享和交流，开始进行一些阅读推广活动，向大众推荐书目，举办阅读推广活动，具备公益性色彩。比如，江苏淮安市的目耕源读书会，秉承"让身边的人拿起书来，让读书的人携起手来，让同行的人负起责来"的愿景，举办了百字荐书、目耕缘讲读堂、寻找淮安的读书人、淮安好文章诵读会等活动，这些活动向民众宣传阅读的门径和乐趣，对全民阅读起到了推进作用。

虽然大量的读书会是民间组织，但实际上，各地图书馆也组织了大量的读书会，有的称为读者协会、读者俱乐部。这些读书会，由图书馆组织和指导，能够在阅读资源、条件等方面得到图书馆的帮助，同时也参与图书馆的阅读推广工作。

二、图书馆界关注读书会的依据

(一)作为阅读交流平台的图书馆应该发展读书会

图书馆长期以来主要满足个体读者的阅读需求，为个体读者提供阅读读物、阅读空间、阅读设备，但是阅读不仅仅是个人化的事情，同时也是一项社会化的行为，很多人阅读之后都有交流的欲望，那么作为图书馆来说，也应该为大众的阅读交流提供平台。图书馆可以通过编制阅读刊物、读者评论等方式来提供阅读交流，同时也应该大力推动读书会这一交流平台。

(二)读书会的发展需要图书馆的推动和支持

近年来，我国民间读书会发展迅速，已经成为一支重要的阅读力量。尽管大多数读书会是民间自发的阅读团体，对全民阅读却发挥了积极作用。目前读书会的发展中遇到很多问题，诸如寻找场地困难、活跃度低等问题，需要专业的帮助。图书馆是政府引导管理民间读书会的重要载体，图书馆在阅读推广中不仅是资源提供者和活动举办者，也是资源整合者和专业指导者，因此，图书馆正面临如何实现和民间读书会的良性互动，如何更好地整合阅读以促进资源的问题。

美国读书会能够广泛深入开展的根本原因就是得到了政府以及公共图书馆的大力支持。2007 年，美国几家大的图书馆在妇女全国读书协会的赞助下，联合呼吁全国图书馆将每年 10 月设立为"全国读书会月"，这足见美国公共图书馆对读书会的重视和支持力度。

三、图书馆在读书会发展中的主要定位

图书馆应该如何发展读书会？一般首先想到的是图书馆组织一个读书会，这个读书会有完善的管理体系，举办各种各样的活动，在初期这样做是可以的，图书馆通过自己运行一个读书会能够了解读书会运作的关键问题。但是图书馆的作用不仅仅在运行一个或两个完美的读书会，图书馆更深层的作用在于让更多的读书会成长发展起来，让读书会遍地开花。这就意味着图书馆要承担推动者的角色。

苏州独墅湖图书馆的思客读书会这样定位：秉持广泛的互动交流与经验分享的原则，与各类民间阅读组织建立良好的交流与互动模式，引导扶持民间阅读推广组织的发展与推广，读书会运营经验交流。这个宣传比较好的诠释了图书馆是读书会发展的推动者这一角色定位。

(一)组织者

图书馆不仅传递资源，同时是一个组织资源的平台，对于读书会，图书馆需要把

各方资源，尤其是读者资源，有效地组织起来，推动更多的读书会成立。

（二）服务者

图书馆的用户除了个体用户还有团体用户，读书会是团体用户的一种类型，图书馆应该把读书会作为服务对象，为其提供所需的资源和服务。

（三）管理者

图书馆应该在读书会的管理上发挥更大的作用，这里所说的管理并不是指对个体读书会的管理，而是指对图书馆所服务的区域内的所有读书会群体的整体管理。图书馆对读书会群体的管理和其他部门不同，其他部门如民政部门、文化主管部门、宣传部门关注资质、思想动向等方面，图书馆对读书会的管理主要从业务角度进行，包括读书会信息的管理和评优激励等方面。

四、图书馆运作读书会的策略

（一）筹备

1. 设定类型和名称

读书会的类型按照不同的标准有不同的分类，从图书馆的角度来讲，主要考虑两种分类方法。

①以面向的人群为划分标准，可将读书会分为儿童读书会（亲子阅读）、青年读书会、女性读书会、学生读书会、教师读书会、老年读书会等。

②以主题类型分类，可以分为文学阅读（鲁迅文学作品读书会等）、心理励志/宗教信仰、商管趋势、社科人文艺术、童书等。

读书会的基础是这个群体有着相同的阅读兴趣和爱好，图书馆通过分析流通记录，发现和归集这样的人群，提出建立读书会的整体框架，寻找合适的人作为某个读书会的带头人。可以说，能够掌握读者的流通数据，是图书馆创办读书会的天然优势。

2. 确定宗旨

读书会的宗旨规定了读书会的形式和风格。比如，三叶草故事家族的宗旨：让童年溢满书香，让阅读丰盈童年。三叶草故事家族通过线上及线下活动，举办了故事妈妈培训、专家阅读讲座、社区故事会、主题文化沙龙、新书试读会、年度讲述大赛、故事剧团等多种阅读活动。

3. 确定组织结构

无论什么组织都有组织结构，读书会也不例外，要形成管理中的指挥链。小型读书会的组织结构可以相对简单，设会长、副会长或秘书长，会长主要负责整体设计、带领读书会、对外联系等；副会长或秘书长主要负责会员联络、准备相关材料等。规模较大的读书会则组织结构也会复杂一些，会员人数较多就要进行分组，这有利于活动开展和讨论的效果，因此除了会长、副会长之外，其还需设置小组组长。

4. 拟定章程

章程是读书会的设立宗旨和行动指南，读书会成立时应该同时制定章程。

名称：包括全名与简称，并简要说明会名的由来与意义。

宗旨：确立读书会的宗旨。

会员入会方式：读书会参与者的资格及入会方式。

权利：说明入会会员享有的权利，如是否享有借书优待等。

义务：说明会员应承担的义务，需要遵守的规范及决议。

组织：说明读书会的组织形态，干部的产生方式、任期，各项工作分配及会务运作方式。

聚会方式：说明聚集的时间、活动方式、基本流程等。

规范：读书会的各项规范、约定。

(二)主要活动

读书会一般1~2周举办一次阅读活动，最长间隔应不超过1个月。每次活动2小时左右，活动的形式可多种多样，主要包括各种阅读交流活动，以及拓展活动。读书会的类型宗旨不同，其活动也有比较大的区别，以成员互益为主的小型读书会的活动大多以精读讨论为主，而公益型的读书会则会开展大型讲座等活动。读书会的活动大体可以分为如下几类。

1. 精读分享

阅读分享是读书会的核心内容，一般来说，可有读书会成员共同选定书单，会下完成阅读，会上进行交流讨论，一般会有一个引领人。引领人可以固定，也可由成员轮流担任。

2. 好书分享和推荐

和前一种精读分享的区别在于，其不一定是全体会员共同读一本书，而是可以组织好书分享活动，不设主讲人，参与者轮流介绍自己的书籍，但是这样可能讨论效果会受影响，因此很多读书会采用的是好书推荐的方式，每个会员可以在读书会的交流平台上分享自己的阅读心得和体会。

3. 专题讲座及主题沙龙

此项活动内容参与的人数可以比较多，可以邀请著名学者就一个专题或书籍进行讲座；也可由组织者选定主题，邀请3个以上嘉宾就某一话题展开现场讨论，在主题发言后观众可与嘉宾互动。

4. 其他拓展活动

除了阅读活动，读书会还可以结合读书会的主题、成员构成等情况，设计其他的拓展活动。比如，社会调查和实践工作，户外郊游、参观访问，送书下乡、知识扶贫等。

5. 阅读刊物和信息分享

读书会可以通过编印阅读刊物，设立微博、微信等，向社会呈现读书会的各项活动，分享会员的读书心得，传播良好的阅读方法等。

五、图书馆培育读书会的策略

(一)资源支持

图书馆在读书会的发展中可以提供资源支持，包括读物及资料支持和场地支持两个方面。

1. 读物及资料支持

(1)面向读书会的馆藏资源建设

读书会在进行阅读讨论时首要问题是读物。面向读书会的馆藏资源和面向个人的馆藏资源在提供上有所不同，读书会需要的复本量比较多，图书馆可以考虑为读书会提供阅读资料，这一般由读书会进行申请，图书馆主要考虑该读书会需要的资源是否符合图书馆的馆藏发展政策。

(2)提供与讨论相关的资料

读书会开展讨论还需要包括作者信息、写作背景、讨论指南等资料，图书馆应该建立相关的资源，支持读书会活动的开展。

2. 场地支持

支持社区交流本身就是公共图书馆的使命之一，提供空间也是图书馆的服务内容之一。因此，只要合理，图书馆应该为读书会的活动提供场地，这也有利于图书馆聚集读者人气，是一种双赢。

(二)提供读书会运营方面的辅导和培训

1. 提供读书会手册、指南等指导资料

绝大多数读者并不了解如何运作一个读书会，图书馆应该为这些读者提供相关的指导资料，这些帮助主要包括：第一次聚会时应该讨论哪些问题，需要注意什么；如何选择讨论所需的读物；如何引导讨论；讨论中哪些问题比较有意义；等等。

2. 培训读书会带领人

读书会的成功与否，关键是带领人的能力。有条件的图书馆应该开展读书会带领人的培训，使他们具备带领读书会健康发展的能力。

(三)读书会的管理

1. 搜集整合读书会信息

(1)基本信息的搜集

图书馆本身承担着社区信息中心的职责，揭示本地区读书会的信息是职责所在。其通过搜集读书会的基本信息，为向读者推荐相应的读书会。

（2）信息整合揭示

图书馆对搜集到的基本信息进行整合，提供给读者，便于读者了解自己感兴趣的读书会，决定是否参与。

（3）读书会交流情况的展示

图书馆还可以对读书会的阅读交流情况进行展示，将读书会的阅读讨论成果整合后，通过图书馆所拥有平台进行展示，以吸引更多的读者阅读相关的图书。

2. 促进读书会之间的交流

图书馆需要为读书会之间的交流提供帮助，以利于各个读书会之间相互学习，取长补短，形成合力，更好地促进读书会的发展。其一般采用座谈会、小型研讨会的形式将读书会带领人召集到一起，共同协商读书会的发展，并针对一些大型读书活动开展合作。

3. 评优激励

图书馆可制定针对读书会的奖励制度，对本地区（社区）内的读书会进行评选并奖励，激励读书会更好的发展。比如，定期举办读书会评比，对于活动丰富多样、阅读效果显著的读书会公开表扬，也可以在资源提供、资金支持等方面给予实际奖励。

第六节　推荐书目的类型与编制

一、推荐书目概述

(一)概念

推荐书目，就是面向一定人群，为了满足他们的某种学习或阅读需要而开列的一个阅读书单，通常包括一系列图书的书名、作者、版本、提要或推荐理由等信息，往往在最前面还有简明的导语或序言，介绍这个推荐书目的对象、目的、内容、编排体例等，因此，其又称为"导读书目"等。各种"必读书目""选读书目"从本质上，也属于推荐书目。

鉴于阅读对于提高国民素质意义非凡，所以各国政府和包括联合国在内的国际组织近年来也是不遗余力地推动阅读，我国政府把"全民阅读"作为重要工作来抓，连续3年把"全民阅读"列入《政府工作报告》。为了鼓励阅读，必须要解决一个读什么的问题，于是各种政府组织和社会组织也很重视组织相关专家为公众开列推荐书目。2000年1月，我国教育部颁布最新教育大纲，第一次明确指定中学生（初中和高中）课外文学阅读必读的30种文学名著，即推出了中学生课外必读文学名著书目。推荐书目在鼓舞阅读热情、发展潜在读者、推荐优秀图书等方面具有举足轻重的意义。对一个图书馆来说，不论其规模、经费、场地、藏书量等硬件设施如何，都应该重视利用推荐书目这个重要的方式来提升服务价值。

（二）特点

①对象明确。虽然有所有人都可以读的书，但总体来说，推荐书目总以一定人群为推荐对象。

②有特定用途。推荐书目总是为了满足人们某种学习或阅读的需要。

③所选图书是经过认真筛选的，是编者认为最适合这个书单的对象阅读的。

④著录明确，便于读者精确定位，找到所推荐的图书。

⑤很多图书都撰有提要，并以精练的语言列出推荐理由，这很能激发读者阅读的愿望，这就起到了阅读推广、鼓励阅读的作用。

二、推荐书目的功能

（一）书海中的"领航者"

推荐书目是目录的一种。在谈及目录学的作用时，大家经常引用下面几句话，即清代学者王鸣盛在他的《十七史商榷》中所说的："目录之学，学中第一紧要事，必从此问途，方能得其门而入。"他又说："凡读书最切要者，目录之学。目录明方可读书。不明，终是乱读！"

（二）最传统、最基本的阅读推广手段

推荐书目的出现要早于图书馆，现在我们可以看到最早的推荐书目，是唐代末年被后人称为"唐末士子读书目"的推荐书目，其开列的图书主要是重要的儒家经典和历史著作。

推荐书目是前人读书的经验总结，是对后来者的忠告。面对浩瀚的图书，推荐书目如同读书人的阅读向导，起到了帮助读者选择读物、增加阅读兴趣、提高阅读效率的作用。

三、推荐书目的类型

（一）按推荐者划分

推荐书目的开列者可以是一个组织，也可以是个人。组织，如某图书馆、某大学等。个人，如学者、名人，也可以是普通人。过去，推荐书目开列者以学者为主，现在则更多的爱书人也加入这一行列，网络等新媒体为普通读者开列和传播推荐书目提供了便利，如豆瓣读书。

各地读书活动的开展，也相应地出现了一批推荐书目。2006 年，苏州市举办了首届阅读节，在《苏州日报》上市民推荐书目 100 种；2007 年，第八届深圳读书月（11 月 1 日至 30 日）活动，推出了藏书与阅读推荐书目 100 种、优秀青少年读物推荐书目 50 种、优秀音像电子出版物推荐目录 30 种。

图书馆在阅读推广方面始终是主力军，2006年4月23日，中国图书馆学会科普与阅读指导委员会成立，在下设的5个专业委员会中就有"推荐书目委员会"，其10年来开展了大量工作，卓有成效。

(二)按读者对象划分

面向各种细分读者群的推荐书目大量涌现。以前的推荐书目主要针对读书求学的学子，现在则面向各种人群，并且更注重推荐对象的细分。

(三)按主题划分

既有综合性的推荐书目，更有各种专门性的推荐书目，如唐诺的"推理小说入门书单"，从名称上即可知这是一个关于推理小说的推荐书目。此外，关于健身、厨艺、旅游指南、育儿等生活类推荐书目在当前也很受人欢迎。

(四)获奖书目也有推荐书目的功能

各种图书评奖结果、图书销售排行榜也成为事实上的推荐书目，鼓励人们去阅读这些榜上有名的图书。比如，国家图书馆每年组织的"文津图书奖"评选就有相当的推荐作用和号召力。

四、推荐书目的编制

推荐书目有大有小，但一般来说，都包括标题、导语、推荐词等元素。

(一)标题

标题既要合适地概括书目的主题，也要有一定的吸引性。

《亲子阅读——送给0—12岁孩子的父母》(邱冠华. 国家图书馆出版社，2010年)的第二章，主要为家长解决亲子阅读应该"读什么"的问题，列出以下书目：

图画书太多，哪些可以作为亲子阅读读物

令人难忘的中国儿童文学作品

中国原创的10本优秀图画书

推广英文亲子阅读的10本好书

女孩子喜欢的书

男孩子喜欢的书

培养孩子品格的优秀童书

早期性教育的优秀童书

(二)导语

导语就是推荐书目开头的文字，长短均可，通常可以包含这些信息：为什么要开列这个书目，为谁推荐，推荐图书的数量，编制的依据、过程，获得了哪些人的认可，致谢，推荐的主体或发布者是谁，以及其他有必要交代的内容。

性教育亲子读物推荐的导语（王海茹）：

"我是从哪里来的？"这是许多孩子常常会向父母提出的问题。父母们一般的做法是回避，或采取善意的哄骗，这似乎是天经地义的事。其实，孩子们了解性别与成长的奥秘需要科学引导。因此，我们向家长推荐8本可以与孩子一起看的性教育图书。

（三）被荐图书的版本信息

版本信息帮助读者准确选书，通常包括书名、作者（译者等）、出版社等信息，出版年、适合年龄、定价等为可选项。一本书在同一个出版社也可能有多个版本，如初版本和修订本、完整版和普及本、简体字本和繁体字本等，这时，版本信息如果写得稍详细点，可以帮助读者精确地区分图书。

（四）推荐词的撰写——怎样推荐一本书

推荐书目的目的是吸引别人来读，所以推荐词的撰写要注意以下要点：最重要的不在于你对这本书进行全面的概括，而在于你讲出这本书好玩的几点，只要你讲出你认为最值得读的"点"就可以了；不要照抄商业宣传语，很多书上印有很多商业宣传语，这些话不可全信，在推荐词中不要出现。

在哈佛大学113位教授推荐最有影响的书时，有一位名叫约翰·高的教授，他在谈到自己最喜欢的图书时，开列了《老子》一书，推荐意见写得非常好，可以借鉴：

《老子》许多年来一直是我的床头伴侣。其意义永无穷尽，通常也是不可思议的。例如，当我研究心理学时，它是一本有价值的关于人类行为的教科书。作为一个研究组织机构的专业人员，我从本书学到了许多有关政治和领导力的知识。我把它作为最喜爱的礼物送给身为企业家和高级经理的朋友们。这本书道出了一切。

（五）注意编排或分类

如果推荐的图书很少，可以不做分类和编排。但是如果推荐的书目较多，则必须考虑按什么分类的方法和编排顺序呈献给读者。比如，《亲子阅读》中的推荐书目（荐书100种），考虑到"中图法"不利于家长直接使用，而按图画书、故事书、桥梁书、小说、科普读物、综合读物（相当于"其他"类）分成6类，并对图画书、故事书、桥梁书这3类进行了特别说明。

(六)其他需要注意的事项

1. 阅读推广人要爱书

图书馆工作人员和阅读推广人首先要爱书，爱读书，了解经典，关注读书界的动态，关注最新的好书信息等。

2. 善于借助社会力量

学者、专家，甚至读者中的爱书人，都是我们可以依靠的对象。常言道，术业有专攻。如果我们请中国科学技术协会的相关专家来推荐一组科普读物，可能会比图书馆工作人员自己闭门造车编出的一个同类目录更专业，效果更好。

3. 可以结合热点、节日，来设计推荐书目

结合近期的社会热点主题，或即将到来的节日，设计推荐书目，往事半功倍，会很容易被大家关注。

【思考题】

1. 谈谈阅读的作用。

2. 为什么图书馆是全民阅读的主力军？

3. 请结合您所在图书馆的实际情况，设计一个常规阅读推广项目。

4. 请对您所在图书馆原有的阅读推广活动进行审视，思考哪些地方做得比较好，哪些地方需要改进？

5. 阅读节对书香城市建设的意义是什么？

6. 国外阅读节的经验对我国有何启示？

7. 图书馆讲座的设计者，需要具备哪些眼光和基本的素质？

8. 在新常态下，图书馆的传统讲座模式是否也需要引入互联网思维？如何在讲座的设计推广中更好地发挥互联网的作用？

9. 请结合您所在图书馆和所在地区的情况，思考如果图书馆要运营一个读书会，您准备如何启动，如何运作？

10. 请了解本地读书会发展情况，制作"某某地区读书会情况一览表"。

11. 请结合您所在地区的情况，提出本地读书会的发展方案。

12. 请设计 3 个有吸引力的推荐书目。

13. 围绕即将到来的一个节日，设计一个推荐书目，至少推荐 3 本书，并列出推荐理由。

14. 你怎么理解推荐书目在阅读推广工作中的作用？

【参考文献】

[1]邓咏秋，李天英. 中外推荐书目一百种[M]. 西安：陕西师范大学出版社，2001.

[2]邓咏秋，李天英. 爱上阅读[M]. 武汉：武汉大学出版社，2007.

[3]吴晞. 天下万世共读之：公共图书馆与阅读推广[M]. 上海：上海科学技术文献出版社，2014.

[4]李东来. 书香社会[M]. 北京：北京图书馆出版社，2008.

[5]邱冠华. 爱书人的世界[M]. 北京. 北京图书馆出版社，2008.

[6]邱冠华，邓咏秋，郭腊梅. 亲子阅读——送给0—12岁孩子的父母[M]. 北京：国家图书馆出版社，2010.

[7]邱冠华，金德政，邓咏秋. 图书馆阅读推广基础工作[M]. 北京：朝华出版社，2015.

[8]邱天助. 读书会专业手册[M]. 台北：张老师文化事业公司，1997.

[9]《图书情报工作》杂志社. 国民阅读推广与图书馆[M]. 北京：海洋出版社，2011.1.

[10]王惠君. 绘本阅读[M]. 北京：国家图书馆出版社，2011.

[11]王余光. 中国阅读文化史论[M]. 北京：北京图书馆出版社，2007.

[12]徐雁. 全民阅读推广手册[M]. 深圳：海天出版社，2011.11.

[13]余政峰. 读书会的团体动力因素之研究[J]. 台北市立图书馆讯，1999，17(04).

[14]赵俊玲，郭腊梅，杨绍志. 阅读推广：理念·方法·案例[M]. 北京：国家图书馆出版社，2013.6.

[15]朱永新. 阅读，让城市更美丽——苏州创建书香城市纪实[M]. 北京：人民出版社，2011.

[16]胡继武. 现代阅读学[M]. 广州：中山大学出版社，1991.

[17]Taylor J. When Adults Talks in Circles：Book Groups and Contemporary Reading Practices[M]. Illinois：University of Illinois at Urbana—Champaign，2007.

[18]白琳，赵文俊，韩华. 视觉文化传播在大型公关活动策划中的运用研究[J]. 文学界(理论版)，2012(08).

[19]邓咏秋. 推荐书目的过去、现在与未来[J]. 高校图书馆工作，2009(03).

[20]范并思. 阅读推广与图书馆学：基础理论问题分析[J]. 中国图书馆学报，2014(05).

[21]刘炜红，钟剑. 关于公共图书馆讲座若干问题的认识[J]. 图书馆界，2010(02).

[22]李伟. 高校阅读推广活动策划流程研究[J]. 新世纪图书馆，2013(11).

[23]史林静，王可. 公益组织开展公关活动的理念、策略与技巧——以中国扶贫基金会为例[J]. 新闻爱好者，2013(07).

[24]王莉. 拓展图书馆讲座思路　用策划打造服务品牌[J]. 图书馆学刊，2011(12).

[25]王文正，寇尚伟. 用视觉创造和管理品牌[J]. 销售与市场(管理版)，2013(04).

[26]许白婷. 公共图书馆讲座选题策略探究[J]. 图书馆论坛，2014(07).

[27]杨白璇. 浅谈公共图书馆讲座[J]. 中国西部科技，2011(26).

[28]于良芝，于斌斌. 图书馆阅读推广——循证图书馆学（EBL）的典型领域[J]. 国家图书馆学刊，2014(06).

[29]吴蜀红. 美国"国家图书节"考察分析[J]. 图书与情报，2013(04).

[30]邱天助. 什么是读书会[EB/OL]. （2013-03-17）[2015-5-10]. http://m.douban.com/group/topic/37426571/? session＝2c5aeef6.

[31]朱永新：设立"阅读节"把全民阅读上升为国家战略[EB/OL]. （2015-03-06）[2015-03-31]. http://news.xinmin.cn/domestic/2015/03/06/26979529.html.

第七章 "互联网＋"环境下的数字阅读

【内容概要】

自 2015 年以来，"互联网＋"作为一项国家战略，深刻地影响了社会发展。随着《中华人民共和国公共图书馆法》于 2018 年 1 月 1 日正式颁布实施，如何在国家法制化保障条件下，用尽、用足"互联网＋"的政策红利，保障图书馆读者的公共数字文化权利，值得我们思考与探索。本章从图书馆界的角度审视"互联网＋"的概念以及该环境下数字阅读行为的主要特征，并在数字阅读的硬件设施建设、平台环境建设、服务活动推广方面介绍相关案例、经验，以期为基层图书馆提升数字化服务水平提供借鉴。

第一节 "互联网＋"的到来

图书馆界对信息技术的态度始终是复杂的，我们在受益于信息技术带来便利的同时，也对技术环境下的"被边缘化"时刻保持着警惕。无论如何，从业务系统自动化、数字图书馆到图书馆 2.0，业界跟随着一次次的技术浪潮不断探索，也在不断前行。如今，在"互联网＋"这一国家战略概念提出的背景下，图书馆界何去何从？值得我们深思。

一、"互联网＋"的概念

"互联网＋"的概念孕育于信息产业界，最早应用于描述其行业内多终端、跨平台的产品和服务思路。2015 年 3 月，全国"两会"上，全国人大代表、腾讯公司董事会主席马化腾提交了《关于以"互联网＋"为驱动，推进我国经济社会创新发展的建议》的议案，呼吁持续以"互联网＋"为驱动推动我国经济和社会的创新发展，并指出"互联网＋"是指利用互联网的平台、信息通信技术把互联网和包括传统行业在内的各行各业结合起来，从而在新领域创造一种新生态。

2015 年 3 月 5 日十二届全国人大常委会第三次会议上，李克强总理在政府工作报告中首次提出"互联网＋"行动计划，提出"制订'互联网＋'行动计划，推动移动互联网、云计算、大数据、物联网等与现代制造业结合，促进电子商务、工业互联网和互联网金融健康发展，引导互联网企业拓展国际市场"。2015年7月4日，经李克强总理签批，国务院印发《关于积极推进"互联网＋"行动的指导意见》，标志着"互联网＋"由概念落实为国家重要发展战略。

二、图书馆界的"互联网＋"

早在20世纪70年代，计算机与通信技术的发展和融合，促进了图书馆联机网络的发展，出现了一批联机编目网络（OCLC，RLIN，WLN，Utlas等），可以看成图书馆界最早的"互联网＋"雏形。随着万维网的出现并迅速发展，计算机技术、通信技术、高密度存储技术和多媒体技术等多种信息技术出现了空前进步，图书馆界由自动化进入了电子化、网络化、虚拟化的数字图书馆发展阶段。1994年，美国国家基金会（NSF）等联合发起"数字图书馆倡议"（Digital Libraries Initiative），数字图书馆建设开始兴起。我国也于1995年开始关注数字图书馆的发展，1997年国家计委批准进行"中国试验型数字式图书馆"项目，由国家图书馆牵头上海图书馆、南京图书馆、辽宁省图书馆、广东省立中山图书馆、深圳图书馆，拟建了一个多馆协作、互为补充、联合一致，实现了由多类型、分布式、规范化资源库组织的试验型数字图书馆。6馆联合在数字信息资源库设计、专用软件工具和检索标准化等方面取得了十分宝贵的初步成果，为全面开展我国数字图书馆的建设奠定了基础，该项目的实施是中国数字图书馆建设开始的标志。进入21世纪以来，随着无线高速网络、云计算、物联网概念的引入，图书馆开始进入泛在化、无线化、基于云计算等为特点的发展阶段，期间虽有"图书馆2.0"等概念的提出，但始终未能有一个较为严密的技术概念体系加以支撑。

随着国家"互联网＋"行动计划的实施，"互联网＋"概念中包含的移动互联网、云计算、大数据、物联网等技术要点，与当前图书馆界推动的各项技术发展思路基本契合，"互联网＋图书馆"应当也可以在较长时间内指导图书馆界技术领域的发展方向。

三、"互联网＋"环境下图书馆的发展要求

21世纪是知识经济时代，社会快速发展，信息技术突飞猛进，网络快捷高效，使得获取一般信息突破了时空限制，越来越方便，人人都可以成为"知道分子"。由于自媒体的流行，人们更注重信息的双向互动，生产信息也变得更为简单。而长期以来，以"学习的中介机构""群众性的教育文化信息机构""人民的终身学校""没有围墙的大学"等为定位的图书馆面临着边缘化的隐患。那么图书馆又当如何应对呢？

（一）需要考虑泛在学习模式

泛在学习（Ubiquitous Learning）指以泛在计算（Ubiquitous Computing）技术为核心的信息技术支持下的学习。国外有学者定义其为Anytime、Anywhere、Anybody、

Anydevice，即包含时时、处处、人人、任何方式的学习方式。其本质是以人为中心的，以学习任务本身为集点的。技术可以支持学习，但不应该干扰学习，学习者所关注的将是学习任务/目标本身，而不是外围的学习工具或环境因素。技术对人而言，是一种外围角色，甚至不用让学习者注意到。技术的服务功能实际上是增强了，但技术本身的关注性被减弱了。这样学习者就可以更顺利、更自然地将注意力集中到学习任务本身，而不是技术环境。

（二）需要"虚实结合"

图书馆脱离传统业务服务和既有的工作网络体系走向"纯数字化"是不现实的，至少在可以预见的相当时期内，没有图书馆实体空间的支撑，图书馆工作是难以开展并持续发展的。因此，在"互联网＋"环境下，图书馆要把覆盖各级行政架构的图书馆实体设施网络体系这张有形之网，与公共数字文化服务设施、资源网络这张无形之网有机融合，互相促进，协同发展。

（三）需要考虑体系化建设

在"互联网＋"环境下，用户或许并不在意资源的具体来源，而是更多的关注获取渠道是否便捷、响应是否及时。多年的实践证明，走体系化发展之路，形成一定区域范围内的集群服务体系，有利于实现资源共建共享、互通有无，进而形成业务、服务上的协作，共同服务读者。

（四）需要细分读者

细分读者是服务的发展趋势。随着大数据等技术的兴起，细分读者群体进而采取针对性的服务工作，有利于推送精准的个性化服务，进而增加读者的粘性，其细分标准可以从地域、个人背景、行为、心理等诸多角度出发。总而言之，强化"互联网＋"环境下图书馆服务能力的关键在于：打包有用的知识，利用便捷的渠道，提供恰当的服务。

第二节　"互联网＋"环境下数字阅读行为的主要特征

数字文献的生产、组织与保存，最终目的都是为了方便用户的利用。所以，我们谈到数字阅读，没有理由忽视用户的存在。用户的数字阅读行为包括诸多方面，比如阅读动机、阅读使用设备、阅读内容、阅读频率等。这些问题，需要进行广泛深入的用户调查，才能有一个基本的了解。

由于用户的阅读行为涉及的内容较多，我们不可能一一兼顾，所以这里仅探讨用户数字阅读行为的主要特征，包括阅读成为数字化生活要素、阅读分享趋向社群化、阅读内容呈现碎片化、阅读体验注重个性化等方面。

一、阅读成为数字化生活要素

社会信息化、数字化在很大程度上改变了人们的生活方式，相关调查数据也证实了这一点。2007 年，联机计算机图书馆中心（OCLC）发布了一份名为《网络社会中的分享、隐私与信任》的研究报告，报告的调查范围包括加拿大、法国、德国、日本、英国、美国 6 个国家，采访对象共 6 163 人，年龄分布在 14～84 岁。报告显示，利用互联网的人数超过 4 年的占 90％，超过 7 年的占 50％，搜索引擎的利用比例已从 2005 年的 71％增加到 2007 年的 90％；E-mail 的使用率占 97％；在线浏览或购物占 55％；博客的利用率占 46％，社交网络的利用率为 28％。2014 年 OCLC 发布的《教育、学习和图书馆到达转折点》显示，越来越多的人倾向于在自己的空间里、用自己的设备开展自主型数字学习及生活，与 2007 年相比，使用社交网络的 25 岁以下人群比例由 71％上升到 94％，60 岁以上的人群也由 13％增长到 32％。中国互联网络信息中心（CNNIC）发布的《2015 年中国社交类应用用户行为研究报告》中的数据显示，六大社交类应用中，即时通信在整体网民中的覆盖率最高，为 90.7％，其次是综合社交应用，覆盖率为 69.7％，再次是图片/视频类应用，覆盖率为 45.4％。2016 年 4 月 18 日，由中国新闻出版研究院组织实施的《第十三次全国国民阅读调查》显示，2015 年我国成年国民数字化阅读方式（网络在线阅读、手机阅读、电子阅读器阅读、光盘阅读、Pad 阅读等）的接触率为 64％，较 2014 年的 58.1％上升约 6 个百分点。如果说，把利用搜索引擎、E-mail、社交媒体等纳入广义上的数字阅读范畴，那么可以说数字阅读已经成为数字生活不可或缺的要素。正如戴维·温伯格在《新数字秩序的革命》中所说的："每一天，我们越来越频繁地生活在那个世界里。它的名字叫做数字世界。"

二、阅读分享趋向社群化

互联网时代，"文字和图片"以低门槛的方式在网络上四处泛滥。搜索引擎的出现，让阅读的主动权逐渐倾斜到读者手中。特别是社交网站的兴起，更加速了读者的群体化倾向。社交网站一般都会为个人用户提供群组功能，用户可以与他人进行内容分享、合作、创建虚拟社区。在美国，脸书（Facebook）是非常受欢迎的社交网站。而在中国，2010—2013 年，受欢迎的社交网站是"新浪微博"，2014 年之后是腾讯的"微信朋友圈"。通过这些社交网络，阅读内容可以进行广泛分发，并且针对性极强，人群定位更为精准。Facebook、推特（Twitter）等社交网络的崛起，很大程度上改变了人们获取内容的方式——人们更多地是通过分享而不是搜索去获取内容，BuzzFeed 就是这方面的一个突出的典型。作为一个新闻聚合网站，BuzzFeed 从数百个新闻博客那里获取订阅源，通过搜索、发送信息链接，方便用户浏览当天网上的最热门事件。据介绍，BuzzFeed 有超过 50％的流量来自 Facebook。而据"微信之父"张小龙透露，中国用户在微信上的阅读偏好为：80％从朋友圈里发现内容阅读，20％从订阅号里挑选内容阅读。

可见，社交网络对人们阅读方式的改变力度之大。据 2007 年 OCLC 发布的《网络社会中的分享、隐私与信任》报告显示，公众使用社交网站的平均比例为 28%，其中加拿大 30%，美国 37%，日本 22%，法国 10%，德国 13%，英国 29%；2014 年 OCLC 发布的《转折点：教育、学习和图书馆》则显示，Facebook、YouTube 分别以 67%、46% 的访问率占据社交网络的头两把交椅。通过社交网络，人们不仅可以进行内容的群体化分享，还可以进行内容创作和生产，不断提高内容质量，以增强用户的网络黏性。

三、阅读内容呈现碎片化

在日常生活中，我们经常可以看到这样一些场景：公交车上，地铁站里，大家低着头玩手机或平板电脑，有的人在上网，有的人在读电子书。这种利用"零碎"时间进行的断断续续的阅读，人们通常称为"轻阅读"或"碎片化阅读"。

通过观察我们可以发现，"碎片化阅读"这种阅读方式通常具有以下几项特征：一是阅读的内容一般比较简短、零碎；二是读者多数选择跳跃式阅读，快速浏览、再快速抛弃，跳转速度非常快。

人类的大脑认知需要一定的时间进行信息接收与反馈，快餐式的"碎片化阅读"没有给大脑留下足够长的思考时间，这可能会影响到人的思维能力。传统的纸质阅读，文本的排列是呈线性分布的，内容具有较强的内在逻辑性。而网络数字阅读，文本的组织形式是超链接的，内容杂乱、零碎、无序。一个人如果长期习惯"碎片化"阅读，那么他的思维就有可能呈"碎片化"。

因此，我们对于数字阅读碎片化倾向，应当保持一种警惕。我们需要在快速获取资讯和深度阅读思考之间取得适度的平衡。

四、阅读体验注重个性化

很多人都说，现在是体验为王的时代。各种产品和服务，为了赢得用户的支持，需要不断丰富、提升用户的体验，让用户感觉到"爽"。这一点对于数字阅读而言，也不例外。

数字阅读一方面在技术实现上，需要考虑用户的需求，另一方面在内容服务上也应注重用户的个性化体验。在技术实现上，如利用移动智能设备，检索书目信息，利用二维码扫描下载电子书，允许用户订制个性化显示界面，用户自主添加标注（Tag），用户参与内容创建，跨平台（PC、笔记本、手机及各类终端）访问，随时随地阅读、分享等。在内容服务方面，利用大数据分析技术，了解特定读者的阅读倾向，选择关联性较强的数字内容进行推送，帮助用户过滤干扰信息或嵌入式垃圾广告，这样优质的内容服务会提高用户的黏性，用户对数字资源的利用忠诚度也会提升。

第三节　数字阅读的硬件设施建设

对图书馆数字阅读服务来说，硬件设施是必不可少的"硬菜"，但如何构建适合自身业务需要的科学硬件设施体系，不少同行也感到颇为棘手。一方面，只要具备充分的资金条件，硬件设施建设能在短时间内取得较大幅度的进步；另一方面，如若建设思路、准备有所疏漏，与业务服务无法合理对接，硬件设施往往也能成为大而无用的"包袱"。图书馆数字阅读硬件设施建设应遵循以下几点思路。一是要"应有尽有"，即基本硬件设施不可或缺，按照《公共图书馆评估定级标准》、文化信息资源共享工程配置要求以及本地区其他相关要求等进行基本配置。二是要谨防"技术过剩"，信息技术具有发展速度快、更新周期短的特点，其应用成本与技术成熟度和普及度成反比。硬件设施建设应全面考虑技术适用性、成熟度和成本问题，确定应用可接受的效用范围。三是要"适度超前"，对于涉及存储、带宽、处理器等基础性硬件的问题，应当为技术完善和升级预留一定的发展空间。下面，将若干硬件设施建设进行例举介绍。

一、图书馆网络

充分利用网络通信技术，使图书馆自动化、网络化，实现资源共享、便捷检索，是图书馆发展的必经之路。图书馆的网络设计要充分考虑本馆的特点，并充分利用各种已趋于成熟的网络技术，在硬件和软件上提供相应的支持，是搞好图书馆网络的核心。在此基础上，不断对其实行优化，逐步和公共网络相连，使图书馆网络的服务范围不断扩大，得到充分的发展，是图书馆网络的发展方向。图书馆网络建设包括综合布线、网络体系结构设计、服务器和连接设备选择等，该项建设内容复杂，各地图书馆从规模到业务特点各不相同，在此不一一赘述。

二、公共电子阅览室

近十多年来，文化信息资源共享工程以各级图书馆为骨干，形成了基本的服务网络。共享工程各级中心的硬件配置国家已有相应规定，主要包括网络接入设备、服务器、电脑终端等。

在此基础上，2010年10月文化部办公厅发布了《公共电子阅览室建设试点工作方案》，2012年2月文化部和财政部联合发布了《公共电子阅览室建设计划》，两个文件要求建设一批规范化的公共电子阅览室，按照地市级不少于40台，县级不少于25台，乡镇、街道、社区不少于10台，行政村不少于5台电脑终端的标准配置设备，以宽带形式接入互联网，建立电脑桌面一站式导航服务，改造配套设施，建设规范化的公共电子阅览室。下面简要介绍一个案例。

案例：东莞市新型公共电子阅览室

广东省东莞市在已有的图书馆集群管理基础上，提出通过云计算技术开发应用来实现公共电子阅览室的快速构建与安全可控可管的策略。

新环境——打造公益数字文化服务连锁店。东莞市新型公共电子阅览室应用形象的设计理念是实现"五个统一"，即统一标识、统一风格、统一技术、统一服务、统一管理，将其打造成政府为人民群众提供公益数字文化服务的"连锁店"，以丰富、趣味、健康、生动的内容，成为保障人民群众基本数字文化权益的服务阵地。其空间布置时尚新颖、温馨舒适，设备布局多样，主体家具橙黄色的时尚外观和高辨识度特色给人留下强烈的印象，深具影响力并易于增强民众对文化事业的认同度，对公益性文化事业也起到了宣传和推广的作用。

新技术——"文化e管家"。"文化e管家"设备是东莞市新型公共电子阅览室建设的技术核心。该设备采用云计算技术，将软件系统、数字资源、安全网络设备、无线接入设备等构建公共电子阅览室的相关元素集成到一台服务器上，即一台设备同时具有电子阅览室的服务器、存储、流媒体服务器、资源服务器、网络设备、安全网关设备、无线接入设备功能和电子阅览室管理功能，系统的使用无需安装客户端软件，也不用维护管理，对阅览室的工作人员没有任何技术要求，只需要登记上网人员的身份信息。其功能包括网络过滤、互联网安全使用、无线通信、数据仓库等，设备可以实现基层电子阅览室的快速部署，解决健康上网、安全可控等问题，满足新网络环境下多终端形态服务的需求。

新形态——多终端、立体式网络服务。东莞市新型公共电子阅览室通过有线网络和无线网络的集成，以及纸质媒体、固定终端和移动手持终端的集成，构建了一个多形态、立体式的数字文化空间。它打破了单一数字服务的模式，将传统阅览与数字阅览结合，既有传统纸质书书架，又有台式电脑、一体式电脑、平板电脑、电视、投影等多样化的数字阅读终端，提供无线上网，除了阅览室内配备的时尚、轻巧的平板电脑供用户阅读电子书、收看视频讲座、试玩益智游戏外，人们还可以使用自带的笔记本电脑或手机上网冲浪。

新管理——体系化建设、云服务管理。依托发展较好的城市图书馆总分馆体系，东莞市在市图书馆建立了市域公共电子阅览室的云服务管理中心，实现对各基层公共电子阅览室的统一管理、统一监控、统一服务、统一技术支持。云服务管理中心包括监控平台、管理平台、数据分析平台和资源推送平台四大功能。其中监控平台能够监控到各公共电子阅览室服务点的使用情况，包含用户登录情况、资源访问情况、浏览统计、在线时长、访问人员年龄分析、地域分析等信息，中心的电视墙还可显示基层公共电子阅览室的服务现场图像；管理平台统一设置网络访问白名单、黑名单和自动过滤关键词，保障各网点绿色安全上网；数据分析平台可采集各个电子阅览室登记人数、访问流量等数据，进行数据分析后再进行数据挖掘，并图形显示用户的利用规律；资源推送平台将共享工程、图书馆授权资源及网络资源进行整合，形成资源导航，集成资源检索、用户身份认证、信息推送等功能，由中心统一发布新闻专题，向各个电子阅览室进行实时热点专题推送。（见图 7-1）

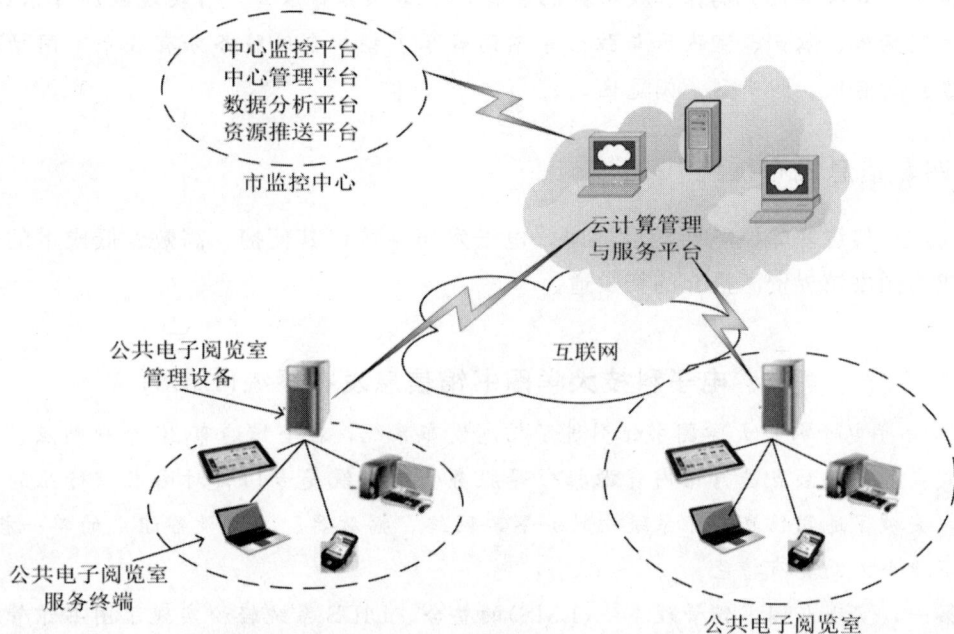

图 7-1　公共电子阅览室集群化管理架构

三、影音播放设备

随着人们对文化服务品质的要求日益提高，传统的文字阅读模式已经难以满足，"看"资源、"听"资源等数字阅读方式开始逐步发展。图书馆界除了早期的共享工程视频播放、视频点播（Video—On-Demand，VOD）等服务方式，影音播放服务正逐步朝着休闲化、专业化方向发展。

案例：杭州图书馆电影分馆

杭州图书馆电影分馆为国内第一家电影主题公共图书馆，主打收藏电影史料、怀旧老电影片和艺术影片，已收藏近万册电影主题图书和 5 000 部影碟资料。该馆提供 3 种方式自助观摩影片：一个是每周在杭州图书馆报告厅播放的主题影片，如"经典怀旧系列""法国新浪潮艺术""致敬华语片"等系列；另一个是以国际放映标准 2K 设置的小影厅，主要交流放映国内外各种电影机构的影片；同时，馆内还有 3 个小型看片室，滚动播映"中国电影""外国电影"和"纪录电影"等不同风格题材的影片，每个看片室可容纳 10 人，属于小众观影。读者还可以在数码冲浪区通过电脑查阅馆内自建的数据库，如电影、剧本、导演阐述、电影史论、电影批评、电影史学、剧照、工作照等资料。

音乐图书馆位于杭州图书馆新馆北二楼的主题分馆，面积约 1 100m²，设有高保真视听区、自助服务区。高保真视听区配备有 3 个高保真音乐室，可实现欧洲音乐风格、大型的交响乐、歌剧、室内乐与弦乐等不同音乐类型。自助服务分有 3 个不同功能的服务区：听音区、视听区、阅览区。

四、信息发布系统

在进行传统实体展览活动的同时，电子发布系统以其便捷、高效、低成本的优势逐步成为图书馆界资源推介的新渠道。

案例：电子科技大学图书馆信息发布系统（LIDS）

2013 年电子科技大学图书馆引进了信息发布系统，在全馆遍布 26 个视频点，以数字方式在各个视频点进行馆内资源推介等服务。本系统是专门针对图书馆行业的专用系统，突破了通用信息发布系统由服务器、网络、播放器、显示设备组成的单一模式，在以下 4 个方面具有特色。

第一，实现与图书馆管理系统（LMS）的整合。LIDS 系统轻松实现了图书馆管理系统的数据整合，通过数据挖掘、日志统计等手段向读者展示图书馆的最新运行状态。

第二，满足读者需求的图书馆专用内容建设。LIDS 系统不仅可以展示图书馆的运行数据，还根据读者的需求进行了专用内容建设，满足了读者多角度获取知识的需求。

图 7-2　图书馆信息发布系统的视频终端

第三，有效整合多种类型的图书馆显示设备。通过独立的服务器的信息经由图书馆专用网络发送给各种显示设备，包括 LED 大屏幕、液晶显示屏、平板触摸显示器、检索查询终端、读报机等设备，使得信息发布安全、准确、快捷。

第四，分布式信息发布与管理。LIDS 系统运用分布式技术、分组显示等技术实现了图书馆众多显示设备的信息发布与管理，通过设备分组轻松实现了信息的分布式发布。

五、电子书报架

配合数字化阅读平台的建设，各地图书馆不断引进高新数字设备开展数字资源的推荐和下载等服务。例如，当前各地图书馆还纷纷引进了电子阅报机、书架（见图7-3），读者只需动动手指，即可翻阅各类报刊内容，或是用自己的智能手机扫描该电子书的二维码，就可以在图书馆全无线网（WIFI）覆盖的环境下，将电子书免费下载到自己的手机上，随时随地方便地阅读了。

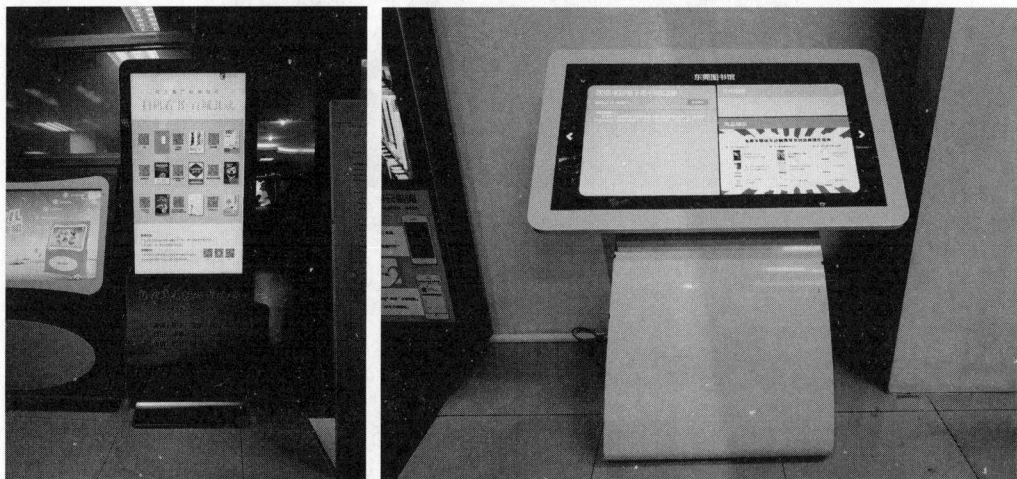

图 7-3 图书馆电子书架 & 电子报刊阅读设备

六、数字创意空间

在信息化进程中，全球图书馆界一直在努力探索数字时代自身创新发展的新路。2012 年开始，"创客空间"已经成为美国图书馆协会（ALA）年会上的热门话题。ALA还举办了网络系列研讨会"创客空间：图书馆服务的新浪潮"。共识逐渐凝聚：公共图书馆的核心使命已经从传统的积淀与传承文化、提供信息、知识和文化服务，扩展为提供工具、鼓励知识与思想的交流、激励创意与创新，从而成为连接一切的公共知识空间、创新空间。

案例：上海图书馆"创·新空间"

2013 年 5 月，上海图书馆全新打造的创意阅览室以"创·新空间"之名对外开放，标志着"创客空间"正式进入国内的公共图书馆。"创·新空间"中不仅提供从文献到数据信息的阅读与检索服务，还提供 3D 打印、多媒体展示等服务，而且与国内著名的创客机构"新车间"等合作开展各种展示、培训等活动。"创·新空间"中还设立了产业技术图书馆，已经成为上海文化创意产业信息中心和上海市中小企业公共服务示范平台的服务窗口，更吸引了一批创客。（见图 7-4）

图 7-4 上海图书馆"创·新空间"

（图片来源：https://site.douban.com/226222/widget/notes/15401833/note/318947590/）

七、其他硬件设施

除上述各类设施，与图书馆相关的数字阅读设备还包括以下几个方面。

电子书阅读器，包括各类平板电脑、kindle 等。例如，2009 年，上海图书馆就推出了电子阅读器外借服务，外借的设备仅包括汉王、盛大等厂商出品的国产电子阅读器和平板电脑，鉴于读者反响强烈，2013 年推出 iPad 外借，2015 年开始提供 kindle 外借服务。

有声书，也称为有声读物，是传统书的一种衍生形式，由专业人士播讲文稿，可在线收听，又可以将作品制作成光盘或灌入 MP3 播放器等播放设备。

电子互动绘本，是电子书的一个分支、传统绘本的电子衍生品。相对于传统的纸质绘本，电子互动绘本将视频，音频和互动性结合在一起，不仅从影像、视听角度对绘本艺术进行了再创造，并且加入了互动元素，使读者在阅读过程中能主动参与故事，获得更多乐趣。

益智互动游戏设备，即通过声、光、影等人机互动渠道进行游戏活动的设备，多用于图书馆的少年儿童服务。

信息技术不断发展，硬件设施也层出不穷，但如何科学选择、有机融入图书馆业务仍有待业界探索。

第四节　数字阅读的平台环境建设

数字阅读不仅给传统的阅读方式带来了巨大冲击，也给图书馆带来了全新的挑战。从社交网络、移动支付到物联网应用，人们正越来越习惯于飞速发展的数字化生活，并乐于接受和体验高新技术产品。面对数字化阅读趋势的来临，在以新颖、实用的硬件设施吸引读者的同时，对于如何推出基于数字阅读的个性化服务平台，以整合资源、留住读者，图书馆界不得不进行认真深入的思考和实践。

一、数字阅读网站建设

为适应网络化和数字化的要求，图书馆变革的首要任务就是建设相匹配的数字图书馆。数字图书馆是一个系统工程，主要包括文献信息数字化、信息传输数字化与网络化、信息服务终端化、信息利用社会化等。目前，国内大部分的市级以上公共图书馆、高等院校图书馆都已经建设完成自己的数字图书馆。这种 24 小时不间断服务的数字图书馆会向广大读者介绍该图书馆的资源动态、服务指南、新闻公告等信息，并提供资源查询、在线利用等基本功能。国内数字图书馆的建设已经进入成熟阶段。值得注意的是，近年来国内图书馆网站正逐步沿着建设个性化的数字阅读网站或网络阅读平台等思路发展。

案例：青浦图书馆

上海市青浦图书馆注重数字图书馆建设中读者的个性化、社交体验等需求，为市民提供一个资源丰富、体验优质、以书会友的网上图书馆，平台有如下几点特点。

第一，数字图书馆核心功能模块完善。其包含 OPAC、我的图书馆、新闻公告等传统数字图书馆的核心功能。

第二，远程数字资源利用。其提供在线数字资源远程登录、随书光盘利用等服务，拓展服务时空的范围。

第三，基于阅读的社交网络服务（SNS）。其开设了官方微博、微信，设有常见问题解答（FAQ），在线 QQ 咨询等功能，并设有"清阅朴读"论坛，支持微信账号、QQ账号登录，实现以书会友。

伴随着数字阅读趋势的发展和高校图书馆服务工作的进一步深化，相信会有越来越多的个性化数字阅读平台出现在广大读者面前，来满足市民个性化的数字阅读需求。

图 7-5　青浦图书馆首页截图

（图片来源：http://www.qplib.sh.cn/lib/Index.html）

二、将图书馆装进口袋——移动图书馆建设

中国是手机用户的大国，工信部 2016 年 1 月发布的《2015 年通信运营业统计公报》显示，截止 2015 年全国移动电话用户总数达 13.06 亿户，移动电话用户普及率达 95.5 部/百人。随着国家对互联网提速的要求逐步落实、3G/4G 技术的普及，移动终端设备的不断更新换代，人们的阅读方式也在发生转变，移动阅读逐渐成为人们获取信息的一种重要方式。目前的移动阅读服务，商业模式占主导，众多的设备制造商、内容提供商以及电信运营商纷纷借力移动网络，抢占移动阅读市场，争夺用户。图书馆作为专业的阅读服务机构，能否搭乘移动互联网快速发展的契机，拓宽服务渠道，充分满足市民移动阅读的需求，成为当下的重要课题。

图书馆移动服务先后经历了短信、WAP 等服务形式，目前移动客户端 APP 正成为主流的形式。例如，以上海图书馆自主开发移动客户端为起始，国内各图书馆也纷纷加入图书馆移动客户端服务的行列，推出 APP 服务。读者可利用各型号智能手机、平板电脑等设备，通过个人读者借阅证号注册后，登录进行访问。读者可通过设置个人空间与图书馆 OPAC 系统的对接，实现读者不论是在家、在路上、在车上都可以轻松访问图书馆的电子资源，进行馆藏查询、续借、预约、挂失、到期提醒、热门书排行榜、咨询等自助式移动服务。另外，读者可以自由选择咨询问答、新闻发布、公告(通知)、新书推荐、借书到期提醒、热门书推荐、预约取书通知等信息交流功能。

案例：广东省立中山图书馆

在引入移动图书馆客户端服务平台时，该馆根据自身业务情况进行了界面、功能的完善。主页栏目以不规则方块组合而成，简洁活泼；馆藏查询包含新书通报、热门图书，体现了主动推介功能；摇一摇功能使用户可以短时间内了解借阅书籍的名称，形式新颖；订阅功能包括广东省立中山图书自有简易信息聚合（RSS）源。

从移动图书馆的使用情况来看，广大读者普遍欢迎移动图书馆的推广应用，这也是信息科技进步的结果，特别是4G时代到来后，移动图书馆更加受到读者的青睐。

三、泛在学习(U-learning)概念的实施——创建在线学习系统

在线学习系统是一种虚拟学习环境，是基于网络和多媒体工具建立的新型教育环境，包含自我学习、互动交流、用户管理及其支持工具等。通过在线学习系统，用户可以依据自身条件，方便地选择时间和地点，进行注册课程、获得课程资料、完成考试、并与教师和同学互动交流等。目前部分公共图书馆及高校图书馆都创建了在线学习系统，这里以银川市图书馆的"市民学习中心"平台为例。

案例：银川市图书馆的"市民学习中心"

"市民学习中心"是一个构建以学习者为中心、以海量资源为基础的全开放、立体化、交互式、多功能、跨终端的全民学习服务新平台。市民学习中心平台现有30万种电子图书、10万个学术视频。持有银川市公共图书馆读者证的读者，通过读者证的账号和密码登录平台后即可远程访问海量的数字资源，在线学习。该平台可保存用户的学习记录，建立个人学习管理、学习监控记录，增强读者在线学习的互动性和积极性。（见图7-6）

图7-6　银川市图书馆"市民学习中心"

（图片来源：http://yclib.chaoxing.com/）

四、基于大数据的个性化服务

2015 年 12 月 4 日，上海图书馆召开"大数据与公共数字文化服务研讨会"暨文化部公共文化研究基地揭牌仪式，研讨会上，上海图书馆发布了《公共文化服务领域大数据应用》的研究报告。报告分析指出，在公共文化服务领域，大数据产生了不可忽视的影响：一方面，全球公共文化数字化建设的成效突出，而大数据的开放化、社会化创新在激发全球新一轮经济增长的同时也对政府治理提出了新要求；另一方面，随着公共文化资源数据和个人数据的共享利用，公共文化服务更趋向个性化、精准化和智慧化，数据驱动的新型公共文化服务链正逐步成型。具体到图书馆的服务工作中，可从以下方面进行大数据发掘。

（一）基于大数据的数据揭示服务

2014 年底，在网友们纷纷晒出支付宝账单的时候，部分图书馆已经开始在微信订阅平台上"傲娇"地晒出年度借阅排行榜：借书量最多的"书虫"、入馆天数最多的"馆主"、自习时间最长的"学霸"等。这些生动活泼的年终数据盘点一经展出，市民们纷纷点赞。媒体也纷纷采访报道"书虫""学霸"的读书事迹，形成了很好的影响力。以此类数据揭示服务促进阅读推广，收到了很好的效果。

（二）基于数据挖掘的图书采购

大数据环境使有效分析读者的需求成为可能，在图书馆的 OPAC 系统中有大量的搜索记录和借阅记录，另外结合读者的荐购数据以及图书馆微博、微信等平台所搜集的用户数据都可以用来挖掘和分析，定位读者需求，给图书馆的采访人员提供科学和有力的采购依据。

（三）大数据支持的虚拟参考咨询服务

在图书馆的咨询服务工作中，读者咨询的问题中有很多是相似的，相关馆员经过整理分析后形成了精选的 FAQ，同时也积累了大量宝贵的咨询记录。这些数据日积月累形成了图书馆的大数据，挖掘和分析这些数据能够帮助图书馆提供优质、完善的咨询服务。将人工智能运用到图书馆的参考咨询中，是一种新的尝试。网络上引起普遍关注的清华大学图书馆"小图"是很好的代表。基于人工智能的实施虚拟参考咨询的成功尝试离不开图书馆咨询服务积累下来的数据支持，它们的核心语料库都以咨询服务累积的数据为基础，实现了全天候、快速响应、个性化、准确性的咨询服务，使传统的参考咨询服务有了质的飞跃。

第五节　数字阅读的服务活动推广

数字阅读推广的特别之处在于"数字"，不仅仅是简简单单地将各具特色的数字化阅读内容进行推荐，还涉及推广使用的渠道以及阅读方法，阅读推广人需要巧用各种"利器"，让每个人都能在数字阅读的海洋中获得指引，了解获取阅读的途径、了解各种阅读资源等。本节将围绕若干主题以案例形式介绍数字阅读服务活动的推广措施。

一、大型数字阅读服务活动的推广

在特定时间段集中实施一系列数字阅读专题服务活动的推广，有利于引起包括社会、媒体、读者的集中关注。在得到逐步包装、完善后，完全可以作为本地图书馆的服务品牌形成常态化活动。具体推广方式如下。

(一)展览活动

首先，平面展览内容的设计要从读者的使用角度、读者的兴趣方面来考虑。比如，数字阅读载体演变历程，对于曾经用过的磁带、光盘、U盘等读者会觉得亲切熟悉，易引起共鸣，增加观展兴趣。其次，资源的介绍不再以简单的数据库形式，而是从读者使用情境出发，将资源的使用融入用户生活，易于被读者接受。对于已开展总分馆制的地区，通过开展巡展活动有利于将活动影响力进一步扩展，虽然牵头图书馆的任务较为繁重，但是效果相对于单馆独立开展将是倍增的，而且互惠双赢利于今后其他类似活动的开展。

(二)体验区活动

其包括各种音视频播放、人工智能、虚拟现实、实时互动等项目的体验活动，通过时尚、新颖、炫酷的集中展示可以给读者一个强有力的视觉冲击感。部分阅读体验活动可邀请数字内容提供商提供，这不仅对提供商来说是一个很好的展示机会，对于举办方的图书馆来说也是一个非常好的读者体验活动，但是需要考虑的是提供商的成本因素，规模较大的展会形式对于提供商来说较有吸引力。如何邀请到参展商，那就要看平时与馆配商的沟通以及对资讯的了解了，因此，平时的功课要做好。

(三)讲座/培训

图书馆可邀请具有一定知名度的专家、学者开展数字阅读方面的现场讲座，并可依据本地开展讲座积累的经验，继续邀请当地专家开展讲授，形成名家讲座系列活动；针对读者个性化的培训需求，组织开展线上线下相结合的培训活动，形成长期开展的品牌服务项目。例如，2012年7月，东莞图书馆开设了"公益课堂"活动，利用采购的视频课件资源招募志愿教师，采用课前预习视频课件＋课中老师辅导＋课后教师课件分享的形式授课，线上报名及讨论，线下组织拓展活动。其已开设摄影基础、粤讲粤精彩——粤语学习、新概念英语学习、三星智学堂——智能手机应用学习、声光色影读经典系列等内容。

(四)其他个性化活动

在数字时代，个性化始终是人们追求的方向，数字阅读推广活动也应因地制宜，多样化发展。在大型阅读推广活动中除了各类展示、体验，一些注重读者交互的环节也能有效提升活动效益，如有奖竞答、开通活动专题微博、微信，开展实时互动以及信息分享等。

二、常规数字阅读推广活动的策划

对于县(区)级以下图书馆而言，大型数字阅读服务活动由于人力、物力等方面投入要求高，在策划、组织、实施等方面均有较大难度。因此，图书馆一方面可通过联动举办的形式参与大型活动，另一方面更应该从常规数字阅读推广活动中打造自我特色，形成品牌。

(一)公益性数字阅读培训

新媒体时代的数字阅读利用新技术融合文字、声音、影像、触感等，让市民得以通过各种感官接触信息。开设公益性数字阅读培训，向老年人、少年儿童等信息利用能力较弱的群体开设信息素养课程，或是利用远程教育、多媒体教育设施等向新市民、求职者、进修者等具有明确学习目标的群体开展技能教育，有助于形成培训品牌。

案例：湖南省图书馆的"湘图百姓课堂"

湖南省图书馆"湘图百姓课堂"依托图书馆的资源优势，学习借鉴社会培训经验，建立了专业、稳定的志愿者教师队伍，针对公众的学习需求，制定了分龄、分众、分层的培训框架，开设了更加合理适用的培训课程，多渠道、多途径地扩大了社会教育功能的覆盖面，打造了一站式学习的终身教育学校。目前其课程内容包括剪纸、播音主持、摄影、动漫手绘等。

(二)有奖竞赛、征文活动

适当举办竞赛类活动有助于提升读者的参与热情，但竞赛、征文活动的策划应该注重明确参与的对象，合理设置活动主题、奖项等细节。例如，①信息搜索竞赛。通过编辑信息检索的趣味性问题，如对联中的缺字，或者数据库使用基本常识等，采用在线答题模式，答题者可借助互联网、数据库等网络资源进行搜索来解答。②有奖征文。搜集读者使用数字图书馆的直观印象和感受，或使用数字图书馆的经验、心得、体会、心路历程、情感经历等，通过活动专题页面、媒体专栏及专报的方式进行展示与交流。③挑战麦克风——英语口语挑战活动。选取英文句子进行单句练习，由机器评判打分，寓教于乐。

(三)体验活动

数字阅读服务高度依赖于信息设备、设施，而正如纸质文献依托图书借阅才能真正实现阅读推广，信息设备、设施也必须通过各种体验、试用才能得以推广。各图书馆应当围绕本馆既有的数字阅读设备、设施推出相应的体验活动。例如，①仿真书阅读体验活动，仿真书即通过一个集成芯片将漫画、绘本等儿童书籍制作成电子版，通过电脑以及定制阅读桌阅读，通过开展亲子共读体验活动进行阅读推广。②音乐视频欣赏体验活动。图书馆里听音乐、赏歌剧，不算新鲜事，而当一个专业级的小型影剧院出现在图书馆的时候，相信每个读者都乐意参加一个配有专业赏听效果的设备、加以制作精良的赏听资源及专业人士解读的赏听活动。

三、少年儿童数字阅读服务活动的推广

少年儿童由于身心发展尚未成熟，其数字阅读服务活动的推广应当做到因势利导，一方面注重引导其学会正确利用图书馆的数字资源，形成基本的信息素养；另一方面，从少年儿童的关注度出发，注重提升活动的趣味性。总的来说，儿童数字阅读服务活动的内容应包括以下几个方面。

(一)书目的查询与索引教育

书目的查询是每个图书馆网站最主要的服务功能。信息搜索是数字时代人们不可或缺的工具。人们利用搜索引擎，可以更快地找到所要的内容和信息，提高做事的效率，资源也可以得到高效的利用。在数字阅读时代，推荐导读是图书馆开展儿童数字阅读推广的重要内容。儿童阅读推广中的书目推荐，尤其要适应其年龄特征，需要分级分类推荐。

为了提高搜索的效率，在编目时，就必须提供更多的主题词，如在编目过程中增加"适读的年龄""书目内容主题"。这里的内容主题不是采编时的中图法分类，而是针对书目的内容进行主题细分。例如，同样是图画书，可以进一步细分主题——科普、情绪、亲情等，让儿童更清晰地了解并提起阅读的兴趣。

(二)活动宣传与报道

儿童阅读推广与活动密切相关，通过活动的组织与策划可以吸引更多的读者参与数字阅读。由于儿童注意力集中的时间不长，活动成为儿童参与的重要形式。图书馆阅读活动信息的宣传，不仅可以提高活动的知名度，还可以发掘潜在用户，提高用户量。目前，如果想综合地了解一个地区的儿童阅读活动，就是通过网站进行了解。而网站如果有丰富的阅读资源，也会提高用户的注册率和资源的使用率。

(三)在线阅读与浏览

在线阅读与浏览是信息服务的主要内容，也是儿童进行数字阅读的主要形式。出于版权保护的需要，大部分的数字资源都是不可下载的，用户通过注册登录或进入已

购买资源的馆方 IP 接入口才能进行在线阅览。在线阅览减少了阅读软件解码的麻烦，无需下载多个浏览器去释放文本，也减少了用户多处注册的麻烦，用户可以通过图书馆的一站式阅读平台浏览多个数字资源库。

(四)课程辅导与学习

公共图书馆是学校教育的有效补充，蔡元培先生指出："教育不仅在学校，学校之外，还有许多机关，第一是图书馆。"公共图书馆的未成年人服务具有特殊性，它涉及儿童成长的各个阶段。首先，对于低幼儿童(0～3 岁)，图书馆是它认识世界，探索世界的地方。通过玩具、声音等方式，幼儿能从多个感官感知世界。到了学龄期(6～12 岁)，图书馆是未成年人学习知识的第二课堂，承担着教育和服务的双重责任。图书馆不仅要进行阅读推广，现在已扩展成为文化服务，通过多元化的、综合的手段满足未成年人的精神文化需求。例如，天津市少年儿童图书馆设有教学资料室，不仅提供教学用书资料，还有家教指南，让家长和教师都能获得教学的帮助，为家长开展课外辅导提供了帮助。

(五)专题服务

专题服务是专门针对未成年人进行的信息服务，如厦门市少年儿童图书馆的心理咨询服务。儿童心理健康教育与心理咨询是厦门市少年儿童图书馆为广大少年儿童、家长、教师提供的公益性服务，也是一项长期开拓的服务内容。厦门市少年儿童图书馆基于它这一特色服务，在网站开设了专题服务板块，提供网上心理咨询、网络在线咨询，及时解答同学们的各种心理问题。同时，专题服务板块还提供了一些案例分析和讲座手记，让儿童和家长能获得知识支援。

四、巧用"微"活动

在 Web2.0 的环境下，博客、微博、共享协作平台、社交网络等新媒体的兴起，使每个人都具有媒体、传媒的功能。对于缺少经费的图书馆来说，免费且宣传范围广泛的新媒体无疑是最佳服务及宣传利器，不仅可以推送各种资源，还可以塑造图书馆公众服务的新形象。微博、微信、客户端在数字阅读推广活动方面有两个目的，一是引导用户使用数字阅读资源，包括资源推荐、资源使用技巧等；二是吸引用户关注，增加粉丝量，提升数字阅读的影响力度和扩大数字阅读的服务人群。二者相辅相成，好的内容吸引用户关注，而关注的用户可以得到更多的数字阅读推广服务。

(一)微博

利用微博开展数字阅读推广活动已成为很多图书馆必备的宣传工作之一，140 字的图文可以开展内容丰富多彩的活动。(见图 7-7)

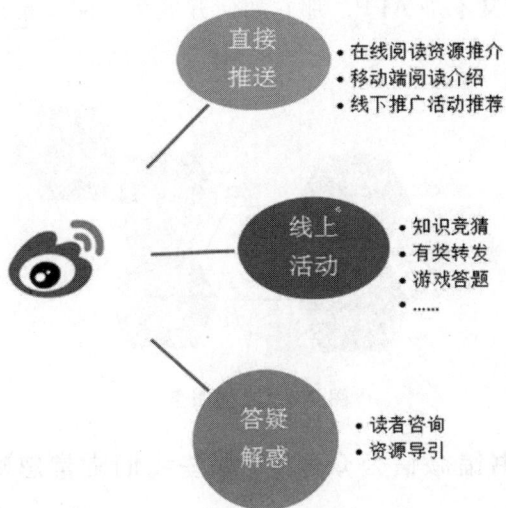

图 7-7 微博宣传

无论是常规的资源推送还是开展线上活动，文字的表达以及配置的图片都需要精心的设计，不能是僵硬刻板的，而应是亲切活泼，令人愉悦，用户乐意接受并参与的，除了语言文字表达清晰、准确、友好之外，图片的配置甚至是更加重要的内容，单张或几张图，要适合语言文本的描述，或者画龙点睛，或者呼应，或者是更加清晰地展示等，一条优秀或者合格的微博，都是精练精彩的文图作品。微博的线上活动可以分两种，一种是"1＋N"模式，即微博宣传＋链接跳转到活动页面开展；另一种是利用微博自带的"微博活动"功能模块开展。

1."1＋N"模式

"1"为微博宣传广告语，"＋"为具体参与活动的网页链接，"N"为相关网页的具体内容，可以是在线调查问卷、游戏题、知识问答、推荐的数字阅读内容、微书评等，这种模式较为常见。

2."微博活动"功能

新浪微博中自带有"微博活动"栏目，目前可以提供有奖转发、限时抢、有奖征集、预约抢购、免费试用 5 种模块，适用于数字阅读推广的模块主要为有奖转发、有奖征集两种，当然也可以根据自身的活动内容选择相应的模块。对于自行研发活动网页有困难的用户，这个功能是免费开展同样类型活动的实现途径。

（二）微信

如果说微博是注重图文表达的话，微信显然是标准"外貌协会"的，图文制作堪称精良。目前最为活跃的当属"微信公众号"，它又分为服务号、订阅号以及企业号，各种号之间的区别以及如何注册"微信公众号"在微信网页有介绍，这里不再赘述。

微信既不能像网页那样开展线上活动，也不能像微博那样有活动模块去开展，它更类似于移动 APP，却又不是 APP。那它如何开展数字阅读推广活动呢？主要内容见图 7-8。

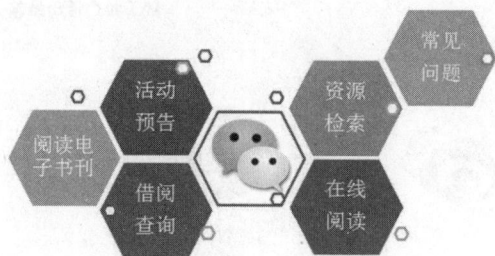

图 7-8　微信服务

案例：深圳图书馆微信公众号："那些我们常常忽略的美好……"

图 7-9　深圳图书馆微信公众号

（三）图书馆移动客户端

图书馆移动客户端，即图书馆 APP，就是一个数字阅读资源＋移动图书馆服务的应用软件，很多图书馆通常会将图书馆移动客户端制作成一个二维码，在各种宣传品上印制宣传，或者在各种读者服务活动中穿插介绍并鼓励用户下载安装。在做推广活动时，可采用体验方式、应用方式。

体验方式，即向读者介绍移动图书馆的便利性，如馆情资讯信息、图书续借功能、借阅信息查询、讲座活动信息查询等，以及各种免费、有版权、制作精良的数字阅读资源。难点在于，首先，图书馆在开展活动时要有良好的网络环境，至少要确保 10 人可以同时顺畅使用，如果需要读者使用自己的网络流量，活动效果就会打折扣。其次，在活动中要非常熟悉移动客户端安装下载的技巧，特别是安装路径，以及注册、登录方法等。

应用方式，将客户端的一些功能或资源融入用户的日常活动，以用户可以接受的方式来推广图书馆移动客户端。

范例一，以客户端的"活动预约/报名"功能为例，图书馆针对开展的各种实体活动，提供客户端的预约服务，读者只要登录图书馆移动客户端在"活动预约"页面就可以了解活动内容并在线预约，还可以在活动海报等宣传品中添加客户端的报名方式，引导读者安装并使用。

范例二，以东莞图书馆移动客户端的"扫描"功能为例，在引进"电子书借阅机"后，图书馆为每本电子书都提供二维码，读者扫描后即可下载到移动设备上，由于体验新颖，较为吸引人。读者在扫描电子书时，需要使用图书馆移动客户端的扫描功能才能成功下载所选电子书，这不仅资源版权得到了保护，也提高了移动客户端的安装量。

【思考题】

1. 数字阅读有何利弊？数字阅读给图书馆带来的机遇和挑战有哪些？
2. 本章所介绍的哪类数字阅读推广活动最吸引你？为什么？
3. 就您所在的图书馆而言，哪些硬件或软件设施较为适用？

【参考文献】

[1]魏群义，侯桂楠，霍然，黄娟. 国内移动图书馆应用与发展现状研究[J]. 图书馆. 2013(01).

[2]Online Computer Library Center. Sharing, Privacy and Trust in Our Networked World[EB/OL]. [2016-12-24]. http://www. oclc. org/en/reports/sharing. html.

[3]中国互联网络信息中心. 2015 年中国社交应用用户行为研究报告[EB/OL]. (2016-04-08) [2016-09-05]. http://www. cnnic. net. cn/hlwfzyj/hlwxzbg/sqbg/201604/t20160408_53518. htm.

[4]新华网. 第十三次全国国民阅读调查结果公布[EB/OL]. (2016-04-19)[2016-09-05]. http://news. xinhuanet. com/politics/2016-04/19/c_128907616. htm.

[5]199IT 互联网数据资讯中心. 腾讯：微信用户每天平均阅读 5. 86 篇文章 朋友圈占订阅号流量的 80%[EB/OL]. (2014-12-30)[2014-08-24]. http://www. 199it. com/archives/318137. html.

[6]中华人民共和国工业和信息化部. 2015 年通信运营业统计公报[EB/OL]. (2016-01-21)[2016-12-24]. http://www. miit. gov. cn/n1146285/n1146352/n3054355/n3057511/n3057518/c4609344/content. html.

[7]Online Computer Library Center. At a Tipping Point：Education, Learning andLibraries[EB/OL]. [2016-12-24]. http://www. oclc. org/reports/tipping-point. en. html.

第八章　基层图书馆的儿童阅读服务

【内容概要】

本章首先介绍了少年儿童的认知发展及阅读对少年儿童的重要性，随后主要阐述了公共图书馆的未成年人阅读服务的原则、职责、服务内容，并按照分层服务的原则，重点介绍了如何针对婴幼儿、少年儿童以及弱势儿童开展针对性的阅读服务，最后明确了儿童图书馆工作人员的职业素养和业务能力等方面的能力需求。

少年儿童是祖国的未来，加强对少年儿童的教育培养，是关系到党和国家事业兴旺发达的重大战略性任务。联合国《儿童权利公约》指出：每个儿童都有平等享受充分发展其潜能、自由获取信息、文化设施以及文化活动等权利，而不受年龄、种族、性别、宗教、国籍及文化背景、语言、社会地位或者个人技能和能力的限制。

公共图书馆作为地区的信息中心和文化中心，是人民获取知识、终身学习、自主决策和文化发展的重要公共文化设施。《公共图书馆宣言》称：每一个人都有平等享受公共图书馆服务的权利。公共图书馆面向少年儿童开展针对性的图书馆服务是至关重要的。少年儿童图书馆（含少年儿童阅览室、少年儿童分馆，下同）是我国公共图书馆事业的重要组成部分，是以广大未成年人为对象的重要的社会教育机构，是未成年人的第二课堂。少年儿童图书馆是开展未成年人理想教育、道德教育、文化教育、爱国主义和社会主义教育的重要基地，是少年儿童课外阅读和学习的重要场所，对学校教育起着补充、延伸、深化的作用。中华人民共和国成立以来，特别是改革开放以来，我国的公共图书馆事业有了长足的发展，在建设和谐社会、弘扬和传承优秀传统文化的进程中，在丰富未成年人精神文化生活、促进未成年人健康成长方面发挥了重要作用。

党中央、国务院高度重视现代公共文化服务体系的建设。构建现代公共文化服务体系是建设社会主义文化强国的重大战略任务，也是全面建成小康社会的重要内容，对弘扬社会主义核心价值观、满足人民群众的精神文化需求具有重要作用。党的十八大提出，到2020年基本建成公共文化服务体系的战略目标，党的十八届三中全会明确将"构建现代公共文化服务体系"作为全面深化改革的重要任务之一。公共图书馆是现代公共文化服务体系建设的重要内容，未成年人服务是公共文化服务的重点任务。因此，加强公共图书馆的建设与服务，特别是加强少年儿童图书馆建设，提升儿童阅读服务水平是保护广大未成年人的文化权益、建立健全公共文化服务体系的重要举措。本章旨在为公共图书馆开展未成年人读者服务提供指导和参考。

第一节　儿童与阅读

儿童是人类的未来，是社会可持续发展的重要资源。儿童发展是国家经济社会发展与文明进步的重要组成部分，促进儿童发展，对于全面提高中华民族素质，建设人力资源强国具有重要战略意义。儿童时期是人生发展的关键时期。为儿童提供必要的生存和发展的机会和条件，最大限度地满足儿童的发展需要，将为儿童一生的发展奠定重要基础。

阅读是从读物中抽取视觉信息和理解意义的过程，是语言和思维相互作用的复杂的智力活动，不同的人通过阅读会有不同的收获。人类80％的知识是通过阅读这种方式获得的，阅读对于人类发展，尤其是对于儿童的成长和发展至关重要。儿童成长和发展方面的科学研究已经积累了大量成果，包括生物和神经科学、医学、心理学、社会学、人类学、教育学等学科的研究成果，这些为我们从人的生物属性、行为起源以及后天经验等多个角度来研究儿童成长与阅读发展提供了宝贵的经验。了解儿童成长发展的规律对家长及儿童工作者相当重要，无时无刻，儿童都在受到他们的父母、教师、政策和媒体以及所有与他们产生互动的人的影响。这些人能否很好地把握儿童成长发展的规律，将会在很大程度上影响儿童的发展方式。

阅读并非人类与生俱来的技巧，不像说话那样融于我们的基因。刚出生的婴儿看世界，一切混乱。由于大脑高度不成熟，婴儿无法精确地感知世界。儿童从刚开始学会感知视觉刺激，学会区分一般视觉刺激与书面图文刺激，一直到学会将所看到的字符译解成自己可以理解的语言，整个过程需要大量的输入以及多年的学习训练来构建其阅读大脑的区域。对于一个熟练阅读的成年人来说，阅读是个自动化的过程；但对于儿童来说，学会阅读是一个很漫长的过程。儿童的"阅读大脑"的渐进发展，是儿童学会阅读过程重要的物质基础，儿童阅读的脑科学研究给儿童阅读存在不同学习阶段以及每个阶段有不同的发展任务的论点提供了新的证据。

一般认为，儿童阅读能力的发展经历3个发展阶段：第一阶段是字符阶段，此时儿童将字词作为一个整体的视觉图形来记忆。在此阶段，儿童获得的词汇大多是表示具体事物或概念的词。儿童通常在掌握前几十个词时采用的是这一策略。但随着词汇量的增加，相似词越来越多，字符策略越来越无效。第二阶段为拼音阶段，儿童掌握和运用"字形—音位"对应规则来识记字词。由于掌握了"字形—音位"规则，儿童的词汇量迅速增加。明确的语音意识是儿童从字符阶段向表音阶段发展、掌握的关键因素。如果儿童的语音意识滞后，其阅读能力将停留在字符阶段，不能运用"字形—音位"规则来迅速对字词进行再编码，而是继续依赖字符策略来识别字词，阅读的效率就会受到影响。第三阶段称作字形阶段，此时儿童可以不借助或较少借助语音知识，直接将词语分析为基本的字形单元，从而达到识别的作用，阅读速度极大提高。

儿童发展与阅读能力养成是相互作用和促进的。一方面，儿童发展的水平影响着儿童阅读能力的发展；另一方面，良好的阅读能力可以帮助儿童获得知识，丰富其生命经验，更好地促进儿童在其他方面的发展和成长。儿童阅读研究关注各年龄发展阶段儿童的生理、动作、社会性、情绪、认知、语言和阅读能力，所有这些方面的发展都是彼此相互联系、相互作用以及相互依存的。儿童阅读能力的养成过程是循序渐进的，不同的发展阶段受不同脑机制的调节，我们应遵循儿童学习阅读过程中的脑活动规律，分阶段设定阅读发展的目标。家长、教师及儿童工作者应基于儿童阅读与认知的科学规律，选择恰当的教养教育方式，结合儿童阅读的脑机制研究，开展适切性的阅读指导和服务。

儿童阅读能力的养成，光靠儿童主动阅读是不够的，还需要成人进行正确的引导，这就需要家长、教师和图书馆工作人员共同为儿童阅读发展提供帮助和指导。培养儿童的阅读能力，为儿童提供听、说、读、写、绘、演等多种真实的社会环境，可以有效提升儿童的综合素质和修养。阅读可以促进一个儿童的全面发展，让儿童逐渐养成良好的阅读习惯，体验阅读带来的乐趣。家长的行为和态度直接作用于儿童的发展，父母应具备相关知识、技能和资源来指导他们的孩子进行阅读。家长对婴幼儿说话、唱歌及阅读有助于他们语言能力的发展。婴幼儿身处的环境对早期阅读能力的培养起着极大的作用。学校的教学活动承担着儿童阅读教育的重要责任，教师在阅读的教学过程中，也要注重培养学生的阅读兴趣，激发儿童的阅读热情，培养儿童养成良好的阅读习惯，对儿童的课外阅读进行支持和指导。公共图书馆在儿童阅读能力的提升方面也发挥着重要的作用。公共图书馆作为专业化的社会阅读服务机构，在培养儿童的阅读兴趣，优化儿童的阅读结构，提高儿童的阅读质量，进而全面提升儿童的阅读素养方面的作用不容忽视。图书馆工作人员要营造一定的阅读环境以激发儿童的阅读兴趣，吸引他们来到图书馆，并为儿童及其家长和看护人提供相关的阅读资源和信息服务。

第二节　少年儿童图书馆

《中华人民共和国公共图书馆法》第三十四条规定，政府设立的公共图书馆应当设置少年儿童阅览区域，根据少年儿童的特点配备相应的专业人员，开展面向少年儿童的阅读指导和社会教育活动，并为学校开展有关课外活动提供支持。有条件的地区可以单独设立少年儿童图书馆。《中国儿童发展纲要（2011—2020年）》提出，为儿童阅读图书创造条件；为不同年龄儿童提供适合其年龄特点的图书，为儿童家长选择图书提供建议和指导；增加社区图书馆和农村流动图书馆数量，公共图书馆设儿童阅览室或图书角，有条件的县（市、区）建儿童图书馆。这些法律和政策是将儿童阅读服务规定为公共图书馆的必备服务。

少年儿童图书馆是搜集、加工、整理、存储并传递与少年儿童成长和发展相关的信息资源，并通过开展丰富多彩的阅读活动，为广大少年儿童及家长和看护人提供专业化阅读服务的公共机构，是以广大未成年人为对象的重要的社会教育机构，是未成年人的第二课堂。少年儿童图书馆是开展未成年人理想教育、道德教育、文化教育、爱国主义和社会主义的教育的重要基地，是少年儿童课外阅读和学习的重要场所，对学校教育起着补充、延伸、深化的作用。

由于国内外管理体制的不同，我国儿童图书馆与国外儿童图书馆在体制建设中存在着较大的差异。国外的少年儿童图书馆的基本类型可分为国家级儿童图书馆、公共图书馆（含内设的少年儿童阅览室）、中小学校图书馆等，不同类型的少年儿童图书馆有着不同的特点和发展规律。在我国，各级各类的少年儿童图书馆是从我国的国情出发而逐步发展起来的。目前少年儿童图书馆的主要领导机构是各级文化行政管理部门，各省、市公共图书馆下设的儿童图书馆（阅览室）、独立建制的少年儿童图书馆大都归属文化系统；教育系统管理下的少年儿童图书馆，如各中小学图书馆、部分独立建制的少年儿童图书馆，像北京市丰台区少年儿童图书馆和朝阳区少年儿童图书馆等就归属教育系统管辖；各级共青团组织和关心下一代工作委员会主管的少年儿童图书馆，包括省、市、自治区少年宫的图书馆，如扬州市少年儿童图书馆等。目前以文化系统管理的少年儿童图书馆所占的比例最大。当前，随着社会参与公共文化建设政策的推进，社会上兴起了一些私立儿童图书馆（绘本馆）和公共阅读服务空间。无论是哪种类型的少年儿童图书馆，都应该积极发现并满足儿童的阅读需求，加强文献资源和馆员队伍建设，提供专业化的信息咨询和儿童阅读指导服务。

一、社会职能

一般认为公共图书馆的职能包括4个方面：保存文化遗产的职能，传递文献信息的职能，开发信息资源的职能，提供社会教育的职能。在此基础上，作为少年儿童图书馆来说，它的职能不可能脱离公共图书馆四大职能这个大的范畴，具体来说，它的职能可以概括为以下3个方面。

（一）少年儿童阅读资源中心

作为基层公共图书馆来说，采集和提供少年儿童适用的文献信息资源无疑是它最重要的职能之一。基层图书馆要建设区域的儿童文献资源中心，除了搜集传统的印刷型出版物以外，还要广泛采集各种形式和媒体的资源，包括立体书、有声书、玩具、音像资料、电子资源、科学模型、多媒体资料等；必要时还要搜集外文儿童读物和少数民族语言文字的儿童读物。少年儿童图书馆的馆藏建设应能满足不同年龄段的少年儿童的身心特点和阅读需求，要关注少年儿童文献的出版动态，合理规划不同类型的文献资源的收藏比例，做到馆藏结构的系统化、科学化和合理化。基层图书馆要参与全国性、系统性或区域性的文献信息资源共享网络，以满足本区域内少年儿童及家长的文献信息需求。

（二）少年儿童阅读指导中心

随着童书出版的兴盛，儿童读物出现质量良莠不齐的状况，为了保证馆藏建设的质量和阅读服务的水平，少年儿童图书馆在少儿读物研究和阅读指导方面具有不可推卸的责任和义务。阅读是培养少年儿童获取知识、独立思考、理解和表达能力的重要手段，是影响儿童终生的健康有益的生活方式。由于少年儿童的辨别能力差，若没有正确的引导，则会导致儿童读书的随意性和盲目性，以至于偏离社会主义核心价值观的轨道。少年儿童图书馆要积极提供针对儿童的好书推荐、图书评奖、阅读能力评估、读书方法训练、家庭作业指导等方面的帮助和服务，还要提供针对儿童家长的故事讲读培训、亲子沟通、阅读障碍干预、家庭阅读问题咨询等服务。少年儿童图书馆还应及时了解少年儿童读物的出版状况，把握儿童阅读的发展方向，结合少年儿童的阅读需求，为少年儿童读物的创作者、出版者与少年儿童及家长之间架起沟通的桥梁。

（三）少年儿童社会教育中心

少年儿童图书馆作为最重要的公益性的文化教育机构之一，在满足儿童日益增长的精神文化需要，提高他们的思想道德素质和科学文化素养等方面应该发挥起重要作用。作为校外教育基地，少年儿童图书馆应该依托其丰富的文献信息资源，通过开展阅读活动、知识讲座、展览、故事会、培训班、绘画及才艺比赛等少年儿童喜闻乐见的社会活动，将图书馆打造成少年儿童社会教育的大课堂，营造有利于少年儿童多读书、读好书的社会氛围。当然，还要做好少年儿童的信息素养教育和锻炼。信息素养作为图书馆素养的延伸和拓展，是从图书馆素养发展而来的。可以说，图书馆素养是信息素养的早期形态，是一种基本的信息素养和能力，它是信息社会的基本生存技能之一，是少年儿童在学习、工作和生活中，了解图书馆、利用图书馆及其服务的素养和能力。儿童信息素养是指"儿童判断何时需要信息，并且能够对信息进行检索、评价和有效利用的能力，包括学习技能、信息素养、创新思维、人际交往与合作实践能力5个方面"。少年儿童图书馆应该开展少年儿童信息素养教育服务项目。

二、服务原则

（一）儿童优先原则

"儿童优先原则"是《中国儿童发展纲要（2011—2020年）》中明确规定的五原则之一，

要求在制定法律法规、政策规划和配置公共资源等方面优先考虑儿童的利益和需求。坚持儿童优先原则是公共图书馆保障儿童文化权力，促进儿童发展，构建基本公共文化服务体系的重要任务，也是公共图书馆的首要任务。《公共图书馆宣言》将"从小培养和加强儿童的阅读习惯"作为公共图书馆的首要使命，儿童优先已成为国际图书馆界的普遍共识，世界各国的公共图书馆、社区图书馆都将少年儿童作为首要服务对象，将图书馆里的最好的空间用来服务少年儿童，并配置足够的师资、设备、图书和其他资源。基层图书馆应该坚持儿童优先原则，在馆舍规划和服务布局方面优先考虑儿童的利益和需求，应建立专门的儿童服务部门，有条件的地方建设独立建制的少年儿童图书馆，所有基层图书馆应建立少年儿童分馆或阅览室，努力构建包括少年儿童图书馆、少年儿童阅览室、少年儿童图书馆分馆在内的覆盖城乡的服务网络体系。

（二）教育指导原则

少年儿童是祖国的未来，是中华民族的希望。少年儿童的心灵都是敏感的，准备接受一切美好的东西。社会主义核心价值观教育要从儿童抓起，因为童年时期不仅是智力开发的重要时期，同时也是塑造儿童良好品德和社会行为习惯的黄金时期。中华优秀传统文化中的经典故事、儿歌童谣等是对少年儿童进行社会主义核心价值观的最好载体。基层图书馆的服务要把儿童的社会德育放在重要的位置，坚持以书育童，以文化人的理念，根据少年儿童的特点和成长规律，循循善诱，春风化雨，努力做到不仅传播知识，还传授美德，让社会主义核心价值观深入广大少年儿童读者的脑海。这就要求基层图书馆要精心选择和推广反映社会主义核心价值观的优秀读物，还要通过组织主题阅读、开展实践体验活动、举办交流展演等活动，寓教于乐，循序渐进、久久为功地培育和践行社会主义核心价值观。

（三）平等服务原则

《中国儿童发展纲要（2011—2020 年）》规定了儿童平等发展的原则，提出所有儿童享有平等的权利与机会。《中华人民共和国未成年人保护法》也规定我国未成年人不分性别、民族、种族、家庭财产状况、宗教信仰等，依法平等地享有权利。各级公共图书馆要践行平等服务的原则，创造公平的少年儿童服务软硬件环境，确保不同户籍、地域、性别、民族、信仰、教育状况、身体状况和家庭财产状况的少年儿童平等地享有接受公共图书馆服务的权利与机会。基层图书馆要践行平等服务的原则，在保证面向正常少年儿童及家长服务的同时，积极为弱势少年儿童利用图书馆的服务创造条件，重视并加强为弱势少年儿童提供的服务。

（四）分级服务原则

《中国儿童发展纲要（2011—2020 年）》首次提出推广面向儿童的图书分级制，为不同年龄的儿童提供适合其年龄特点的图书。儿童的身心发展具有一定的顺序性和规律性，一个人从出生到成年都会经历婴儿时期、幼儿时期、儿童时期、少年时期和青年时期，各个阶段之间存在着密切的联系，各个阶段的先后顺序不能颠倒或超越。处在不同时期的少年儿童存在不同的阅读需求和行为特征，基层图书馆要按照分级服务的原则，根据少年儿童学习和发展的客观规律，着眼于少年儿童发展的不同阶段，有目的、有计划、针对性地为儿童的全面发展提供图书及相关服务和帮助，从少年儿童身心发展的特点出发策划开展亲子阅读、故事会、读书会等活动，吸引不同年龄段的少年儿童参与相应的阅读活动。

三、服务对象

一般来说，公共图书馆的少年儿童读者大致可以分为0~3岁的婴幼儿、3~6岁的低幼儿童、7~12岁的小学生、13~18岁中学生，家长及儿童工作者。

(一)0~3岁的婴幼儿

儿童发展主要取决于出生后最初几年所受的教育，人的智慧是教育的产物。婴幼儿时期是养成儿童阅读习惯、培养儿童阅读兴趣的最好时期。要让儿童尽早享受良好的社会教育，图书馆对于这个年龄阶段婴幼儿的服务就显得至关重要。图书馆开展婴幼儿服务的主要目的就是启蒙婴幼儿的阅读思维，吸引孩子到图书馆来，增强他们的图书馆意识，在活动中培养婴幼儿的阅读习惯和社会行为意识，为终生学习和阅读奠定基础。我国的图书馆界也开始强化针对婴幼儿的服务，苏州图书馆就借鉴英国的"Bookstart"项目经验，推出了"阅读大礼包"项目，在每年的"世界读书日"前后向市民发放婴幼儿读物、亲子阅读指导书、阅读测量尺、宣传册页以及苏州图书馆少年儿童读者证。2013年9月9日，国家图书馆少年儿童馆首次实现"零门槛"服务，为0~6岁的婴幼儿童开放，并举办"低幼故事会""家长课堂"等针对性的服务项目。

(二)3~6岁的低幼儿童

3~6岁是培养儿童阅读和学习能力的关键阶段，他们正处在幼儿园时期，多数儿童还没有形成自主阅读能力，但他们已经具备一定的语言能力和阅读意识，图画书还是他们的主要阅读对象。3~6岁儿童大部分时间已经处于相对集中的幼儿园集体生活中，幼儿园的阅读训练对这个年龄段的儿童起着非常重要的作用，一般来说，他们来馆多是在周末或节假日由家长带领，图书馆可以加强与幼儿园的合作，邀请幼儿园班级集体开展图书馆体验活动，也可以开展"送书进幼儿园"等活动。国家图书馆少年儿童馆2013年开展的"阅读推广进幼儿园"活动就是通过制作培训教程、专家讲座、绘本故事会等方式走入幼儿园，加强针对幼儿园儿童的阅读服务。

(三)7~12岁的小学生

该阶段的儿童与学龄前的低幼儿童相比，在心理发展上是个重要的转折期，是从儿童向少年过渡的关键时期。这个年龄段的儿童处于小学学龄期，他们的大部分时间是在学校接受正规系统的学校教育，学业和课内知识的学习是他们生活的主要内容。

这个年龄段的儿童开始逐步有了自主阅读的能力，语言和写作能力开始发展，喜欢自己选择喜爱的各种读物。对于图书馆来说，培养他们的信息素养和和图书馆知识，帮助他们学会利用图书馆来帮助课业的学习和辅导就显得十分必要。

（四）13～18 岁的中学生

这个年龄段的中学生处在少年向青年过渡的时期，他们的思想和价值观正在走向成熟，虽然他们的抽象思维已经处于完全的优势地位，但还不能完全替代形象思维。这个年龄的读者处于青春发育期，不仅在生理、心理上变化比较大，而且独立意识十分强烈，重视自我，强调自己的独特性，往往表现出强烈的自主性。但在心理上仍然有很多儿童时期的矛盾困扰着他们，对自我经常感到茫然和迷惑并努力认识自我。这个阶段的青少年课业开始繁重，娱乐和休闲的时间比较少，来图书馆更多的是利用图书馆的文献资源辅助课内学习。因此，图书馆面向青少年应以提供丰富的资源和安静舒适的阅读环境为主，放宽阅览和外借的条件限制，调整有利于这个年龄段青少年的服务政策，鼓励他们来到图书馆，利用图书馆。他们对于信息技术、新媒体等新事物的接受能力较强。

（五）家长及儿童工作者

家长对少年儿童的成长有着密不可分的直接影响，他们在青少年的成长过程中发挥着十分重要的作用，同时也担负着重要的责任，他们需要了解少年儿童的身心发展特点以及适合的指导方法；家长及儿童工作者是少年儿童图书馆意识和信息的传递者，图书馆可以及时有效地提供各种相关政策信息和具有参考性和指导性的信息服务。因此，图书馆有责任依据家长及儿童工作者的信息需要，为他们提供相应的文献资源及咨询服务。例如，深圳市少年儿童图书馆在一层的显著位置设有"国际教育资源馆"，专门为家长和其他儿童工作者提供国际范围内的儿童教育相关的文献信息资源；广州市少年儿童图书馆面向教师定期出版刊物《芳草地》，并且为儿童教育工作者提供专题的信息咨询服务。

四、服务形式

（一）文献借阅服务

图书馆的文献借阅服务是图书馆最基本也是最为普遍的一种服务方式，是图书馆服务宗旨与服务能力的最基本的体现。该服务是指依托基层图书馆的文献信息资源，通过到馆借阅与流动服务的方式，为读者提供具有针对性、可供参考的文献资源，是儿童获取文献资源的一种最为普遍的方式。图书馆通过文献的开架阅览与文献外借服务，满足了读者最基本的阅读需求，为儿童阅读习惯的培养提供了良好的物质保障，对儿童阅读习惯的养成具有良好的促进作用。基层图书馆通过馆际互借等方式还可实现馆藏文献的跨地域服务和共享。随着新技术的应用与普及，少年儿童图书馆的文献借阅服务也逐渐由过去单一的馆内借阅，演变成现在内容多元化、手段多样化的服务方式。很多公共图书馆相继推出了自助借还、流动服务站、送书上门、通借通还等便民服务，这些服务方式极大地提高了各地少年儿童读者的阅读参与度，弥补了因地域现状而造成的阅读资源短缺，节省了读者的利用时间。

(二)数字阅读服务

虽然纸质文献依然是当前公共图书馆文献提供的最主要载体，但读者的信息需求正在快速实现数字化和网络化。儿童的阅读对象除了传统的纸质文献外，还包括大量的多种形式的数字资源。面对这些不断涌现的新媒体，基层图书馆也要不断地调整各自的借阅服务政策，以适应信息时代的变化与需求。有条件的图书馆要扩展多媒体资源及阅读终端的借阅服务。这既是满足儿童的文献信息需求，也是对儿童数字信息素养的培养。基层图书馆还应该结合文化信息共享工程和数字图书馆推广工程，因地制宜地开展特色文献的数字化工作，扩大少年儿童适用的数字文化和信息资源内容。

(三)参考咨询服务

参考咨询服务是公共图书馆重要的服务内容之一，同样适用于少年儿童图书馆。参考咨询是以文献资源为基础，通过馆员对文献内容的整理，以及自身所具有的图书馆相关专业知识，对读者所提出的文献信息等问题进行有针对性解答的一种服务方式。少年儿童图书馆的参考咨询工作，按照服务对象可分为针对儿童的参考咨询和针对成人的参考咨询；按照内容可分为一般业务咨询和书目咨询；按解答形式可分为口头咨询和书面咨询两种形式。一般咨询服务主要依靠读者主动咨询，馆员通过协助读者检索和问题答复来满足读者的咨询需求。该服务形式具有互动性好、回复及时、目的明确和指示性强的特点，可较好地满足读者的个性化需求，属于目前我国少年儿童图书馆所提供的最主要的参考咨询服务形式之一。书目咨询工作主要是根据读者需求而开展的对各种专题性书目、索引、文摘等二次文献的编制，从而满足读者的参考需求。儿童图书馆工作人员和家长及教师不同，作为参考咨询服务的重要提供单位，图书馆工作人员需要不断提升自身的参考咨询能力，开展多层次、多领域的全方位咨询服务，同时还要做好参考咨询业务的创新和营销推广工作。

(四)阅读指导服务

儿童时期的可塑性是最大的，也是进行思想教育的最佳时期。指导少年儿童读者进行正确阅读是基层图书馆工作人员的重要责任，从事儿童阅读服务的馆员有责任、有义务指导少年儿童正确选择合适的优秀读物，应能准确把握各年龄段儿童的发展规律，以儿童视角和科学方法来选择适合阅读的儿童读物，既关注儿童读物的形式，也要关注其内容，既关注儿童的阅读需求，也关注家长的愿望。开展阅读指导服务要依靠图书教育的功能，掌握不同少年儿童的生理、心理以及阅读特点，以培养儿童的阅读兴趣和阅读习惯为目标。

(五)流动图书馆服务

基层图书馆在做好阵地服务的同时，还要做好服务推送的工作，这是公共图书馆开展便捷性、均等化服务，引领阅读风尚的重要措施。基层图书馆可以向各中小学、幼儿园、社区办理集体借书证，开展集体外借送书服务，有条件的图书馆，还可以设立流动图书馆、汽车图书馆、学校流通站或社区分馆，这样可以增加图书馆馆藏的利用率，还将加强与学校、社区和家庭之间的直接联系，打破基层图书馆的服务范围，变被动服务为主动推送，真正使少年儿童图书馆的服务延伸到少年儿童身边，这对偏远地区、乡镇及农村的少年儿童来说，特别是对于肢体残疾的少年儿童来说，是实现平等利用图书馆的最好机会。

(六)儿童知识讲座

图书馆讲座是实现社会教育职能的重要途径。近年来，各地的图书馆纷纷推出了各自的讲座服务，并已逐渐演变成各馆的服务亮点，受到社会各界的认可与好评。少年儿童图书馆的讲座要与针对成年读者的讲座有所区分。针对少年儿童的讲座应遵循分级服务的原则，负责人要为每次讲座的听众年龄层进行准确定位，也要关注儿童家长及看护人的讲座需求；在主题策划方面应注重儿童的参与和意见反馈，应充分结合地方文化特色，打造属于本馆的讲座服务品牌，还要加强讲座资源的共建共享，借助于互联网进行讲座内容的推广和传播，有条件的图书馆要进行讲座衍生产品的开发，让更多儿童及家长都能享受到图书馆的讲座服务。

(七)文化展览活动

展览具有时效性强、内容丰富、方式灵活、推广效果好等特点，很符合少年儿童的信息获取和消费需求。近年来，各基层图书馆积极发掘地域文化资源，纷纷推出了各自的展览服务，促进了本地区的民族文化传播，得到了广大读者的喜爱与好评。针对少年儿童的文化展览，首先要注重深挖特色馆藏和本地文化资源，传承、弘扬本地民俗风情和乡土文化。在策展和设计方面，图书馆要开展社会合作，活用本地的社会资源，如本地的博物馆、展览馆、名人名家等资源，这不仅有利于丰富展览内容与形式，还能带来新增读者流，提高馆区空间与文献的使用率。当然，儿童展览还要活用各种展示手段，结合网络和多媒体展览，提升儿童观众的感官体验；注重展览资源的共享，采取巡展等方式，扩大受益读者群，使展览效益最大化。

(八)儿童培训活动

培训是指一种有组织的信息、知识和技能的传递活动。常规意义上讲，培训更多的是一种信息、技能、标准、信念的传递与管理训诫行为。图书馆作为公众终身教育的重要基地，在具备信息交流与满足读者需求的功能之外，还承担着公民的终身教育职能。由于图书馆具有得天独厚的信息与文献交互资源，对于社会各界的培训活动的开展，具有良好的信息传递基础。当前，我国各地图书馆均在纷纷开设各种培训班，这些培训课程都是对图书馆服务工作的拓展与补充，较好地满足了不同读者群的需求。基层图书馆的培训要坚持免费和公益性原则，注重面向儿童的优秀传统文化、艺术、技艺和信息素养的培训；同时，还要开展面向儿童工作者和家长的关于科学育儿等主题的培训活动。

（九）阅读推广活动

在"全民阅读"的浪潮下，作为面向少年儿童提供阅读服务的专门机构，阅读推广工作成为当今我国少年儿童馆工作的重中之重。儿童阅读推广活动是为了向广大少年儿童推荐、宣传图书，引导儿童多读书，读好书。在改革的新形势下，随着少年儿童图书馆阅读辅导工作的不断深化和开拓，"社会读书活动"更加活跃起来。这种阅读方式，突破了狭小的馆舍局限，突破了传统封闭的服务方式，使少年儿童图书馆的工作出现了新局面。

第三节　婴幼儿服务

早期大脑发育的研究表明：对婴幼儿说话、唱歌及阅读有助于他们语言能力的发展。婴幼儿身处的环境对早期阅读能力的培养起着极大的作用。置身书籍的海洋是婴幼儿迈向阅读的重要一步，图书馆面向婴幼儿群体提供服务是至关重要的。所有婴幼儿都应该有机会在当地的公共图书馆获得一定的阅读服务及帮助。图书馆要吸引婴幼儿及其家长来到图书馆，为他们提供合适的低幼读物，营造舒适的婴幼儿阅读环境，以激发婴幼儿的阅读兴趣。婴幼儿在图书馆阅读和学习的经历作为学前儿童的社会经历和体验，有益于激发婴幼儿的求知欲和想象力，激发起他们终身阅读的兴趣，培养良好的信息素养和读写能力。基层图书馆要发现和培养婴幼儿及家长们的阅读及活动需求，借助合适的玩具、教具、游戏等手段，使婴幼儿获取知识的途径自然地由成人向书本转变。

基层图书馆为婴幼儿提供服务应该与为成人提供服务同等重要。图书馆应该购置低幼读物，设置服务专区，开展低幼服务项目，满足婴幼儿的求知欲、感观需要和读写需求。婴幼儿在早期发展阶段需要开展和强化听、说、读、写、绘、演等能力。在场地允许的条件下，图书馆应该为父母及看护人提供音乐表演和戏剧表演的场地，提供家务劳动的实践场所及开展科学、人文知识启蒙的教育基地等。除了歌谣、图画书及讲故事等活动外，还有一些特别的电脑活动项目，如互动式动画故事书，对促进低幼儿童的语言能力的发展是非常有用的。

与运算能力和读写能力一样，信息技术和新媒体技能也是要在婴幼儿时期进行培养的一项技能。它能促进孩子学习能力的提高，并能伴随其一生，并在将来的职业生涯中发挥作用。图书馆应该为婴幼儿家庭及监护人提供这方面的实践场所和机会，并使之成为家庭教育中的一部分。同时，图书馆还应该为父母及其那些致力于少年儿童服务的人们提供培训及接受指导的机会。

对多数家长来说，特别是居住在城市地区的家长，公共图书馆并不是他们的首选之地。为了使每个婴幼儿都能方便地接触到婴幼儿读物，基层图书馆应该开展推送服务，深入社区及乡镇居民的生活。医院的候诊室、幼教中心以及幼儿园都是图书馆可以提供推送服务的地方。与儿童医院、幼教机构及托管中心的工作人员进行合作也是必要的。婴幼儿时期的阅读对于儿童的语言发展是至关重要的，图书馆应该构建一个本地化的专业服务网络。此外，在图书馆之外开展讲故事和朗读活动也是非常重要的，这些活动有益于促进少年儿童阅读和语言能力的发展。商场、公园等公共场所都是开展这种馆外活动的理想场所。

少数民族地区的图书馆需要特别关注少数民族儿童的家庭，要帮助那些家庭延续他们的语言和文化，除了加强少数民族文献的采访及服务之外，还可以提供口语发展等延伸服务项目。

一、文献建设

图书馆工作人员在进行低幼阅读区的馆藏建设时要慎重选择文献，为低幼儿童及家长提供阅读服务要遵循安全性、益智性、游戏性、感官性的原则。图书馆应该选择质量高、适合婴幼儿年龄阶段并且安全的读物，这些读物应该通俗易懂，有挑战性但难度不高。对婴幼儿而言，图画书（绘本）是最合适和最重要的阅读对象，优秀的图画书有助于儿童的早期全面发展，少年儿童还能在歌谣、图画书及故事讲读等活动中获得一段开心、快乐的集体阅读经历。

图书馆应该提供多种材质和形式的幼儿书籍，除了提供纸板书外，还应该提供布书、塑料书、触摸书、洞洞书、发声书等书籍，让婴幼儿能触摸、嗅闻和聆听这类图文并茂的可触知的书籍，这类书对提高残障儿童的读写能力发挥着至关重要的作用。除了纸板书和图画书外，孩子们还需要有柔软的布料图画书，这些书具有强烈的色彩对比并且附加了点字文，这将为弱视儿童提供阅读帮助。图书馆需为视障儿童配备特殊布料的图画书及可听书籍。对于父母是弱视的儿童而言，他们则需要其他类型的图书，如一面印有文字，另一面则配有一幅图片。

对少数民族地区的居民而言，公共图书馆应该拥有双语读物，社区内应有各种母语读物、能展现社区多元化的读物等。不能阅读母语读物的孩子可以通过听书来获取信息。图书馆应提供玩具使用或玩具外借服务，但要特别关注玩具的安全性和卫生问题。图书馆的玩具都要遵从国家的安全标准。图书馆还应该为父母提供科学育儿的知识及相关读物。

二、环境建设

对婴幼儿及父母来讲，图书馆必须是一个安全、舒适、有吸引力、无障碍的公共场所，不应该对幼儿爬行和蹒跚学步造成危险。图书馆应设立专门的低幼儿童服务区，在低幼区内应配备益智玩具、幼儿家具、清洁干净的地垫以供孩子们在上面玩耍。除此之外，图书馆还应配备专门的卫生区，包括专门的幼儿洗手间和换尿布的设施，这些设施要尽量建在图书馆内，有条件的图书馆还要建立母婴室或哺乳区。婴幼儿阅览区还要考虑到成人的需求，为大人提供座椅，以方便进行亲子阅读互动。

图书馆的环境安全是非常重要的，图书馆有必要进行全面的安全检查并采取措施尽量减小危害产生的可能性。例如，对家具和书架的尖角处采取特殊的保护措施，在电源插座上加设保护罩。提供玩具的图书馆也必须确保玩具使用的清洁和安全。要特别注重幼儿区的室内通风，定期对文献及阅览设施设备进行消毒或杀菌处理，及时更换毁损严重的文献及设备。良好的照明和鲜艳的色彩能够让婴幼儿容易地在图书馆内感知和熟悉图书馆的环境。

三、服务清单

为了获得最佳的服务效能，基层图书馆可以利用下列服务清单作为评估工具，为每个服务项目标记实现状态或制定时间规划。为开展好低幼儿童服务，每个公共图书馆应该注意以下方面。

①为婴儿0~1岁和幼儿1~3岁提供服务。

②确保婴幼儿方便快捷地获得图书馆的读者证及接受相关服务的权利。

③图书馆提供简单醒目的标识，让低幼儿童及家长能很快熟悉图书馆的布局。

④清晰地标出婴幼儿读物的借阅区域。

⑤提供婴儿车、轮椅、残疾人通道、哺乳室、游戏室、玩具室等。

⑥采购低幼儿童读物，多采集有助于提高婴幼儿读写能力的图画书。

⑦为低幼儿童的发展和学习提供舒适、安全、有吸引力的环境。

⑧提供适合婴幼儿的各种资源，包括玩具、多媒体资源、科技及新媒体设备。

⑨保证有足够的馆员为婴幼儿开展活动及提供咨询服务。

⑩在采集文献资源和提供服务时，注重读者的语言和文化多样性的需求。

⑪在合适的时间提供适合不同年龄段的服务项目，以适应婴幼儿时间安排的多样性。

⑫与社团组织发展合作关系，以确保为社区最年幼的读者群提供最好的设施、服务和机会。

⑬开展亲子教育、科学育儿、阅读指导、入园准备等讲座或咨询。

⑭组织家长聚会和研讨活动，帮助家长树立自信，提高解决问题的能力。

⑮打造一支专业、高效的运营及志愿者团队，满足所有读者的多元文化需求。

⑯加强员工的监督考核，制定员工问责制并为其提供必需的职业发展机会。

⑰吸收和采纳各地图书馆服务的优秀经验，以助益图书馆更好地发展。

第四节　少年儿童服务

有研究表明 3～12 岁是儿童学习基本阅读能力的关键期，此阶段儿童的口语发展速度惊人，同时开始认识符号、声音与意义的关联性，开始掌握形—音对应规则，初步能将文字解码。基层图书馆承担支持儿童学会阅读、为他们推荐书籍和其他载体资料的社会责任。通过提供大量的资料和举办各种活动，基层图书馆为儿童提供了一个体验阅读的乐趣、丰富想象力的机会。基层图书馆应该培养儿童和家长们利用图书馆的能力，以及使用纸质和数字资源的技能，鼓励少年儿童经常利用图书馆，帮助每个儿童获得所需的文献信息，提高他们的视觉、数字和媒体素养，培养儿童独立阅读和终身学习的能力，为他们的文化发展奠定基础，为儿童参加娱乐活动创造条件，为公共图书馆培养忠实的读者。

一、文献建设

基层图书馆应该广泛收藏促进儿童成长的各种形式的文献信息，包括：印刷型信息资源（图书、期刊、报纸等），多媒体资源（CD、DVD、数据库等），玩具，教具，益智性的游戏器具，计算机，学习软件和网络连接等。

儿童图书馆的馆藏建设要遵循质量至上的原则，选择儿童所处的各年龄阶段适合的儿童读物，如图画书、桥梁书、拼音读物、插图本和文字本。儿童读物要有时效性和准确性，能够反映社会主义核心价值观，并能反映当地社区文化和介绍世界各国文化。

二、环境建设

儿童图书馆应该成为对所有儿童年龄阶段开放的、具有吸引力的、有挑战性而无威胁感的地方。理想状态下的儿童图书馆应该有自己的服务场所，这一场所应该易于识别（比如，有特别的家具、装饰和色彩），并与图书馆的其他部分相区别。图书馆要为儿童提供相互接触的空间，或者是相互交往的虚拟空间。

三、服务清单

为了获得最佳的服务效能，基层图书馆可以利用下列服务清单作为评估工具，为每个服务项目标记实现状态或制定时间规划。为开展好少年儿童服务，每个基层图书馆应该注意以下几个方面。

①为少年儿童（3～12岁）服务。

②为少年儿童的阅读和学习提供舒适、安全、有吸引力的环境。

③提供适合各年龄段儿童的各种文献信息资源和相关设备设施。

④开展故事讲读、读书会等阅读活动，开展素质教育、作业指导等延伸服务。

⑤开展亲子教育、科学育儿、阅读指导等面向家长的讲座活动。

⑥组织家长聚会和分享活动，帮助家长树立自信和提高解决问题的能力。

⑦加强员工监督考核，制定员工问责制并为其提供必需的职业发展机会。

⑧调查社区的信息和文化需求，构建和谐的社会合作网络。

⑨学校是图书馆的重要合作伙伴。学校图书馆为儿童提供教育支持，而儿童图书馆为儿童提供自我学习和闲暇阅读的服务。

⑩保健中心、看护中心、幼儿园以及其他看护机构也是图书馆必要的和值得欢迎的合作伙伴，尤其是在为儿童、父母和专家开展的阅读推广活动中。

⑪吸引儿童参与图书馆的文献选择、项目规划和服务拓展工作。

⑫重视儿童的语言和文化多样性的需求，为少数民族的儿童提供本民族语的图书和视听资料。

⑬吸收和采纳各地图书馆服务的优秀经验，以助益图书馆更好地发展。

第五节　青少年服务

青少年是介于儿童阶段和成人阶段之间的群体。一般来说，12～18岁通常被作为青少年图书馆服务的范围。基层图书馆开展青少年服务的使命是帮助青少年实现由儿童向成人的顺利过渡。在这一过程中，图书馆需要提供适宜的资源和良好的环境，以满足青少年智力发展、情绪发展和社会发展的特殊需求。基层图书馆应该尊重青少年的选择权，提供丰富的文献信息资源，促进青少年的文化素养、终身学习、信息能力和休闲阅读能力的提高。为此，图书馆工作人员应该具备青少年发展方面的知识，并了解适合青少年阅读的读物，包括他们的特殊需求；为青少年提供广泛的资源，鼓励青少年的终身阅读、文化素养、阅读动机及读者发展；协助青少年有效掌握使用图书馆资源的技能、提高信息素养、学会使用计算机；为青少年提供参与和实施图书馆项目和服务的机会及志愿服务的机会，推动青少年发展。

青少年服务项目应该让青少年积极参与规划设计，评估资源和服务情况。图书馆应该吸引青少年参与管理，并尊重他们的选择。为青少年服务的图书馆工作人员应了解青少年在发展方面的独特需求，尊重青少年的个体需求，了解青少年的文化与兴趣，具备与青少年开展合作的能力，熟悉不同格式的书本、电子资源等各类资源的使用方法，并具有创造性思维和学习能力。

一、文献建设

青少年的兴趣、成熟度、需求和能力是不同的，因此，图书馆的馆藏也应该是多样化的，同时还要照顾到肢体残疾者和少数民族人群。图书馆的馆藏资源也应该包括外语资源，以及能反映文化多样性的信息资源。鼓励青少年参与图书馆管理，给予青少年群体参与为图书馆选书的机会有助于推进图书馆服务和业务发展，并能够提高图书馆的利用率。图书馆推荐给青少年读者的资源包括儿童文学、漫画书、科幻小说、幻想文学以及当代流行音乐等。

所有图书馆都应该提供图书、期刊、报纸、漫画书等印刷型读物，还应该提供有声书、音乐、多媒体资料、电脑软件、网络益智游戏、网络数据库等信息资源，及时开展馆藏资源的实效性检查，及时更新相关资源和设备。

二、服务清单

图书馆要专门为青少年提供一些有针对性的服务。在规划服务的时候，除了阅读服务之外，还需要考虑到体力活动、数字活动以及项目活动。图书馆为青少年提供服务的过程中应吸纳青少年参与，让青少年参与项目的决策制定、计划和实施过程有助于大幅推进项目开展。图书馆应该把青少年视为青少年方面的专家，有条件的可以设立青少年顾问委员会或实施青少年大使计划，以帮助青少年提出对设备、项目、服务的意见。图书馆还应利用青少年在青少年读者群中推广项目。

①为青少年读者的发展和学习提供舒适、安全、有吸引力的环境。

②引导青少年学会使用图书馆。

③鼓励青少年利用各种形式的资源，提供查找工具和其他辅助材料。

④与青少年社团组织开展合作，开展阅读推广活动。

⑤邀请作家和当地知名人士进行访谈或讲座活动。

⑥开展青少年艺术作品(戏剧、出版物、电视、录像)的征集展示服务。

⑦组织青少年读书俱乐部，举办青少年读书辩论会。

⑧开展音乐、影视以及戏剧等文化演出。

⑨为青少年创客提供相关服务。

⑩提供免费的互联网接入服务，开展数字文化服务。

⑪提供青少年个人教育与发展方面的参考信息服务。

⑫利用书本和电子资源指导青少年提高查找信息的能力。

⑬协助读者通过馆际互借等手段获取所需的馆外资源。

⑭在社区、学校内为青少年推广图书馆服务。

第六节　弱势儿童服务

由于生理、经济、社会等因素，一些儿童无法正常地接受公共教育和文化服务，尽管我国弱势儿童生存的法律和制度环境有了明显地改善，但是他们生存的社会文化环境依然比较严峻。少年儿童图书馆应适应新形势的要求，充分发挥其教育职能和专业优势，主动关怀、帮助弱势儿童，为他们提供阅读服务。公共图书馆为弱势儿童提供服务，首先要加强对弱势儿童的人文关怀，儿童馆员为弱势儿童服务，态度要热情、周到、细心，保护他们的自尊心，确保他们平等地享受图书馆服务的基本文化权利，使他们以平等的地位、均等的机会及平和的心态利用图书馆，享受公共图书馆的服务。根据弱势儿童的致弱原因可将他们分为残疾儿童、阅读困难儿童、留守儿童、流动儿童和贫困儿童。

一、残疾儿童服务

儿童的生理残疾主要有视力残疾、听力残疾、言语残疾、肢体残疾、智力残疾、精神残疾和多重残疾等。基层图书馆要根据残疾儿童的具体类型开展针对性的服务。比如，在建筑设计上必须考虑到人性化的无障碍设施建设原则，配置盲人通道、专用电梯、洗手间、特别阅览室、特殊桌椅、阅览专座、方便按钮、音响信号装置等。图书馆应为视力残疾儿童提供盲文资料和听书资源，为听力残疾儿童提供手语节目或手语活动，为言语残疾儿童提供合适的辅助康复读物和朗读服务，为肢体残疾儿童提供送书上门或快递服务，为智力残疾儿童提供适切的图书资料及服务，为残疾儿童的家长提供康复咨询及阅读指导等。另外，除了图书资源之外，图书馆还要为残疾儿童选择、推荐合适的网站和数字资源，提供专业阅读设备，提高他们的数字信息素养；要充分利用志愿者资源，与特教学习及儿童福利机构开展社会合作，调动社会资源，构建残疾儿童服务的网络。

二、阅读困难儿童服务

阅读困难是指个体没有明显的视力、听力、神经系统的器质性损伤，在一般智力、动机、生活环境和教育条件等方面与其他个体没有差异，但其在阅读标准测验上的成绩却明显低于相应年龄应有水平的一种状态。这类儿童的普遍存在比例为5%左右。脑科学研究证明，一些针对性的阅读干预可以给阅读困难儿童带来大脑的可塑性发展。有研究表明经过一定时间的干预，大脑的功能会发生变化，阅读困难儿童可以回归到正常学习中。

我国公共图书馆面向阅读困难症群体的服务及相关研究仍处于起步阶段。基层图书馆可以尝试制定符合本馆实际服务能力、符合本地阅读困难症人群实际需求的工作指南，将服务阅读困难症儿童读者纳入图书馆日常工作，总结适合其利用图书馆的方法、技巧与经验，帮助阅读困难症读者平等、无障碍地获取信息与服务。有条件的图书馆，可据阅读困难症群体的区域性特点、年龄阶段、需求重点来创新服务内容，再结合公共图书馆自身的服务能力，制定具有自身特色的服务项目和服务计划，持续推广公共图书馆阅读困难症群体服务。另外，还要加大宣传推广，让公共图书馆阅读困难症群体服务得到大众的认可和支持。

三、留守儿童服务

我国留守儿童在儿童中的占比很高，很多留守儿童存在性格缺陷和心理障碍，他们的阅读很少且学习成绩欠佳，其中很多儿童言行举止不良且容易成为被侵害的对象。近年来农村留守儿童的学习和教育问题已成为我国一个严重的社会问题，要解决这个问题，需要家庭、学校、政府和社会等多方面的共同合作。满足留守儿童的阅读需求，开展面向留守儿童的阅读推广，是实现公共文化服务均等化的必然要求。公共图书馆在服务留守儿童的阅读方面大有可为，也责无旁贷。基层图书馆应争取国家的政策和财力支持，加大对农村公共图书馆的资金和人员投入，给留守儿童营造一个良好的阅读环境，为留守儿童提供专业有效的阅读指导和帮助，让留守儿童享受阅读的快乐，引导他们懂得阅读的重要性，激发他们阅读的兴趣，帮助他们走出阅读的窘境。

四、流动儿童服务

流动儿童的文化和教育现状不容乐观，这些农民工子女大多数处于义务教育阶段，这一阶段对于儿童的成长又具有决定性的意义，流动儿童在城里所接受的教育和公共文化服务对他们以后能否很好的融入社会生活体系有着至关重要的影响。农民工子女接受文化服务的环境、方式，接受什么样的教育，以及所接受到的教育能否将他们塑造成与主流社会相融合的、适应未来社会发展的一代新人等问题，不仅关系到农民工子女的命运，还关系到义务教育的均衡发展以及整个社会的稳定与和谐。

基层图书馆作为公益性文化服务机构，有义务通过各种实践推动流动儿童的阅读服务，保障他们平等获取知识与信息的文化权利，为维护社会的信息公平、促进社会和谐方面发挥作用。图书馆要为包括流动儿童在内的少儿读者专辟场地，解决流动儿童在家在校缺少阅读场所的问题，鼓励流动儿童走进图书馆，了解图书馆的功能，感受馆内的阅读氛围，不断培养流动儿童的阅读兴趣，提高阅读的能力。图书馆应积极与务工子弟学校联系，建立图书外借流通点，在流动儿童聚居地设立图书漂流点或流动图书车服务。图书馆还可以招募流动儿童担任志愿者，锻炼其社会实践和交往能力，让他们更好地融入城市生活，也可以增强他们的图书馆意识，引导他们形成阅读习惯。图书馆还应为流动儿童服务提供必要的数字阅读服务，通过数字化的方式和渠道引导和推广阅读，把传统阅读与数字阅读有机结合起来，提高他们科学地获取信息、鉴别信息、组织信息的能力和素养。

第七节　儿童阅读服务工作人员

每个图书馆都要有合格的图书馆工作人员。基层图书馆需要打造一支经过专业训练的、耐心热情的儿童图书馆工作人员队伍，这是儿童服务高效、专业运营的人力基础。儿童图书馆工作人员除了需要具备广博的知识外，还应该接受儿童心理学、儿童文学、教育学等专业培训。他们应该对家庭教育有深入了解，熟悉优秀儿童读物的创造及出版过程，并且能够通过一些创新的举措来帮助儿童及家长参与图书馆的各项活动等，从而为广大未成年人及其家长提供科学的阅读和教育指导。儿童图书馆工作人员需要具备和提高如下工作能力。

一、职业素养方面

①真心爱护儿童，具备服务未成年人的工作热情。
②熟悉国家的儿童文化、教育及社会福利等方面的政策规定。
③了解婴幼儿、儿童与青少年学习和发展的理论及与图书馆服务的关系。
④了解公共图书馆事业的历史、现状及未来发展，了解儿童教育的发展方向。
⑤了解并坚持公共图书馆未成年人服务的原则和立场。
⑥了解基层图书馆所在地区居民在儿童教育及文化发展方面的需求。
⑦了解国家的公共文化服务、数字文化建设及少数民族政策等相关措施。
⑧了解公共图书馆服务规范及儿童图书馆服务标准等规范。

二、业务管理方面

①具备制定图书馆中长期业务规划，开展儿童图书馆服务评估的能力。
②具备撰写工作手册，开展员工培训，适当地分配工作及开展督导的能力。
③具备解决问题、制定决策及进行调解的技能。
④具备积极主动、灵活并乐于接受职业培训和建议的能力。
⑤具备自我工作评估的能力。

三、文献管理方面

①具备儿童图书、期刊、视听资料、网站与其他媒体资源的评估能力。
②具备掌握童书出版信息，熟悉各种参考工具，评估文献优化馆藏的能力。
③具备制定图书馆的资源建设规划的能力。

④具备制定专题书目、新书推荐、图书馆利用指导的能力。

⑤具备协助及指导儿童利用馆藏，传授文献检索技能的能力。

四、活动策划与组织方面

①具备儿童阅读活动策划及推广的能力。

②具备组织儿童故事会、读书会的能力。

③具备组织儿童家长讲座的能力。

④具备图书馆志愿者培训、组织及管理的能力。

五、公共关系与沟通方面

①了解幼儿园、中小学等教育机构的需求，并保持经常性的联系。

②具备在馆内及社区、学校宣传和推广阅读重要性的能力。

③具备起草各种文稿的书面表达能力以及口头表达能力。

④具备良好的媒体沟通技能，以及应用新媒体的能力。

⑤具备良好的社会合作能力。

⑥具备与儿童、家长及社区居民建立良好的人际关系的能力。

⑦具备主动聆听读者诉求，与问题读者进行建设性沟通的能力。

⑧具备倾听儿童的需求，提供必要的协助，解答儿童及家长疑问的能力。

【思考题】

1. 公共图书馆儿童服务工作的原则有哪些？

2. 基层图书馆开展儿童服务的形式有哪些？

3. 婴幼儿、儿童和青少年的阅读行为需求有哪些？

4. 基层图书馆如何做好弱势儿童的阅读服务？

【参考文献】

[1]李俊国，汪茜. 图书馆儿童阅读推广[M]. 北京：朝华出版社，2015.

[2]石鑫，李恺. 儿童图书馆的空间设计[M]. 北京：国家图书馆出版社，2014.

[3]曾淑贤. 儿童图书馆经营管理与读者服务[M]. 台北：文华图书馆管理资讯股份有限公司，2005.

[4]江山. 近代世界儿童图书馆的发展及其对中国的影响[J]. 图书与情报，2011(01).

[5]霍瑞娟，吴悦. 美国公共图书馆的儿童优先服务实践[J]. 图书馆工作与研究，2013(03).

[6]李彬. 国际儿童图书馆发展趋势分析[J]. 图书馆工作与研究，2013(03).

[7]范并思. 拓展图书馆未成年人阅读服务[J]. 图书与情报，2013(02).

[8]黄如花，邱春艳. 美国公共图书馆未成年人服务的特点[J]. 中国图书馆学报，2013(04).

[9]马力. 论儿童图书馆在儿童阅读推广中的作用[J]. 图书馆理论与实践，2012(01).

[10]范并思. 图书馆服务中儿童权利原则研究[J]. 中国图书馆学报，2012(06).

[11]林菁. 试谈儿童图书馆服务均等化的原则与实现策略[J]. 图书馆工作与研究，2014(04).

[12]范并思. 阅读推广与图书馆学：基础理论问题分析[J]. 中国图书馆学报，2014(05).

[13]王丽. 浅谈儿童图书馆建筑功能设计[J]. 图书馆论坛，2007(03).

[14]朱淑华. 公共图书馆与儿童阅读推广[J]. 图书馆建设，2008(10).

[15]刘小琴. 我国少年儿童图书馆事业发展概况[J]. 图书馆工作与研究，2001(06).

[16]任敏. 我国公共图书馆少年儿童服务现状分析与对策[J]. 国家图书馆学刊，2009(02).

第九章　基层图书馆的特殊群体服务

【内容概要】

基层图书馆是公益性的文化服务机构，有责任和义务保障社会中特殊群体平等获取知识与信息的文化权利，为维护社会的信息公平、促进社会和谐发挥作用。根据特殊群体的概念和内涵，可将其划分为老年人、残疾人、贫困人员、灾民、下岗和失业人员、城市流动人员等群体类别，本章依次介绍了基层图书馆为特殊群体提供服务的建设内容，详细阐述了如何针对老年人、残疾人、贫困人员、灾民、下岗和失业人员、城市流动人员开展针对性的阅读服务。

第一节　老年人服务

阅读是贯穿人们一生的活动，对于老年人而言，阅读不仅可以获取知识、充实生活，还有助于活跃思维，保持与社会接触，满足其生活、精神多方面的需要。我国在21世纪初期就已经进入老龄化社会，截至2015年年底，我国60岁及以上人口达到22 200万人，占总人口的16.1％，其中65岁及以上人口达14 386万人，占总人口的10.5％，如何实现健康老龄化是我国需要面对的重要问题。图书馆为老年人提供服务，促进老年人阅读活动的开展，对于实现健康老龄化起着至关重要的作用。公共图书馆为老年人提供服务，即体现了公共图书馆提供公共文化服务和教育的社会职能，适应了图书馆用户群体的现实需求，也保障了公民平等获取信息的权利，是公共文化服务体系建设中实现均等化的必然要求。

随着年龄的增加，老年人身体各方面的机能不断衰退，加上受生活条件、教育程度的影响，在进行阅读活动时会出现多方面的障碍。首先，是身体障碍：研究显示，人的知识信息中有90.0％需要通过视觉获取，老年人视觉器官功能性退化所导致的视觉能力降低会影响老年人的阅读兴趣，生理机能的退化会导致老年人在阅读时较容易产生疲劳，对阅读效果产生不利影响。其次，是知识障碍：全国人口普查数据显示，全国 60～64 岁的文盲有 1 100 余万人，65 岁以上的文盲有 4 200 余万人，分别占 15 岁及以上人口总数的 26.55% 和 48.24%。这表明，在我国老年人群中有相当数量的人口不具备基本的识字、读写能力，无法进行阅读，即使是具有一定教育程度的老年人，在面对网络时代中不断出现的新名词、新观念时，其固有的知识和思维也会受到一定程度的冲击。再次，是观念障碍：随着社会经济形态从农业社会向工业社会转变，社会观念也从老年崇拜逐渐转向青年崇拜，农业社会中的老年人心态较为保守和顽固，对新知识、新观念容易产生排斥的心理，认为没必要进行阅读，缺乏参与阅读的动力和信心。最后，是情境障碍：老年人阅读受到诸多客观因素的影响，阅读资源、家庭责任等外在条件是对老年人阅读范围、阅读精力产生影响的客观因素。

基层图书馆为老年人提供阅读服务，不仅可以使老年人群体有免费的图书、报刊资源可以浏览，还可以围绕老年人阅读、终身学习等主题开展相关展览、讲座、学习等活动，能够为老年人的休闲生活内容带来充实、便捷的选择。

一、文献建设

老年人阅读的形式较为传统和被动。在知识获取的途径上，其主要依赖于与人交谈和广播电视。在阅读目的上，老年人阅读的实用性较强、阅读时间较短，特别是在农村地区，多数老年人还在进行农业劳动，他们的阅读与日常生活关系密切，实用性阅读的倾向比较明显。基层图书馆在馆藏建设时，应考虑到老年人增长知识与休闲消遣共同构成的阅读目的，针对老年人的共同阅读需求进行重点门类（政治历史、医疗保健、生活实用技术、经济法律、文学艺术等）的文献资源建设。

在阅读资源的载体上，基层图书馆首先要提供图书、报刊等传统的纸本文献，同时应增加图文本书籍的比例。其次，要提供大字本、录音、视频、电子书等多种载体形式的资源。在数字资源方面，要提供无障碍的网络信息资源，并从网页的格式、颜色、字体、编排等方面完善相关设计，对现有的网页进行优化，使老年人能够方便畅通地体验网络阅读带来的乐趣。

二、环境建设

老年人具有特有的群体阅读特点，基层图书馆应在阅览设施的建设中增加老年阅览室，或在阅览室中设置专用的老年人坐席等，为开展老年人相关的阅读活动奠定环境条件基础；在室内装潢的选择上，应以温馨、简洁、柔和的色调营造美观、舒适的内部环境。图书馆应进行建筑的无障碍建设或改建，并将老年人阅览室或老年人经常光顾的阅览室设在一楼。图书馆应提供老花镜、放大镜、朗读设备等辅助阅读设备，阅览室的照明采用日光灯和自然光结合，或使用不同的调光控制，在各种指示标识设计时应选用红、橙等波长较长的颜色，并设计凸起的导向块或彩色指向牌。图书馆还应提供开水、电话等设施，满足老年人的生活需要。

三、服务清单

为了获得最佳的服务效能，基层图书馆要专门为老年人提供一些有针对性的服务；在规划服务的时候，除了阅读服务以外，还要考虑项目活动，在服务的过程中加强与老年人的互动，增强老年人的阅读参与程度。这需基层图书馆注意以下几个方面。

①为老年读者的阅读提供舒适、安全、有吸引力的环境。

②引导老年人学会使用图书馆。

③鼓励老年读者利用各种形式的资源，提供检索工具和其他辅助材料。

④加强图书馆工作人员的素质建设，提升敬老意识和读者关爱技能。

⑤开展读书会、阅读分享、诵读活动等主题阅读活动。

⑥邀请作家和当地知名人士进行讲座活动。

⑦举办多种形式的展览、座谈会等专项活动。

⑧提供免费的互联网接入服务，开展数字文化服务。

⑨与社区、老年公寓、敬老院等开展合作，推广图书馆服务。

⑩面向社会招募志愿者，协助老年人利用图书馆设备。

⑪开展延伸服务，提供专门的送书上门活动或对老年人实行邮寄借书业务。

⑫吸收和采纳各地图书馆服务的优秀经验，以助益图书馆更好地发展。

第二节　残疾人服务

残疾人是指在心理、生理、人体结构上，某种组织、功能丧失或者不正常，全部或者部分丧失以正常方式从事某种活动能力的人。据统计，我国共有 8 000 余万名残疾人口，涉及近三亿家庭人口，占全国总人口比例的近 1/4。残疾人群体是社会的弱势群体之一，由于自身生理因素的限制，加上外界环境的影响，残疾人的精神文化生活总体不容乐观。我们对残疾人展开帮助，不仅仅需要对他们的基本物质生活进行帮扶，更需要对其精神文化生活给予关注，让他们享受平等获取社会信息的权利，更好地参与到社会生活当中。

公共图书馆承担着传递文献信息、保障信息自由及公平，落实社会平等的社会责任。图书馆有义务和责任为残疾人提供针对性的特色服务，为保障残疾人的文化权益做出贡献。基层图书馆为残疾人提供服务时，应在图书馆和阅览室体现以人为本的原则，充分考虑残疾人士的自身特点和特殊需求，提供符合他们需要的资源内容、资源形式、服务项目、服务形式和服务设施，保障他们以均等的地位和权利享受图书馆的服务，并通过热情、耐心和细致的服务态度，保证服务效能。根据残疾人的致残原因可将他们分为视力残疾、听力残疾、肢体残疾、智力残疾和精神残疾、多重残疾和其他残疾。

一、视力残疾人士服务

视力残疾是指由于各种原因导致双眼视力障碍或视野缩小，通过各种药物、手术及其他疗法而不能恢复视功能者(或暂时不能通过上述疗法恢复视功能者)，以致不能进行一般人所从事的学习、工作和其他活动，视力残疾包括盲和低视力两类。目前，我国约有 1 263 万名视力残疾人，占残疾人总人口的 14.9%。

视力残疾人士在获取信息时，只能依靠听觉和触觉，是所有残疾类型中获取信息受限程度最大的。在生活中，视力残疾人士主要通过广播、盲文书籍、互联网或手机资源等途径获取信息。基层图书馆应根据视力残疾人士的具体需求开展服务。

(一)文献建设

依据残障类别与程度，视力残疾人士分为色弱人士、色盲人士、弱视力人士、全盲人士，色盲人士需要提供底色差异文献，弱视力人士需要大字书本，全盲人士则需要阅读盲文书籍及触摸画册。因此，在馆藏建设中，基层图书馆应入藏包含适合盲和低视力使用的各类文献资料，兼顾纸质盲文、大字本、有声电子文献，以及数字资源和其他载体的文献。在文献内容的选择上，基层图书馆应针对视力残疾人士的阅读需求进行重点门类(政策法律、医疗保健、生活实用技术、文学艺术等)的文献资源建设。此外，图书馆应提供符合盲人需要的数字资源，并配备相应的阅读设备。

(二)环境建设

在建筑设计上，基层图书馆应遵循无障碍设施建设原则，将视障阅览室尽量安排在建筑物的一层，有专门的工作人员负责接待，配备较为齐全的盲用无障碍设施，如铺设专用盲道、专用电梯、专用洗手间，设置色彩对比强烈的大字指示牌、音响信号装置，在阅览室出入口附近设置服务台，在阅览区域安设特殊座椅、盲文书架，设置文化活动区域等。

(三)服务清单

为了获得最佳的服务效能，基层图书馆要专门为视力残疾人士提供有针对性的服务。

①为视力残疾人士的阅读提供方便、舒适、安全的环境。

②引导视力残疾人士学会使用图书馆。

③鼓励视力残疾人士利用各种形式的资源，并为其提供必要的辅助材料。

④配备受过图书馆及视障服务两方面专业训练的专职图书馆工作人员。

⑤开展图书推荐、书目导读、书刊展评、讲座报告等阅读辅导活动。

⑥与社区、村镇、盲人学校等开展合作，推广图书馆服务。

⑦面向社会招募志愿者，开展送书上门、文献邮寄、亲属替代借阅等个性化服务。

⑧吸收和采纳各地图书馆服务的优秀经验，以助益图书馆更好地发展。

二、听力残疾人士服务

听力残疾是指由于各种原因导致双耳不同程度的永久性听力障碍，患者听不到或听不清周围环境声及言语声，以致影响日常生活和社会参与。目前，我国听力残疾人士占残疾人总人数的 24.2%，比重仅次于肢体残疾人。在图书馆获取信息的过程中，听力残疾人士需要全程文字和标识提示。文化程度较高的人士可以通过文字来交流，识字程度不高的人士则需要掌握手语的专门图书馆工作人员来提供服务。

(一)文献建设

在馆藏建设中，基层图书馆应入藏包含适合的纸质文献、电子文献、数字资源和其他载体的文献。在文献内容的选择上，图书馆针对听力残疾人士的阅读需求进行重点门类(政策法律、医疗保健、生活实用技术、文学艺术等)的文献资源建设。此外，图书馆应提供符合听力残疾人士需要的数字资源，如有字幕的影像资料等，有条件的图书馆可以尝试开展识字推广活动或建立识字资料典藏库，为读者提供更为周到的服务。

(二)环境建设

对于无阅读障碍的听力言语残疾人士，基层图书馆应配备各类专业助残设备和专门性服务，如设置文字标识、图书馆指引图，尤其是在参考咨询和排号等候图书的服务区域提供各类服务的文字说明。除此之外，听力残疾人士喜欢聊天聚会，图书馆应提供专门的场地供其聚会、培训和交流，开展互动性读者活动。

(三)服务清单

为了获得最佳的服务效能，基层图书馆要专门为听力残疾人士提供有针对性的服务。

①为听力残疾读者的阅读提供方便、舒适、安全的环境。

②引导听力残疾人士学会使用图书馆。

③鼓励听力残疾读者利用各种形式的资源，提供必要的辅助材料。

④配备受过图书馆及手语交流两方面专业训练的专职图书馆工作人员。

⑤开展图书推荐、书目导读、展览等阅读辅导活动。

⑥与社区、村镇、学校等开展合作，推广图书馆服务。

⑦面向社会招募手语交流志愿者，在图书馆开展辅助性服务工作。

⑧吸收和采纳各地图书馆服务的优秀经验，以助益图书馆更好地发展。

三、肢体残疾人士服务

肢体残疾是指人体运动系统的结构、功能损伤造成的四肢残缺或四肢、躯干麻痹(瘫痪)、畸形等，导致人体运动功能不同程度的丧失以及活动受限或参与的局限。目前，我国肢体残疾人士占残疾人总人数的 29.1％，是第一大残疾类型。

肢体残疾人士在获取信息内容时，与常人无异，可听、可看、可读，图书馆距离太远、设施使用不方便、无人陪同等原因是他们使用图书馆的重要障碍因素。基层图书馆应根据肢体残疾人士的具体需求开展服务。

（一）文献建设

在文献内容的选择上，基层图书馆应针对肢体残疾人士的阅读需求进行重点门类（政策法律、医疗保健、生活实用技术、文学艺术等）的文献资源建设。此外，图书馆应提供数字资源，并配备相应的阅读设备。

（二）环境建设

在建筑设计上遵循无障碍设施建设原则，配备较为齐全的无障碍设施。例如，铺设轮椅专用通道、专用电梯、专用洗手间，在阅览室出入口附近设置服务台，在阅览区域安设特殊座椅、专用书架，注意书架摆放的距离和间隔，设置文化活动区域等。

（三）服务清单

为了获得最佳的服务效能，基层图书馆要专门为肢体残疾人士提供有针对性的服务。

①为肢体残疾人士的阅读提供方便、舒适、安全的环境。

②引导肢体残疾人士学会使用图书馆。

③鼓励肢体残疾人士利用各种形式的资源，并为其提供必要的辅助材料。

④配备受过图书馆及肢体残障服务两方面专业训练的专职图书馆工作人员。

⑤开展图书推荐、书目导读、书刊展评、讲座报告等阅读辅导活动。

⑥与社区、村镇、盲人学校等开展合作，推广图书馆服务。

⑦面向社会招募志愿者，开展送书上门、文献邮寄、亲属替代借阅等个性化服务。

⑧吸收和采纳各地图书馆服务的优秀经验，以助益图书馆更好地发展。

四、智力残疾和精神残疾人士服务

智力残疾是指智力显著低于一般人水平，并伴有适应行为的障碍。智力残疾包括在智力发育期间（18 岁之前），由于各种有害因素导致的精神发育不全或智力迟滞；或者智力发育成熟以后，由于各种有害因素导致智力损害或智力明显衰退。目前，我国约有 568 万名智力残疾人士，占残疾人总人数的 6.7％。精神残疾是指各种精神障碍持续一年以上未痊愈，由于存在认知、情感和行为障碍，以致影响日常生活和社会参与。目前我国约有 629 万名精神残疾人士，占残疾人总人数的 7.4％。

基层图书馆应提供专门阅览区域，在室内装潢的选择上，应以温馨、简洁、柔和的色调营造安全、舒适的内部环境。图书馆应进行建筑的无障碍建设或改建，设置各种醒目的指示标识。图书馆还应提供饮用水、电话等设施，满足残疾人士的生活需要。配备受过图书馆及智力和精神残疾服务两方面专业训练的专职图书馆工作人员，并不断吸收和采纳各地图书馆服务的优秀经验。

五、多重残疾人士和其他残疾人士服务

除单一残疾外，还同时存在着视力残疾、听力残疾、言语残疾、肢体残疾、智力残疾、精神残疾中的两种或两种以上残疾的人，我们称之为多重残疾人士。目前，我国大陆地区约有 1 386 万名重残疾人士，占残疾人总人数的 16.3%。

公共图书馆应根据多重残疾人士的具体需求，提供专门性服务：在馆藏建设方面，除提供多种载体形式的文献资源外，还应加强重点门类（政策法律、医疗保健、生活实用技术、文学艺术等）的文献资源建设；在环境建设中，遵循无障碍设施建设原则，配备较为齐全的无障碍设施，提供专门的阅览区域、阅览座椅和活动区域；除此之外，在图书馆内开展各类互动性活动，增强残疾人士的参与程度，提升图书馆服务的人性化、个性化。

基层图书馆是公益性文化服务机构，有责任和义务通过各种服务推进残疾人士的阅读服务，保障他们平等获取知识与信息的文化权利。图书馆要通过各项有针对性的服务和活动，引导残疾人士学会使用图书馆，鼓励残疾读者利用各种形式的资源，让他们更好地融入社会生活，增强他们的图书馆意识。图书馆应积极与社区、村镇、学校等机构联系，建立图书外界流通点，并招募、组建专业服务和志愿者队伍，为残疾人士的阅读提供一切可能的便利性。

第三节　贫困人员服务

贫困人员属于弱势群体的一种。一般来说，这部分群体收入来源少、收入水平低，经济状况相对贫困以至绝对贫困。贫困是由很多原因造成的，下岗、失业人员，城乡贫困人员，农民工等都可能成为贫困人员。在导致贫困的诸多因素中，文化知识的贫乏占到了很大的比例，而且这部分人员多集中于偏远落后的农村地区。整体发展的不平衡、教育资源不足、文化资源缺失等直接成为地区贫困产生的根源。根据《中国统计年鉴 2016》的统计数据，2015 年我国共有农村贫困人口 5 575 万人，贫困发生率为 5.7%。因此，对贫困人员开展知识帮扶，也就成了帮助其脱贫的关键。

自 1986 年开始，党和国家就筹划和组织全国范围的全面扶贫开发，改革开放以来扶贫工作取得了显著的成绩。2014 年，党中央、国务院又提出了精准扶贫战略，到 2020 年实现全面脱贫，为打赢这场伟大的扶贫攻坚战，"六个精准"等工作机制不断实践与升级。图书馆作为公共文化服务机构，拥有丰富的馆藏资源、良好的学习环境、完善的服务设施等，是为广大读者服务的机构，可以为贫困人员提供长期稳定的文化援助服务，其在文化扶贫过程中的作用也不容小觑。现阶段，我国各级图书馆应该充

分发挥自身的特点和优势，积极参与扶贫工作，为贫困人员提供服务，这既是图书馆的历史使命，也是图书馆服务转型的机遇和挑战。《公共图书馆宣言》明确提出，"公共图书馆应不分年龄、种族、性别、宗教、国籍、语言或社会地位，向所有的人提供平等的服务"。图书馆要创造有利的条件，积极发挥自身资源、人才、技术等方面的优势，引导贫困人员走进图书馆，让他们能够有机会学习知识、掌握知识、武装头脑，用知识改变命运。

一、服务形式

图书馆可以通过以下几种途径和方式为贫困人员开展服务。

(一)实施文化"精准扶贫"

在国家实施"精准扶贫"的战略背景下，图书馆应承担起历史赋予的责任和使命，在文化发展过程中发挥其引导、传播、积累、激励和保护等功能，提高文化资源在扶贫过程中的成效。①建立贫困人员档案。首先，通过广播、电视、图书馆宣传等途径宣传图书馆的教育职能，帮助贫困人员克服自卑心理，树立信心。其次，了解贫困人员各自不同的实际需求，建立贫困人员档案。通过资源优化和意见征询为读者购置相关图书资料和印刷制品。实用的求职、电脑操作、服装、养殖、家政等书刊可以在一定程度上满足贫困人员的各种需求。最后，可以充分利用计算机、扫描仪等现代化设备将部分资料制作为光盘、电脑软件、视频等，提高扶贫的效果和质量。②开展献爱心扶贫和捐赠活动。比如，图书馆通过活动的推广，将贫困人员最需要的服务送到他们的手中，使他们能够感受到温暖。大一些的图书馆也可以开展捐书活动，将图书送到基层地区图书馆和贫困人员手中，以方便贫困人员阅读。

(二)联合多部们共同开展帮扶活动

对于贫困人员的服务单凭一个图书馆的力量有时候是无法满足需求的，还需要多方面的力量来共同参与和合作。图书馆要联合扶贫办、社区、劳动等相关部门共同开展活动，提高活动的影响力。首先，图书馆要开展各种培训活动，帮助贫困人员认识图书馆、了解图书馆、学会使用图书馆。要指导贫困人员学会使用图书馆的技术设备，采用合理的检索策略，充分利用馆藏及网络资源。其次，图书馆可以与相关劳动、教育部门合作，针对贫困人员的实际需求开展扶贫讲座、就业讲座、技术讲座等。比如，"求职就业""农作物栽培""家电维修"等专业知识讲座。专业人员的讲解能够帮助贫困人员掌握技术，增强自立能力。最后，图书馆还可以联合社区等开展扶贫、帮贫宣传活动，通过宣传使贫困人员了解图书馆，走进图书馆。

(三)创新服务途径，拓展服务范围

图书馆在服务方式上，不仅要坚持"领进来"，还要开展"走出去"，通过"走进"和"走出"的结合，通过慈善捐赠、送书下乡、志愿行动等途径将贫困人员的实际需要送

到身边。①开展个性化咨询服务。图书馆应该针对贫困人员的实际需要，开辟政策、法律、就业、健康医疗等方面的咨询服务，帮助贫困人员获取相应的信息。②流动图书馆。针对偏远地区、经济困难、信息闭塞的贫困人员，图书馆可以通过流动图书车、免费图书证等的发放，为他们提供具有针对性的服务。③开展丰富多彩的活动。图书馆可以利用节假日和周末，在闹市、集市、广场或者商业中心等，为贫困人员发放图书馆服务的宣传册，进行图书馆服务和扶贫宣传等。图书馆还可以适时举行专题展览、文艺活动、就业招聘会等，组织用人单位与应聘贫困人员洽谈，为其创造机会。④充分利用大数据和云技术，整合多方文化扶贫资源，为贫困人员提供更具针对性的文化扶贫信息，使扶贫更具针对性和精准性。

二、文献建设

图书馆在馆藏方面应该充分考虑贫困人员的实际需求，提供适合贫困人员需求的文献资源，包括纸质印刷资源（各种图书、期刊、报纸等）以及多媒体资源（CD、VCD、数据库等），内容可涉及求职、电脑操作、服装、养殖、家政等实用技术；资源内容要通俗易懂，便于贫困人员观看和接受，以提高扶贫的效果和质量。

三、服务清单

为了获取最佳的服务效能，图书馆可以利用下列服务清单作为评估工具，为每个服务项目标记实现状态或制定时间规划。为开展好针对贫困人员的服务，图书馆应该注意以下几个方面。

①为贫困人员提供服务。

②引导贫困人员学会正确使用图书馆。

③为贫困人员的阅读和学习提供舒适、安全、有吸引力的环境。

④提供适合贫困人员的各种文献信息资源和相关服务设施。

⑤开展面向贫困人员的图书馆培训活动。

⑥开展就业指导、实用技术、健康普及等讲座活动。

⑦举办多种形式的展览、招聘会等专项活动。

⑧提供免费的互联网接入服务，开展数字文化服务。

⑨与扶贫办、劳动部门、社区等开展合作，推广图书馆服务，加强扶贫实效。

⑩面向社会招募志愿者，协助贫困人员利用图书馆设备。

⑪开展延伸服务，提供专门的远程办卡、送书上门活动等。

⑫吸收和采纳各地图书馆服务的优秀经验，以助益图书馆更好地发展。

第四节　灾民服务

地震、泥石流、洪涝、飓风等自然灾害的发生对人类社会造成了显著的危害和影响。灾害的发生给当地造成了巨大的经济损失和严重的人员伤亡，也给当地人民造成了肉体和精神上的痛苦。近些年来，各种自然灾害频发，图书馆在应对灾后重建以及生产恢复中发挥着愈加重大的作用。2005 年 8 月，美国史上最严重的卡特里娜飓风发生后，美国图书馆界积极行动，并利用图书馆各项资源，帮助灾区重建家园，积极履行服务灾区灾民的职责，为灾后的恢复和发展提供了重要的保障。2008 年，"汶川大地震"发生后，整个图书馆界，立即动员起来，采取各种措施，广泛深入报道受灾情况，积极开展抗震救灾活动。四川省图书馆第一时间编辑并印制《避震常识及自救、互救》等 4 个方面的抗震救灾资料，免费向市民和受灾地区居民发放；有的图书馆还在广场上搭起帐篷开辟临时阅览室，并开辟专栏，及时通报最新情况。图书馆在灾害发生后的应对充分演绎了其所承担的社会角色，充分利用图书馆各方面的优势为灾民服务也体现了图书馆的服务宗旨和理念。

一、服务形式

图书馆可以通过以下几种途径和方式为灾民提供服务。

（一）为灾民提供阅读服务

灾害的发生在造成巨大经济损失、严重人员伤亡的同时，还给灾民造成了巨大的心理创伤。因此，当灾难发生的时候，及时对经历灾难的人进行心理重建也是灾后重建的一项重要内容。公共图书馆以为社会公众服务为主旨，对受灾人员进行阅读治疗，具有不可推卸的责任。同时，公共图书馆拥有丰富的书籍资源、安静舒适的阅读环境，因而对于利用阅读疗法进行灾后心理重建具有得天独厚的优势。台湾大学陈书梅教授认为，公共图书馆作为一个成长有机体，必须能与时俱进，在不断变化的社会当中提供能满足公众需求的服务，面对受灾民众的需要，图书馆更需重新定义与构建其角色与功能。图书馆应该通过推广阅读计划等文化惠民活动，切实帮助读者振奋精神、激发自身潜力、重建心灵家园。灾害发生后，图书馆应该针对灾民的心理状况进行灾后心理重建的书目编制和推荐。阅读图书可以在一定程度上起到转移注意力、缓解精神紧张的作用，从而帮助灾民改善内心的痛苦、紧张、无助、恐惧等负面情绪状态。而对于灾区的少年儿童来说，他们可能是灾害发生后心理受创伤最严重的群体，如果不能很好地解决，可能会对其将来的心理健康与身体发育产生消极影响。通过对图书馆提供的具有情绪疗愈效用绘本的阅读，其可以缓解在此次重大灾难后内心产生的不安与恐惧感，满足安全、被爱与归属感等心理需求，达到情绪疗愈与心理重建的目的，进而有勇气走出心理创伤，重新面对未来的人生。

(二)为灾区民众提供休息和交流场所

正常情况下，图书馆是读者获取知识和信息，进行休闲的场所。灾害发生后，广大灾民流离失所，图书馆在这一时期应该转变定位，将图书馆更多的服务空间提供给灾民，为灾民提供可供休息和交流的公共文化空间。

(三)作为志愿活动的场所

图书馆可以在灾害发生以及灾后重建的过程中招募部分社会人员担任志愿者，参与灾害应对的队伍。这些志愿者一方面可以帮助灾民进行心理重建，另一方面也可以为灾民提供培训，心理疏导，课程教学等服务，帮助灾民进一步重返社会。

(四)开展延伸服务

图书馆应该充分利用自身丰富的资源帮助灾民重建家园。比如，通过收集、整理相关数据、灾害资料等为灾后重建提供决策支持；及时通报灾害进展、人员伤亡、灾后重建等情况；提供灾民急需的医疗、培训、保险等各种资讯；组织图书导读和流动阅览活动，帮助灾民医治心理创伤。

二、文献建设

受灾地区的图书馆在建设过程中应该充分考虑灾民的实际需求，为灾民提供合适的阅读资源。大灾过后灾民的心理重建是极为重要的，因此图书馆应该提供相应的心理重建书目，同时可以为儿童提供情绪疗愈效用的绘本，首先在精神上为灾民参与灾后重建提供支持。图书馆的资源要突出特色，体现实用性，为灾害应对以及灾后重建提供必要的支持。

三、环境建设

在灾区重建的过程中，图书馆可以先建立流动图书车或者流动图书帐篷，在条件成熟后再建立固定式的流动图书馆。图书馆的设施不一定十分完备，装饰不一定豪华，但是应该能够满足灾民基本的读书需求。

四、服务清单

灾害发生后，图书馆要积极参与灾后各项善后工作，并面向灾民提供一系列具有针对性的服务。在规划服务的时候，除了传统的阅读服务之外，图书馆还要充分考虑到灾害给当地居民心理上产生的重大影响，开展一系列心理修复、疏导等引导活动。图书馆在服务灾民的过程中应该做到以下几个方面。

①为灾民提供有针对性的服务。

②引导灾民正确使用图书馆。

③为灾民的阅读和学习提供舒适、安全、有吸引力的环境。

④提供适合灾民的各种文献信息资源和相关服务设施。

⑤开展面向灾民的图书馆培训活动。

⑥开展灾后心理重建等讲座活动。

⑦与社会机构等开展合作，推广灾后重建服务。

⑧面向社会招募志愿者，协助灾民利用图书馆设备及参与灾后重建。

⑨开展延伸服务，提供送书上门和图书代购服务。

⑩吸收和采纳各地图书馆服务的优秀经验，以助益图书馆更好地发展。

第五节　下岗和失业人员服务

下岗和失业人员指的是在劳动年龄内有劳动能力，有就业要求，目前无工作，现正在以某种方式寻找工作的人员。由于文化教育程度偏低、技术能力较差等原因，下岗和失业人员大多生活困难，他们有着强烈的失落感、依赖社会却又企盼改变现状。对下岗和失业人员进行思想教育和引导，是发挥基层图书馆社会教育职能的重要方式。针对下岗和失业人员思想观念上存在的各种问题和困惑，基层图书馆可以充分发挥社会教育职能和正确的导向作用，利用丰富的馆藏文献，开展形式多样的读书、宣传活动，为下岗和失业人员提供各类文献资料和阅读空间，为他们提供阅读指导和信息咨询服务，并联合社会各界对下岗和失业人员进行相对系统的技术和职业培训，运用所掌握的信息快、准、多等优势为下岗和失业人员求职择业牵线搭桥。基层图书馆的服务方式多样且公平免费，对处境困难的下岗和失业人员来说具有较强的吸引力和实效性。下岗和失业人员通过基层图书馆的服务可以获取新的知识和劳动技能，提高科学文化水平，成为适应市场需求的素质高、竞争能力强的劳动者。

基层图书馆可以通过以下几种方式为下岗和失业人员服务。

一、专题借阅

基层图书馆应针对下岗和失业人员的特点与需求，为他们提供再就业的相关书报刊的借阅服务；借阅手续的办理上，可采取倾斜政策，为下岗和失业人员提供专题书报刊借阅服务；可适当增加外借数量和延长归还时间，定期为下岗和失业人员编制推荐书目和专题资料等。另外，基层图书馆应根据下岗和失业人员职业技能水平偏低的特点，定期向他们印发推荐书目和就业培训指南信息等专题资料。

二、信息咨询

基层图书馆为下岗和失业人员收集和传递的就业信息主要包括：①政策、制度文件。国务院、省、市的政府报告中对下岗和失业人员的再就业都有重要的指示。各相关部门如劳动、工商、税务等部门针对下岗和失业人员都制定了许多优惠政策。比如，供水、供电、供气部门为下岗和失业人员提供生活的基本保障，下岗和失业人员办证办照的方法程序，持下岗证享有的照顾，交纳税费的额度，下岗和失业人员都很希望了解。基层图书馆可将有关就业的政策、制度、规定收集起来，集中摆放，便于下岗和失业人员随时查找、对照。②市场信息。基层图书馆要充分利用所订的报刊，收集整理市场信息，编辑出最实用、最切合实际的再就业信息，供下岗和失业人员参考选择。

三、网络检索

基层图书馆应根据下岗和失业人员的需求，利用基层图书馆的现代化设备，定期为下岗、失业人员提供特需的信息，开展跟踪服务；通过网络化建设，为下岗和失业人员提供馆际互借、联机检索以及互联网服务。

四、宣传引导

基层图书馆应充分发挥舆论宣传作用，采用墙报、宣传专栏、专题座谈会、报告会等形式，大力宣传下岗和失业人员再就业的优秀典型，引导下岗和失业人员树立正确的择业观和提高职业素质。市、区图书馆和街道图书馆等各基层图书馆之间要建立一个为下岗和失业人员服务的网络。在公共图书馆系统内建立再就业信息网络和再就业信息资料的交换关系，旨在更好地拓宽信息源，以实现群体的再就业信息服务网络，为下岗和失业人员提供广泛的、细致的、高质量的服务。

五、就业培训与指导

基层图书馆应利用资源优势，组织有关单位和专家为下岗和失业人员提供就业培训和就业推荐服务，有条件的图书馆应根据本地区下岗和失业人员再就业的服务方式，利用本馆的人才资源、文献资源优势，定期举办下岗和失业人员就业培训班，开设就业知识系列讲座，召开下岗和失业人员就业座谈会等。基层图书馆还可以借助社会力量，与有关的人才劳务市场联系，定期定点为下岗和失业人员举办大型的职业招聘活动，为下岗和失业人员再就业穿针引线。另外，基层图书馆可以不定期邀请工会、劳动局、工商局等部门的同志，举办专题讲座，内容可以讲解再就业的政策、用工信息、劳务抽出动态、市场需求等。也可以邀请私营、个体企业的老板介绍他们参与竞争、创业致富的经验。图书馆工作人员也可以集中介绍近期收集的各种再就业信息。

六、加强舆论宣传，让全社会都来关心下岗和失业人员的再就业

基层图书馆不仅要为下岗和失业人员的再就业提供力所能及的服务，而且还要加

大宣传力度，利用社会舆论的力量，让全社会都来关心下岗和失业人员。基层图书馆的舆论宣传可采取如下两种形式：①举办下岗和失业人员再就业的成功人士事迹的展览会或设制专题宣传栏大力宣传成功人士的创业史，使下岗和失业人员在形象生动的活动中受到启迪；②定期召开下岗和失业人员使用图书馆的座谈会或交流会，通过这种方式与下岗和失业人员进行交流，听取下岗和失业人员的意见和要求，及时调整服务方式和服务内容。

第六节　城市流动人员服务

流动人员是指离开了户籍所在地，跨越了一定的行政辖区范围在某一地区暂住或滞留，并在一定时间内返回其常住地的人口，按照我国社会学界的观点，流动人员一般指由贫困农村流向大中城市和沿海地区城市的进城务工人员。从客观上看由于自身知识储备不足、技能有限加上城市各种各样的身份户籍壁垒，个人就业及孩子就学门槛等原因，大部分流动人员社会地位较低，可供分配的资源有限，缺少组织和社会影响力，疏离政治资源和舆论资源，缺乏明确的群体利益代表，物质生活水准低下，社会生活和文化生活相对贫乏。

流动人员是我国社会发展进程中产生的庞大群体，是未来基层图书馆需要着重解决和提供服务的一个群体。基层图书馆要成为公共信息的纽带与集散地。公共图书馆的开放性是图书馆成为公共信息储备基地的有利条件，同时也是发布和传播信息的重要窗口。这对实现和保障流动人员的公共文化权利，维护社会稳定，促进社会发展有着极其重要的意义。

基层图书馆应为流动人员更新价值观念和行为规范，适应城市生活提供信息支持。流动人员在思想、文化、生活环境、文明素质上和当地城市人反差较大。进入城市后，他们希望尽快熟知当地的风土人情及生活环境、渴望熟知当地城市的生活知识，从而尽快适应都市生活。基层图书馆可利用自身所藏的相关地方文献，为他们提供有关本城市的历史掌故、社会发展现状等资料以及各种日常生活信息，使他们对即将生活的城市的生活方式、文化氛围和生活环境有一个基本了解，帮助他们尽快适应新生活。

基层图书馆应满足流动人员的精神娱乐需求。健康的业余生活对于维持流动人员的心理稳定和社会稳定具有重要的作用。但对许多在陌生城市谋生的流动人员来说，社会交际面狭小，很少有读书看报等精神性休闲活动，睡觉、打扑克和聊天是他们打发业余时间的主要方式，这使他们承受着比城市常住人口更大的心理压力。这些心理压力如果得不到有效排解，将成为心理障碍，从而直接导致自杀、酗酒、斗殴，甚至强奸等恶性事件，直接影响城市所有居民的生活，影响整个城市的文明程度。基层图书馆担负着满足社会成员文化欣赏、娱乐消遣的职能，是全体社会成员的精神文化娱乐中心。它可以通过向流动人员提供文学作品、音乐美术作品、影视作品、游戏软件等文献信息资源，丰富和活跃其业余文化生活，使他们通过这种健康的休闲方式增长知识、陶冶情操，缓解压力。同时，城市流动人员也可以通过参加基层图书馆举办的相关活动，获得与本地市民交流的机会，减轻心理上的失衡和危机，促进社会秩序的稳定。

基层图书馆应为流动人员的子女顺利融入城市社会服务。城市流动人员子女是城市未成年人中的特殊群体，他们是父母在城市打拼的主要动力，被父母带到城市的目的就是为了融入城市社会，成为真正的城市人。但由于城乡户籍制度的壁垒以及他们父母在城市中的社会地位，他们很难享受到与城市未成年人同样的受教育权和精神文化生活。若任其流离于城市主流社会之外，必将不利于他们的健康成长，并直接影响他们家庭的幸福，影响流动人员在城市的生存状态，也将给城市的社会稳定和经济发展带来不良后果。因此，如何使他们的身心得到健康发展，是摆在基层图书馆面前的一项重大课题。为他们提供与其他未成年人同样的阅读机会，使他们在阅读中健全自己的心智，让他们通过基层图书馆的服务获得与城市同龄人交往的平台，感受到社会对他们的接纳和公平，无疑会对他们树立起正确的世界观、人生观和价值观，顺利融入城市起到独特的作用。

基层图书馆担负着社会教育职能，直接面向流动人员提供服务，应成为城市流动人员通过利用馆藏资源提高就业竞争力，在信息社会中获得成功的重要场所。基层图书馆应有意识地搜集有关职业技能的培训资料，以及就业求职指导、安全生产、社会治安、劳动保护方面的相关文献，帮助他们利用图书馆的资料获得一份有发展前途的职业，改善生活质量，并对自己的合法权益有基本的了解，同时增强安全感和自我维权意识。

基层图书馆为流动人员服务的具体方式包括以下几个方面。

第一，扩大基层图书馆服务的空间，以满足流动人员学习的要求加强流动图书馆和社区图书馆建设，为外来建设者提供灵活的、多样化的服务。有条件的基层图书馆应开辟专门为流动人员服务的"绿色通道"，为流动人员提供各种快捷、便利的服务，尽可能满足他们的各种特殊要求。

第二，简化流动人员的借阅手续，乃至上门服务等，让他们真正感受到社会大家庭的温暖，给他们平等获取知识的机会。

第三，大力推进社区图书馆建设。对散居在城市各个角落的流动人员来说，这是为他们解决住房拥挤的最佳的学习场所。由于社区图书馆更深入基层，更贴近人民群众的文化生活，读者对象更广泛、更直接，是"居民身边的图书馆"，因其便利快捷的借阅优势和地域亲和力更容易为流动人员所接受和喜爱，同时在提高流动人员的技能素质、思想道德情操、科学文化水平等方面有着举足轻重的作用。

第四，开设服务专区。在基层图书馆内可以开辟一个全面介绍本市各行各业基本情况的图书、期刊、报纸及市政有效文件等信息资源的场所。

第五，设立分馆。在流动人员集中聚居区设立图书分馆，图书馆硬件设施由流动人员所在单位、当地政府、社会福利机构等多方出资租建馆舍、装修环境，基层图书馆负责提供文献或计算机终端设备。

第六，联合相关培训组织开办技能培训班。根据社会需求及流动人员的文化层次差别，免费开办各种技能培训班。除此以外，基层图书馆还可以在其他方面为流动人员提供积极有效的服务，如到流动人员集中的单位或社区现场免费办证，为流动人员提供"零门槛"服务等。

【思考题】

1. 老年人阅读主要存在哪些障碍？
2. 基层图书馆如何做好残疾人阅读服务？
3. 您认为基层图书馆在服务贫困人员方面应该怎么做？
4. 基层图书馆为灾民提供的服务主要有哪些方面？
5. 基层图书馆可以为下岗和失业人员提供哪些方式的服务？
6. 您认为基层图书馆做好城市流动人员服务应该注意什么？

【参考文献】

[1]汤更生，全根先，史建桥. 公共图书馆与中国老年教育[M]. 北京：国家图书馆出版社，2015.

[2]肖雪. 老年人的阅读图景与公共图书馆服务创新[M]. 北京：国家图书馆出版社，2016.

[3]肖雪，王子舟. 公共图书馆服务与老年人阅读现状及调查[J]. 图书情报知识，2009(03).

[4]王瑜，谢巧玲. 澳大利亚新南威尔士州公共图书馆的老年人服务与启示[J]. 图书与情报，2014(04).

[5]王子舟，夏凡. 图书馆如何对残疾人实施知识援助[J]. 图书情报知识，2007(02).

[6]黄辉. 精准脱贫战略下的图书馆文化扶贫精准识别、帮扶与机制创新研究[J]. 图书情报知识，2017(01).

[7]陈静. 浅谈图书馆对城市弱势群体的知识援助[J]. 农业图书情报学刊，2005(08).

[8]联合国致科文组织，国际图书馆协会. 公共图书馆宣言[J]. 图书馆学刊，1996(06).

[9]戴莲治，陈彬强. 美国图书馆界应对卡特里娜飓风灾害的启示[J]. 新余学院学报，2015(04).

[10]宋显彪. "汶川大地震"背景下图书馆的社会责任[J]. 四川图书馆学报，2009(02).

[11]程孝良，程艳丽，夏睿. 图书馆在灾后重建中投入与运行现状分析及对策（上）[J]. 图书馆理论与实践，2013(01).

[12]聂冰，王思洁，郭美，李俊慧. 公共图书馆利用阅读疗法提供灾后心理重建服务之研究[J]. 公共图书馆，2011(01).

[13]邹桂香，高俊宽. 台湾大学陈书梅教授儿童书目疗法研究述评[J]. 图书馆工作与研究，2016(11).

[14]张詠. 图书馆如何开展为下岗人员再就业工程服务[J]. 图书馆论坛. 2000(06).

[15]王岭. 图书馆如何为下岗职工服务[J]. 图书馆杂志. 2000(12).

[16]张晓原. 关于公共图书馆为下岗职工服务的思考[J]. 图书馆. 1998(04).

[17]董桂琴. 浅谈公共图书馆在城市流动人口市民化中的作用[J]. 图书馆工作与研究. 2006(01).

[18]陈思. 流动人口：公共图书馆服务工作的新课题[J]. 图书馆学刊. 2004(05).

[19]程孝良，程艳丽，黄英，郑蜀. 融入还是隔离？——试论流动人口与公共图书馆之间社会距离的消解[J]. 图书馆理论与实践. 2011(09).

[20]残疾人残疾分类和分级：GB/T 26341—2010[S].

[21]2016 年中国残疾人事业发展统计公报[残联发(2017)15 号][EB/OL]. (2017-03-31）［2017-04-12］. http://www. cdpf. org. cn/zcwj/zxwj/201703/t20170331_587445. shtml.

附　录

附录一　公共图书馆宣言

本宣言宣告，联合国教科文组织坚信公共图书馆是传播教育、文化和信息的一支有生力量，是促使人们寻找和平和精神幸福的基本资源。

联合国教科文组织因此建议各国和各地政府支持并积极参与公共图书馆的建设。

公共图书馆

公共图书馆是地区的信息中心，它向用户迅速提供各种知识和信息。

每一个人都有平等享受公共图书馆服务的权利，而不受年龄、种族、性别、宗教信仰、国籍、语言或社会地位的限制。对因故不能享用常规服务和资料的用户，例如少数民族用户、残疾用户、医院病人或监狱因犯，必须向其提供特殊服务和资料。

各年龄群体的图书馆用户必须能够找到与其需求相关的资料。公共图书馆必须藏有并提供包括各种合适的载体和现代技术以及传统的书刊资料。重要的是馆藏和图书馆服务是否具有高质量，是否确实满足地方需求、适合地方条件。馆藏资料必须反映当前趋势和社会发展过程，以及记载人类活动和想象的历史。

馆藏资料和图书馆服务不应受到任何意识形态、政治或宗教审查制度的影响，也不应屈服于商业压力。

公共图书馆的使命

公共图书馆服务的核心应该是与信息、扫盲、教育和文化密切相关，主要使命为：

1. 养成并强化儿童早期的阅读习惯。

2. 支持个人和自学教育以及各级正规教育。

3. 提供个人创造力发展的机会。

4. 激发儿童和青年的想象力和创造力。

5. 加强文化遗产意识，提高艺术鉴赏力，促进科学成就和科技创新。

6. 提供接触各种表演艺术文化展示的机会。

7. 促进不同文化之间的对话，支持文化多样性的发达挥。

8. 支持口述传统文化的保存和传播。

9. 保证市民获取各种社区信息。

10. 为地方企业、社团群体提供充足的信息服务。

11. 促进信息技术的发展和计算机应用能力的提高。

12. 支持并参与各年龄群体的扫盲活动和计划，在必要时组织发起这样的活动。

拨款、立法和网络

1. 公共图书馆原则上应该免费提供服务。建立公共图书馆是国家和地方政府的责任。必须专门立法维持公共图书馆，并由国家和地方政府财政拨款。图书馆应该是继承文化、传递信息、扫盲和长期教育战略的基本组成部分。

2. 为保证全国图书馆的协调和合作，必须立法并制订战略计划，来确定并建设同一服务标准的全国图书馆网络。

3. 公共图书馆的网络设计必须考虑到与国家图书馆、地方图书馆、研究图书馆和专业图书馆，以及大中小学图书馆之间的关系。

运作与管理

1. 必须制定清晰的政策，确定与社区需求相关的目标、重点和图书馆服务。必须有效地组织公共图书馆并保持运作的专业水准。

2. 必须确保与有关合作伙伴(用户群体和其他专业人员)进行地方、区域、全国甚至国际性合作。

3. 使社区每一个人都能确实得到图书馆服务。需要有理想的馆舍环境、良好的阅读学习设施，以及相关的技术和充足的开馆时间，包括对不能到馆的用户提供馆外服务。

4. 图书馆服务必须适应乡村和城市社区的不同需求。

5. 图书馆员是图书馆用户和馆藏资源之间的能动的中间人。图书馆员的专业培训和继续教育对保证服务质量非常重要。

6. 必须制订馆外教育和用户培训计划，帮助用户从各种馆藏资源中获取有价值的信息。

附录二　中国图书馆员职业道德准则（试行）

（中国图书馆学会六届四次理事会 2002 年 11 月 15 日通过）

序　言

《中国图书馆员职业道德准则（试行）》是以中共中央颁布的《公民道德建设实施纲要》为指导，总结我国图书馆活动的实践经验，为履行图书馆承担的社会职责而制定的行业自律规范。

准则的贯彻落实，有赖于图书馆员的自觉行动、图书馆馆长的具体指导、图书馆组织的引导激励、图书馆间的积极合作，以及全社会的支持与监督。

本准则所言图书馆，指各种类型的图书馆和信息服务机构。

本准则所言图书馆员，指所有从事图书馆和信息服务工作的人员。

正　文

1. 确立职业观念，履行社会职责。
2. 适应时代需求，勇于开拓创新。
3. 真诚服务读者，文明热情便捷。
4. 维护读者权益，保守读者秘密。
5. 尊重知识产权，促进信息传播。
6. 爱护文献资源，规范职业行为。
7. 努力钻研业务，提高专业素养。
8. 发扬团队精神，树立职业形象。
9. 实践馆际合作，推进资源共享。
10. 拓展社会协作，共建社会文明。

附录三　图书馆服务宣言

（中国图书馆学会 2008 年 3 月 21 日七届四次理事会议通过）

图书馆是通向知识之门，它通过系统收集、保存与组织文献信息，实现传播知识、传承文明的社会功能。现代图书馆秉承对全社会开放的理念，承担实现和保障公民文化权利、缩小社会信息鸿沟的使命。中国图书馆人经过不懈的追求与努力，逐步确立了对社会普遍开放、平等服务、以人为本的基本原则。我们的目标是：

1. 图书馆是一个开放的知识与信息中心。图书馆以公益性服务为基本原则，以实现和保障公民基本阅读权利为天职，以读者需求为一切工作的出发点。

2. 图书馆向读者提供平等服务。各级各类图书馆共同构成图书馆体系，保障全体社会成员普遍均等地享有图书馆服务。

3. 图书馆在服务与管理中体现人文关怀。图书馆致力于消除弱势群体利用图书馆的困难，为全体读者提供人性化、便利化的服务。

4. 图书馆提供优质、高效、专业的服务。图书馆充分利用现代信息技术，提高数字资源提供能力和使用效率，以服务创新应对信息时代的挑战。

5. 图书馆开展信息资源共建共享。各地区、各类型图书馆加强协调与合作，促进全社会信息资源的有效利用。

6. 图书馆努力促进全民阅读。图书馆为公民终身学习提供保障，促进学习型社会的建设。

7. 图书馆与一切关心图书馆事业的组织和个人真诚合作。图书馆欢迎社会各界通过资助、捐赠、媒体宣传、志愿者活动等各种方式，参与图书馆建设。

附录四　公共图书馆建设标准（建标 108—2008）

第一章　总则

第一条　为促进公共图书馆事业的发展，加强和规范公共图书馆基础设施建设，提高建设项目的决策水平，加速公共图书馆建设的标准化、规范化和现代化的进程，以实现和保障人民群众利用图书馆的权利，满足人民群众基本的知识、信息和文化需求，依据法律、法规及国家现行政策，制定本标准。

第二条　本标准是公共图书馆建设项目科学决策和合理确定项目建设、投资水平的全国性统一标准；是审批核准公共图书馆建设项目的依据；是有关部门审查公共图书馆建设项目初步设计和检查工程建设全过程的尺度。

第三条　本标准适用于县级以上行政区域内新建、改建和扩建的公共图书馆。街道、乡镇、新建居民区公共图书馆的建设参照本标准执行。

第四条　公共图书馆建设属于公共文化服务基础设施建设，应纳入当地经济和社会发展总体规划，纳入城市建设规划。

第五条　公共图书馆建设应贯彻执行国家发展文化事业和加强公共建筑工程建设管理的方针政策，以人为本，科学规划，规模适当，功能优先，经济适用，环保节约，以大型图书馆为骨干，以中小型图书馆为基础，立足于构建覆盖全社会的普遍均等、惠及全民的公共图书馆服务网络。

第六条 公共图书馆应按照统筹兼顾，量力而行，逐步改善的原则进行建设。

第七条 公共图书馆建设项目宜一次规划建成。投资确有困难的可分期实施，并留有发展余地。

第八条 公共图书馆的改建或扩建项目，应充分利用原有场地和设施。

第九条 公共图书馆建设除执行本标准外，还应符合国家其他有关强制性标准、规定的要求。

第二章 规模分级、项目构成与选址

第十条 新建、改建和扩建的公共图书馆规模，应以服务人口数量和相应的人均藏书量、千人阅览座位指标为基本依据，兼顾服务功能、文献资源数量与品种和当地经济发展水平确定。

服务人口是指公共图书馆服务范围内的常住人口。

第十一条 公共图书馆分为大型馆、中型馆、小型馆，其建设规模与服务人口数量对应指标见表1。

表1 公共图书馆建设规模与服务人口数量对应指标

规模	服务人口（万）
大型	150 以上
中型	20～150
小型	20 及以下

第十二条 公共图书馆的建设内容包括房屋建筑、场地、建筑设备和图书馆技术设备。

第十三条 公共图书馆的房屋建筑包括藏书、借阅、咨询服务、公共活动与辅助服务、业务、行政办公、技术设备、后勤保障八类用房。

各级公共图书馆用房项目设置见附录一。

第十四条 公共图书馆的场地包括人员集散场地、道路、停车场、绿化用地等。

第十五条 公共图书馆的建筑设备包括给水排水、通风空调、强弱电及网络布线等。

第十六条 公共图书馆的技术设备包括电子计算机、网络设备和相关外围设备，视听及音像控制设备，文献数字化加工与复制设备，图书防盗设备，文献消毒设备，流动图书车，缩微制品摄制、冲洗及阅读设备，视障和老龄阅读设备，装裱及文献修复设备，自助借还设备，书架、阅览桌椅、目录柜、出纳柜台等家具设备，其他设备等12类。

各级公共图书馆应根据功能及规模合理配置图书馆技术设备。

第十七条 公共图书馆选址的要求是：

一、宜位于人口集中、交通便利、环境相对安静、符合安全和卫生及环保标准的区域；

二、应符合当地建设的总体规划及公共文化事业专项规划，布局合理；

三、应具备良好的工程地质及水文地质条件；

四、市政配套设施条件良好。

第十八条 公共图书馆的建设用地应符合《公共图书馆建设用地指标》(建标〔2008〕74号)的规定。绿地率宜为30%～35%。

第十九条 大、中型公共图书馆应独立建设。小型公共图书馆宜与文化馆等其他文化设施合建。公共图书馆与其他文化设施合建时，必须满足其使用功能和环境要求，并自成一区，单独设置出入口。

第三章 总建筑面积和分项面积

第二十条 公共图书馆总建筑面积以及相应的总藏书量、总阅览座位数量，按表2的控制指标执行。

表2 公共图书馆总建筑面积以及相应的总藏书量、总阅览座位数量控制指标

规模	服务人口（万）	建筑面积		藏书量		阅览座席	
		千人面积指标（m²/千人）	建筑面积控制指标(m²)	人均藏书（册、件/人）	总藏量（万册件）	千人阅览座席（座/千人）	总阅览座席（座）
大型	400～1 000	9.5～6	38 000～60 000	0.8～0.6	320～600	0.6～0.3	2 400～3 000
	150～400	13.3～9.5	20 000～38 000	0.9～0.8	135～320	0.8～0.6	1 200～2 400
中型	100～150	13.5～13.3	13 500～20 000	0.9	90～135	0.9～0.8	900～1 200
	50～100	15～13.5	7 500～13 500	0.9	45～90	0.9	450～900
	20～50	22.5～15	4 500～7 500	1.2～0.94	24～454	1.2～0.9	240～450
小型	10～20	23～22.5	2 300～4 500	1.2	12～24	1.3～1.2	130～240
	3～10	12～23	800～2 300	1.5～1.2	4.5～12	2.0～1.3	60～130

注：1. 服务人口1 000万以上的，参照1 000万服务人口的人均藏书量、千人阅览座位数指标执行。服务人口3万以下的，不建设独立的公共图书馆，应与文化馆等文化设施合并建设，其用于图书馆部分的面积，参照3万服务人口的人均藏书量、千人阅览座位指标执行。

2. 表中服务人口处于两个数值区间的，采用直线内插法确定其建筑面积、藏书量和阅览座位指标。

3. 建筑面积指标所包含的项目见附录一。

第二十一条 在确定公共图书馆建筑面积时，首先应依据服务人口数量和表2确

定相应的藏书量、阅览座位和建筑面积指标，再综合考虑服务功能、文献资源的数量与品种和当地经济发展水平因素，在一定的幅度内加以调整。

一、根据服务功能调整，是指省、地两级具有中心图书馆功能的公共图书馆增加满足功能需要的用房面积。主要包括增加配送中心、辅导、协调和信息处理、中心机房(主机房、服务器)、计算机网络管理与维护等用房的面积。

二、根据文献资源的数量与品种调整总建筑面积的方法是：

1. 根据藏书量调整建筑面积＝(设计藏书量－藏书量指标)÷每平方米藏书量标准÷使用面积系数

2. 根据阅览座位数量调整建筑面积＝(设计藏书量－藏书量指标)÷1 000 册/座位×每个阅览座位所占面积指标÷使用面积系数

三、根据当地经济发展水平调整总建筑面积，主要采取调整人均藏书量指标以及相应的千人阅览座位指标的方法。调整后的人均藏书量不应低于 0.6 册(5 万人口以下的，人均藏书量不应少于 1 册)。

四、总建筑面积调整幅度应控制在±20％以内。

第二十二条　少年儿童图书馆的建筑面积指标包括在各级公共图书馆总建筑面积指标之内，可以独立建设，也可以合并建设。

独立建设的少年儿童图书馆，其建筑面积应依据服务的少年儿童人口数量按表 2 的规定执行；合并建设的公共图书馆，专门用于少年儿童的藏书与借阅区面积之和应控制在藏书和借阅区总面积的 10％～20％。

第二十三条　公共图书馆各类用房使用面积比例参照表 3 确定，其总使用面积系数宜控制在 0.7。

表 3　公共图书馆各类用房使用面积比例表

序号	用房类别	比例(％)		
		大型	中型	小型
1	藏书区	30～35	55～60	55
2	借阅区	30		
3	咨询服务区	3～2	5～3	5
4	公共活动与辅助服务区	13～10	15～13	15
5	业务区	9	10～9	10
6	行政办公区	5	5	5
7	技术设备区	4～3	4	4
8	后勤保障区	6	6	6

第四章　总体布局与建设要求

第二十四条　公共图书馆建筑设计应适应现代图书馆服务方式的变化，满足图书馆开架与闭架管理相结合、纸质图书与数字资源利用相结合、提供文献资源与提供文化活动相结合的服务模式需求，根据其规模和功能合理设计。在外观造型、室内装修和环境设计上，注意体现文化建筑的氛围特点，讲究实用效果。

第二十五条　公共图书馆总平面布置必须分区明确，布局合理，流线通畅，朝向和通风良好。少儿阅览区应与成人阅览区分开，并宜设置单独的出入口，有条件的，可设室外少年儿童活动场地。老龄阅览室和视障阅览室应设在一层。后勤保障用房应尽量集中布置。

公共图书馆馆区范围内的室外道路、围栏、照明、绿化、消防设施、管线沟井等室外工程应统一规划建设。

第二十六条　公共图书馆的交通流线组织应畅通便捷，主要出入口人、书、车要分流，标识清晰，科学组织读者、图书和工作人员交通流线。藏书库、采编用房及书刊出入口的书流通道宜与读者人流通道分开布置。要设计应对突发事件的安全疏散路线。

第二十七条　公共图书馆的无障碍设计应符合《城市道路和建筑物无障碍设计规范》(JGJ 50-2001)的规定。

第二十八条　公共图书馆应配建公共停车场所，并宜充分利用社会停车设施和地下空间。可根据实际需要按《公共图书馆建设用地指标》(建标〔2008〕74号)或当地规划部门的规定确定机动车及自行车车位数量。地下车库面积不在图书馆总建筑面积之内。

第二十九条　公共图书馆建筑应以多层为主，当用地紧张且城市规划许可时，可采用高层建筑，但向公众开放的公共空间不宜超过6层。

第三十条　公共图书馆的藏书、借阅、咨询服务、公共活动与辅助服务等基本用房，应具有空间使用的灵活性和可调整性，宜采用框架(框剪)结构体系或其他大空间结构形式。

第三十一条　公共图书馆建筑结构抗震要求一般按标准设防类建筑设防。但公共图书馆的视听室和报告厅、大型公共图书馆的阅览室、保存有国家珍贵及重要文献的特藏书库，应按重点设防类建筑设防。

第三十二条　公共图书馆的室内环境设计、建筑热工设计和暖通空调设计，应执行《公共建筑节能设计标准》(GB 50189—2005)的规定，改善室内环境，提高能源利用效率。建筑构配件、装修材料和建筑设备必须选择安全、节能、环保、不损害健康的产品。

第三十三条　公共图书馆各部分的允许噪声级按《图书馆建筑设计规范》(JGJ 38—99)的分区规定执行。阅览室、研究室等"静区"，应有较安静的环境，避免噪声特别是交通噪声的干扰。确实无法避免时，应从平面布置和隔声两方面采取措施。电梯井道及产生噪声的设备机房应采取吸声、隔声及减振措施，阅览区宜采用软质材料地面、吸声顶棚、吸声墙面等有助于减低噪声的措施。

第三十四条　公共图书馆的主要阅览室特别是少儿和老龄阅览室应有良好的日照，并应充分利用自然通风和天然采光。

第三十五条　公共图书馆的文献资料防护应包括围护结构保温、隔热、温度和湿度要求、防潮、防尘、防有害气体、防阳光直射和紫外线照射、防磁、防静电、防虫、防鼠、消毒和安全防范等。

公共图书馆要有严格可靠的防水、防潮措施，书库、特藏书库和非书资料库、阅览室的防护设计应符合《图书馆建筑设计规范》(JGJ 38—99)的规定，设置必要的通风、空调、除湿设备，有条件的宜设空气调节和净化设施。

第三十六条　公共图书馆的建筑防火应遵守国家现行的建筑设计防火规范和有关技术标准。根据《图书馆建筑设计规范》(JGJ 38—99)的规定确定耐火等级、防火防烟分区，针对图书馆的特点设计建筑构造、配置消防设施，设置安全疏散出口。

第三十七条　阅览室在四层及以上的公共图书馆应设为读者服务的电梯，四层以下的大中型公共图书馆也可设电梯。书库在二层及以上的公共图书馆应设提升设备。

第五章　建筑设备

第三十八条　公共图书馆应设室内外给水、排水系统和消防给水系统，以及相应的设施和设备。给排水管道不得穿过书库及藏阅合一的阅览室。

第三十九条　公共图书馆室内温度、湿度设计参数、通风换气次数、送风气流速度等应符合《图书馆建筑设计规范》(JGJ 38—99)的规定。需要空气调节的大、中型公共图书馆，宜按照现行国家标准，设置集中空调系统。供热热源优先采用城市集中供热。

第四十条　公共图书馆的电气系统，应按其规模确定用电负荷等级。计算机中心、消防系统以及防盗监控系统，应按规定设置可靠的备用电源。

公共图书馆人工照明标准，应符合《建筑照明设计标准》(GB 50034—2004)的规定。除正常的人工照明外还应设应急照明和值班照明。阅览区照明宜分区控制。

第四十一条　公共图书馆应按需要设电话系统、电视接收与卫星接收系统，在适当位置设公用电话。大中型公共图书馆应设与消防安保合用的广播系统。

第四十二条　公共图书馆应按网络化的要求，建设由主干网、局域网、信息点组成的网络系统。信息点的布局根据阅览座席、业务工作的需要确定。有条件的公共图书馆可设置局域无线网络系统。大型公共图书馆的网络系统应与办公自动化、楼宇自动化一并考虑，根据实际需要选择适当型级的综合布线系统。

第四十三条　公共图书馆应设置安全防盗装置。大、中型公共图书馆的主要入口处、储藏珍贵文献资料的书库和阅览室、重要设备室、网络管理中心等均应设置门禁及电视监控系统。

项目构成		大型	中型	小型	内容	备注
藏书区	基本书库	●	◎	○	保存本库、辅助书库等	包括工作人员工作、休息使用面积。开架书库还包括出纳台和读者活动区。使用面积：闭架书库 280～350 册/m²；开架书库 250～280 册/m²；阅览室藏书区 250 册/m²
	阅览室藏书区	●	●	●		
	特藏书库	●	●	◎	古籍善本库、地方文献库、视听资料库、微缩文献库、外文书库、以及保存书画、唱片、木版、地图等文献的库等	
借阅区	一般阅览室	●	●	●	报刊阅览室、图书借阅室等	包括工作人员工作、休息使用面积，出纳台和读者活动区。阅览座席使用面积：1.8～2.3m²/座
	老龄阅览室	◎	◎	◎		
	少年儿童阅览室	●	●	●	少年儿童的期刊阅览室、图书借阅室、玩具阅览室等	
	特藏阅览室	●	●	◎	古籍阅览室、外文阅览室、工具书阅览室、舆图阅览室、地方文献阅览室、微缩文献阅览室、参考书阅览室、研究阅览室等	阅览座席使用面积：3.5～5m²/座
	视障阅览室	●	●	◎		阅览座席使用面积：4m²/座
	多媒体阅览室	●	●	●	电子阅览室、视听文献阅览室等	阅览座席使用面积：4m²/座。总面积要满足"全国文化信息资源共享工程"终端设置和开展服务的需要
咨询服务区	办证、检索	●	●	●		小型馆不少于18m²
	总出纳台	●	●	○		
	咨询	●	●	◎	专门设置的咨询服务台、咨询服务机构、咨询服务专用的计算机位等	

项目构成		大型	中型	小型	内容	备注
公共活动与辅助服务区	寄存、饮水处	●	●	●		
	读者休息处	●	●	◎		
	陈列展览	●	●	○		大型馆：400～800m²； 中型馆：150～400m²
	报告厅	●	●	○		大型馆：300～500 席位 5 应 与阅览区隔离、单独设置。 中型馆：100～300 席位。每 座使用面积不少于 0.8m²/座
	综合活动室	●	●	●		小型馆不设单独报告厅、陈 列展览室、培训室，只设 50～300m² 的综合活动室， 用于陈列展览、讲座、读者 活动、培训等。大、中型馆 可另设综合活动室
	培训室	●	●	○	用于读者培训的教室或 场地	大型馆 3～5 个； 中型馆 1～3 个
	交流接待	●	●	○		
	读者服务 （复印等）	●	●	●		
业务区	采编、加工	●	●	●		
	配送中心	◎	◎	●	为街道、乡镇图书馆统 一采编、配送图书用房	
	辅导、协调	●	●	●	用于指导、协调下级馆 业务	
	典藏、研究、 美工	●	●	○		
	信息处理 （含数字资源）					
行政办公区	行政办公室	●	●	●		参照《党政机关办公用房建设 标准》（国家发展计划委员会 计投资〔1999〕2250 号）执行
	会议室	●	●	●		

	项目构成	大型	中型	小型	内容	备注
技术设备区	中心机房（主机房、服务器）	●	●	●		包括"全国文化信息资源共享工程"设备使用面积，以及工作人员工作、休息使用面积
	计算机网络管理和维护用房	●	●	◎		
	文献消毒	●	●	●		
	卫星接收	●	●	◎		
	音像控制	●	◎	○		
	微缩、装裱整修	◎	◎	○		
后勤保障区	变配电室	●	●	◎		包括操作人员工作、休息使用面积
	电话机房	●	●	◎		
	水池/水箱/水泵房	●	●	◎		
	通风/空调机房	●	●	◎		
	锅炉房/换热站	●	●	◎		
	维修、各种库房	●	●	◎		
	监控室	●	●	○		
	餐厅	◎	◎	○		

注：1. 以上用房有关设计要求，按《图书馆建筑设计规范》(JGJ 38—99)的要求执行。

  2. 小型图书馆的可设项目原则适用于 2 300m² 以上的小型图书馆。

注：●应设 ◎可设 ○不设

本建设标准用词和用语说明

1. 为便于执行本标准条文时区别对待，对要求严格程度不同的用词说明如下：

1)表示很严格，非这样做不可的用词：

正面词采用"必须"；反面词采用"严禁"。

2)表示严格，在正常情况下均应这样做的用词：

正面词采用"应"；反面词采用"不应"或"不得"。

3)表示允许稍有选择，在条件许可时首先应这样做的词：

正面词采用"宜"；反面词采用"不宜"。

表示有选择，在一定条件下可以这样做的词，采用"可"。

2. 本标准中指定按其他有关标准执行时，写法为"应符合……的规定"或"应按……执行"。

公共图书馆建设标准
条文说明

第一章　总则

第一条　本条阐述标准的编制目的。

公共图书馆是各级政府举办的面向社会公众开放的公益性文化与社会教育设施。在现代社会，公共图书馆是实现和保障公众基本文化权益、满足公众知识和信息基本需求的机构之一，是社会公平保障体系的重要组成部分，是覆盖全社会的比较完备的公共文化服务体系的重要组成部分。公共图书馆典型的社会公益属性，决定了设置并维持其正常运营，是各级政府的责任。

面对我国目前公共图书馆基础设施比较落后、城乡发展水平差距较大的现实，各级政府要加强领导，保证对公共图书馆基础设施建设有必要的、适当的投入，保证公共图书馆的建筑、设施、设备与经济社会发展水平相适应，让公共图书馆成为体现社会全面文明进步的窗口之一，成为实现公众分享社会发展成果的载体之一。

第二条　本条说明标准的主要作用。

本标准是服务于公共图书馆建设项目科学决策和科学管理的标准，为各级政府的项目决策和综合评价提供基础指标。标准的直接使用者，是各级政府的决策部门和检查监督部门，相关使用者包括业主、建筑设计者、设计咨询单位、建设项目可行性报告编制单位等。

第三条　本条规定标准的适用范围。

本标准规范相对独立的单项公共图书馆建设工程项目。按我国现行体制，县（含）以上公共图书馆为独立建制的公共图书馆，因此本标准的适用范围是县以上行政区域内公共图书馆的新建、改建和扩建。

县以下的街道、乡镇公共图书馆（室），一般设在同级综合文化站内，属非独立建制的公共图书馆，其新建、改建、扩建工程列入当地综合文化站建设项目。其中的公共图书馆部分，各地可结合实际情况，参照本标准执行。

新建居民区文化设施配套建设项目应包含公共图书馆（室）。这类公共图书馆（室）应根据新建居民区计划入住的人口数量，结合各自的情况和特点，参照本标准执行。

第四条　本条明确公共图书馆的社会属性。

我国宪法规定，"国家发展为人民服务、为社会主义服务的……图书馆、博物馆、文化馆和其他文化事业"，这是公共图书馆事业社会公益属性的宪法依据，也是各级政府承担发展图书馆事业、设置并保障图书馆运行责任与义务的宪法依据。按照国家政策，包括公共图书馆在内的基层文化单位属于公益性事业单位，发展公益性文化事业，以增加投入为起点，通过转换机制，实现增强活力、改善服务的目标。公共图书馆事业的社会公益属性，决定了公共图书馆的建设必须纳入当地国民经济和社会发展总体规划，纳入城市建设规划，纳入政府投资计划。

第五条、第六条　这两条规定了公共图书馆建设应遵循的方针和原则。

按照国家关于发展文化事业和加强公共建筑工程管理的规定，满足公共图书

馆服务的功能需求，经济适用，是公共图书馆建设最优先考虑的原则。公共图书馆建筑应该体现社会文明进步的水平，同时要坚持环保节约、量力而行、逐步改善的原则，统筹考虑建设和运营成本。公共图书馆的建设标准不能随意降低，同时，要加强对公共图书馆事业发展的统筹规划，遵循图书馆事业发展的规律，避免贪大求洋、攀比浪费的现象，努力提高科学决策水平和投资效益。

根据我国目前公共图书馆事业发展的现状，各级政府应重点加强中小型图书馆建设。通过构建以中小型图书馆为基础的服务网络，落实公共图书馆服务"普遍均等"、"惠及全民"的原则。中小型图书馆特别是小型图书馆应以图书流通为主，以"藏阅合一"为主要形式，全部开架借阅，除特殊馆藏资源（如地方文献）外，一般不设基本书库。在县（市）区域内，要发挥中小型图书馆的整体效能，积极推进以统一采购、统一编目、统一配送为特征的"总馆—分馆制"模式，推进街道、乡镇图书馆建设，实现最大程度的共建共享。

第七条　本条规定公共图书馆建设项目的实施原则。

"一次规划建成"，是公共图书馆建设应遵循的基本原则。考虑到各地经济社会发展的不平衡，在公共财政暂时力不能及的情况下，公共图书馆建设项目也可以一次规划、分期实施。分期建设的公共图书馆在建设用地、建筑物衔接、功能布局等方面，必须按一次规划的设计给予完全预留或充分考虑。

第八条　本条规定公共图书馆的改、扩建原则。

公共图书馆是一种对地理位置、人口密度、周边环境、交通条件要求较高的公共设施。一般地说，各地在大规模开发建设之前落成的公共图书馆，大都坐落在中心区域，有优越的地理位置、便捷的交通条件、密集的利用人群。公共图书馆的改建或扩建，原则上不应牺牲这些条件，应充分利用原有场地和设施进行改建或扩建。

近年来，各地城市建设突飞猛进，城市规模迅速扩大。按照城市建设总体规划在原址改建或扩建确有困难的，原则上不应将旧馆改作他用而另建新馆，而应采用改造旧馆和建设新馆相结合的模式，以提高图书馆服务的覆盖半径。单一的大规模的公共图书馆的服务效能，远不及小而分散的公共图书馆群。政府规划、建设公共图书馆的最终目标，是形成覆盖全社会的比较完备的公共图书馆服务网络。

第九条　本条说明本标准与现行有效的其他有关标准、规范和规定的关系。

公共图书馆建设所涉及的相关标准、规范和规定很多。公共图书馆建设在执行本标准的同时，还需要执行国家和地方现行有效的其他有关标准、规范和规定。

第二章 规模分级、项目构成与选址

第十条　本条提出了确定公共图书馆建设规模的依据。

根据公共图书馆为全体人民提供普遍均等服务的原则，充分考虑我国公共图书馆建设的实际和发展趋势，并参考国际通行做法，本标准以服务人口和相应的人均藏书量、千人阅览座席指标作为确定公共图书馆建设规模的基本依据。服务人口的计算方法是：

省（自治区、直辖市）、副省级市、地（市、地区、盟、州）公共图书馆，以其所在城市市辖区（或城镇）的常住人口数（户籍人口和居住半年以上的暂住人口）为服务人口数；

县（市）公共图书馆，以其所在县城关镇、所在镇的常住人口为服务人口数。

本标准服务人口计算方法的理由是：

省（自治区、直辖市）、副省级市、地（市、地区、盟、州）公共图书馆，其直接提供服务的主要对象是所在城市的市辖区（或城镇）的常住人口。为所辖区域其他人口提供服务的任务，主要是通过间接形式实现的。调查中发现，有些省、地公共图书馆也在市辖区（或城镇）外建立了分馆或服务点，但数量很少，属于示范性的。因此，省（自治区、直辖市）、副省级市、地（市、地区、盟、州）公共图书馆，应以其所在城市的市辖区（或城镇）的常住人口数为服务人口数。

县（市、区、自治县、旗）公共图书馆是我国最基层的独立建制的公共图书馆。根据《国家"十一五"时期文化发展规划纲要》的要求，县级公共图书馆承担着"丰富藏书量，形成统一采购、统一编目的图书配送体系"，为本辖区包括农村人口在内的全部人口提供直接服务的任务。县级公共图书馆通常采用三种方式为本辖区的全部人口提供直接服务：一是附近居民直接到图书馆享受服务；二是采取集体外借的方式直接提供服务；三是采取送书下乡的方式直接提供服务。因此，县级公共图书馆建设规模在以其所在城关镇（或镇）的人口数量为依据的同时，还要考虑其为全县人口提供服务所需要的藏书量、阅览座位数量和建筑面积，本标准采取提高以城关镇人口为基数的人均藏书量指标（30%～10%）和千人阅览座位数指标（20%～10%）的方法加以调整。

藏、阅、借是图书馆的主要功能，藏书区和阅览区是图书馆的主要功能区，藏书区和阅览区的面积基本上决定了图书馆的总建筑面积。人均藏书量是指在一个行政区域内各级公共图书馆藏书总和的人均数。千人阅览座位指标是指在一个行政区域内各级公共图书馆座位数总和的千人平均数。与服务人口相应的人均藏书量、千人阅览座位指标是确定公共图书馆总藏书量和总阅览座位数量的基本依据，从而也是确定公共图书馆建设规模的基本依据。

完全以服务人口和相应的人均藏书量、千人阅览座位指标作为确定公共图书馆规模的依据，也会带来一些问题。如无法体现不同的服务功能对馆舍建筑的不同需求，无法体现由于历史积淀不同、存量资源不同、运行保障情况不同而导致的对馆舍建筑

的不同需求。因此，本标准在以服务人口数量和相应的人均藏书量、千人阅览座位指标为基本依据的基础上，引入服务功能、文献资源的数量与品种、当地经济发展水平三个兼顾因素对公共图书馆的建设规模加以调整。

服务功能。公共图书馆的服务功能包括基本服务功能和中心图书馆功能。为本地区的公众提供文献资源借阅与咨询服务，组织读者活动，是所有公共图书馆的基本服务功能。中心图书馆功能，是指公共图书馆在承担基本服务功能之外，同时承担本地区公共图书馆服务网络组织协调、图书馆资源采购整序配送体系建设、资源共享及服务援助实施、业务指导、人员培训等功能。中心图书馆完成这些功能，需要有相应的馆舍面积支撑。

文献资源的数量与品种。文献资源的数量包括有利用价值的资源存量和未来10年左右应该增加的数量。资源的数量与品种直接影响到藏书区和阅览区所需要的面积。根据服务人口和相应的人均藏书量、千人阅览座位指标确定的总藏书量和总阅览座位数量，与实际情况和现实需要往往出现差异。因此，在以服务人口和相应的人均藏书量、千人阅览座位指标为基本依据确定建设规模的同时，还要兼顾文献资源的数量与品种因素，从实际出发，按照其实际可能达到的藏书量和相应的阅览座位数量，调整其建设规模。

当地经济发展水平。按照公共服务"普遍均等""惠及全民"的原则，经济发展水平并不是影响公共图书馆建设规模的重要因素。但是，从我国目前的实际情况看，经济发展水平对公共图书馆建设规模和持续发展的影响仍相当明显，主要体现在现有的藏书量和购书费上。对于经济欠发达地区，现阶段如果只根据服务人口和相应的人均藏书量、千人阅览座位指标来确定公共图书馆的建设规模，可能导致的问题不仅仅是建设资金困难，还包括因现有实际藏书量少、建成后购书费不足，总藏书量长期达不到建设规模水平，图书馆的作用难以完整实现。因此，在逐步缩小地区间公共服务差距的过程中，现阶段确定公共图书馆的建设规模，也应当适当考虑当地经济发展水平的因素。

第十一条 本条是关于公共图书馆建设规模分级的规定。

本标准根据公共图书馆的性质及其建设的基本原则，本着公共图书馆建设标准分级应与公共图书馆建筑设计、公共图书馆设置和管理体制相对应的原则，采用按服务人口将公共图书馆划分为大型馆、中型馆、小型馆三级的分级方式。这种方式与现行的公共图书馆设置和管理体制基本对应。本标准的大型馆适用于大多数省级和副省级馆，中型馆适用于大多数地级馆，小型馆则基本适用于县级馆。

第十二条至第十六条 明确了公共图书馆建设的内容与项目构成。

为确保公共图书馆服务功能的充分发挥和正常运转，必须使房屋建筑、场地、建筑设备和图书馆技术设备相互配套。

场地建设是公共图书馆建设的重要内容，优美的环境，通畅的道路，必要的停车场和人员的集散场地，对于保障安全、方便读者十分重要。

公共图书馆基本用房八个项目分区是根据其服务功能、工作需要并考虑了公共图书馆服务形式的发展要求而确定的。

公共图书馆的功能不同，对建设用房的需求也就不同。本标准在附录中给出了"公共图书馆用房项目设置表"，明确了各级公共图书馆建设用房应设的项目、可设的项目和建议不设的项目，可供参照。总的原则是，各级公共图书馆应当根据自身具有的功能、承担的任务、形成的特点来调整用房项目构成，既要保证服务功能的发挥，又要避免不必要的浪费。

条文第十五条列出了几类主要的公共图书馆建筑设备，建筑设备的细目和配备的具体要求，在第五章作了规定。

图书馆技术设备是公共图书馆建设的重要内容。条文第十六条列出的 12 类图书馆专用设备，其中 1～6、11 类为公共图书馆应当配备的设备，是保障公共图书馆功能发挥的必要条件；7～10、12 类是公共图书馆根据情况选择性配备的设备。

第十七条、第十八条 提出了公共图书馆的选址和建设用地要求。

公共图书馆是人们随时利用的公共文化设施，实用、便捷是高效的前提。在确定公共图书馆的基址时应把方便利用、建成后能真正发挥效益作为第一要素考虑。为方便利用，真正发挥效益，公共图书馆宜将基址选择在人群聚集、位置适中、交通方便的区域。偏于一隅，短时间内形不成人流聚集，最终因利用不便而导致少人问津，是公共图书馆建设最大的浪费。人口集中、交通便利的区域，往往是寸土寸金之地。当建设用地和建设规模形成尖锐矛盾时，应以总规模控制下的小而分散化解单体大规模建筑的用地矛盾。

公共图书馆的选址要体现以人为本的原则，应符合当地建设的总体规划及公共文化事业专项规划，以形成实用、便捷、高效的公共图书馆服务网络为目标。在同一城市内，各规模等级公共图书馆之间的距离应符合各自服务半径的要求。

"工程地质及水文地质条件"是综合性因素，应参照有关公共设施建设的要求执行。公共图书馆基址选择的地质条件，特别强调"地势高爽"，包括两层含义：一是地势要高，防洪水、雨水滞留；二是日照通风要好，避免把基址选在水边、低洼、潮湿处，这在南方地区是比较重要的考虑因素。

市政配套设施条件良好也是公共图书馆选址的重要要求。

《公共图书馆建设用地指标》(建标〔2008〕74 号)对大、中、小型公共图书馆的容积率、建筑密度、用地面积已经作了具体的规定，应遵照执行，本标准的控制指标与其是一致的。

公共图书馆是人流集散的公共场所，又是高雅文化场所，应充分重视其绿地的建设，为读者提供交往和休闲的场所。根据《图书馆建筑设计规范》(JGJ 38—99)绿地率不宜小于 30%，以及建设部《城市绿化规划建设指标的规定》(建城〔1993〕784 号)公共文化设施绿地率不低于35％的规定，本标准规定公共图书馆绿地率宜为30％～35％。

第十九条　本条提出了公共图书馆独立建造的要求。

首先，公共图书馆是学习、研究的场所，需要相对安静的环境，这是它与其他公共文化设施功能不同之处，宜独立建造。同时，公共图书馆又是人群聚集的场所，这又是与其他公共文化设施相同之处。大、中型公共图书馆，人、车流量较大，从安全和减少人、车流量的角度看，也不应与同样人、车流量较大的文化设施合建在一起。小型公共图书馆人车流量相对较少，从节省用地和建设资金、设施综合利用的角度，宜与其他公共文化设施合建。与其他公共文化设施合建时，为保障读者安静的读书环境，内部应全面分隔、自成一区，并应有单独的出入口，以免相互干扰。

第三章　总建筑面积和分项面积

第二十条　本条规定了各规模等级公共图书馆建筑面积控制指标及相应的藏书量、阅览座位数量控制指标。

条文表2中的具体控制指标以及形成控制指标的相关指标，是在广泛调研了我国有代表性的各级公共图书馆的馆舍现状，统计、分析了大量数据，参考了文化部《全国公共图书馆评估标准(2003)》和地方标准，分析研究了国际图联和国外主要国家不同发展阶段的相关指标，并进行具体计算后确定的。

条文表2中的建筑面积、藏书量、阅览座位数量指标的计算方法是：依据服务人口和人均藏书量指标(0.6～1.5册/人)、千人拥有阅览座位数指标(0.3～2.0座/千人)，计算公共图书馆的藏书量和阅览座位数量；依据藏书量和每平方米藏书量标准(大型馆350～300册/m²，中型馆280册/m²，小型馆250册/m²)，计算藏书区使用面积；依据阅览座位数量和每个阅览座位所占面积指标(3m²/座)，计算阅览区使用面积；依据藏书区、阅览区使用面积及其所占比例(55％～65％)、使用面积系数(0.7)，计算公共图书馆的建筑面积。

截至2005年，全国人均拥有公共图书馆藏书0.3册。不同地区差异很大，人均0.1～3.4册。文化部《文化建设"十一五"规划》提出的目标是：到2010年，全国人均拥有公共图书馆藏书0.6册。现行的全国精神文明建设先进区县标准中规定的人均拥有公共图书馆藏书数量是1.3册。截至2005年，全国公共图书馆拥有阅览座位总数48万个，平均每千人0.3座。不同地区、不同规模的公共图书馆之间差距较大，最高达到每千人2座。根据国家的文化发展规划，考虑到不同地区公共图书馆藏书总量的现状及未来发展，本标准确定人均拥有公共图书馆藏书指标为0.6～1.5册；千人拥有公共图书馆阅览座位数指标为0.3～2.0座。

表2的"注"对其使用方法作了说明。一是说明了表2没有包括的服务人口在1000万以上的公共图书馆建筑面积的确定原则，即参照1000万服务人口的人均藏书量指标(0.6册、件)、千人阅览座位数指标(0.3座)计算其藏书量和阅览座位数量，并以此计

算其建筑面积；服务人口 3 万以下的，不建设独立的公共图书馆，与文化馆等文化设施合并建设时，其用于图书馆部分藏书区和阅览区的使用面积，参照 3 万服务人口的人均藏书量(1.5 册、件)、千人阅览座位指标(2.0 席)执行，并以此计算其建筑面积，但最小的图书馆，藏书量不少于 1.5 万册、件，阅览座位不低于 20 席，面积不低于 300m²。二是说明了表中服务人口处于两个数值区间的取值方法，即采用直线内插法确定其建筑面积、藏书量和阅览座位指标。三是说明了建筑面积指标所包含的项目，凡本标准附录没有包含的项目，其建筑面积不包括在表 2 的建筑面积指标之内。

第二十一条 本条规定了根据服务功能、文献资源的数量与品种和当地经济发展水平因素调整公共图书馆建筑面积的具体方法。

服务人口是确定公共图书馆建筑面积的基本依据，所以，应首先应依据服务人口数量和表 2 确定相应的藏书量、阅览座位和建筑面积指标，然后再根据其他因素进行调整。

一、根据服务功能调整，是指对省、地两级具有中心图书馆功能的公共图书馆面积的调整。需要调整的是增加满足功能需要的用房面积，主要包括配送中心、辅导、协调和信息处理、中心机房(主机房、服务器)、计算机网络管理与维护等用房的面积。由于各省、地公共图书馆所覆盖的区域不同、下一级公共图书馆的数量不同，应根据本行政区域地(或县)级公共图书馆的数量和计算机网络用户数量来确定其增加面积。需要增加的功能用房项目和面积，参照本标准附录"公共图书馆用房项目设置表"确定。

二、根据文献资源的数量与品种调整建筑面积的方法是：以设计藏书量(资源存量和未来 10 年左右增加的数量之和)，对照条文表 2 中规定的藏书量指标，以其差额作为计算的基数，计算应增加或减少的藏书面积。由于文献资源的数量和品种影响到阅览室设置和阅览座位数量，应根据藏书量调整阅览座位数量，每增加或减少 1000 册图书，相应增加或减少一个阅览座位；再根据实际应设的阅览座位数量对照条文表 2 中规定的阅览座位指标，以其差额作为计算的基数，计算应增加或减少的借阅区面积。

三、根据当地经济发展水平调整建筑面积，主要采取调整人均藏书量指标以及相应的千人阅览座位指标的方法。根据文化部《文化建设"十一五"规划》提出的"十一五"末人均公共图书馆藏书达到 0.6 册的要求，考虑到今后 10 年的发展，调整后的人均藏书量不应低于 0.6 册(5 万人口以下的，人均藏书量不应少于 1 册)。

四、公共图书馆的藏书量不能过少，也不能无限增加，同一城市各规模等级公共图书馆的总藏书量一般应控制在人均 1.5～2 册(件)以内，阅览座位总数一般应控制在千人 2 座以内，功能用房的设置更不应超出公共图书馆的功能范围，因此，总的调整幅度应控制在 ±20% 以内。

第二十二条 本条规定了少年儿童图书馆建设的原则。

少年儿童图书馆是公共图书馆的重要组成部分，为少年儿童服务是公共图书馆的重要任务。早在 1981 年，国务院办公厅转发文化部等单位《关于全国少年儿童图书馆工作座谈会的情况报告的通知》中，就提出了少年儿童图书馆（室）建设的基本要求：
"在中等以上的城市和大城市的区，逐步建立专门的少年儿童图书馆。""凡新建公共图书馆，都必须考虑少年儿童阅读设施的安排。"根据这一要求，本标准规定可以建设独立的少年儿童图书馆，也可以在公共图书馆内设单独的少年儿童藏书区和借阅区。

少年儿童图书馆的建筑面积，包括在按服务人口确定的公共图书馆总建筑面积指标之内。符合建设大、中型公共图书馆的地区，可以分别建设独立的公共图书馆和专门的少年儿童图书馆，也可以二者合并建设。符合建设小型公共图书馆的地区，二者应合并建设，不宜建设独立的少年儿童图书馆。独立建设的少年儿童图书馆，其建设规模、项目构成、总建筑面积和分项面积等指标，执行本标准的有关规定。

根据统计分析，全国省、地、县馆少年儿童阅览座位数分别为阅览座位总数的15%、23%、32%，这与实地调查的结果相吻合。根据上述情况，本标准规定：合并建设的，为少年儿童服务的藏书区、借阅区面积应控制在公共图书馆藏书区和借阅区总面积的10%～20%。

第二十三条 本条规定了公共图书馆各类用房使用面积与总建筑面积的比例关系。

各类用房的比例关系，是以公共图书馆的建设规模、功能需求为基本参数，广泛参考了《图书馆建筑设计规范》（JGJ 38—99）、《全国公共图书馆评估标准（2003 年）》、国际图联的相关标准，并对实地调研和统计资料中的数据进行了分析测算后确定的。

根据统计分析，我国各级公共图书馆书库和阅览室面积之和占总建筑面积的比例平均为 47.4%，其中，省、地、县级馆的平均比例分别为 54.7%、46.6%、47.1%。另据 2006 年 10 月对全国 74 所公共图书馆的调查，藏书区和阅览区面积占总面积的比例，大型馆平均为 53%，中型馆平均为 50%，小型馆平均为 45%。两项分析，结果基本一致。藏书区和阅览区是公共图书馆实现功能的最主要的区域，按照公共建筑功能优先的原则，应体现把尽可能大的面积用于直接服务读者的导向，因此，本标准在现实基础上适当提高了藏书区和阅览区使用面积占总使用面积的比例，确定为 55%～65%。中小型公共图书馆实行藏阅合一，不作区分。

公共活动与辅助服务区、咨询服务区也是直接服务读者的区域。调查中发现，近年来公共图书馆的讲座、图书陈列展览、读者活动十分活跃，成为发挥公共图书馆功能效益的重要形式。从调查数据分析，各级公共图书馆的公共活动与辅助服务区平均已占到全部使用面积的 21%，但各馆之间内容不一。本标准在附录中规范了公共服务和辅助服务区的项目内容和标准，根据项目内容和标准的测算，规定其使用面积比例为10%～16%。咨询服务是公共图书馆正在兴起和发展的一项高层次服务项目，是现代图书馆的方向。调查中发现，公共图书馆咨询服务的内容和方法不断丰富，并设置了专门用于上述咨询服务项目的人员、用房或区域，咨询服务用房的比例大致为 2%～5%。

根据调查统计，目前公共图书馆技术设备区占总面积的比例为 1%～6%，各馆之间差异较大。随着公共图书馆计算机网络建设的发展，全国文化信息资源共享工程的全面实施，对公共图书馆计算机中心机房等技术设备用房提出了更高的要求，从实际需要和今后的发展考虑，本标准将技术设备区的比例定为 3%～4%。

实地调研结果显示，不同的图书馆，用房面积比例存在一定的差异，因而，在不突破总面积控制指标的前提下，各项用房比例关系可以根据实际情况进行适当调整。但调整以后，藏书区、借阅区、咨询服务区、公共活动与辅助服务区四部分使用面积之和占总使用面积的比例，大型公共图书馆应不低于 70%，中小型公共图书馆应不低于 75%。

第四章　总体布局与建设要求

第二十四条　本条是对公共图书馆设计原则的要求。

与传统图书馆相比，现代图书馆在服务模式上发生了重要变化，主要表现在普遍采用尽可能多的开架借阅，资源管理开架与闭架相结合；资源载体纸质、数字、多媒体并存，提供和利用方式发生了变化；围绕文献信息资源提供多样化的活动，成为图书馆服务的重要内容。公共图书馆建筑在设计时应充分考虑这些变化，强调空间使用的灵活性，空间环境的复合性，满足服务模式变化对图书馆建筑的要求，使图书馆建筑为现代图书馆服务方式的全面实施提供保证。

公共图书馆是集中体现当地文化积淀和文化精神的建筑，其外观造型、室内装修和环境设计，在满足功能优先、适用为本原则的前提下，应充分反映当地的文化传统和特点，创造富有独特风格的图书馆建筑形象。

第二十五条　本条是对公共图书馆总体布局的要求。

对公共图书馆功能进行合理分区，是图书馆总平面布置的基本原则。图书馆的功能布局是否合理，直接影响着图书馆的使用效率。在总平面布置上，功能相同的空间宜集中而不宜分散，严格区分内部工作管理区域和读者活动区域，应强调以读者为中心，与图书馆的管理方式和服务手段相适应，从紧凑合理、便于联系、方便调整、动静分区等方面来进行规划、设计。

良好的朝向和通风，对读者阅读、工作人员工作和图书保存都有重要意义，也符合节约型社会的要求，在总平面布置上应予充分注意，对于中、小型图书馆尤为重要。

根据少儿读者活泼好动的特点，少儿阅览区应与成人阅览区分开，设置独立出入口，还应在馆外设置开展少儿活动的相关场地。

室外工程是公共图书馆建设的组成部分，应统一规划建设。

第二十六条　本条是对公共图书馆三条流线组织的要求。

合理组织读者流、书刊信息流和工作人员流，使三条流线便捷畅通，互不干扰。人、书分流是图书馆建设的基本要求。

一、书流。藏书库与采编用房是图书馆书刊大量进出的地方，需设置可供运送书刊的通道。为了不影响阅览区的安静、卫生和安全环境，应设独立的出入口，并能根据书刊的流向进行合理的路线组织，既能满足书刊进出、分配的要求，也应保障安全。

二、人流。首先是读者活动人流，其次是图书馆工作人员及来访者。公共图书馆的读者人流量大，且持续时间稍长。开馆与闭馆时是人流集中的高峰期，门厅是公共图书馆的主要交通枢纽，具有接纳、分配人流的作用，所以门厅内的人流路线要简捷、通畅。人流多的大型图书馆，出口数量应不少于两个。公共图书馆读者人流的另一个特点是呈正反向移动，故设计中应避免人流交叉。员工进馆后应能方便而直接到达工作区，尽量不与读者人流交叉。来访者或联系工作的人员数量少，但进馆后的流线应能方便地直接到达办公区域，不宜通过借阅与藏书区。

图书馆的标识系统有公共信息标识和读者引导标识。在馆区的院内及馆内空间、出入口处、通道处、家具设备等合适的位置上，应装设必要的标识标牌，使读者能够迅速准确地了解图书馆的空间布局、内部功能、服务设施和活动安排。

公共信息标识所用图形符号应采用国际通用标准符号和图形，读者引导标识应做到简明直观、形式美观。

公共图书馆内人员聚集，应设计出简捷、通畅的应对突发事件时人流疏散的通道。

第二十七条 本条是对公共图书馆无障碍设计的规定。

公共图书馆是社会文明的窗口。为体现全社会对残疾人、老年人等特殊人群的关怀，公共图书馆应建成无障碍建筑。无障碍设计按《图书馆建筑设计规范》(JGJ 38—99)第4.1.9节执行，无障碍设计范围遵从《城市道路和建筑物无障碍设计规范》(JGJ 50—2001)第5.1.3条的规定。

第二十八条 本条是对公共图书馆设置机动车和自行车停车位的规定。

随着社会的发展，各地特别是经济发达地区汽车保有量节节攀高，图书馆公务用车、馆员和读者自行驾车数量增长很快，特别是大中型公共图书馆，人、车流量较大，停车场成为读者利用图书馆的一个重要条件。因此，除了充分利用周边建筑的停车场（库）以外，公共图书馆自身还应根据具体情况设置足够的停车位。

公共图书馆停车位数量（包括周边可利用的停车位和本馆区内设置的停车位），在《公共图书馆建设用地指标》（建标〔2008〕74号）中已有规定，各地规划部门对公共建筑的车位也有要求，建设中可按当地规划部门的有关规定及其他实际情况确定。本着节约土地的原则，可以建地下停车库，以减少停车场的单独占地面积。地下停车库的建筑面积不包括在建筑面积控制指标之内。

第二十九条 本条提出公共图书馆建筑的高度取向。

公共图书馆各部门之间、不同功能的用房之间联系比较密切，且人流量大，建筑采用水平联系较垂直联系有更多的优越性。另外，多层建筑比高层建筑造价低。所以，公共图书馆建筑特别是其向公众开放的公共空间一般不宜采用高层。

但是高层建筑在节约用地方面又有积极意义，因此在用地紧张且城市总体规划许可的情况下也允许建高层。

第三十条　本条提出公共图书馆的空间布置要求。

随着文化事业及公共图书馆事业的发展，图书馆的功能在不断深化、扩展，图书馆设备特别是电子信息设备也在不断更新，公共图书馆建筑必须能满足这一趋势。藏书和阅览用房的重新组合、分隔和改造，在图书馆内经常发生，公共活动用房如展览厅、培训教室等也在经常变化，采用框架、框架剪力墙结构体系和其他大空间结构形式有利于内部房间的灵活分隔和今后的发展改造。行政办公用房、业务用房相对稳定，则不强调采用框架结构。《图书馆建筑设计规范》(JGJ 38—99)第4.1.3条规定："图书馆各空间柱网尺寸、层高、荷载设计应有较大的适应性和使用的灵活性。藏阅空间合一者，宜采取统一柱网尺寸、统一层高和统一荷载"，这是以结构体系采用框架或框架剪力墙体系为依托，肯定了空间布置应该具有灵活性和可调整性。

第三十一条　本条规定了公共图书馆建筑的抗震级别。

按《建筑工程抗震设防分类标准》(GB 50223—2004)的规定，大多数公共图书馆属于一般性的公共建筑，可按抗震规范中的标准设防类建筑设防——按本地区的设防烈度采取抗震措施。根据公共图书馆人员密集且疏散有一定难度，地震破坏造成的人员伤亡和社会影响很大的情况，参照该规范第6.0.4条关于"文化娱乐建筑中，大型的电影院、剧场、礼堂、图书馆的视听室和报告厅抗震设防类别应划分为重点设防类"的规定，本标准将公共图书馆的视听室和报告厅、大型公共图书馆的阅览室纳入重点设防类建筑。

此外，《建筑工程抗震设防分类标准》(GB 50223—2008)将大型博物馆、存放有国家一级文物的博物馆、特级和甲级档案馆的抗震设防类别划为重点设防类，据此类推，凡保存有国家重要文献的公共图书馆的特藏书库，应按重点设防类建筑进行抗震设防。

当公共图书馆建筑各区段的重要性有显著不同时，可按区段划分抗震设防类别。下部区段的类别不应低于上部区段。

第三十二条　本条是对公共图书馆节能与环保设计的要求。

室内环境、建筑热工和暖通空调设计是公共建筑节能设计的三个主要方面。

公共图书馆建筑作为社会文明的标志，必须体现建设资源节约型、环境友好型社会的理念。建设部已经颁布的《公共建筑节能设计标准》(GB 50189—2005)及其他有关环境保护的规范和规定必须遵守，节能产品必须优先采用。关心公众的健康是"以人为本"的重要体现，因此要求采用"不损害健康的产品"。公共图书馆建设应成为在建筑的全生命周期实现高效率地利用资源，低限度地影响环境，以达到人与建筑、环境的和谐共存的典范。

第三十三条　本条是对公共图书馆建筑允许噪声级的要求。

保持阅览环境安静是图书馆建筑设计应重视的内容之一。影响图书馆安静的因素主要有交通噪声、生活噪声、工厂生产及施工噪声等。馆内噪声级分区及允许噪声级标准应根据《图书馆建筑设计规范》(JGJ 38—99)4.1.7条款执行。周围环境噪声，根据

《城市区域环境噪声标准》(GB 3096—93)的规定，昼间为 55dB，夜间为 45dB。

当公共图书馆由于各种原因无法达到环境噪声的限制标准时，在总平面设计、单体平面设计和技术构造上还有调整的可能。如将"静区"房间放在离噪声源较远的地方，采用双层玻璃窗等隔声效果好的建筑构配件，以及绿化等。相对于将公共图书馆建在环境安静但远离读者群的偏僻地区而言，靠近读者、方便利用是更值得关注的问题。

结合室内装修做一些吸声减噪措施，可从实用、维护、造价等多方面综合考虑，酌情选用。

第三十四条 本条是对公共图书馆建筑日照、通风与采光条件的要求。

公共图书馆应坚持以自然通风和自然采光为主，充分利用自然资源，节约能源。一般应优先考虑阅览室朝南向布置。日照强烈的地区还应采取适当的遮阳措施，并针对不同季节主导风向、气温对建筑空间加以处理，使自然通风得以良好组织。阅览室的天然采光标准，见《图书馆建筑设计规范》(JGJ 38—99)第 4.1.6 条和《建筑采光设计标准》(GB/T 50033—2001)第 3.2.4 条中的规定。

少儿阅览室的日照，与幼儿园及中小学建筑设计规范中对活动室、教室的日照的具体要求是一致的，如托儿所、幼儿园的生活用房要满足冬至日底层满窗日照不少于3h；中小学南向教室要求冬至日底层满窗日照不少于 2h。在以人为本的理念和身心健康越来越引起人们重视的情况下，对少儿阅览室的日照条件提出原则性的要求是必要的。基于定量分析，建议少儿阅览室的日照宜满足冬至日底层满窗日照不少于 1h。

第三十五条 本条是对公共图书馆文献资料防护方面的要求。

对书刊和非书资料的防护内容很多，而防水、防潮是公共图书馆建设的基本要求。根据目前公共图书馆藏阅合一和灵活多变的发展趋势，本条对整个图书馆工程提出了严格可靠的防水、防潮要求。

对各类文献资料要设必要的防护措施，《图书馆建筑设计规范》(JGJ 38—99)第 5 章中有详尽的规定。对温、湿度都有要求的房间，设置空气调节装置并考虑空气净化均是必需的，不同部位有不同的防护要求。另外，大型、高级别的公共图书馆设有珍善本书库及较完善的技术设备用房，设置空气调节及净化装置也是符合业务要求的。

第三十六条 本条是对公共图书馆建筑防火的要求。

建筑防火规范的要求是强制性的，同时公共图书馆也有一些特定环境和使用功能，所以既应遵守国家现行的《建筑设计防火规范》(GB 50016—2006)、《高层民用建筑设计防火规范》(GB 50045—95)、《建筑内部装修设计防火规范》(GB 50222—95)等建筑设计防火规范，又要遵照《图书馆建筑设计规范》中的具体规定。此外，文化部 1996 年 2 月6 日颁布、同年 7 月 1 日实施的《公共图书馆建筑防火安全技术标准》(WH0502—96)，在引用上述国家现行标准的基础上，针对图书馆的具体情况作了细致的诠释，对公共图书馆建筑工程的防火安全有重要的指导意义。

第三十七条 本条是对公共图书馆设置电梯和提升设备的规定。

《图书馆建筑设计规范》(JGJ 38—99)第 4.1.4 条规定了阅览室在四层及以上应设电梯,本标准列明这一标准,是肯定在公共图书馆设计及投资中应该有这一项,但这是最低标准。随着经济的发展,公共图书馆应体现出对年老体弱者、残疾人更多的人文关怀,因此有条件的地区四层以下的大中型公共图书馆也可设电梯。至于自动扶梯,从人流情况看一般并非必需(0.6m 宽的自动扶梯每小时载客量约 5 000 人,0.8m 宽的自动扶梯每小时载客量约 8 000 人,1.00m 宽的自动扶梯每小时载客量约 10 000 人),因此,一般不需要设置。针对书籍的提升设备,如专用书梯、客货两用梯等,则属于减轻劳动强度和提高工作效率的需要,也是人性化设计的体现。

第五章　建筑设备

第三十八条　本条是对公共图书馆建筑给排水系统的要求。

公共图书馆的室内外给排水系统应按《图书馆建筑设计规范》(JGJ 38—99)的要求设计。按照现代图书馆服务方式,藏阅合一的阅览室越来越多,这类阅览室和书库的要求应该是一样的,因此,本标准特别强调了给排水管道不得穿过书库及藏阅合一的阅览室。

第三十九条　本条是对公共图书馆暖通空调系统的要求。

公共图书馆的暖通系统、空调系统应按《图书馆建筑设计规范》(JGJ 38—99)的要求设计。设置集中空调系统,是因为其便于运行管理、噪声较小,空调效果也最好。大、中型公共图书馆需要空调的房间面积大、要求高,并且这些公共图书馆一般都有特藏书库、数字资源处理等对空调要求较高的房间,故宜设集中空调。城市集中供热有利于节能和环境保护,应优先采用。如市政无此条件,还要自建锅炉房等设施,应对燃气、重油、煤、电等各种可获得的能源作比较,择优选用。

第四十条　本条是对公共图书馆电气系统的要求。

《图书馆建筑设计规范》(JGJ 38—99)第 7.3.1 条规定,"藏书量超过 100 万册的图书馆,其用电负荷等级不应低于二级;其他图书馆,用电负荷等级不应低于三级",该项规定为最低标准。根据目前公共图书馆的发展趋势,对供电质量及可靠性的要求越来越高,特别是随着信息化、数字化的发展,图书管理网络化的推进,供电系统稍有闪失就会带来巨大损失。因此,本条对特定部位特别指明应设可靠的备用电源。

公共图书馆的照明标准,见《建筑照明设计标准》(GB 50034—2004)表 5.2.1。该标准的照度标准值比《图书馆建筑设计规范》(JGJ 38—99)中的数值要高,体现在该标准均为单一的确定值,而《图书馆建筑设计规范》(JGJ 38—99)中均有一个下浮的幅度。

第四十一条　本条是对公共图书馆电话、电视与广播系统的要求。

随着通讯技术的发展,图书馆内使用电话的门数日益增多,公共图书馆应根据不同规模,配设不同的内线和外线电话系统。电视与卫星接收系统已经成为数字时代接收和传递信息的重要工具,公共图书馆建设应配设相应的设备和机房面积。广播系统既为公共图书馆日常服务所需(如闭馆提示、背景音乐等),更是应对紧急情况之必备。

《建筑设计防火规范》(GB 50016—2006)就要求藏书超过 100 万册的图书馆，设火灾自动报警系统，能发出事故广播和安全疏散指令。

第四十二条 本条是对公共图书馆建筑网络系统的要求。

公共图书馆网络系统建设，是公共图书馆现代化建设的基础，是实现图书馆之间资源共享的基础。所有的公共图书馆都应具备提供数字资源、网络服务的能力。

公共图书馆网络系统建设，应包括互联网接口、局域网、综合布线、网络设备和网络信息点等，具体的数量要根据建筑面积、使用性质、公共图书馆特点、功能定位、馆藏资源的情况和投资数量来确定。设置局域无线网络系统，能减少信息点数量、使用灵活，但要注意为无线网接入的有线网络接口的带宽及无线网络设备的传输标准。

本条所给出的指标，是根据目前的技术条件和环境要求提出的参考性指标，参照了《图书馆建筑设计规范》(JGJ 38—99)第 4.6.7 条和 4.6.8 条、文化部《全国公共图书馆评估标准(2003 年)》中的相关规定，并考虑了目前公共图书馆网络建设的实际情况而提出的。网络技术发展很快，许多指标随着技术的发展将会发生变化。表 1 至表 2 的指标仅供参考。

表 1　公共图书馆网络传输速率(网络接口带宽)标准

规模	互联网接口	局域网主干	局域网分支
大型	100M 以上	千兆或万兆	百兆或千兆
中型	100M 以上	千兆	百兆
小型	100M 以上	千兆	百兆

表 2　公共图书馆信息点设置标准

区域	数量
行政办公区	$10m^2$ 2 个
业务区	$10m^2$ 2 个以上
阅览区	阅览座席的 30% 左右
电子阅览区	阅览座席的 105%
研究室	$10m^2$ 2 个
书库	$50m^2$ 1 个
办证、检索、复印和休息区	$10m^2$ 1 个

第四十三条 本条是对公共图书馆设置安全防护措施的规定。

作为公共活动场所，公共图书馆应有可靠的安全防护措施，如设置图书防盗系统等。大、中型公共图书馆应在本条列出的重点防范部位和要害部门设置视频安防监控系统，根据防火规范的要求设置火灾报警系统、消防联动系统等。有条件的公共图书馆可以全面实施布防，增设入侵报警系统、门禁系统、巡更系统以保证各种馆藏文献、网络设备和人员的安全，维护图书馆的正常运行。实现楼宇自动化管理的公共图书馆还应对建筑内各类机电设备实行监测控制，并与其他安全防护系统合并设置，以达到安全、节约、可靠、集中管理的目的。

附录五　公共图书馆服务规范(GB/T 28220—2011)

1　范围

本标准规定了图书馆服务资源、服务效能、服务宣传、服务监督与反馈等内容。

本标准适用于县(市)级以上公共图书馆。街道、乡镇级公共图书馆以及社区、乡村和社会力量办的各类公共图书馆基层服务点参照执行。

2　规范性引用文件

下列文件对于本文件的应用是必不可少的。凡是注日期的引用文件，仅注日期的版本适用于本文件。凡是不注日期的引用文件，其最新版本(包括所有的修改单)适用于本文件。

GB/T 10001.1　标志用公共信息图形符号第1部分：通用符号

GB/T 13191　信息与文献　图书馆统计(GB/T 13191　2009，ISO 2789：20()6，IDT)

建标 108-2008 公共图书馆建设标准

建标〔2008〕74 号公共图书馆建设用地指标

3　术语和定义

下列术语和定义适用于本文件。

3.1　公共图书馆 public library

由各级人民政府投资兴办、或由社会力量捐资兴办的向社会公众开放的图书馆，是具有文献信息资源收集、整理、存贮、传播、研究和服务等功能的公益性公共文化与社会教育设施。

3.2　公共图书馆服务 public library service

公共图书馆通过各类资源和自身专业能力满足公众日益增长的对知识、信息及相关文化活动需求的工作。

3.3　服务资源 service resources

公共图书馆在开展服务过程中所拥有的物力、财力、人力等各种物质要素，主要包含了硬件资源、人力资源、文献资源和经费资源。

3.4　服务效能 service efficiency

公共图书馆投入的各项资源在满足读者和用户需求中体现的能力和效率。

3.5 区域服务人口数 regional service population

各级公共图书馆所在行政区域的常住人口数。

3.6 呈缴本 legal deposit copy

根据有关法律或法令规定，出版单位根据法律规定，免费向法律指定的图书馆所缴存的出版物。

3.7 文献提供 document supply

图书馆或其他文献收藏机构根据读者要求，利用互联网、电子邮件、邮递等方式为本地或异地的读者直接提供所需原本文献和复制文献的服务形式，也可称文献传递。

4 总则

4.1 公共图书馆是公共文化服务体系的重要组成部分。公共图书馆服务规划应体现出公益性、基本性、均等性和便利性。

4.2 公共图书馆服务应体现以人为本的原则，通过就近、便捷、可选择、温馨的服务，不断改进服务质量，统筹兼顾服务资源、服务效能、服务宣传、服务监督与反馈，促进服务的全面协调可持续发展。

4.3 公共图书馆服务对象包括所有公众。应当注重培养少年儿童的阅读习惯，并努力满足残疾人、老年人、进城务工者、农村和偏远地区公众等的特殊需求。

4.4 公共图书馆的服务与管理除执行本标准的有关规定外，还应符合相关的国家标准和规范。

5 服务资源

5.1 硬件资源

5.1.1 馆舍建筑指标

公共图书馆设置布局应遵循普遍均等原则，选址要考虑服务半径、服务人口等因素，并应按建标〔2008〕74号《公共图书馆建设用地指标》执行。服务人口是指公共图书馆服务范围内的常住人口。

为了保证读者阅览空间和图书馆为读者服务能力，总建筑面积、阅览室用房使用面积的比例、总阅览座位数应按建标108—2008《公共图书馆建设标准》执行。并为残障读者的无障碍服务提供必要的服务设施。

5.1.2 建筑功能总体布局

公共图书馆建筑功能总体布局应遵循以读者服务为中心，与图书馆的管理方式和服务手段相适应，做到分区明确、布局合理、流线通畅、安全节能、朝向和通风良好。

少年儿童阅览区应与成人阅览区分开，宜设置单独的出入口，有条件的可设室外少年儿童活动场地。视障阅览室宜设在图书馆本体建筑与社会公共通道之间的平行层。

5.1.3 电子信息设备

5.1.3.1 计算机

公共图书馆应配备一定数量的计算机专供读者使用。图书馆应配备与经济和技术发展水平相适应的信息技术设备。所需计算机数量见表1。

表 1　公共图书馆计算机设备配置及用途指标

等级	计算机总数量（台）	其中：读者使用计算机数量（台）	读者用机中OPAC计算机数量（台）
省级馆	100以上	60以上	12以上
地级馆	60以上	40以上	8以上
县级馆	30以上	20以上	4以上

注1：省级馆包含省（自治区、直辖市）、副省级市（计划单列市）级图书馆；地级馆包含地（市、地区、盟、州）级图书馆；县级馆包含县（市）级图书馆

注2：OPAC（Online Public Access catalogue）指在线公共检索目录。

5.1.3.2　网络与宽带接入

公共图书馆网络与宽带接入，是为读者提供网络信息服务的基础。网络与带宽接入指标见表2。

表 2　公共图书馆网络与带宽接入指标

等级	互联网接口	局域网主干	局域网分支
省级馆	≥100兆	≥1 000兆	≥100兆
地级馆	≥10兆	≥1 000兆	≥100兆
县级馆	≥2兆	≥100兆	≥100兆

5.1.3.3　信息节点

信息节点指在馆内与局域网或互联网连接的计算机网络接口，阅览室的信息点设置应不少于阅览座位的30%，电子阅览室的信息点设置应多于阅览座位数。有条件的可提供互联网无线网络接入服务。

5.2　人力资源

5.2.1　人员要求

公共图书馆工作人员应受过专业训练、具备良好的职业道德，在读者服务工作中应平等对待所有公众，尊重和维护读者隐私。工作人员须挂牌上岗，仪表端庄，使用文明用语，热忱并努力为读者提供准确全面的信息服务。

5.2.2　人员配备

公共图书馆应配备数量适宜的工作人员。具有相关学科背景的专业技术人员应占工作人员的75%以上，少数民族自治地区公共图书馆要配备熟悉少数民族语言文字的专业技术人员。

公共图书馆专业技术人员是指符合下列条件之一并从事相关业务工作的人员：

——具有助理馆员等各类初级及以上专业技术职务任职资格；

——具有图书馆学专业（或图书情报专业）专科或以上学历；

——非图书馆学专业(或图书情报专业)专科或以上学历，须经过省级及以上学会(协会)、图书馆、大学院系举办的图书馆学专业(或图书情报专业)课程培训，培训课时不少于 320 学时并成绩合格。

5.2.3 人员数量

公共图书馆工作人员数量的确定，应以所在区域服务人口数为依据。每服务人口 10 000～25 000 人应配备 1 名工作人员。各级公共图书馆所需的人员数量的配备，还应兼顾服务时间、馆舍规模、馆藏资源数量、年度读者服务量等因素。

5.2.4 教育培训

公共图书馆应坚持实施针对全体工作人员的教育培训计划。年度工作计划中应提供保障员工接受培训教育的安排。

5.2.5 志愿者队伍

公共图书馆应导入志愿者服务机制，吸引更多图书馆工作人员和社会公众加入志愿者队伍。

5.3 文献资源

5.3.1 馆藏文献

5.3.1.1 文献采集原则

馆藏文献资源建设应遵循以下原则：

——与日益增长的读者需求和本地区经济、文化与社会事业发展相适应；

——与本馆文献资源建设规划、采集方针及服务功能相匹配；

——有利于形成资源体系和特色；

——有利于促进区域文献资源共建共享；

——有利于积淀与丰富历史文献；

——与国家知识产权保护等法律法规的要求相一致。

5.3.1.2 馆藏文献总量

馆藏文献包括印刷型文献、电子文献、缩微文献等。公共图书馆应在确保印刷型文献入藏的基础上，逐步增加电子文献的品种和数量，并根据当地读者和居住的外籍人员的需求，积极配置相应的外文文献。

馆藏印刷型文献以物理单元数量统计。应采用国家标准 图书馆统计 GB/T 13191 中建议统计的方式计算。省级馆、地级馆、县级馆的入藏总量分别应达到 135 万册、24 万册、4.5 万册以上，省、地、县级馆年新增藏量分别应达每百人 1.7、1、0.6 册以上。

馆藏电子文献包括电子图书、电子报刊、视听资料等，电子文献的统计，应采用国家标准 图书馆统计 GB/T 13191 中建议统计的方式计算。省级馆、地级馆、县级馆的年入藏量分别应达到 9000 种、500 种、100 种以上。

5.3.1.3 少数民族语言文献

少数民族集聚地区的各级公共图书馆应承担该地区少数民族文字文献资料的收藏

和服务的职能。其他地区各级公共图书馆也应收藏与本地少数民族状况相适应的少数民族语言文献。

5.3.2　呈缴本

省级公共图书馆负有依法接受所在省（市）出版机构呈缴出版物和保存地方文献版本的职能。呈缴本征集的品种、数量应达到地方正式出版物的70%以上。

5.3.3　政府出版物

公共图书馆应承担当地政府出版物的征集、保存与服务职能，设置政府公开信息查阅点，并做好服务工作。

6　服务效能

6.1　服务能力

6.1.1　服务时间

公共图书馆应有固定的开放时间，双休日应对外开放。其中省级馆每周开放时间不少于64小时；地级馆每周开放时间不少于60小时；县级馆每周开放时间不少于56小时。各级独立建制的少年儿童图书馆每周开放时间不少于40小时。

6.1.2　基本服务

公共图书馆的基本服务是保障和满足公众的基本文化需求的服务，包括为读者免费提供多语种、多种载体的文献的借阅服务和一般性的咨询服务，组织各类读者活动以及其他公益性服务。

6.1.3　流动服务

公共图书馆应通过流动站、流动车等形式，将文献外借服务和其他图书馆服务向社区、村镇等延伸，定期开展巡回流动服务。

6.1.4　远程服务

公共图书馆应利用互联网、手机等信息技术手段和载体，开展不受时空限制的网上书目检索、参考咨询、文献提供等远程网络信息服务。

6.1.5　个性化服务

公共图书馆可为个人、企事业机构及政府部门提供多样化的、灵活的、有针对性的服务。

6.1.6　总分馆服务

公共图书馆应在政府主导、多级投入、集中分层管理、资源共享的原则下，建立普遍均等的公共图书馆服务体系，因地制宜地开展形式多样的总分馆服务，形成统一的机构标识，统一的业务规范，建立便捷的通借通还文献分拣传递物流体系，提升同一地区公共图书馆系统的整体形象和服务能力。

6.2　服务效率

6.2.1　文献加工处理时间

公共图书馆需根据不同类型（如印刷型、电子、缩微等）、不同来源（如购买、受赠、交换等)的文献资源特点和服务要求，优化文献加工处理流程，缩短文献加工处理周期，提高文献加工处理效率。

文献加工处理时间以文献到馆至文献上架(或上线)服务的时间间隔计。其中，报纸到馆当天上架服务，期刊到馆2个工作日内上架服务，省级馆、地级馆及县级馆分别在图书到馆20、15、7个工作日内上架服务。

6.2.2 闭架文献获取时间

闭架文献获取时间以读者递交调阅单到读者获取文献之间的间隔时间计。

闭架文献提供不超过30分钟，外围书库文献提供不超过2个工作日。古籍等特种文献，另按相关规定执行。

6.2.3 开架图书排架正确率

开架图书提倡按中国图书馆分类法分类号顺序排列整齐。省级馆、地级馆及县级馆的开架图书排架正确率分别不低于96%、95%、94%。

6.2.4 馆藏外借量

馆藏外借量以外借文献册数计。

公共图书馆应合理调整外借文献范围、外借文献册数、借期等流通规则，保持馆藏外借量逐年增长。

6.2.5 人均借阅量

公共图书馆应分别根据有效持证读者和服务人口的总数，计算已外借文献量(册)占有效持证读者总数和服务人口总数的比例，以反映流通馆藏对有效持证读者的服务使用情况。

公共图书馆应适时调整外借册数、借期等流通规则，并制定有针对性的服务策略，逐步提高人均借阅量。

6.2.6 电子文献使用量

电子文献使用量由数据库检索量、全文下载量组成。

公共图书馆应积极宣传电子文献，举办电子文献使用辅导讲座，提升读者使用电子文献的信息素养，保持电子文献使用量逐年增长。

6.2.7 文献提供响应时间

文献提供响应时间以收到读者文献请求至回复读者之间的时间计。响应时间不超过2个工作日，并告知读者文献获取的具体时间。

6.2.8 参考咨询响应时间

公共图书馆需提供多样化的文献咨询服务方式，有效缩短文献咨询的响应时间。多样化的文献咨询服务方式包括现场、电话、信件、传真、电子邮件、网上实时、短信等。

响应时间是以收到读者咨询提问至回复读者之间的时间计。现场、电话、网上实时咨询需在服务时间内当即回复读者，其他方式的咨询服务的响应时间不超过2个工作日。

7 服务宣传

7.1 导引标识

7.1.1 方位区域标识

公共图书馆导引标识系统应使用标准化的文字和图形建立，公共信息标识应采用国家标准 GB/T 10001.1《标识用公共信息图形符号　第 1 部分：通用符号》，根据需求可采用双语或多语言对照。

公共图书馆应在主体建筑外竖立明显的导向标识。

公共图书馆入口处应标明区域划分，如阅览区域、活动区域、办公区域等，以方便读者到达目标区域。

公共图书馆应在每一楼层设立醒目的布局功能标识。

7.1.2 文献排架标识

公共图书馆应在阅览区和书库设置文献排架标识。

7.1.3 无障碍标识

公共图书馆应设置无障碍设施的专用标识。

7.2 服务告示

7.2.1 告示内容和方式

公共图书馆的服务范围、服务内容、服务时间、服务公约、读者须知、借阅（使用）规则、服务承诺等基本服务政策应在馆内醒目位置和图书馆网站的相关栏目向读者公示，其他服务政策及各类服务信息等应通过各种途径方便读者获取。

7.2.2 闭馆告示

因故须暂时闭馆，须提前一周向读者公告。

如遇公共安全、网络安全等突发事件须临时闭馆或关闭部分区域、暂停部分服务的，应及时向读者公告。

7.3 馆藏揭示

公共图书馆应借助计算机管理与书目检索系统，将纸质、电子和缩微等不同载体的馆藏文献目录向公众揭示，提供题名、著者、主题等基本检索途径，方便读者查询。

公共图书馆还应通过网站、宣传资料、专题展览等形式，向公众推介、揭示最新入藏的文献和特色馆藏。

7.4 活动推广

公共图书馆应通过媒体、网站、宣传资料、宣传栏及各种现代化通信手段等形式，邀请、吸引读者的参与和互动。

8 服务监督与反馈

8.1 监督途径和方法

公共图书馆应在馆舍显著位置设立读者意见箱（簿），公开监督电话，开设网上投诉通道，建立馆长接待日制度，组建社会监督员队伍，定期召开读者座谈会。认真对待并正确处理来自读者的意见或投诉，在五个工作日内回复并整改落实。

8.2 读者满意度调查

读者满意度调查表中读者对图书馆满意度的选项为"满意""基本满意"和"不满意"三项。读者满意度以参与问卷调查的读者中选择"基本满意"和"满意"的人数占调查总人数的比例计。各级公共图书馆的读者满意度应在85％（含）以上。

公共图书馆每年应进行一次读者满意度调查，可自行或委托相关机构向馆内读者随机发放读者满意度调查表。调查表发放数量，省、地、县级图书馆分别不少于500、300、100份，回收率不低于80％。

公共图书馆应对回收的读者满意度调查表进行分析，针对薄弱环节提出整改意见。调查数据应系统整理，建档保存。

附录六 社区图书馆服务规范（WH/T 73—2016）

1 范围

本标准规定了社区图书馆服务资源、服务提供、服务管理、社会参与、服务保障等内容。

本标准适用于所有社区图书馆，其他同级或规模较小的图书馆可参照执行。

2 规范性引用文件

下列文件对于本文件的应用是必不可少的。凡是注明日期的引用文件，仅注明日期的版本适用于本文件。凡是不注明日期的引用文件，其最新版本（包括所有的修改单）适用于本标准。

GB/T 28220-2011 公共图书馆服务规范

3 术语和定义

下列术语和定义适用于本文件。

3.1 社区图书馆 community library

多由区（县）级政府主办，或社会力量捐资兴办，为社区居民提供教育、信息和文化休闲服务的小型公共图书馆。

［注：改写 GB/T 28220-2011，定义 3.1］

3.2 服务人口 service population

社区图书馆服务区域的常住人口数。

3.3 服务资源 service resources

社区图书馆在开展服务过程中所拥有的各种物质要素，主要包含硬件资源、文献资源、人力资源和经费资源。

3.4 服务提供 service supplement

社区图书馆为满足社区居民阅读、交流及其他文化需求所开展的各项工作。

3.5 一体化服务 unified service

在区域图书馆服务体系中，不同级别、不同规模的多家图书馆，按照相同的规则和标准，在业务运营、管理与服务过程中，通过文献、技术、人员等资源的全面共享或统一管理，提供无差异服务的模式。

3.6 中心图书馆 main library

在一定地域范围内，具有资源、技术及管理优势，在社区图书馆管理与服务过程中起核心骨干作用的图书馆。

4 总则

4.1 社区图书馆是区域公共图书馆服务体系的重要组成部分，应遵循以人为本的原则，通过公开、平等、免费、就近的服务，保障社区居民的基本文化权益。

4.2 社区图书馆是社区公共文化空间，应发挥信息交流和文化休闲功能，参与社区生活。

4.3 社区图书馆建设、管理与服务应统一纳入当地经济和社会发展的总体规划，纳入区域公共图书馆事业发展规划。其服务资源和服务保障主要由区（县）级人民政府提供，事业发展与管理由当地文化主管部门负责。

4.4 社区图书馆服务除执行本标准的有关规定外，还应符合 GB/T 28220—2011 等国家现行的相关标准。

5 服务资源

5.1 服务设施与设备

5.1.1 社区图书馆的网点设置应遵循普遍均等原则，按服务半径不大于 1.5 千米，或服务人口不少于 5000 人的标准进行统筹规划、合理布局。

5.1.2 社区图书馆使用面积按服务人口计算应不低于 20 平方米/千人，阅览座位应不低于 4 席/千人。有条件的宜设立独立出入口和无障碍设施。

5.1.3 社区图书馆应通过空间设计、家具配置等方式，营造温馨、舒适的阅览环境。

5.1.4 社区图书馆应具有稳定可靠的互联网接入条件，网络接入带宽应不小于 4 兆。用于读者服务的计算机数量按服务人口计算应不低于 1 台/千人，并适应新技术的发展配备各种现代化设备。相关设备配置可结合国家重点文化工程建设项目的要求统筹安排。

5.2 服务人员

5.2.1 社区图书馆应至少配备专职工作人员 1 名，并根据需要配备一定数量的兼职工作人员或招募志愿者。

5.2.2 社区图书馆工作人员应具有大专以上学历，受过基本的图书馆专业技能培训，能够熟练操作和使用计算机及相关设备，并具备良好的职业道德。每年参加继续教育学习应不少于5天。

5.3 文献资源

5.3.1 社区图书馆基本馆藏文献资源应包括图书、期刊、报纸、视听资料等，按服务人口计算，基本馆藏量应不低于人均0.5册（并适当考虑少年儿童图书的比例），复本不大于2册，年更新数量不少于10％；报刊年订阅数量应不少于50种。

5.3.2 社区图书馆宜通过计算机网络共享中心图书馆的数字资源，如电子图书、电子期刊、电子报纸及其他各种数据库资源。

5.3.3 社区图书馆藏书宜由中心图书馆统采统编，期刊、报纸可根据社区居民需求自行订购。

6 服务提供

6.1 文献借阅

社区图书馆应免费提供文献借阅服务，关注少年儿童、老年人、残障人士及其他特殊群体的阅读需求，并为读者获取各类文献提供帮助。

6.2 电子阅览

社区图书馆应免费提供上网服务（包括无线互联网接入服务），通过计算机网络开展数字资源服务，并加强电子阅览服务管理。

6.3 咨询服务

社区图书馆应通过现场、电话、电子邮件、社交网络、网上咨询系统等多样化方式提供一般性咨询服务。对不能即时答复的咨询请求，响应时间应不超过3个工作日。

6.4 读者活动

社区图书馆应在全民阅读推广中充分发挥作用，自主组织或配合中心图书馆开展讲座、沙龙、培训、展览等读书活动及各种形式的文化活动，并重点组织开展适合老年人、少年儿童特点的活动。

6.5 服务时间

社区图书馆应有固定的开放时间，每周开放时间应不少于36小时，双休日应对外开放。因故临时闭馆应向上级主管部门及中心图书馆报告并提前向读者公告。

6.6 服务宣传

6.6.1 社区图书馆应设立醒目的导引标识和服务公告，包括馆牌、开放时间、文献排架标识、服务项目与规则等。

6.6.2 社区图书馆应利用宣传栏、宣传资料、媒体及其他现代化手段，宣传和推广图书馆服务，揭示文献资源，吸引读者利用图书馆。

7 服务管理

7.1 服务运作

社区图书馆宜纳入地区一体化服务体系，接受中心图书馆的业务辅导，依托中心图书馆服务网络和业务管理平台，通过协作与共享，联合开展各项服务工作。

7.2 文献组织

社区图书馆文献应采取学科、主题等方式规范排架，开架借阅，保持架位整齐。新书配送到馆后应在2个工作日内上架，期刊应在2个工作日内记到上架，报纸当天上架。

社区图书馆应做好防盗、防尘、防潮、防虫等文献保护工作。

7.3 服务统计

社区图书馆应按照常规化、标准化的原则，按日、月、年定期做好服务数据统计工作，包括服务资源、文献借阅、电子阅览、信息咨询、读者活动等。统计资料及工作记录应及时收集、整理，建立业务档案。

7.4 服务安全

7.4.1 社区图书馆应建立安全管理制度，维持正常服务秩序，制定消防安全应急预案，定期开展消防安全教育和消防安全检查，确保图书馆文献资源、办馆设施及进馆读者人身安全和财产安全。

7.4.2 社区图书馆应加强计算机网络及信息安全管理，妥善保存各项工作数据。

7.5 服务绩效

社区图书馆应不断提高服务水平和质量，保持进馆读者量、图书外借量、电子文献使用量、读者活动场次的增长。

7.6 服务监督与反馈

7.6.1 社区图书馆应设立读者意见箱（簿），公开监督或投诉电话，每年至少应召开一次读者座谈会，对读者意见或投诉应在5个工作日内回复并落实。

7.6.2 社区图书馆每年至少应进行一次读者需求和服务满意度调查，调查表发放数量不少于100份，回收率不低于80%（含），满意度不低于85%（含）。

8 社会参与

8.1 鼓励机构、个人合作共建或独立兴办社区图书馆。

8.2 积极导入志愿者服务机制，建立志愿者队伍，吸引民众参与社区图书馆服务。

9 服务保障

9.1 政策保障

地方政府应出台相应的配套政策，鼓励各种形式的社区图书馆持续发展，并从地区一体化服务体系建设与管理等方面为社区图书馆服务的正常开展和持续发展提供有效保障机制。

9.2 经费保障

社区图书馆的日常运营经费应列入区（县）政府财政预算。

日常运营经费应包括场馆运行、人员工资、文献购置、阅读推广活动及宣传、网络通信、业务培训、设备维护、日常办公等。

9.3　人员保障

社区图书馆工作人员可采取不同的用工方式保障其待遇，保持队伍的稳定性。

附录七　数字图书馆推广工程资源简介

资源类型	资源名称	资源简介
电子图书	畅想之星电子书	收录近 3 万种电子书，在线阅读无需安装阅读器可直接阅览，也可安装 PC 端或移动客户端实现电子书的下载和离线阅读
电子图书	中文图书—方正	收录 2000 年后出版的大众图书，包含文学、工业技术、经济、历史地理、哲学宗教等学科。每种 10 个副本，共计 100 万册
电子图书	中华再造善本	将纸质版《中华再造善本》一期 756 种珍稀古籍数字化，选录细目与纸质版一致，以写刻时代先后为序，共收唐宋时期、金元时期的善本古籍共 756 种 1 394 函 8 974 册，约 41 万余册。每种古籍均配有版本专家撰写的提要，图片可缩放，清晰度高
电子图书	北京文汇图书数据库	收录地方文献 1 200 余种，其内容包括方志、自然地理、人文地理、历史、农业等 17 种数字化文献，并支持全文检索
电子图书	十八世纪文献在线 (Eighteen Century Collections Online)	收录了 18 世纪英国、美国等其他语言国家的著作。涵盖历史、地理、法律、文学、语言、参考书、社会科学及艺术、医学等领域。除了包含 18 世纪著名的作品还包含当代著名的评论它的书籍。原始资料来源于大英图书馆、牛津大学、哈佛大学、剑桥大学、苏格兰国图书馆、爱尔兰国家图书馆、美国国会图书馆
电子图书	现代经济之路 (The Making of Modern World，MOMW)	收录了 Goldsmiths'-Kress 经济文学图书馆 1450—1850 年经济与商业类出版物 61 000 种图书，全文超过 1 200 万页。涵盖了商业、金融、社会环境、政治、贸易和运输等领域
电子图书	现代法律之路 (The Making of Modern Law，MOML)	包含了自 1800 年后在英国及美国出版的所有法律类图书共 2 万 2 千种，超过 1 060 万页。此数据库共包含 99 个法律领域，涉及了英、美法律体系的所有方面
电子图书	早期英文书籍在线 (Early English Books Online)	收录了所有现存的 1473—1700 年英语世界出版物的资料。收录著作 12 万 5 千多本共 2250 万页电子图像

资源类型	资源名称	资源简介
电子图书	EAI 美国早期印刷品	是《美国历史文档》（Archive of Americans）的子数据库之一，与 EEBO、ECCO 为三大历史电子图书。收录了 1639—1839 年在美国出版的图书出版物 7.4 万种，包括：图书、年鉴、小说、剧本、诗歌、圣经、教科书、契约证书、法规、地图、乐谱、布道书、演讲词、条约、旅行记录与印刷报告等
电子期刊	中文期刊——龙源	收录 2008 至今出版的 267 种中文电子期刊和 12 种少数民族语文期刊，包含文摘故事、时政新闻、管理财经、家庭生活、文化艺术、科技科普、社科史地等分类
电子期刊	维普中文科技期刊	收录 1989 年以来的 12 000 余种中文科技期刊，分类主要包括社会科学、自然科学、工业技术、农业科学、医药卫生等
电子期刊	阅读汇	收录 365 期双语轻阅读期刊，内容涵盖奇闻趣事、精彩图片、经典段子、影视音乐、英语学习、犀利评论等单元
电子期刊	南海县政月报缩微数据库（广东省立中山图书馆）	收录了 1934 年第十四期至 1936 年第一期的南海县政月报，可供读者浏览使用
电子期刊	Emerald 回溯期刊数据库	包含 178 种全文期刊，超过 11 万篇的全文内容，涉及商业管理、信息科学、材料学及工程学等领域，年代为 1898—2000 年
电子报纸	中文报纸——方正	收录 300 种报纸的 2014 年数据，类型主要包括党报机关报、都市新闻报、行业专业报，实现资讯的全覆盖
音视频	视频资源——知识视界	收录视频为国外引进的教育、教学、科普类节目，包含尖端科学技术、科学现象及其原理、美丽自然风貌、悠远历史事件等。全部节目英文发音，外挂中英文字幕，共计 150 小时的视频专题节目
音视频	微学习	收录了考研、大学英语四六级、托福、雅思、法语、日语、生活英语、职场英语、公务员、司法考试、创业等 20 多类的视频课程，每个课程由多个独立的不超过 10 分钟的知识点组成，共有近 5 000 段视频
音视频	戏曲知识库	以中国戏曲文化知识为主题，通过对戏曲知识点的挖掘、揭示、关联，来实现知识的序化、共享、重用，构建完整的中国戏曲文化知识体系，并以之为依托，多维度整合包括音频、视频、图像、文字在内的多种类型的戏曲资源。突出知识全面、信息海量、表现形式丰富、操作便捷、内容拓展性强等特点，是集视频、音频、图片、文字等多种文件资源为一体的中国戏曲文化知识数字化资源平台

资源类型	资源名称	资源简介
数值事实	ArtBase 中国艺术图片库	收录中国古代和近现代 13.5 万张艺术精品图片，主要包含中国绘画库、中国书法库、中国陶瓷艺术库、中国玉石珠宝艺术库、中国古董珍玩库等单元
数值事实	政府公开信息资源	国家图书馆联合公共图书馆共同建设中国政府公开信息整合服务平台，为社会提供政府信息服务，通过全面采集并整合我国各级政府的公开信息，构建一个方便、快捷的政府公开信息整合服务门户，使用户能够一站式地发现并获取政府公开信息资源及相关服务
数值事实	北京燕京金石数据库（首都图书馆）	拓片是记录北京历史文献的重要载体之一。首都图书馆北京地方文献中心收藏有北京地区历代金石拓片 3 千余种，包括寺庙、官署、陵墓、会馆、题咏等，是重要的北京文献史料。目前本数据库收录了 1930—1934 年琉璃厂塔公所拓的 1 414 种拓片
数值事实	天津曲艺数据库（天津图书馆）	是由天津图书馆制作的特色自建数据库，该数据库包括曲艺知识、曲坛逸事、理论研究、曲种大观、名家名角、演出场所、获奖作品等内容，并主要介绍了天津的特色曲艺，如相声、评书、天津时调、快书、快板等
数值事实	黑龙江世纪英雄谱数据库（黑龙江省图书馆）	是黑龙江省图书馆收集历史资料制作而成的，其中包括人物简介、历史回忆、电子资料、影音资料等
数值事实	抗日战争历史图库（南京图书馆）	是南京图书馆收集抗战时期老照片整理制作而成的图片数据库，其中包括日本早期侵华、局部抗战、全面抗战、持久抗战、日军侵华暴行、全民抗战、国际关系、光荣胜利、审判战犯、抗战文化、抗战大事记、抗战人物 12 个部分，为我国研究抗战历史提供了事实依据
数值事实	湖南近代人物数据库（湖南图书馆）	收集了湖南省 1840—1919 年杰出人物的资料，包括湘军、辛亥、维新、三湘英烈等，全面介绍了名人的故居、手稿信札、文学著作等
数值事实	中国历代人物印鉴数据库（浙江图书馆）	始建于 2011 年 2 月，旨在收录我国历代知名人物的印鉴，传播中华优秀传统文化。本数据库涵盖人物姓名及汉语拼音、字号别称等
数值事实	太原市地方文献特色库（太原市图书馆）	主要围绕傅山文化及晋祠文化收集而成，其中包括傅山生平、傅山诗文、傅山医学、傅山书画、傅山碑刻、傅山研究与其他、晋祠 8 个部分

资源类型	资源名称	资源简介
数值事实	美国国会文献集（U. S. Congressional Serial Set）	是《美国历史文档》（*Archive of Americana*）系列数据库的子数据库之一。它包括 15 000 卷，超过 36 万种出版物，并有 52 000 张地图，以及许多插图与统计图表，和 13 000 张彩色地图。收录范围涵盖了 1789—1994 年美国国会文献的全部内容，包括美国参、众两院的报告、文件、期刊、行政部门的年度报告等
数值事实	国家报告（Country Report）	针对全球近 200 个国家或区域进行分析。它可以帮助读者及时掌握全球市场的主要事件，并研判这些事件在中短期内将会产生的影响
少儿资源	中少绘本	收录近 900 集少儿绘本，主要分为安全绘本库、童话绘本库、情商绘本库、益智绘本库、国学绘本库、青春卡通库、科普卡通库、桥梁绘本库等系列单元
少儿资源	世界文明史连环画	收录 1 470 种世界文明史系列连环画，内容涵盖政治、经济、科技、文化及社会生活等各领域，以图文并茂的连环画为载体，全面而生动地展示了世界文明的发展历程
少儿资源	哪吒看书	收录 800 余册少儿图书，资源以动画、有声、交互的形式展现，内容包含有声连环画、启蒙读物、经典文学等
少儿资源	中少动画资源库	收录 1 600 余集少儿动画，主要分为看故事、听儿歌和学知识三大类，包含安全自护故事、好孩子故事、益智故事、经典儿歌、快乐学知识等单元
工具书	清华同方工具书馆	精选国内 40 余家知名出版社共 100 部工具书，内容涵盖自然科学、工程技术、农业、医学、哲学与人文科学、社会科学、经济管理等学科领域，包括辞典、词典、字典、百科全书、手册、名录和语录等
档案全文	珍稀原始典藏档案合集：亚洲（Archives Unbound Asia）	主要包括以下 10 个主题：亚美事件，中国和战后反共热；中国内战和中美关系；美国国务院侨务办公室记录；新教徒传教士团中国记录；全球传教团和神学团体；处于战争和和平时代的日本——美国国务院保密文件的记录；日美搬迁营报纸——日常生活透视；整顿上海公共租界；美中贸易全国委员会 1973—1983 年的记录；抗议美国——抗战的越南退伍军人；来自国家安全委员会越南信息小组的情报报告
档案全文	解密档案参考系统（Declassified Documents Reference System）	是研究第二次世界大战后美国内政及国际关系的重要资源，涵盖了 10 万多份文档，超过 59.5 万多页的资料。本系统能够令读者非常轻松地检索出美国政府机关各个部门的广泛资料

资源类型	资源名称	资源简介
档案全文	解密后的数字化美国国家安全档案（Digital National Security Archive）	收录了大量珍贵的从1945年开始的美国对其他国家外交、军事政策的第一手资料，它是目前该领域内收录信息最全面的数据库，总页数达60多万页

附录八　2012 年度乡镇、街道（社区）公共电子阅览室系统集成方案

本方案是 2012 年度中央财政支持的全国各省乡镇、街道（社区）公共电子阅览室建设的系统集成参考方案，用于指导 2012 年度全国各省乡镇、街道（社区）公共电子阅览室管理信息系统集成建设工作。本方案（以下简称集成方案）依据"公共电子阅览室建设计划"实施方案，结合《2012 年度乡镇、街道（社区）公共电子阅览室增补配置标准》（以下简称配置标准）设计形成，包括集成工作要求、系统集成方案和系统集成项目验收三个方面。

一、集成工作要求

各省负责本省 2012 年度《乡镇、街道（社区）公共电子阅览室系统集成方案》的制定，并按本省建设计划组织开展乡镇、街道（社区）公共电子阅览室增补配置和集成项目的采购、部署、培训与验收工作。

按照建设计划完成本省所有乡镇、街道（社区）的系统集成工作后，由承建单位向省分中心提交《乡镇、街道（社区）公共电子阅览室系统集成验收单》。

二、系统集成方案

（一）整体实施步骤

1. 依据配置标准和集成方案，结合本地的实际情况，设计制定适合本省的《乡镇、街道（社区）公共电子阅览室系统集成和验收方案》，设计编制本省的《乡镇、街道（社区）公共电子阅览室系统集成验收单》。

2. 完成乡镇、街道（社区）公共电子阅览室系统集成的招标工作。

3. 按照 2012 年度建设计划，组织集成单位开展本省乡镇、街道（社区）公共电子阅览室系统集成工作。包括硬件集成和软件部署两部分，其中部署在乡镇、街道（社区）基层服务点的公共电子阅览室管理信息系统软件须按照本省的系统集成方案的要求，

统一标准。

4. 系统软件部署后，要求集成方完成本级系统与各角色之间的互联功能性验证。完成系统集成和系统试运行后，由集成方帮助初始化本级系统基本信息，并完成基本信息资料的上传；注册系统部署完成的并网时间。

系统试运行时间由本省制定的《乡镇、街道（社区）公共电子阅览室系统集成和验收方案》中明确给出。

5. 由集成单位负责现场培训，保证基层服务点工作人员学会系统的日常运行的基本操作流程、基本使用方法和开关机顺序。现场向工作人员发放《公共电子阅览室管理信息系统使用和维护手册》，该手册应在省分中心的指导下，由集成单位编制印刷。

6. 签署《乡镇、街道（社区）公共电子阅览室系统集成验收单》，完成该基层服务点的系统集成工作。

（二）集成要求及内容

1. 网络及服务设备环境要求

1）基层服务点如有条件应考虑独立的设备运行空间，与读者终端阅览室隔离，如不能满足，应将设备安置易于看管的位置。

2）设备安放应避免阳光直射的位置，顶棚、墙壁和地面需要经过防尘防潮处理，地面可采用防静电地板或防静电漆方式，个别地区需有防蛇鼠虫蚁措施。

3）供电标准：通过 UPS 或净化稳压电源等设备，满足输出 220V 国标供电；UPS供电延时不小于半小时。

4）温湿度：恒温（恒湿可选），常年温度变化范围在 20℃～25℃，湿度 30％～50％，无凝霜。如不能满足条件，应至少满足已购置和新购置设备运行的温湿度要求下限，以防损坏设备。

5）综合布线要求：强电（动力、照明、取暖等）和弱电（信息、控制）电缆的敷设间距要在 50cm 以上，并分别以金属或 PVC 材质线槽或管道进行固定，强电进线端、设备供电的输出端均配合断路器。如使用机柜和防静电地板来安放设备，机柜前端地板下适合敷设强电电缆，后面则适合敷设弱电电缆（或桥架走线）。

6）网络设备与计算机或服务器之间网络连接不低于 CAT. 5 UDP 标准。

7）如有独立机房：机房由专人进行管理，有门锁（或门禁），无人操作期间须处于锁闭状态。

2. 电子阅览室及终端安装要求

1）选址标准、装修标准，以及材料均要满足当地的消防要求，配置适合计算机设备使用的消防设施，符合消防标准的出入口指示标志。

2）电子阅览室桌椅坚固可靠排布合理，室内有主动照明。

3）入口处配备管理值班席，配备管理值班人员使用的管理用终端电脑等设备，以及视频监控系统，入口明显位置张贴《电子阅览室管理规定》等管理制度。

4)综合布线要求：综合布线系统的干线和接口应选择读者不易接触到的地方。强电（动力、照明、取暖等）和弱电（信息、控制）电缆的敷设间距要在 50cm 以上，并分别以金属或 PVC 材质线槽或管道进行固定，不可裸露。强电进线端使用断路器，整体要有规范的接地系统。终端的强电接口使用带有防水保护盖的明盒或暗盒直接连接到综合布线系统，尽量不使用插排二次转接，严禁使用临时性质的、不安全的供电连接方式。

5)网络结构：采用网络交换机连接所有终端、服务器、上网接入设备和无线接入 AP。见右图。其中服务器是选配项，有条件的地区建议采购服务器以更好地支撑本地电子阅览室管理信息系统的正常运行。

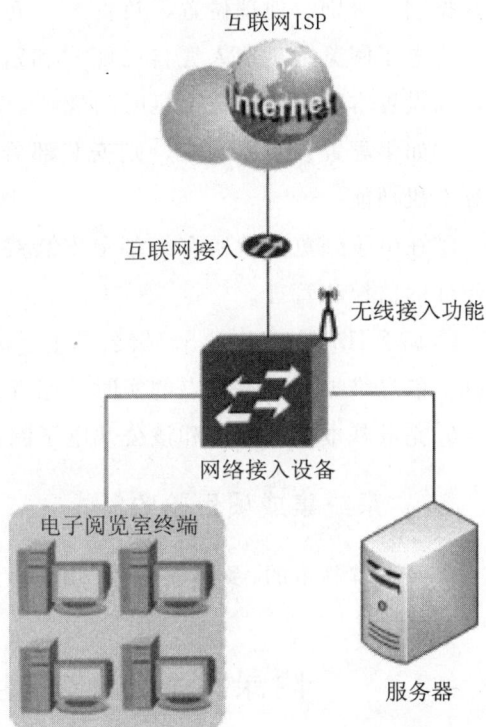

网络布线基本以 CAT.5 UDP 及以上标准。台终端设备的 IP 地址与 MAC 地址进行绑定，以便记录上网者使用的终端设备及上网内容记录。

3. 电子阅览室终端及管理端的安装要求

1)管理端及终端磁盘空间划分要求

管理端与终端的硬盘容量均为 320GB，建议划分为两个逻辑盘，并采用 NTFS 格式。

系统分区（C：）可划分为 120GB；其余作为数据分区（D：）。

2)在管理端和各终端计算机上分别安装操作系统。

3)数据库

乡镇级的数据库系统原则上采用免费系统，例如：MYSQL。根据集成规范，进行数据库（MYSQL）的安装、调试。

4)管理信息系统软件集成

乡镇（街道）、街道采用本省确定的平台软件，完成本乡镇（街道）、街道公共电子阅览室管理信息系统软件的建设工作。

具体集成工作如下：

①运行公共电子阅览室管理端安装程序，部署公共电子阅览室管理端程序，在管理端使用默认管理员账户和密码登录管理系统，创建电子阅览室（包括电子阅览室名

称、类别、级别、地理位置、负责人、负责人联系方式等基本信息）

②电子阅览室负责人凭自己账户和密码登录管理系统，对电子阅览室进行维护配置，如设置本电子阅览室上机时间规则、对电子阅览室终端计算机的监控和管理等。

③如果配置读卡器设备，则安装部署刷卡端软件，验证并实现用户的自助式刷卡认证上机功能。

④在电子阅览室的所有终端上安装终端软件，验证并实现对电子阅览室所有终端软硬件的监控和管理。

⑤基于 IIS 服务环境，部署公共电子阅览室 WEB 管理端，用于对公共电子阅览室的基本信息维护、对本节点的实时状态查看、记录查询以及报表的统计。

⑥完成基本信息上传和该公共电子阅览室的入网注册。

三、系统集成项目验收

参照本省制定的《乡镇、街道(社区)公共电子阅览室系统集成和验收方案》执行。

附录九 2012 年度乡镇、街道(社区)
公共电子阅览室增补配置标准

本标准是 2012 年度中央财政支持的乡镇、街道(社区)公共电子阅览室增补配置参考文件，用于指导 2012 年度全国各省的乡镇、街道(社区)公共电子阅览室管理信息系统的建设工作。本标准包括网络配置、硬件设备配置和系统软件配置三个方面。具体说明如下：

公共电子阅览室乡镇、街道(社区)基层服务点增补配置方案是在原有建设基础上的补充和完善，增补配置预算为乡镇(街道)2 万元、街道 1.5 万元。各省应根据已有设备配置和使用情况，合理升级设备配置，达到乡镇(街道)基层服务点 10 台计算机、街道基层服务点 12 台计算机的配置标准。

公共电子阅览室建设工作，建议由省分中心依据本标准，以及本省开发的平台软件或采用国家中心提供的平台软件的运行环境要求，对本省公共电子阅览室建设制定统一的技术方案，以实现公共电子阅览室的系统硬件、系统软件、电子阅览室软件能够达到最好的兼容性，实现最优的运行效果。

1. 对配置标准表格中的"方案"一项的说明：可选配置项用"X"表示，必配项用"Q"表示。

2. 如本标准中的配置未能满足实际要求的，可以适当提高配置或增加设备容量。

分类	序号	名称	详细参数	数量	单位	方案	备注
网络	1	网络接入带宽	互联网接入带宽大于等于2Mbps	1	套	Q	保证12台以上计算机上网能力
计算机	2	服务器	塔式服务器，1个INTEL Xeon 5620/E5或AMD Opteron 2400以上处理器，ECC DDR3内存8G，SATA硬盘2*1TB，支持RAID0、1，双1000M网卡，含17英寸以上液晶显示器及键盘鼠标，配Windows 2008 server操作系统。原厂3年以上免费现场质保，省内提供备件服务	1	台	X	用于运行本级公共电子阅览室管理信息系统软件的运行
	3	计算机终端	Intel Core i3 2120或AMD Phenom Ⅱ X4 965处理器，内存2G，硬盘容量500GB，光驱类型：DVD-ROM，90−265V宽幅电压电源350W，17英寸以上液晶显示器，配操作系统，具备系统还原功能，平均无故障运行时间MTBF 50万小时认证，原厂商3年以上免费现场质保	增至10—12	台	Q	乡镇和社区在原有基础上达到10台。街道在原有基础上达到12台
软件	4	公共电子阅览室管理软件	符合《公共电子阅览室建设计划实施方案》和《公共电子阅览室管理信息系统功能规范》的要求。按照2012年度省级公共电子阅览室建设方案选用应用系统软件	1	套	Q	用于管理本级公共电子阅览室
	5	杀毒软件	随计算机终端机自带，3年免费升级病毒库	若干	套	Q	与公共电子阅览室计算机数量配套
	6	OS	Windows 2008 server(及以上版本)操作系统	1	套	X	用于管理软件安装运行

附录十　关于推进县级文化馆图书馆总分馆制建设的指导意见

推进以县级文化馆、图书馆为中心的总分馆制建设，是构建现代公共文化服务体系的重要任务，对于有效整合公共文化资源、提高公共文化服务效能、促进优质资源向基层倾斜和延伸具有重要的推动作用。近年来，地方各级人民政府和有关部门加大政策支持和资金投入力度，文化馆（站）、公共图书馆（室）设施网络不断完善，服务条件显著改善，但仍存在县级馆服务能力不强、县域内公共文化资源缺乏整合、城乡公共文化服务发展不均衡等突出问题。为推进县域公共文化资源共建共享和服务效能提升，促进县级文化馆、图书馆总分馆制建设，经国务院同意，现提出如下意见。

一、指导思想

全面贯彻落实党的十八大和十八届三中、四中、五中、六中全会精神，深入贯彻习近平总书记系列重要讲话精神和治国理政新理念新思想新战略，认真落实党中央、国务院决策部署，坚持以社会主义核心价值观为引领，坚持以人民为中心，以县为基本单位，以乡村为重点，以统筹发展、提高效能、促进均等为原则，推动具备条件的地方因地制宜推进县级文化馆、图书馆总分馆制建设，发挥县级总馆在县域公共文化建设中的中枢作用，通过分馆把优质公共文化服务延伸到基层农村，增加公共文化产品和服务供给，为更好地满足广大群众基本文化需求创造良好条件，提供有力保障。

二、基本原则

政府主导，统筹实施。发挥县级人民政府在总分馆制建设规划、组织和推进方面的统筹作用，优化县域公共文化资源配置，完善配套措施，鼓励社会参与，确保有序推进。

改革创新，提升效能。围绕建、管、用等关键环节，创新管理体制和运行机制，实现文化资源在县域内联动共享，做到物尽其用、人尽其才，发挥整体优势，提升综合效益。

强化基层，促进均等。以乡村两级为重点，以需求为导向，促进公共文化资源向基层特别是农村倾斜，增加基层公共文化资源总量，保障城乡群众普遍均等地享有基本公共文化服务。

实事求是，分类推进。坚持因地制宜、试点先行，根据东中西地区实际，稳步推进、分类指导，及时总结建设经验，发挥典型示范作用，探索具有不同区域特点的总分馆制。

三、工作目标

到 2020 年，全国具备条件的地区因地制宜建立起上下联通、服务优质、有效覆盖的县级文化馆、图书馆总分馆制，广大基层群众享受的基本公共文化服务内容更加丰富，途径更加便捷，质量显著提升，均等化水平稳步提高。

四、主要措施

（一）把总分馆制建设纳入现代公共文化服务体系。坚持政府主导，科学规划，由省级文化行政部门牵头，有关部门参与，统筹制定本地实施方案和建设规划，由县级人民政府具体组织实施。各地根据实际，综合考虑当地经济社会发展水平、自然条件、人口分布和文化基础等因素，合理确定总分馆的布局、规模和标准。已经实施总分馆制的地方，重在总结经验、完善制度和宣传推广；尚未实施但具备条件的地方，要借鉴成功经验，坚持试点先行，积极探索和选择适合本地实际的总分馆建设模式；暂不具备建设条件的地方，要采取有力措施，尽快达到建设总分馆制的基本要求。

（二）明确功能与运行机制。通过县级文化馆总分馆制，整合县域内群众文化艺术资源，加强对县域内文化活动、文艺创作、文艺辅导、送戏下乡、队伍培训以及演出器材设备调配等方面的统筹。通过县级图书馆总分馆制，整合县域内的公共阅读资源，实行总馆主导下的文献资源统一采购、统一编目、统一配送、通借通还和人员的统一培训。总馆对分馆的管理重在业务指导和资源调配。分馆按照总馆的工作安排和服务标准，面向基层群众提供与总馆水平相当的基本服务。有条件的地方可以探索总馆统一管理或参与管理各分馆人财物。

（三）因地制宜推进总分馆制建设。根据地方实际情况，在试点的基础上积极稳妥推进，主要依托县级文化馆、图书馆和乡镇（街道）综合文化站、村（社区）综合性文化服务中心等进行建设，符合条件的县级馆为总馆，在乡村两级基层综合性文化服务中心设置分馆。推动农家书屋与县级图书馆资源整合和互联互通，符合条件的农家书屋成为图书馆分馆。没有成为分馆的其他基层公共文化设施可以设立基层服务点，作为总分馆服务的补充和延伸。

（四）创新服务方式和手段。总馆和分馆要积极畅通群众文化需求反馈渠道，采取"订单"服务方式，实现供需有效对接。充分发挥互联网等现代信息技术优势，利用国家公共数字文化工程和资源，打造县域公共数字文化服务平台。充分利用流动舞台车、流动图书车等设施和手段，广泛开展流动文化服务，扩大公共文化服务的有效覆盖。

（五）引导社会力量参与总分馆制建设。鼓励具备条件的学校、科研机构、企业等的图书馆（室）、职工书屋、文化室等根据自身职能特点，在自愿原则下成为县级文化馆或图书馆的分馆。鼓励符合条件、具有资质的上网服务场所成为总分馆的基层服务点。鼓励企业、社会组织和其他社会力量，通过直接投资、赞助活动、提供产品和服务，以及采取公益创投、公益众筹等方式，依法依规有序参与总分馆制建设。有条件的地方可探索引入社会专业机构，采取委托管理或连锁运营的方式，通过专业化服务、科学化管理，做好总分馆日常管理运行。大力推进文化志愿服务，动员社会专业人士参与总分馆制管理运行。

（六）进一步健全城乡基层公共文化设施网络。按照填平补齐原则，继续推进县、乡、村三级公共文化设施网络建设。没有县级文化馆、图书馆或设施未达标的县级人民政府，根据实际需要进行必要的新建或改扩建，鼓励充分利用现有设施和资源进行改造。基层综合性文化服务中心建设和运营管理，要主动纳入县级文化馆、图书馆总分馆制统筹推进，优化资源配置，提高服务效能，推动县域内公共文化设施实现有效联通和全覆盖。

五、组织保障

（一）明确工作责任。各地要把建立县级文化馆、图书馆总分馆制作为加快构建现代公共文化服务体系的重要内容，纳入政府重要议事日程，明确时间表、路线图，加快推进实施。各级文化行政部门要加强与有关部门的统筹协调，推动工作开展，形成工作合力。各有关部门要积极配合，加强基层文化资源的共建共享。省级和设区的市级文化馆、图书馆要大力支持县级文化馆、图书馆总分馆制建设，加强业务指导。

（二）提供投入保障。各地要对本地区基本的公共文化设施建设给予支持，完善设施网络，为实施总分馆制提供必要的基础设施条件。地方各级财政部门要通过现有资金渠道，为总分馆制建设和运营中属于公共财政支持范围的事项提供必要的资金支持。鼓励县级文化馆、图书馆总馆在符合有关规定前提下，统筹利用有关资金渠道，按照规划目标统一采购、调配资源。各省（区、市）要对率先开展试点工作并取得积极成果的县（市、区）给予一定支持。

（三）加强队伍建设。各有关部门要在现有编制总量内，落实《国家基本公共文化服务指导标准》（2015—2020 年）规定的乡镇（街道）综合文化站编制政策。根据总分馆的规模、服务人口和服务方式，统筹总馆、分馆的人员配置。加强对总分馆工作人员的培训、考核、管理。有条件的地区可通过政府购买服务方式，解决总分馆人员不足的问题。

（四）完善评估机制。地方各级人民政府要把县级文化馆、图书馆总分馆制建设情况纳入公共文化服务考核指标。县级文化行政部门负责对本县总分馆制建设和运行情况进行日常评估和考核，并积极推动考核结果与相关单位预算安排、收入分配和负责人奖惩挂钩。有条件的地方可引入第三方对总分馆服务效能开展公众满意度测评。

附录十一　中华人民共和国公共文化服务保障法

（2016 年 12 月 25 日第十二届全国人民代表大会党务委员会第二十五次会议通过）

第一章　总　则

第一条　为了加强公共文化服务体系建设，丰富人民群众精神文化生活，传承中华优秀传统文化，弘扬社会主义核心价值观，增强文化自信，促进中国特色社会主义文化繁荣发展，提高全民族文明素质，制定本法。

第二条　本法所称公共文化服务，是指由政府主导、社会力量参与，以满足公民基本文化需求为主要目的而提供的公共文化设施、文化产品、文化活动以及其他相关服务。

第三条　公共文化服务应当坚持社会主义先进文化前进方向，坚持以人民为中心，坚持以社会主义核心价值观为引领；应当按照"百花齐放、百家争鸣"的方针，支持优秀公共文化产品的创作生产，丰富公共文化服务内容。

第四条　县级以上人民政府应当将公共文化服务纳入本级国民经济和社会发展规划，按照公益性、基本性、均等性、便利性的要求，加强公共文化设施建设，完善公共文化服务体系，提高公共文化服务效能。

第五条　国务院根据公民基本文化需求和经济社会发展水平，制定并调整国家基本公共文化服务指导标准。

省、自治区、直辖市人民政府根据国家基本公共文化服务指导标准，结合当地实际需求、财政能力和文化特色，制定并调整本行政区域的基本公共文化服务实施标准。

第六条　国务院建立公共文化服务综合协调机制，指导、协调、推动全国公共文化服务工作。国务院文化主管部门承担综合协调具体职责。

地方各级人民政府应当加强对公共文化服务的统筹协调，推动实现共建共享。

第七条　国务院文化主管部门、新闻出版广电主管部门依照本法和国务院规定的职责负责全国的公共文化服务工作；国务院其他有关部门在各自职责范围内负责相关公共文化服务工作。

县级以上地方人民政府文化、新闻出版广电主管部门根据其职责负责本行政区域内的公共文化服务工作；县级以上地方人民政府其他有关部门在各自职责范围内负责相关公共文化服务工作。

第八条　国家扶助革命老区、民族地区、边疆地区、贫困地区的公共文化服务，促进公共文化服务均衡协调发展。

第九条　各级人民政府应当根据未成年人、老年人、残疾人和流动人口等群体的特点与需求，提供相应的公共文化服务。

第十条　国家鼓励和支持公共文化服务与学校教育相结合，充分发挥公共文化服务的社会教育功能，提高青少年思想道德和科学文化素质。

第十一条　国家鼓励和支持发挥科技在公共文化服务中的作用，推动运用现代信息技术和传播技术，提高公众的科学素养和公共文化服务水平。

第十二条　国家鼓励和支持在公共文化服务领域开展国际合作与交流。

第十三条　国家鼓励和支持公民、法人和其他组织参与公共文化服务。

对在公共文化服务中作出突出贡献的公民、法人和其他组织，依法给予表彰和奖励。

第二章　公共文化设施建设与管理

第十四条　本法所称公共文化设施是指用于提供公共文化服务的建筑物、场地和设备，主要包括图书馆、博物馆、文化馆（站）、美术馆、科技馆、纪念馆、体育场馆、工人文化宫、青少年宫、妇女儿童活动中心、老年人活动中心、乡镇（街道）和村（社区）基层综合性文化服务中心、农家（职工）书屋、公共阅报栏（屏）、广播电视播出传输覆盖设施、公共数字文化服务点等。

县级以上地方人民政府应当将本行政区域内的公共文化设施目录及有关信息予以公布。

第十五条　县级以上地方人民政府应当将公共文化设施建设纳入本级城乡规划，根据国家基本公共文化服务指导标准、省级基本公共文化服务实施标准，结合当地经济社会发展水平、人口状况、环境条件、文化特色，合理确定公共文化设施的种类、数量、规模以及布局，形成场馆服务、流动服务和数字服务相结合的公共文化设施网络。

公共文化设施的选址，应当征求公众意见，符合公共文化设施的功能和特点，有利于发挥其作用。

第十六条　公共文化设施的建设用地，应当符合土地利用总体规划和城乡规划，并依照法定程序审批。

任何单位和个人不得侵占公共文化设施建设用地或者擅自改变其用途。因特殊情况需要调整公共文化设施建设用地的，应当重新确定建设用地。调整后的公共文化设施建设用地不得少于原有面积。

新建、改建、扩建居民住宅区，应当按照有关规定、标准，规划和建设配套的公共文化设施。

第十七条　公共文化设施的设计和建设，应当符合实用、安全、科学、美观、环保、节约的要求和国家规定的标准，并配置无障碍设施设备。

第十八条　地方各级人民政府可以采取新建、改建、扩建、合建、租赁、利用现有公共设施等多种方式，加强乡镇（街道）、村（社区）基层综合性文化服务中心建设，推动基层有关公共设施的统一管理、综合利用，并保障其正常运行。

第十九条　任何单位和个人不得擅自拆除公共文化设施，不得擅自改变公共文化设施的功能、用途或者妨碍其正常运行，不得侵占、挪用公共文化设施，不得将公共文化设施用于与公共文化服务无关的商业经营活动。

因城乡建设确需拆除公共文化设施，或者改变其功能、用途的，应当依照有关法律、行政法规的规定重建、改建，并坚持先建设后拆除或者建设拆除同时进行的原则。重建、改建的公共文化设施的设施配置标准、建筑面积等不得降低。

第二十条　公共文化设施管理单位应当按照国家规定的标准，配置和更新必需的服务内容和设备，加强公共文化设施经常性维护管理工作，保障公共文化设施的正常使用和运转。

第二十一条　公共文化设施管理单位应当建立健全管理制度和服务规范，建立公共文化设施资产统计报告制度和公共文化服务开展情况的年报制度。

第二十二条　公共文化设施管理单位应当建立健全安全管理制度，开展公共文化设施及公众活动的安全评价，依法配备安全保护设备和人员，保障公共文化设施和公众活动安全。

第二十三条　各级人民政府应当建立有公众参与的公共文化设施使用效能考核评价制度，公共文化设施管理单位应当根据评价结果改进工作，提高服务质量。

第二十四条　国家推动公共图书馆、博物馆、文化馆等公共文化设施管理单位根据其功能定位建立健全法人治理结构，吸收有关方面代表、专业人士和公众参与管理。

第二十五条　国家鼓励和支持公民、法人和其他组织兴建、捐建或者与政府部门合作建设公共文化设施，鼓励公民、法人和其他组织依法参与公共文化设施的运营和管理。

第二十六条　公众在使用公共文化设施时，应当遵守公共秩序，爱护公共设施，不得损坏公共设施设备和物品。

第三章　公共文化服务提供

第二十七条　各级人民政府应当充分利用公共文化设施，促进优秀公共文化产品的提供和传播，支持开展全民阅读、全民普法、全民健身、全民科普和艺术普及、优秀传统文化传承活动。

第二十八条　设区的市级、县级地方人民政府应当根据国家基本公共文化服务指导标准和省、自治区、直辖市基本公共文化服务实施标准，结合当地实际，制定公布本行政区域公共文化服务目录并组织实施。

第二十九条　公益性文化单位应当完善服务项目、丰富服务内容，创造条件向公众提供免费或者优惠的文艺演出、陈列展览、电影放映、广播电视节目收听收看、阅读服务、艺术培训等，并为公众开展文化活动提供支持和帮助。

国家鼓励经营性文化单位提供免费或者优惠的公共文化产品和文化活动。

第三十条　基层综合性文化服务中心应当加强资源整合，建立完善公共文化服务网络，充分发挥统筹服务功能，为公众提供书报阅读、影视观赏、戏曲表演、普法教育、艺术普及、科学普及、广播播送、互联网上网和群众性文化体育活动等公共文化服务，并根据其功能特点，因地制宜提供其他公共服务。

第三十一条　公共文化设施应当根据其功能、特点，按照国家有关规定，向公众免费或者优惠开放。

公共文化设施开放收取费用的，应当每月定期向中小学生免费开放。

公共文化设施开放或者提供培训服务等收取费用的，应当报经县级以上人民政府有关部门批准；收取的费用，应当用于公共文化设施的维护、管理和事业发展，不得挪作他用。

公共文化设施管理单位应当公示服务项目和开放时间；临时停止开放的，应当及时公告。

第三十二条 国家鼓励和支持机关、学校、企业事业单位的文化体育设施向公众开放。

第三十三条 国家统筹规划公共数字文化建设，构建标准统一、互联互通的公共数字文化服务网络，建设公共文化信息资源库，实现基层网络服务共建共享。

国家支持开发数字文化产品，推动利用宽带互联网、移动互联网、广播电视网和卫星网络提供公共文化服务。

地方各级人民政府应当加强基层公共文化设施的数字化和网络建设，提高数字化和网络服务能力。

第三十四条 地方各级人民政府应当采取多种方式，因地制宜提供流动文化服务。

第三十五条 国家重点增加农村地区图书、报刊、戏曲、电影、广播电视节目、网络信息内容、节庆活动、体育健身活动等公共文化产品供给，促进城乡公共文化服务均等化。

面向农村提供的图书、报刊、电影等公共文化产品应当符合农村特点和需求，提高针对性和时效性。

第三十六条 地方各级人民政府应当根据当地实际情况，在人员流动量较大的公共场所、务工人员较为集中的区域以及留守妇女儿童较为集中的农村地区，配备必要的设施，采取多种形式，提供便利可及的公共文化服务。

第三十七条 国家鼓励公民主动参与公共文化服务，自主开展健康文明的群众性文化体育活动；地方各级人民政府应当给予必要的指导、支持和帮助。

居民委员会、村民委员会应当根据居民的需求开展群众性文化体育活动，并协助当地人民政府有关部门开展公共文化服务相关工作。

国家机关、社会组织、企业事业单位应当结合自身特点和需要，组织开展群众性文化体育活动，丰富职工文化生活。

第三十八条 地方各级人民政府应当加强面向在校学生的公共文化服务，支持学校开展适合在校学生特点的文化体育活动，促进德智体美教育。

第三十九条 地方各级人民政府应当支持军队基层文化建设，丰富军营文化体育活动，加强军民文化融合。

第四十条 国家加强民族语言文字文化产品的供给，加强优秀公共文化产品的民族语言文字译制及其在民族地区的传播，鼓励和扶助民族文化产品的创作生产，支持开展具有民族特色的群众性文化体育活动。

第四十一条 国务院和省、自治区、直辖市人民政府制定政府购买公共文化服务的指导性意见和目录。国务院有关部门和县级以上地方人民政府应当根据指导性意见和目录，结合实际情况，确定购买的具体项目和内容，及时向社会公布。

第四十二条　国家鼓励和支持公民、法人和其他组织通过兴办实体、资助项目、赞助活动、提供设施、捐赠产品等方式，参与提供公共文化服务。

第四十三条　国家倡导和鼓励公民、法人和其他组织参与文化志愿服务。

公共文化设施管理单位应当建立文化志愿服务机制，组织开展文化志愿服务活动。

县级以上地方人民政府有关部门应当对文化志愿活动给予必要的指导和支持，并建立管理评价、教育培训和激励保障机制。

第四十四条　任何组织和个人不得利用公共文化设施、文化产品、文化活动以及其他相关服务，从事危害国家安全、损害社会公共利益和其他违反法律法规的活动。

第四章　保障措施

第四十五条　国务院和地方各级人民政府应当根据公共文化服务的事权和支出责任，将公共文化服务经费纳入本级预算，安排公共文化服务所需资金。

第四十六条　国务院和省、自治区、直辖市人民政府应当增加投入，通过转移支付等方式，重点扶助革命老区、民族地区、边疆地区、贫困地区开展公共文化服务。

国家鼓励和支持经济发达地区对革命老区、民族地区、边疆地区、贫困地区的公共文化服务提供援助。

第四十七条　免费或者优惠开放的公共文化设施，按照国家规定享受补助。

第四十八条　国家鼓励社会资本依法投入公共文化服务，拓宽公共文化服务资金来源渠道。

第四十九条　国家采取政府购买服务等措施，支持公民、法人和其他组织参与提供公共文化服务。

第五十条　公民、法人和其他组织通过公益性社会团体或者县级以上人民政府及其部门，捐赠财产用于公共文化服务的，依法享受税收优惠。

国家鼓励通过捐赠等方式设立公共文化服务基金，专门用于公共文化服务。

第五十一条　地方各级人民政府应当按照公共文化设施的功能、任务和服务人口规模，合理设置公共文化服务岗位，配备相应专业人员。

第五十二条　国家鼓励和支持文化专业人员、高校毕业生和志愿者到基层从事公共文化服务工作。

第五十三条　国家鼓励和支持公民、法人和其他组织依法成立公共文化服务领域的社会组织，推动公共文化服务社会化、专业化发展。

第五十四条　国家支持公共文化服务理论研究，加强多层次专业人才教育和培训。

第五十五条　县级以上人民政府应当建立健全公共文化服务资金使用的监督和统计公告制度，加强绩效考评，确保资金用于公共文化服务。任何单位和个人不得侵占、挪用公共文化服务资金。

审计机关应当依法加强对公共文化服务资金的审计监督。

第五十六条　各级人民政府应当加强对公共文化服务工作的监督检查，建立反映公众文化需求的征询反馈制度和有公众参与的公共文化服务考核评价制度，并将考核评价结果作为确定补贴或者奖励的依据。

第五十七条　各级人民政府及有关部门应当及时公开公共文化服务信息，主动接受社会监督。

新闻媒体应当积极开展公共文化服务的宣传报道，并加强舆论监督。

第五章　法律责任

第五十八条　违反本法规定，地方各级人民政府和县级以上人民政府有关部门未履行公共文化服务保障职责的，由其上级机关或者监察机关责令限期改正；情节严重的，对直接负责的主管人员和其他直接责任人员依法给予处分。

第五十九条　违反本法规定，地方各级人民政府和县级以上人民政府有关部门，有下列行为之一的，由其上级机关或者监察机关责令限期改正；情节严重的，对直接负责的主管人员和其他直接责任人员依法给予处分：

（一）侵占、挪用公共文化服务资金的；

（二）擅自拆除、侵占、挪用公共文化设施，或者改变其功能、用途，或者妨碍其正常运行的；

（三）未依照本法规定重建公共文化设施的；

（四）滥用职权、玩忽职守、徇私舞弊的。

第六十条　违反本法规定，侵占公共文化设施的建设用地或者擅自改变其用途的，由县级以上地方人民政府土地主管部门、城乡规划主管部门依据各自职责责令限期改正；逾期不改正的，由作出决定的机关依法强制执行，或者依法申请人民法院强制执行。

第六十一条　违反本法规定，公共文化设施管理单位有下列情形之一的，由其主管部门责令限期改正；造成严重后果的，对直接负责的主管人员和其他直接责任人员，依法给予处分：

（一）未按照规定对公众开放的；

（二）未公示服务项目、开放时间等事项的；

（三）未建立安全管理制度的；

（四）因管理不善造成损失的。

第六十二条　违反本法规定，公共文化设施管理单位有下列行为之一的，由其主管部门或者价格主管部门责令限期改正，没收违法所得，违法所得五千元以上的，并处违法所得两倍以上五倍以下罚款；没有违法所得或者违法所得五千元以下的，可以处一万元以下的罚款；对直接负责的主管人员和其他直接责任人员，依法给予处分：

（一）开展与公共文化设施功能、用途不符的服务活动的；

（二）对应当免费开放的公共文化设施收费或者变相收费的；

（三）收取费用未用于公共文化设施的维护、管理和事业发展，挪作他用的。

第六十三条 违反本法规定，损害他人民事权益的，依法承担民事责任；构成违反治安管理行为的，由公安机关依法给予治安管理处罚；构成犯罪的，依法追究刑事责任。

第六章 附 则

第六十四条 境外自然人、法人和其他组织在中国境内从事公共文化服务的，应当符合相关法律、行政法规的规定。

第六十五条 本法自 2017 年 3 月 1 日起施行。

附录十二 "十三五"时期全国公共图书馆事业发展规划

为推动"十三五"时期公共图书馆事业科学发展，加快构建现代公共文化服务体系，更好地保障人民群众基本文化权益，根据《中华人民共和国公共文化服务保障法》《国家"十三五"时期文化发展改革规划纲要》《文化部"十三五"时期文化发展改革规划》有关精神，特制定本规划。

一、总体要求

（一）指导思想

全面贯彻党的十八大和十八届三中、四中、五中、六中全会精神，深入贯彻落实习近平总书记系列重要讲话精神和治国理政新理念新思想新战略，围绕中央关于加快构建现代公共文化服务体系的决策部署，按照公益性、基本性、均等性和便利性要求，以完善设施网络为基础，以丰富服务内容、强化资源整合、提高服务效能为重点，以完善体制机制为保障，努力构建覆盖城乡、服务高效、惠及全民的公共图书馆服务网络，进一步推进全民阅读，坚定文化自信，提高全民族科学文化素质和社会文明程度，增强人民群众对公共文化服务的获得感。

（二）基本原则

1. 坚持导向、服务大局。坚持社会主义先进文化的前进方向，坚持以人民为中心，以社会主义核心价值观为引领，牢固树立阵地意识，传播先进文化，促进在全社会形成积极向上的精神追求，助推全面建成小康社会目标实现。

2. 政府主导、社会参与。将公共图书馆事业发展纳入现代公共文化服务体系，加强组织领导、政策支持和监督管理，落实基本公共文化服务标准，鼓励和引导社会力量参与公共图书馆的建设、管理和服务。

3. 统筹兼顾、创新发展。立足实际，加强指导，统筹推进区域之间和城乡之间公共图书馆均衡发展，建立覆盖全社会的公共图书馆服务体系，创新管理体制和运行机制，进一步增强发展活力。

4. 服务基层、提升效能。坚持重心下移、资源下移、服务下移，加强资源整合，把优质公共文化服务向城乡基层延伸，完善群众评价和反馈机制，提升服务的针对性和有效性，促进供需有效对接。

（三）主要目标

到 2020 年，全国公共图书馆设施网络进一步完善，文献资源保障能力明显增强，县级图书馆总分馆制基本建立，公共图书馆服务标准化、均等化水平显著提高，信息网络等新技术应用更加普及，法人治理结构建设积极推进，人才队伍建设有效加强，政策法律保障更加有力，社会力量广泛参与，公众对公共图书馆服务的满意度持续提升。

"十三五"时期全国公共图书馆事业发展主要指标

类别	指标		单位	2015 年	2020 年
设施网络	公共图书馆达标率（部颁三级以上）		％	72.50	80
设施网络	每万人公共图书馆建筑面积		平方米	94.7	110
	阅览室座席数		万个	91.07	105
文献资源	人均公共图书馆藏书量		册	0.61	1
	人均公共图书馆年新增图书藏量		册	0.04	0.08
	人均公共图书馆购书经费		元	1.43	1.8
	县均公共图书馆数字资源		TB	—	5
服务效能	有效读者总人数		万人	5721	8000
	年流通人次		亿人次	5.89	8
	文献外借册次		亿册次	5.09	8
队伍建设	专业技术人员比例	高级职称	％	10.2	12.7
		中级职称		32.7	33

二、重点任务

（一）完善公共图书馆设施服务网络

1. 加强公共图书馆设施建设。加强对公共图书馆布局的统筹规划，在"十二五"建设的基础上，按照均衡配置、规模适当、经济适用、节能环保等要求，根据城乡发展和人口分布，推动地方建成比较完备的公共图书馆设施网络，对设施空白或不达标的地市级和县级公共图书馆进行新建、改建和扩建，重点加强对贫困地区公共图书馆的统筹规划建设。

2. 推进乡镇（街道）、村（社区）图书室建设。推动乡、村基层综合性文化服务中心建设，按照相关建设标准和要求设立图书室，配备相应的器材设备，完善管理制度。村级不具备单独设立图书室条件的，可开辟图书阅览区。

3. 加强流动服务设施与数字服务设施建设。鼓励有条件的地方为公共图书馆配置流动图书车或具有借阅功能的流动文化车。重点为革命老区、民族地区、边疆地区和贫困地区公共图书馆配备流动服务设施设备。依托文化信息资源共享工程、公共电子阅览室建设计划、数字图书馆推广工程，加强公共图书馆数字服务设施建设，并配置相应器材设备。

4. 加快推进县级图书馆总分馆制建设。落实文化部等部委《关于推进县级文化馆图书馆总分馆制建设的指导意见》，因地制宜建立以县级图书馆为总馆，乡镇（街道）综合文化站为分馆，村（社区）综合性文化服务中心为基层服务点，上下联通、资源共享、有效覆盖的总分馆体系。通过总分馆制，整合县域内的公共阅读资源，实现总馆主导下的文献资源统一采购、统一编目、统一配送、通借通还和人员的统一培训。加强部门协同，推动符合条件的农家书屋成为图书馆分馆。鼓励符合条件、具有资质的上网服务场所成为总分馆的基层服务点。

专栏1：公共图书馆设施网络建设

项目1：流动图书车配备项目

国家和省级重点为革命老区、民族地区、边疆地区和贫困地区配备流动图书车，有条件的市、县为辖区图书馆配备流动图书车，合理设置服务网点及营运路线，根据基层群众需要，开展图书借阅、流动办证、流动展览、流动讲座、数字资源流动下载等多种形式的服务，有效拓展服务半径。

项目2：城市24小时阅读服务空间

鼓励地方采取与社会力量合作等方式，建设自助图书服务空间，因地制宜设置自助图书设备，开展办证、阅览、外借等24小时图书服务；科学规划自助图书服务空间和设备的布点，与各级各类图书馆相辅相成，打造百姓身边的公共阅读场所；加强资源更新、用户辅导和设备维护。

（二）加强文献信息资源保障能力建设

1. 推进公共图书馆文献信息资源体系建设。加大文献资源建设经费投入，确保文献资源达到一定规模并持续更新，通过整体布局、协调采购、分工入藏、分散采集等方式，在全国建立若干总量丰富、各具特色的地区性文献资源保障中心，扩大文献资源规模。落实新增藏量指标，优化文献资源结构，建立涵盖纸本文献、缩微文献、数字资源、网络资源等各种资源类型的公共图书馆信息资源体系。

2. 加强文献信息资源采集。完善文献信息资源购置标准，加强对采集规模、类型、更新率及复本量等方面的科学安排。国家图书馆加大对重点国家、重点地区和重点领域文献的采集入藏，加快推进国家文献信息资源总库建设。省级公共图书馆兼顾文献覆盖面和文献专深度，丰富本省出版或内容涉及本省的文献采集收藏，逐步形成涵盖广泛、富有特色的省级文献资源体系；市、县级公共图书馆加强对内容涉及本地文献、本地编印文献以及与当地群众文化需求相适应的出版物采集。在总分馆体系中承担总馆职能的县级图书馆，根据本地实际需要，统筹分馆文献资源建设。尚未建立总分馆制的地方，由县级公共图书馆指导乡镇（街道）和村（社区）图书室文献资源采集。各级公共图书馆要适应文献载体形态的发展变化，加强数字资源等新兴载体资源的采集入藏，推进新媒体终端适用资源建设。

3. 完善文献资源协调与共享机制。充分发挥省级公共图书馆作为地区性文献资源保障中心的作用，联合本地区各级公共图书馆共同开展地方文献资源的建设与服务。加强各级公共图书馆与其他系统图书馆之间的资源共建共享，实现分工协作、优势互补。加强各级公共图书馆联合馆藏建设，完善国家文献信息资源总目，实现文献信息资源在统一平台上的共享利用。

专栏 2：文献信息资源保障能力建设

项目 3：国家文献信息资源总目建设

充分发挥国家图书馆作为国家书目中心的作用，建立全国联合编目系统，不断加强各级各类图书馆之间的书目合作与共享，加快推进数字化国家书目系统建设；进一步落实国家出版物呈缴制度，不断提升国家书目收录内容的系统性与完整性；深入挖掘国家文献信息资源总目的服务功能，针对不同用户的特定需求，综合各种不同检索方式，利用数据挖掘技术，定制多类交互界面，实现个性化服务。

项目 4："中国记忆"项目

坚持抢救性、代表性、前瞻性原则，由国家图书馆牵头，以口述史料与影像文献为特色，围绕中国现当代重大历史事件、重要代表人物、重点热点话题等，有选择地采集和制作专题资源，联合各级各类文化、教育、研究机构，社会团体，家庭及个人，搭建开放、统一的资源共建共享平台，传播与分享集体记忆和个人记忆，建设"中国记忆资源库"，实现对国家现当代有关资料的系统搜集、整理、保存和利用。

项目 5：国家图书馆国家文献战略储备库建设工程

到"十三五"末，基本完成国家图书馆国家文献战略储备库的基础设施建设，并同步建立相应的标准规范和工作制度。以此为契机，推进国家文献信息资源总库的科学规划与合理布局。鼓励有条件的省（区、市）建设本地文献储备设施，为建成分级分布、共建共享的国家文献战略储备体系奠定基础。

（三）提高服务效能，推进公共图书馆服务均等化建设

1. 提升免费开放工作水平。落实国家基本公共文化服务指导标准和地方实施标准，推动各级公共图书馆健全免费开放项目，完善规章制度，创新服务手段，优化阅读环境，提升设施空间利用效率；完善信息公开制度，及时向社会公示公共图书馆基本服务项目和开放时间，有条件的公共图书馆应当根据当地群众实际需要，实行错时开放；完善免费开放工作监督评价机制，推动免费开放经费投入与服务效能挂钩。

2. 深入开展全民阅读。各级公共图书馆根据职责制订阅读推广计划，围绕世界读

书日、图书馆服务宣传周、全民读书月以及中华传统节日、重要节假日和重大节庆活动，深入开展系列阅读推广活动；完善针对不同读者群体的优秀读物推荐机制；鼓励基层群众依托公共图书馆，兴办读书社、阅读兴趣小组等，开展阅读活动，进行读书交流；发挥中国图书馆学会等行业组织的作用，指导各级公共图书馆探索形成符合本地实际的阅读推广方式。

3. 提高专业化服务能力。打造一批专业化服务水平较高的公共图书馆，通过定题检索、文献查证、委托课题、信息推送等方式，为政府科学决策提供咨询服务，为企业和教育科研机构提供专题服务，为社会公众创新创业提供文献支撑和信息服务。省、地两级公共图书馆要加强对本行政区域内基层图书馆（室）的业务指导。配合京津冀协同发展、长江经济带等重大区域发展战略，建设区域图书馆联盟，提供联合服务。推动公共图书馆与博物馆、文化馆等其他公共文化机构的互联互通，加强跨部门、跨行业、跨地域的公共文化资源整合。

4. 加强特殊群体服务。加强老年人、未成年人、残疾人、农民工和农村留守妇女儿童等特殊群体适用资源建设和设施配备，有针对性地开展新技术应用培训、阅读辅导、送书上门、网络服务等，为其更好地融入社会提供帮助。加强对少年儿童的阅读指导，开展面向农村留守儿童的基础阅读促进工作。推进公共图书馆与独立建制少儿图书馆的阅读资源共享，为中小学图书馆开展阅读活动提供资源保障和业务支持。

专栏3：公共图书馆阅读服务

项目6："4·23"图书馆阅读推广活动

落实国务院"促进全民阅读，建设书香社会"的要求，开展4月23日"世界读书日"阅读推广活动，各级公共图书馆结合各地实际，设置主题，通过专家讲座、读书征文、荐书送书、座谈交流、网上交流等多种形式，借助书展、读书节、图书博览会等现有阅读平台和载体，开展丰富多彩的全民阅读活动，打造一批国家级和地方阅读品牌活动，倡导"让阅读成为一种生活方式"理念，推动全民阅读的常态化。

项目7：全国少年儿童图书馆阅读提升计划

依托中国图书馆学会和各地方图书馆学会、协会组织，联合全国各地公共图书馆、少儿图书馆、中小学图书馆，以及社会各界的儿童阅读推广力量，举办"全国少年儿童阅读年"系列活动，为全国少年儿童阅读提供服务和指导，评选优秀少儿读物。深入推进全国少年儿童阅读研究，编制少儿阅读指导书目，发布少儿阅读调查报告，为少年儿童阅读服务和图书出版提供科学依据。

（四）加强新技术应用，提升数字化服务能力

1. 加强图书馆数字化建设。深入实施数字图书馆推广工程，提高各地公共图书馆数字化服务能力，构建标准统一、覆盖城乡、互联互通、便捷高效的公共数字文化服务网络，县级以上公共图书馆全部具备提供互联网服务和移动终端服务的能力。加强公共图书馆数字资源的整合利用，丰富资源类型，提升资源适应性，满足不同终端、不同人群的实际需求。

2. 加强新技术研发和应用。结合国家重大信息工程建设，加强先进技术研究转化和应用，利用云计算、大数据等信息技术，推动图书馆信息化装备和系统软件的研发应用，促进图书馆数字服务手段升级换代，提升公共图书馆的现代化服务水平。通过互联网等新技术手段，深入开展用户需求数据分析，推广线上线下互动的服务模式。

3. 推进基层公共数字文化综合服务平台建设。依托文化信息资源共享工程和数字图书馆推广工程，逐步建立集信息报送、网络监测、统计分析、数据发布、绩效评价等功能于一体的基层公共数字文化综合服务平台，引导优质公共数字文化资源向基层传输，通过开展"菜单式""订单式"服务，促进供需有效对接。

专栏 4：数字图书馆建设

项目 8：数字图书馆推广工程

依托国家数字图书馆建设成果，提高基层公共图书馆数字化服务水平；建设优质数字文化资源库群，促进对数字资源的整合与共享，加强大数据分析与知识挖掘，提升资源建设和使用效能；构建面向移动终端、贯通线上线下的服务模式，为社会公众提供基于全媒体的资源与服务。

项目 9：公共图书馆互联网服务覆盖项目

推动公共图书馆利用互联网开展图书借阅、数字阅读、信息推送、终身教育等服务，在有条件的公共图书馆开通微信公众号、微博等服务，实现图书馆资源和服务上线；积极与其他社会化服务平台进行服务对接，让图书馆服务融入群众日常生活环境。

（五）充分利用馆藏资源，传承和弘扬中华优秀传统文化

1. 深入开展中华古籍和民国时期文献的普查与保护工作。做好与可移动文物普查工作的对接，到"十三五"末，基本完成全国古籍及民国时期文献普查工作，海外中华古籍及民国时期文献调查工作取得实质性进展。推进古籍和民国时期文献保存保护的研究与实践，加强文献修复技艺传承和培训，加快濒危文献抢救性修复保护，有序推进古籍和民国时期文献再生性保护，推动各级公共图书馆按照国家标准和行业标准建设一批标准化书库，有效改善古籍及民国时期文献存藏条件。

2. 推进传统文献典籍的整理推广和开发利用。深入推进专题文献整理出版和专题特色资源库建设，重点加强对地方特色资源、优秀传统文化资源、少数民族文化资源的挖掘整理。推进《中华传统文化百部经典》编纂等重大出版项目实施，依托国家重大文化工程和地方文化建设项目，加大对传统文化典籍的整理阐释与宣传推广。推动有条件的图书馆建立中华优秀传统文化实践基地，开展丰富多彩的社会教育活动。

3. 文化创意产品开发。把文化创意产品开发纳入公共图书馆评估定级标准。推动各级公共图书馆利用古籍善本、图书报刊和数字文化资源等开发文化创意产品，挖掘地方传统文献资源，开发一批弘扬中华优秀传统文化、反映时代精神、符合群众实际需求的文化创意产品。举办文化创意产品开发培训班，培训图书馆领域创意开发和营销推广人才。

<table>
<tr><td colspan="1" align="center">**专栏 5：中华优秀传统文化的保护、传承和利用**</td></tr>
</table>

项目 10：中华古籍保护计划

基本完成全国 2000 家古籍收藏机构所藏古籍的普查登记工作，完善分级保护制度，继续开展《国家珍贵古籍名录》和全国古籍保护重点单位评审工作，加强少数民族文字古籍保护；改善古籍存藏环境，实施国家珍贵古籍专库(专架)管理，提高珍贵古籍书库应急防灾能力；加强古籍修复中心建设，推进古籍修复用材安全、文献脱酸等科技立项和研究，继续实施"天禄琳琅"等修复项目；促进古籍文献的整理利用，推进中华古籍数字资源库建设，编纂出版《中华古籍总目》分省卷，推动《中华再造善本》(三编)《中国古籍珍本丛书》等整理出版工作；推进中华优秀传统文化实践基地建设，加强对古籍保护成果的宣传推广和展示利用。

项目 11：民国时期文献保护计划

完善民国时期文献保护工作机制。开展民国时期文献的普查登记，编制民国时期文献总目。开展海内外民国时期文献的征集与合作开发，促进文献实物回归以及缩微、数字化成果回归。加强文献研究、开发与利用，推进文献史料的整理出版。建立文献信息资源整合和揭示平台，为学界和公众利用资源提供便利。做好宣传推广工作，为民国时期文献保护工作营造良好舆论氛围。

项目 12：海外中华古籍调查暨数字化合作

以海外中华古籍调查摸底为基础，积极推动海外古籍资源以数字化、影印出版及其他形式实现回归与共享，编纂出版《海外中华古籍珍本丛刊》《海外中华古籍书目书志丛刊》等一批具有学术影响力和重要历史文化价值的古籍出版物。

项目 13：文化创意产品开发试点工作

文化部确定 37 家省级、副省级公共图书馆试点单位，推动建立文化创意产品开发联盟，依托古籍和民国文献、图书报刊、老照片、数字文化资源等馆藏资源，探索开发具有图书馆特色的文化创意产品，利用新闻媒体和中国图书馆年会等平台进行宣传展示。

（六）加强政策理论研究，完善相关法律法规和行业标准

1. 强化法律和政策保障。落实公共文化服务保障法，深入开展公共图书馆立法支撑研究，推动出台公共图书馆法。加快古籍保护立法进程，鼓励和支持各地制定地方性图书馆法律法规。

2. 完善标准规范体系。加强图书馆标准化研究，推进图书馆相关标准的制(修)订和宣传贯彻工作。制定出台各级公共图书馆业务规范，建立涵盖图书馆业务、技术、管理和服务等主要领域的较为完善的标准体系，推动一批重点领域国际标准的本土化研究和应用。

3. 加强理论研究。围绕公共图书馆建设、管理和服务等关键环节，策划一批重点理论研究课题。依托国家图书馆，以及相关高校、科研机构等，加强图书馆理论研究队伍建设，建立一批各具特色的研究基地。加强图书馆领域关键技术的研发应用，推动公共图书馆事业与科学技术融合发展。

项目 14：落实公共图书馆法相关制度研究

推进公共图书馆立法工作，就法律出台后的贯彻实施开展制度设计和调查研究，针对公共图书馆资源建设、运行管理、服务内容、经费保障、捐赠制度、总分馆制建设、法人治理结构建设、社会力量参与图书馆建设、基层公共文化资源整合等重点问题，形成具体的制度设计成果，促进地方公共图书馆立法工作。

项目 15：图书馆标准规范体系建设

进一步加强图书馆领域标准化建设，健全政府主管部门、标准化技术委员会与行业协会组织共同参与、相互配合的标准化工作机制；结合我国图书馆事业发展需求及标准化工作现状，开展图书馆设施、资源、管理、服务及技术等主要领域的标准规范制定工作，重点推进一批图书馆基础业务指导标准和基本服务保障标准的研制和应用；积极适应图书馆新技术、新业务、新服务的发展变化，探索建立图书馆标准规范体系的动态调整机制。

（七）创新管理体制机制，促进社会化发展

1. 深入推进公共图书馆法人治理结构改革。推动全国地市级以上规模较大、面向社会提供公益服务的公共图书馆，基本建立以理事会为主要形式的法人治理结构，吸纳有关方面代表、专业人员、各界群众参与，落实法人自主权，健全决策、执行和监督机制，进一步提升公共图书馆管理水平和服务效能。建立法人治理结构的公共图书馆按有关规定可以适当扩大人事管理自主权、收入分配自主权等。

2. 加强行业组织建设。按照中央关于文化领域行业组织建设的有关要求，加强中国图书馆学会、中国古籍保护协会等相关行业组织的建设和管理，确保正确发展方向；强化行业组织自身能力建设，完善内部管理制度，促进其在服务行业发展、开展行业自律、制定相关标准、维护会员权益等方面发挥积极作用；鼓励和支持具备条件的行业组织依法承担政府相关转移职能，办好中国图书馆年会等重要活动。

3. 支持社会力量参与公共图书馆建设。鼓励和支持公民、企事业单位、社会团体以及其他组织兴建、捐建或与政府部门合作建设公共图书馆，或者通过捐资、捐赠、捐建等方式参与公共图书馆建设、管理和服务。健全政府向社会力量购买公共文化服务的工作机制，将公益性图书服务纳入政府购买的指导性目录。有条件的公共图书馆可探索引入社会专业机构，进行委托经营，或将公共图书馆的信息采集、书刊编目等业务外包，推动公共图书馆专业化、社会化发展。

4. 广泛开展文化志愿服务。弘扬志愿服务精神，坚持志愿服务与政府服务、市场服务相衔接，鼓励和支持公共图书馆开展参与广泛、内容丰富、形式多样的文化志愿服务，探索具有图书馆特色的文化志愿服务模式，打造一批公共图书馆志愿服务品牌。完善公共图书馆志愿者注册招募、服务记录、管理评价和激励机制。各级文化行政部门对公共图书馆志愿服务给予必要的指导和支持。

项目 16：中国图书馆年会

按照"政府指导、学会主办、行业参与、市场运作"的原则，发挥行业组织优势和承办城市的积极性，引入社会力量参与，结合年度公共文化建设重点任务，组织举办全国图书馆年会，邀请公共图书馆从业人员代表和有关专家学者参会，通过组织工作会议、学术论坛、展览展示等，促进业界交流合作。

项目 17：公共图书馆志愿服务活动

着眼于丰富公共图书馆服务项目和内容，弥补公共图书馆工作人员不足，在各级公共图书馆和基层综合性文化服务中心，广泛招募志愿者，建立相应工作制度，辅助做好图书管理、借阅咨询、阅读辅导和推广活动等工作，加强志愿者培训，并为其开展服务提供必要条件。

（八）加强国际交流与合作，进一步提升国际影响力

1. 积极开展国际交流活动。落实中华文化"走出去"战略部署，加强与国际图书馆协会联合会等国际图书馆行业组织，以及国外图书馆界的联系与合作，为海外中国文化中心数字图书馆建设提供资源与服务支持，宣传介绍我国图书馆事业发展成就。配合国家"一带一路"倡议，筹建丝绸之路国际图书馆联盟和丝绸之路数字图书馆，策划举办丝绸之路图书馆馆长论坛和亚大地区国家图书馆馆长会议。

2. 推动实施对外合作项目。充分发挥图书馆在传播中国精神方面的独特优势，围绕典籍展览展示、文献保护利用、资源共建共享、人才培养交流等领域，通过交换馆员计划、图书馆高层互访、合作办展、数字图书馆合作等形式，有针对性地参与或组织策划国际业务合作和学术交流项目，培养一批具有国际视野、具备参与国际图书馆领域规则制定等重要事务能力的专业人才，推进与其他国家和地区图书馆之间的务实合作。

专栏 8：图书馆国际交流与合作

项目 18：丝绸之路国际图书馆联盟

以国家图书馆以及丝绸之路国内各相关省、市图书馆为依托，联合丝绸之路沿线其他国家图书馆，通过联盟方式，逐步建立起沿线各国图书馆间的长期战略合作关系和定期交流互访机制，共同策划合作项目，在文献信息资源的共建共知共享、区域珍贵历史文明成果的保存保护、数字图书馆建设、专业技术人才培养、学术交流与业务培训等领域开展广泛深入合作，带动沿线各国图书馆事业共同进步。

项目 19：海外中国文化中心图书馆

以国家图书馆为主，部分有条件的省、市级公共图书馆参与，为海外中国文化中心图书馆提供图书文献采选与加工、图书馆自动化系统建设、图书馆业务培训与现场指导等服务，提高中国文化中心图书馆的专业化水平；推进中国文化中心数字图书馆建设，有针对性地推送特色鲜明、内容丰富的中华文化优秀数字资源，通过线上线下多种方式举办展览、讲座等文化活动，加强中华优秀文化的传播推广。

三、保障措施

（一）加强组织领导。各地要根据本规划，制订相关工作计划和落实方案，明确责任，统筹实施。要推动将公共图书馆建设纳入本地国民经济和社会发展总体规划，纳入政府议事日程和领导班子绩效考核。各级文化行政部门要始终把导向意识贯穿到工作全过程。各级公共图书馆也要根据规划，细化目标任务，采取有力措施，抓好工作落实。

（二）完善经费保障。建立健全经费保障机制，合理保障公共图书馆日常运行经费。支持公共图书馆免费开放工作，重点向革命老区、民族地区、边疆地区、贫困地区倾斜。支持农村和城市社区的公共图书馆（室）建设。

（三）加强队伍建设。完善选人用人机制，培养一支具有现代意识、创新意识和专业水准的公共图书馆从业人员队伍。重点推动贫困地区公共图书馆人员编制落实。加强分级分类培训，重点加强对基层公共图书馆从业人员培训，力争在"十三五"期间对县级以上公共图书馆从业人员轮训一遍。

（四）健全监督管理。完善公共图书馆绩效考评制度，开展第六次公共图书馆评估定级，健全图书馆领域重大文化惠民工程综合绩效评估制度。加强用户评价和反馈，探索建立第三方评价机制，开展群众满意度调查，增强评价的客观性和科学性。考核结果作为预算确定、收入分配和负责人奖惩的重要依据。

附录十三　文化部"十三五"时期公共数字文化建设规划

公共数字文化建设是加快构建现代公共文化服务体系的重要任务。"十二五"时期，我国大力推进公共数字文化建设，统筹实施了全国文化信息资源共享工程、数字图书馆推广工程、公共电子阅览室建设计划等重点公共数字文化工程。目前，公共数字文化建设工作框架基本建立，覆盖全国的服务网络基本成型，资源库群初具规模，服务模式不断创新，政策标准逐步完善，保障水平明显提高，对构建现代公共文化服务体系发挥了重要的支撑作用。虽然我国公共数字文化建设取得了显著成绩，但仍存在诸多突出矛盾和问题，主要表现在：与固定设施服务、流动服务有机结合的数字文化服务网络尚不完善；公共数字文化服务与群众文化需求缺乏有效对接，服务效能不高；不同公共数字文化工程缺乏有效统筹，没有完全实现互联互通和相互支撑；社会力量参与机制不健全，公共数字文化建设活力不足等。

"十三五"时期，是基本建成现代公共文化服务体系的冲刺阶段，是落实国家"互联网＋"行动计划、大数据战略和推进公共数字文化发展的重要战略机遇期。为加快推进公共数字文化建设，根据《中华人民共和国公共文化服务保障法》《中共中央办公厅　国务院办公厅关于加快构建现代公共文化服务体系的意见》《国家"十三五"时期文化发展改革规划纲要》和《文化部"十三五"时期文化发展改革规划》，特制定本规划。

一、总体要求

(一)指导思想

全面落实党的十八大和十八届三中、四中、五中、六中全会精神，深入贯彻习近平总书记系列重要讲话精神和治国理政新理念新思想新战略，围绕中央关于加快构建现代公共文化服务体系的决策部署，按照公益性、基本性、均等性和便利性要求，以现代信息技术为支撑，以重点公共数字文化惠民工程为抓手，以资源建设和服务推广为重点，进一步完善公共数字文化服务网络，丰富服务资源，提升服务效能，全面提高公共文化管理和服务的信息化、网络化水平，促进基本公共文化服务标准化、均等化，更好地满足广大人民群众快速增长的数字文化需求。

(二)基本原则

1. 坚持正确工作导向。坚持社会主义先进文化前进方向，以社会主义核心价值观为引领，进一步完善公共数字文化服务网络、丰富服务内容，提高服务的针对性和实效性，保障人民群众基本文化权益，促进社会文明进步。

2. 坚持政府主导、社会参与。牢牢把握公共数字文化服务的公益属性，全面落实政府主体责任，充分发挥政府主导作用，完善社会力量参与机制，畅通社会力量参与渠道，鼓励和引导社会力量参与，激发公共数字文化发展活力。

3. 坚持服务群众、突出效能。建立健全群众文化需求征集和评价反馈机制，以群众需求为导向，丰富公共数字文化产品和服务内容，为人民群众提供集成化、"一站式"公共数字文化服务，促进供需有效对接，提升服务效能。

4. 坚持科学管理、创新发展。围绕建设、管理和服务等关键环节，完善公共数字文化建设工作机制，创新服务模式，完善公共数字文化建设政策保障，优化配置各级各类公共数字文化资源，促进互联互通、共建共享，实现创新发展。

(三)目标任务

到 2020 年，基本建成与现代公共文化服务体系相适应的开放兼容、内容丰富、传输快捷、运行高效的公共数字文化服务体系。

——公共数字文化服务网络初步建成。公共图书馆、文化馆和基层综合性文化服务中心基本实现无线网络覆盖，全国县级以上公共图书馆均具备数字图书馆服务能力，全国 50% 以上的文化馆具备数字文化馆服务能力，文化信息资源共享工程基层服务点实现提档升级。

——分级分布式资源体系基本建成。建成一批结构合理、内容丰富、品质精良的公共数字文化资源，资源总量达到 3 500TB 以上，可供全国共享使用的资源达到 1 500TB 以上，其中特色资源达到 880TB 以上，与移动互联服务相适应的资源比例明显提高。

——公共数字文化服务效能显著提升。依托国家公共数字文化服务云平台，实现线上线下互动式服务模式广泛应用，菜单式、点单式服务实现普及，数字文化服务与群众文化需求有效对接，成为保障人民群众基本文化权益的重要方式。

——社会力量参与程度明显增强。社会力量参与公共数字文化平台开发、资源建设、服务供给、运营管理的工作机制更加完善，参与渠道更加通畅，参与方式更加多元，政府主导、市场和社会力量广泛参与公共数字文化建设的格局基本形成。

——公共数字文化保障机制完善。公共数字文化建设工作体系进一步完善，运行管理标准化、规范化，数字文化服务实现远程监管，群众满意度第三方评价机制基本形成，政府主导责任有效落实，政策、资金、人才、技术保障有力，公共数字文化服务可持续发展能力不断增强。

二、重点任务

（一）构建互联互通的公共数字文化服务网络

结合"宽带中国""智慧城市"等国家重大信息工程，依托国家公共数字文化工程服务平台，构建覆盖全国的公共数字文化服务网络，开展公共文化云服务，提升公共文化服务的数字化、网络化、智能化水平。

1. 加强国家公共数字文化工程服务平台建设。完善国家公共文化数字支撑平台，健全门户导航、资源调度分发、需求征集和服务反馈等功能，实现网络联通、资源共享、定制导航、交互服务。继续推进中国文化网络电视、国家数字文化网等新媒体建设，加强宣传推广，提高点击率和用户量。推动县级公共图书馆接入数字图书馆推广工程服务平台，完善数字图书馆推广工程服务网络，促进各级公共图书馆数字资源的整合与共享。建立标准化和开放性的数字图书馆系统，打造基于新媒体的数字图书馆服务业态，提供"互联网＋借阅""互联网＋信息服务"，形成面向移动终端、贯通线上线下的服务新格局。

2. 建设区域综合性、一站式公共数字文化服务平台。结合实施中央补助地方公共数字文化建设项目，鼓励各地建设基层综合性公共数字文化服务平台，对公共文化设施、资源、惠民项目进行综合智能管理，统筹整合和揭示各类公共数字文化资源，实现共建共享，提供一站式、集成式、多媒体覆盖的公共数字文化服务。

3. 提高公共文化设施的信息化、智能化水平。加强图书馆、文化馆（站）、美术馆、博物馆等公共文化机构信息化设施设备配备，建立业务管理信息化系统，提升公共文化设施信息化水平。推进数字图书馆、数字文化馆、数字美术馆、数字博物馆建设，开展线上服务，提高公共文化服务信息化、网络化水平。鼓励公共文化机构建立互动体验空间，充分运用人机交互、虚拟现实、增强现实、3D打印等现代技术，设立阅读、舞蹈、音乐、书法、绘画、摄影、培训等交互式文化体验专区，增强公共文化服务互动性和趣味性。

4. 推进贫困地区公共数字文化设施提档升级。结合文化精准扶贫，将中西部贫困地区 22 个省份的 832 个贫困县县级公共图书馆、文化共享工程乡镇基层服务点建设纳入公共数字文化建设项目，实现提档升级。结合边疆万里数字文化长廊建设，在沿边沿海的 18 个省（区、市）和新疆生产建设兵团，继续推进草原牧场、边境口岸、边防哨所、边贸集市等服务盲区基层服务点建设，消除服务"盲点"，助力文化脱贫。

5. 推动各类公共数字文化服务平台互联互通。推进国家公共文化数字支撑平台与国家数字图书馆推广工程平台之间的互联互通，实现数据资源和应用服务的合理调度。积极推进基层公共数字文化服务平台与国家公共数字文化服务平台之间实现用户、数据、资源、服务的互通互联，形成覆盖全国的公共数字文化服务网络。鼓励各级各类公共数字文化服务平台与商业运营平台、网络传播媒体、公共服务平台开展合作，嵌入公共数字文化服务，增强公共文化服务便利性。

专栏 1

重点项目 1：国家公共文化数字支撑平台建设

以已建的 1 个国家平台和 33 个省级平台为基础，按照统一的标准规范，聚拢资源、应用、数据，提供"一站式"应用服务。加载汇集分散在图书馆、文化馆、美术馆、博物馆等公共文化机构中的数字文化资源，形成全国公共数字文化资源云目录，实现按需下载、个性化推送。"十三五"期末，文化共享工程各级分支中心、50％的县级以上文化馆接入平台，50％的乡镇基层服务点能够依托平台提供公共数字文化服务。

重点项目 2：数字图书馆推广工程服务平台建设

推进公共图书馆基础设施提档升级，完善专网建设，加快实现基层图书馆互联互通。对唯一标识符等业务系统升级扩容，到"十三五"末，实现 33 家省级公共图书馆和具备条件的市、县级公共图书馆纳入用户统一管理体系，移动阅读服务覆盖 500 家公共图书馆。加强推广工程资源库与各地资源的整合揭示服务，建立面向全媒体的数字图书馆推广工程服务平台，与海外文化中心合作共同推动中华文化走出去。

重点项目 3：中西部贫困地区数字文化设施提档升级

加强中、西部贫困地区县级公共图书馆、文化馆、乡镇基层服务点设施设备配置，把中西部贫困地区 22 个省份的 832 个贫困县县级公共图书馆、乡镇基层服务点纳入中央补助地方公共数字文化建设专项资金支持项目，实现到 2020 年中西部贫困地区县级图书馆具备数字图书馆服务能力、文化共享工程基层服务点实现提档升级。

重点项目 4：边疆万里数字文化长廊建设

在我国沿边沿海的 18 个省（区、市）和新疆生产建设兵团，建成不少于 1 万个能够提供便捷服务的数字文化驿站，利用现代信息技术特别是移动通信技术，进一步整合资源，提高配置标准，消除公共文化服务"盲点"。

（二）打造公共数字文化资源库群，加强资源保障

坚持"需求导向、分工合作、共建共享"的原则，打造分级分布式数字文化资源库群，优化资源结构，盘活资源存量，增加资源总量，提升资源质量，丰富适用于移动互联网传输的数字文化资源，加强公共数字文化资源保障。

1. 统筹推进公共数字文化资源建设。根据不同公共数字文化工程的功能定位和发展目标，合理确定数字资源建设重点和方向，统筹规划公共数字文化资源建设。建立公共数字文化资源群众需求征集制度，定期征集公共数字文化资源建设方向，编制资源建设指南，科学推进数字文化资源建设。全国文化信息资源共享工程重点建设与文化艺术普及和基本公共文化服务相适应的资源，数字图书馆推广工程重点建设与公共图书馆服务相适应的资源。

2. 建立国家基本公共数字文化资源库。坚持弘扬社会主义核心价值观，以群众文化需求为导向，有序推进艺术鉴赏、全民阅读、知识讲座、实用科技、健康生活等基础性数字文化资源建设，形成国家全民艺术普及基础资源库和全民阅读基础资源库。针对不同群体的文化需求，定制惠农资源、务工资源、少儿资源、社区服务资源、残障专题资源、精准扶贫资源等各具特色的数字文化资源产品，满足不同群体数字文化需求。

3. 加强地方特色公共数字文化资源建设。坚持弘扬和传承中华优秀传统文化，加强中国戏曲、书法、民歌等优秀传统文化资源，以及红色历史文化、少数民族文化、当代文化艺术与群众文化等资源建设。深入挖掘地方特色文化资源，加强体现民族文化、历史文化、地域文化等特色文化资源建设，建成体现社会主义核心价值观、展示中华文化精神、反映当代中国人审美追求，思想性、艺术性、观赏性较强的地方特色数字文化资源。

4. 加强少数民族数字文化资源建设。鼓励各地建设民族风俗、民族艺术、民族手工艺、民族旅游等地方资源项目，丰富民族特色资源内容，增加少数民族双语资源建设数量。加强少数民族语言资源建设中心和少数民族地区省级分中心建设，研究开发少数民族语言与汉语之间的智能互译技术和设备，增强民族语言资源译制能力。针对少数民族地区群众需要和文化生活习惯，采取译制、购买等方式，丰富数字文化资源种类。加强各民族文化交流特色项目建设，打造民族文化交流品牌。

5. 完善公共数字文化资源建设工作机制。建立和完善公共数字文化资源建设事前规划立项、事中监管、事后评价的工作机制，完善项目评审、专家咨询、监督检查、绩效评价等重点环节的制度规范，强化资源应用评价和激励约束，推动资源建设工作可持续开展。

重点项目 5：全民艺术普及基础资源库

着眼于保障人民基本文化权益、提高全民艺术素养，规划和建设覆盖各艺术门类的全民艺术普及基础资源库，满足艺术鉴赏、艺术培训、艺术实践等艺术活动的基本资源需求。

重点项目 6：地方特色文化资源库

以传承传播优秀传统文化，弘扬革命历史文化，展示当代文化艺术发展和群众文化建设成果为目标，以数字化、影像化等方式，生动形象地讲述中国文化、中国故事。深入挖掘地方特色文化，有重点地建设一批具有鲜明地方文化特点，具有较强代表性和较高历史、人文、科学价值的数字文化资源。

重点项目 7：公共图书馆基础资源库

建立包括精品电子书、主流期刊报纸、精品公开课的公共图书馆基础资源库，借助各级公共数字文化服务平台面向全民推广，充分利用移动互联网的优势和特点，满足不同群体的阅读需求。

（三）创新服务方式，提升服务效能

应用最新科技成果，畅通公共数字文化服务渠道，创新服务模式，精准对接群众文化需求，提供多层次、多样化的数字文化服务，提升公共数字文化服务的针对性、实效性。

1. 建立基于大数据分析的群众文化需求反馈机制。依托各类公共数字文化服务平台，开发和应用集信息发布、需求征集、意见反馈、在线互动的公共数字文化服务管理系统。通过公共数字文化服务平台和新媒体渠道，常态化征集群众数字文化需求信息，测评公共数字文化服务群众满意度。建立健全大数据分析系统，加强需求信息的整理、归纳和分析，精准识别群众文化需求。

2. 畅通公共数字文化服务传播渠道。加强各类公共数字文化服务设备的开发与应用，实现公共数字文化服务全媒体、多终端覆盖，提高公共文化数字资源的传播效率。鼓励各级公共文化机构利用互联网、新媒体等手段，借助公共数字文化服务平台，开展远程辅导和培训，广泛传播数字文化资源，方便基层群众通过各类终端方便快捷地获取数字文化服务。加强公共数字文化资源面向基层公共文化机构的推送力度，建立数字文化资源定期更新机制，提高公共数字文化资源使用效率。

3. 创新公共数字文化服务方式。依托公共数字文化服务管理系统，探索建立公共文化物联网，形成与设施阵地服务、流动服务有机结合的公共数字文化服务体系。广泛采用"订单式""菜单式""预约式"服务模式，实现数字文化资源订单式配送、场地网上预订、活动网上预约、网上评价反馈等功能，形成线上线下有机结合的服务模式，增强基本公共文化服务供给精准度。加强公共数字文化服务品牌建设，继续开展"戏曲动漫进校园""百姓大舞台""网络书香"等品牌活动，丰富群众精神文化生活。

4. 加强数字文化创意产品开发与推广。鼓励公共图书馆、文化馆、美术馆、博物馆等公共文化机构充分利用馆藏资源，深入挖掘文化资源的价值内涵和文化元素，加强现代科技在数字文化创意产品开发设计中的应用，开发设计集艺术性和实用性相统

一、适应现代生活需求的数字文化创意产品，增强群众的文化体验感，提升数字文化创意产品附加值。加大数字文化创意产品的展示和推广，培育数字文化创意产品品牌，推动文化产品和服务的数字化、网络化传播。

5.加大贫困地区和特殊群体服务力度。开展中西部贫困地区数字文化资源配送活动和数字图书馆精准帮扶专项活动，加大公共数字文化资源和产品"点对点"直接配送力度，精准提供公共数字文化服务。引导和鼓励各地根据实际情况，在人员流动量较大的公共场所、务工人员较为集中的区域以及留守妇女儿童较为集中的农村地区，配备必要的数字文化设施，提供便利可及的公共数字文化服务。将务工人员作为重点对象，广泛开展公益性数字文化培训，帮助其掌握互联网、获取数字化服务的基本技能。大力推进少年儿童数字图书馆建设，通过网站、手机、手持阅读器、数字电视、电子数据库等多种模式向青少年提供数字图书馆服务。推进残障人士数字图书馆、音频馆建设，建立残障人士阅读和视听服务体系。通过微信、网站、广播电视等渠道向贫困地区和特殊群体广泛推广数字文化资源。

专栏3

重点项目8：面向特殊群体的数字图书馆

进一步完善公共图书馆残障人士数字化服务内容和保障措施，建立和完善残障人士阅读服务体系，为残障人士提供无障碍数字图书馆服务，保障残障人士获取信息、学习知识的文化权利。完善少儿图书馆数字化服务，构建中华优秀传统文化网络教育平台，向青少年儿童推送经典文化资源，提供健康绿色的数字图书馆服务。

重点项目9：数字文化馆建设

探索建立数字文化馆标准体系，重点开展数字文化馆基础硬件网络支撑环境、业务系统、线上应用服务平台、线下数字艺术体验馆建设。"十三五"期末，副省级以上文化馆普遍完成数字化建设，50％以上市县级文化馆提供数字文化馆服务，全民艺术普及云服务基本形成。

（四）统筹推进重点公共数字文化工程建设

统筹规划、协调推进全国文化信息资源共享工程、国家数字图书馆推广工程和公共电子阅览室建设计划，在网络建设上开放接口、兼容互用，在资源建设上明确分工、突出特色，使各工程互为支撑、形成合力，整体提升服务效能。

1.推进全国文化信息资源共享工程建设。推进文化资源信息共享工程国家中心及各级分中心、支中心和基层服务点软硬件系统升级换代，提高服务终端配置标准，实现数字存储空间、网络带宽扩容增能。将各级文化共享工程分中心、支中心和服务点纳入国家公共文化数字支撑平台，形成公共文化特色应用集成，进一步拓展各级文化共享工程设施的服务功能，促进用户、数据、资源、服务的整合，实现公共数字文化资源按需推送、一站式服务。

2.推进数字图书馆推广工程建设。推进公共图书馆软硬件系统等基础设施升级换代，改善各级数字图书馆存储空间、网络设备、终端服务设施配置。建设面向基层、互联互通的数字图书馆服务网络，构建覆盖国家、省、市、县四级公共数字图书馆网络服务体系。建设数字图书馆优秀文化资源库群，加强大数据分析与知识挖掘，提升资源建设和使用效能。对国家数字图书馆统一用户管理、唯一标识符、资源发现、移动服务等业务系统进行升级扩容，优化系统性能，推进各类业务平台在各级公共图书馆的开放应用。

3. 推进公共电子阅览室升级换代。促进公共数字文化基层服务点标准化配置，推动各地对公共电子阅览室进行升级换代，提升软硬件设施配置水平。加强公共文化服务一体机、电脑、各类移动设备、无线网络设施的更新换代，提高互联网络服务带宽，提供有线与无线网络接入服务，支持多种终端设备访问，为基层群众提供集成化、一站式公共数字文化服务。安装网络服务监测管理系统，加强运行监测和维护，形成常态化的设备和技术更新机制。

（五）鼓励和支持社会力量参与公共数字文化建设

按照政府职能转变的要求，搭建社会力量参与平台，拓宽参与渠道，推广政府与社会资本合作模式，鼓励和引导社会力量进入公共数字文化服务领域，激发公共数字文化建设活力。

1. 完善社会力量参与机制。建立和完善社会力量参与公共数字文化平台开发、资源建设、服务推广、运营管理的工作机制，推动具备资质、符合条件的文化企业、社会机构与公共文化机构开展公平竞争。推动落实社会力量参与公共文化服务的优惠政策，鼓励和支持社会力量通过委托管理、捐赠设备、提供资源、赞助活动、合作研发等方式参与公共数字文化建设，形成以政府为主导、社会力量广泛参与的公共数字文化建设格局。

2. 加大政府和社会力量合作力度。落实政府向社会力量购买公共文化服务工作的意见，把公共数字文化服务作为政府向社会力量购买公共文化服务的重要内容，将政府负责提供且适宜由社会力量承担的文化服务事项纳入购买范围，加大政府购买力度。探索公共数字文化设施的委托运营和管理，科学选定社会承接主体，加强绩效评价，提高运营管理的规范化水平。鼓励公共文化单位、高等院校与高科技文化企业合作，根据公共数字文化服务建设的实际需要，共同开展关键技术攻关，研发公共数字文化产品。

3. 鼓励社会力量参与提供公共数字文化服务。积极鼓励各类社会文化机构、文化企业和个人依托公共数字文化服务平台提供公共文化服务，开展健康有益的文化活动。鼓励社会机构、文化企业开发和推广具有民族精神、反映时代特点的数字文化资源和产品，免费或以优惠条件提供公共数字文化服务。

（六）加强公共数字文化建设管理

加强公共数字文化工作管理，完善公共数字文化科技研发、内容建设、标准规范制定、绩效考核评价工作机制，提高公共数字文化建设工作的科学化、规范化水平。

1. 加强公共数字文化内容监管。按照"谁提供、谁负责"的原则，由各级公共文化机构履行内容审核的主体责任，坚持以传播社会主义核心价值观为首要标准，加强对公共数字文化资源内容的审核，确保资源内容符合社会主义先进文化发展方向。加强传播渠道的管理，建立安全风险防范机制，保证服务内容向善向上，把符合基层群众文化需求、富有地方特色的公共数字文化资源及时传递给人民群众。加大公共数字文化资源知识产权保护力度。

2. 强化公共数字文化网络安全管理。定期开展公共数字文化网络平台安全检查工作，推动各级公共文化机构落实安全管理责任制，建立安全管理应急机制。按照信息安全等级保护、重要信息系统基础设施保护的基本要求，及时完善、更新网络安全系统和设施，构建公共数字文化安全管理平台，提高网络安全防护能力，保障网络系统、信息内容、传播渠道和用户数据的安全，保证国家数字文化安全。

3. 完善公共数字文化建设标准规范。建立和完善资源建设、系统开发、服务提供、数据开放等方面的公共数字文化标准规范体系，促进数据、资源和服务在互联网环境下的开放利用。完善包括资源内容、元数据、对象数据的加工规范和长期保存规范，保证各类公共数字文化资源建设的规范性。依据"平台化"的原则制订开放接口规范、数据交换规范、新媒体服务类规范，确保异构系统间的数据交换、资源整合和服务调度。制订可兼容现有数据结构的、同时具备良好可扩展性的数据结构规范和符合开放数据标准的数据格式规范，提高公共数字文化资源的开放共享水平和服务效能。

4. 加强绩效考核评价。建立以效能为导向的公共数字文化服务绩效考核机制。完善绩效评价指标体系，坚持建管用并重，加大效能指标权重，引导政府和公共文化服务机构切实提升服务效益。建立公共文化数字监管平台，对公共文化机构日常运行、服务效果等进行实时监控。开展公共数字文化工程年度考核，发现和解决公共数字文化工程建设中存在的问题，推动公共数字文化工程科学发展。以群众文化需求为导向，研究制定公共数字文化服务群众满意度指标，建立和完善"第三方"评价机制，加大群众满意度测评方式的应用。

三、保障措施

（一）加强组织领导。各级文化行政部门要高度重视公共数字文化建设工作，推动纳入当地政府文化发展规划。结合本规划，制订具体的工作计划和落实方案，抓好工作落实，形成公共数字文化建设工作合力。加大宣传力度，营造全社会共同关注、支持和参与公共数字文化建设的良好氛围。

（二）完善经费保障。中央财政通过现有资金渠道，统筹支持地方公共数字文化建设，重点向革命老区、民族地区、边疆地区和贫困地区倾斜。各地文化行政部门要积极争取本地党委政府的重视和支持，将公共数字文化建设纳入财政预算，加强经费保障、管理和使用，提高财政资金使用效益。

（三）注重队伍建设。采取专兼职结合等方式，建立一支总量均衡、相对稳定、技术过硬、业务精湛的公共数字文化人才队伍。完善选人用人机制，采取聘用制、劳务派遣、委托管理、服务外包、联建共享等方式，加强公共数字文化人才配备。建立分级培训机制，采取网络远程培训和集中培训等方式，加强队伍培训，提升队伍整体素质。结合"阳光工程"，吸纳文化志愿者参与公共数字文化工作。加强与公共文化服务机构、科研院所、高等院校、文化企业等合作，搭建专业技术人才交流平台。

（四）强化督查落实。把公共数字文化建设纳入公共文化服务体系建设督查内容，定期开展督查，加强对规划落实的跟踪指导，推动落实公共数字文化建设工作责任。建立规划落实评估制度，引入群众满意度测评，定期对规划实施情况进行评估，推动规划落实。

附录十四　中华人民共和国公共图书馆法

(2017 年 11 月 4 日第十二届全国人民代表大会常务委员会第三十次会议通过)

第一章　总则

第一条　为了促进公共图书馆事业发展，发挥公共图书馆功能，保障公民基本文化权益，提高公民科学文化素质和社会文明程度，传承人类文明，坚定文化自信，制定本法。

第二条　本法所称公共图书馆，是指向社会公众免费开放，收集、整理、保存文献信息并提供查询、借阅及相关服务，开展社会教育的公共文化设施。

前款规定的文献信息包括图书报刊、音像制品、缩微制品、数字资源等。

第三条　公共图书馆是社会主义公共文化服务体系的重要组成部分，应当将推动、引导、服务全民阅读作为重要任务。

公共图书馆应当坚持社会主义先进文化前进方向，坚持以人民为中心，坚持以社会主义核心价值观为引领，传承发展中华优秀传统文化，继承革命文化，发展社会主义先进文化。

第四条　县级以上人民政府应当将公共图书馆事业纳入本级国民经济和社会发展规划，将公共图书馆建设纳入城乡规划和土地利用总体规划，加大对政府设立的公共图书馆的投入，将所需经费列入本级政府预算，并及时、足额拨付。

国家鼓励公民、法人和其他组织自筹资金设立公共图书馆。县级以上人民政府应当积极调动社会力量参与公共图书馆建设，并按照国家有关规定给予政策扶持。

第五条 国务院文化主管部门负责全国公共图书馆的管理工作。国务院其他有关部门在各自职责范围内负责与公共图书馆管理有关的工作。

县级以上地方人民政府文化主管部门负责本行政区域内公共图书馆的管理工作。县级以上地方人民政府其他有关部门在各自职责范围内负责本行政区域内与公共图书馆管理有关的工作。

第六条 国家鼓励公民、法人和其他组织依法向公共图书馆捐赠，并依法给予税收优惠。

境外自然人、法人和其他组织可以依照有关法律、行政法规的规定，通过捐赠方式参与境内公共图书馆建设。

第七条 国家扶持革命老区、民族地区、边疆地区和贫困地区公共图书馆事业的发展。

第八条 国家鼓励和支持发挥科技在公共图书馆建设、管理和服务中的作用，推动运用现代信息技术和传播技术，提高公共图书馆的服务效能。

第九条 国家鼓励和支持在公共图书馆领域开展国际交流与合作。

第十条 公共图书馆应当遵守有关知识产权保护的法律、行政法规规定，依法保护和使用文献信息。

馆藏文献信息属于文物、档案或者国家秘密的，公共图书馆应当遵守有关文物保护、档案管理或者保守国家秘密的法律、行政法规规定。

第十一条 公共图书馆行业组织应当依法制定行业规范，加强行业自律，维护会员合法权益，指导、督促会员提高服务质量。

第十二条 对在公共图书馆事业发展中作出突出贡献的组织和个人，按照国家有关规定给予表彰和奖励。

第二章 设立

第十三条 国家建立覆盖城乡、便捷实用的公共图书馆服务网络。公共图书馆服务网络建设坚持政府主导，鼓励社会参与。

县级以上地方人民政府应当根据本行政区域内人口数量、人口分布、环境和交通条件等因素，因地制宜确定公共图书馆的数量、规模、结构和分布，加强固定馆舍和流动服务设施、自助服务设施建设。

第十四条 县级以上人民政府应当设立公共图书馆。

地方人民政府应当充分利用乡镇（街道）和村（社区）的综合服务设施设立图书室，服务城乡居民。

第十五条 设立公共图书馆应当具备下列条件：

（一）章程；

（二）固定的馆址；

（三）与其功能相适应的馆舍面积、阅览座席、文献信息和设施设备；

（四）与其功能、馆藏规模等相适应的工作人员；

（五）必要的办馆资金和稳定的运行经费来源；

（六）安全保障设施、制度及应急预案。

第十六条 公共图书馆章程应当包括名称、馆址、办馆宗旨、业务范围、管理制度及有关规则、终止程序和剩余财产的处理方案等事项。

第十七条 公共图书馆的设立、变更、终止应当按照国家有关规定办理登记手续。

第十八条 省、自治区、直辖市人民政府文化主管部门应当在其网站上及时公布本行政区域内公共图书馆的名称、馆址、联系方式、馆藏文献信息概况、主要服务内容和方式等信息。

第十九条 政府设立的公共图书馆馆长应当具备相应的文化水平、专业知识和组织管理能力。

公共图书馆应当根据其功能、馆藏规模、馆舍面积、服务范围及服务人口等因素配备相应的工作人员。公共图书馆工作人员应当具备相应的专业知识与技能，其中专业技术人员可以按照国家有关规定评定专业技术职称。

第二十条 公共图书馆可以以捐赠者姓名、名称命名文献信息专藏或者专题活动。

公民、法人和其他组织设立的公共图书馆，可以以捐赠者的姓名、名称命名公共图书馆、公共图书馆馆舍或者其他设施。

以捐赠者姓名、名称命名应当遵守有关法律、行政法规的规定，符合国家利益和社会公共利益，遵循公序良俗。

第二十一条 公共图书馆终止的，应当依照有关法律、行政法规的规定处理其剩余财产。

第二十二条 国家设立国家图书馆，主要承担国家文献信息战略保存、国家书目和联合目录编制、为国家立法和决策服务、组织全国古籍保护、开展图书馆发展研究和国际交流、为其他图书馆提供业务指导和技术支持等职能。国家图书馆同时具有本法规定的公共图书馆的功能。

第三章 运行

第二十三条 国家推动公共图书馆建立健全法人治理结构，吸收有关方面代表、专业人士和社会公众参与管理。

第二十四条 公共图书馆应当根据办馆宗旨和服务对象的需求，广泛收集文献信息；政府设立的公共图书馆还应当系统收集地方文献信息，保存和传承地方文化。

文献信息的收集应当遵守有关法律、行政法规的规定。

第二十五条　公共图书馆可以通过采购、接受交存或者捐赠等合法方式收集文献信息。

第二十六条　出版单位应当按照国家有关规定向国家图书馆和所在地省级公共图书馆交存正式出版物。

第二十七条　公共图书馆应当按照国家公布的标准、规范对馆藏文献信息进行整理，建立馆藏文献信息目录，并依法通过其网站或者其他方式向社会公开。

第二十八条　公共图书馆应当妥善保存馆藏文献信息，不得随意处置；确需处置的，应当遵守国务院文化主管部门有关处置文献信息的规定。

公共图书馆应当配备防火、防盗等设施，并按照国家有关规定和标准对古籍和其他珍贵、易损文献信息采取专门的保护措施，确保安全。

第二十九条　公共图书馆应当定期对其设施设备进行检查维护，确保正常运行。

公共图书馆的设施设备场地不得用于与其服务无关的商业经营活动。

第三十条　公共图书馆应当加强馆际交流与合作。国家支持公共图书馆开展联合采购、联合编目、联合服务，实现文献信息的共建共享，促进文献信息的有效利用。

第三十一条　县级人民政府应当因地制宜建立符合当地特点的以县级公共图书馆为总馆，乡镇（街道）综合文化站、村（社区）图书室等为分馆或者基层服务点的总分馆制，完善数字化、网络化服务体系和配送体系，实现通借通还，促进公共图书馆服务向城乡基层延伸。总馆应当加强对分馆和基层服务点的业务指导。

第三十二条　公共图书馆馆藏文献信息属于档案、文物的，公共图书馆可以与档案馆、博物馆、纪念馆等单位相互交换重复件、复制件或者目录，联合举办展览，共同编辑出版有关史料或者进行史料研究。

第四章　服务

第三十三条　公共图书馆应当按照平等、开放、共享的要求向社会公众提供服务。

公共图书馆应当免费向社会公众提供下列服务：

（一）文献信息查询、借阅；

（二）阅览室、自习室等公共空间设施场地开放；

（三）公益性讲座、阅读推广、培训、展览；

（四）国家规定的其他免费服务项目。

第三十四条　政府设立的公共图书馆应当设置少年儿童阅览区域，根据少年儿童的特点配备相应的专业人员，开展面向少年儿童的阅读指导和社会教育活动，并为学校开展有关课外活动提供支持。有条件的地区可以单独设立少年儿童图书馆。

政府设立的公共图书馆应当考虑老年人、残疾人等群体的特点，积极创造条件，提供适合其需要的文献信息、无障碍设施设备和服务等。

第三十五条　政府设立的公共图书馆应当根据自身条件，为国家机关制定法律、法规、政策和开展有关问题研究，提供文献信息和相关咨询服务。

第三十六条　公共图书馆应当通过开展阅读指导、读书交流、演讲诵读、图书互换共享等活动，推广全民阅读。

第三十七条　公共图书馆向社会公众提供文献信息，应当遵守有关法律、行政法规的规定，不得向未成年人提供内容不适宜的文献信息。

公共图书馆不得从事或者允许其他组织、个人在馆内从事危害国家安全、损害社会公共利益和其他违反法律法规的活动。

第三十八条　公共图书馆应当通过其网站或者其他方式向社会公告本馆的服务内容、开放时间、借阅规则等；因故闭馆或者更改开放时间的，除遇不可抗力外，应当提前公告。

公共图书馆在公休日应当开放，在国家法定节假日应当有开放时间。

第三十九条　政府设立的公共图书馆应当通过流动服务设施、自助服务设施等为社会公众提供便捷服务。

第四十条　国家构建标准统一、互联互通的公共图书馆数字服务网络，支持数字阅读产品开发和数字资源保存技术研究，推动公共图书馆利用数字化、网络化技术向社会公众提供便捷服务。

政府设立的公共图书馆应当加强数字资源建设、配备相应的设施设备，建立线上线下相结合的文献信息共享平台，为社会公众提供优质服务。

第四十一条　政府设立的公共图书馆应当加强馆内古籍的保护，根据自身条件采用数字化、影印或者缩微技术等推进古籍的整理、出版和研究利用，并通过巡回展览、公益性讲座、善本再造、创意产品开发等方式，加强古籍宣传，传承发展中华优秀传统文化。

第四十二条　公共图书馆应当改善服务条件、提高服务水平，定期公告服务开展情况，听取读者意见，建立投诉渠道，完善反馈机制，接受社会监督。

第四十三条　公共图书馆应当妥善保护读者的个人信息、借阅信息以及其他可能涉及读者隐私的信息，不得出售或者以其他方式非法向他人提供。

第四十四条　读者应当遵守公共图书馆的相关规定，自觉维护公共图书馆秩序，爱护公共图书馆的文献信息、设施设备，合法利用文献信息；借阅文献信息的，应当按照规定时限归还。

对破坏公共图书馆文献信息、设施设备，或者扰乱公共图书馆秩序的，公共图书馆工作人员有权予以劝阻、制止；经劝阻、制止无效的，公共图书馆可以停止为其提供服务。

第四十五条　国家采取政府购买服务等措施，对公民、法人和其他组织设立的公共图书馆提供服务给予扶持。

第四十六条　国家鼓励公民参与公共图书馆志愿服务。县级以上人民政府文化主管部门应当对公共图书馆志愿服务给予必要的指导和支持。

第四十七条　国务院文化主管部门和省、自治区、直辖市人民政府文化主管部门应当制定公共图书馆服务规范，对公共图书馆的服务质量和水平进行考核。考核应当吸收社会公众参与。考核结果应当向社会公布，并作为对公共图书馆给予补贴或者奖励等的依据。

第四十八条　国家支持公共图书馆加强与学校图书馆、科研机构图书馆以及其他类型图书馆的交流与合作，开展联合服务。

国家支持学校图书馆、科研机构图书馆以及其他类型图书馆向社会公众开放。

第五章　法律责任

第四十九条　公共图书馆从事或者允许其他组织、个人在馆内从事危害国家安全、损害社会公共利益活动的，由文化主管部门责令改正，没收违法所得；情节严重的，可以责令停业整顿、关闭；对直接负责的主管人员和其他直接责任人员依法追究法律责任。

第五十条　公共图书馆及其工作人员有下列行为之一的，由文化主管部门责令改正，没收违法所得：

（一）违规处置文献信息；

（二）出售或者以其他方式非法向他人提供读者的个人信息、借阅信息以及其他可能涉及读者隐私的信息；

（三）向社会公众提供文献信息违反有关法律、行政法规的规定，或者向未成年人提供内容不适宜的文献信息；

（四）将设施设备场地用于与公共图书馆服务无关的商业经营活动；

（五）其他不履行本法规定的公共图书馆服务要求的行为。

公共图书馆及其工作人员对应当免费提供的服务收费或者变相收费的，由价格主管部门依照前款规定给予处罚。

公共图书馆及其工作人员有前两款规定行为的，对直接负责的主管人员和其他直接责任人员依法追究法律责任。

第五十一条　出版单位未按照国家有关规定交存正式出版物的，由出版行政主管部门依照有关出版管理的法律、行政法规规定给予处罚。

第五十二条　文化主管部门或者其他有关部门及其工作人员在公共图书馆管理工作中滥用职权、玩忽职守、徇私舞弊的，对直接负责的主管人员和其他直接责任人员依法给予处分。

第五十三条 损坏公共图书馆的文献信息、设施设备或者未按照规定时限归还所借文献信息，造成财产损失或者其他损害的，依法承担民事责任。

第五十四条 违反本法规定，构成违反治安管理行为的，依法给予治安管理处罚；构成犯罪的，依法追究刑事责任。

第六章　附则

第五十五条 本法自 2018 年 1 月 1 日起施行。

图书在版编目(CIP)数据

基层图书馆管理与服务 / 霍瑞娟主编. —北京：北京师范大学出版社，2019.1

（全国基层文化队伍培训用书）

ISBN 978-7-303-23373-1

Ⅰ.①基⋯　Ⅱ.①霍⋯　Ⅲ.①基层图书馆－图书馆工作－业务培训－教材　Ⅳ.①G258.23

中国版本图书馆 CIP 数据核字(2018)第 013631 号

营 销 中 心 电 话　010-58805072　58807651
北师大出版社高等教育与学术著作分社　http://xueda.bnup.com

JICENG TUSHUGUAN GUANLI YU FUWU

出版发行：北京师范大学出版社　www.bnup.com
　　　　　北京市海淀区新街口外大街 19 号
　　　　　邮政编码：100875
印　　刷：北京京师印务有限公司
经　　销：全国新华书店
开　　本：787 mm×1092 mm　1/16
印　　张：23
字　　数：500 千字
版　　次：2019 年 1 月第 1 版
印　　次：2019 年 1 月第 1 次印刷
定　　价：49.80 元

策划编辑：周　粟　　　责任编辑：韩　妍
美术编辑：王齐云　　　装帧设计：王齐云
责任校对：韩兆涛　　　责任印制：马　洁